Fundamental Beta

Alexander Scheld

Fundamental Beta

Ermittlung des systematischen Risikos bei nicht börsennotierten Unternehmen

Springer Gabler

Alexander Scheld
München, Deutschland

Dissertation der Katholischen Universität Eichstätt-Ingolstadt, 2011

ISBN 978-3-8349-3189-4 ISBN 978-3-8349-7154-8 (eBook)
DOI 10.1007/978-3-8349-7154-8

Die Deutsche Nationalbibliothek verzeichnet diese Publikation in der Deutschen Nationalbibliografie; detaillierte bibliografische Daten sind im Internet über http://dnb.d-nb.de abrufbar.

Springer Gabler

Gedruckt auf säurefreiem und chlorfrei gebleichtem Papier

Springer Gabler ist eine Marke von Springer DE. Springer DE ist Teil der Fachverlagsgruppe Springer Science+Business Media.
www.springer-gabler.de

Geleitwort

Die Bestimmung der Kapitalkosten ist noch immer eines der zentralen Themen der finanzwirtschaftlichen Forschung. Ein adäquater Diskontierungssatz spielt für die Unternehmensbewertung und die interne Unternehmenssteuerung eine wichtige Rolle. In den Shareholder Value basierten Modellen werden die Weighted Average Cost of Capital (WACC) als Diskont verwendet. Bei der Bestimmung derselben treten insbesondere bei nicht-börsennotierten Unternehmen erhebliche Probleme auf, weil keine Kapitalmarktdaten vorliegen.

In der jüngeren Vergangenheit und insbesondere auch vor dem Hintergrund der turbulenten Entwicklungen der Aktienmärkte im Verlauf der Finanz- bzw. der gegenwärtigen Schuldenkrise wird darüber hinaus immer häufiger die Forderung nach einer Anlehnung der Bewertungsmodelle an fundamentale Faktoren der Unternehmen erhoben. Dadurch soll eine durch Verzerrungen am Kapitalmarkt auftretende Wertlücke verhindert werden, die aufgrund der Über- bzw Unterbewertung eines Unternehmens im Vergleich zum intrinsischen Wert des Unternehmens resultieren kann.

Sogenannte fundamentale, auf analytischen Verfahren basierende Modelle bieten hierfür geeignete Lösungsansätze. Dabei kommt den Ansätzen zur Bestimmung des Fundamental-Beta eine herausragende Rolle zu. Im Vergleich zu den traditionellen Ansätzen ermöglichen sie eine deutliche Verbesserung der Prognose des Marktwerts des Eigenkapitals. Allerdings sei an dieser Stelle vermerkt, dass abhängig von statistischen Untersuchungsmodellen, der Kalibrierung der Modellvariablen und der Zusammensetzung der Unternehmen innerhalb der Stichprobe nicht immer einheitliche und auch nicht immer statistisch signifikante Ergebnisse über den kompletten Untersuchungszeitraum auftreten.

In der vorliegenden Dissertationsschrift wird ein Verfahren zur Ermittlung des Fundamental Betas für nicht börsennotierte Unternehmen entwickelt, das auf einem ganzheitlichen Kapitalkostenverhältnisses basiert und die Werttreiber moderner Unternehmensbewertungs- und steuerungsverfahren berücksichtigt. Ziel dieses Verfahrens ist es, die Informationslücke zu schließen, die aufgrund fehlender Kapitalmarktdaten besteht und die Bewertung der nicht börsennotierten Unternehmen nach bewährtem Muster verunmöglicht. Die Bestimmung des Fundamental Betas erfolgt mittels eines mehrstufigen Panelmodells.

Dabei wurde das entwickelte Modell durch die Ergebnisse der univariaten Analyse determiniert (Kalibrierung) und daraufhin im Rahmen des Beta-Prognosemodells spezifiziert (Validierung).

In das fundamentale Prognosemodell des fundamentalen Betas wurden Variablen aufgenommen, die in Einzelgleichungsschätzungen einen signifikanten Beitrag aufweisen. Das resultierende Modell wurde anhand von Daten des deutschen und amerikanischen Kapitalmarkts getestet. Neben zahlreichen anderen Kennzahlen (Variablen) konnten insbesondere immaterielle Vermögensgegenstände als zentrale Determinante des Beta erstmals identifiziert werden. Diesen Einfluss der immateriellen Vermögensgegenstände charakterisiert der Autor zutreffend als Hightech-Risk.

In zahlreichen Publikationen wurde für die US-amerikanischen und andere Kapitalmärkte dargelegt, dass zwischen verschiedenen Kennzahlen und dem Beta ein signifikanter Zusammenhang besteht, und die kennzahlengestützen Prognosemodelle gegenüber traditionellen Beta-Modellen überlegen sind. Die vorliegende Arbeit zeigt, dass der deutsche Markt vergleichbare Zusammenhänge aufweist. In besonderer Weise konnte dies für das sog. Hightech-Risk belegt werden. Somit eröffnet die vorliegende Arbeit auch ein neues Forschungsfeld im Kontext der multifaktoriellen CAP-Modelle.

Da die vorliegende Dissertationsschrift einen interessanten Beitrag für die theoretische Forschung und betriebswirtschaftliche Praxis bietet, wünsche ich ihr die gebührende Aufmerksamkeit in Wissenschaft und Praxis.

Prof. Dr. Johannes Schneider

Vorwort

Ein Vorwort zu verfassen ist immer eine doch sehr viel angenehmere Aufgabe, als das Verfassen des eigentlichen, bezugnehmenden Textes; insbesondere kann man zu diesem Zeitpunkt doch auf das Geschaffene ex-post zurückschauen und all denen danken, die auf die ein oder andere Weise zum Erfolg beigetragen haben. Die Bestimmung der Kapitalkosten und in diesem Zusammenhang insbesondere die Ermittlung des Beta's bei nicht börsennotierten Unternehmen stellt Praxis wie Theorie noch immer vor große Herausforderungen, sei es zum Zwecke der Unternehmenssteuerung oder im Rahmen von Unternehmensbewertungen. Die Zielsetzung dieser Arbeit bestand darin, in einer empirisch vergleichenden Untersuchung am deutschen und amerikanischen Kapitalmarkt neue Einflussfaktoren des Beta zu identifizieren, für deren Existenz bisher kein wissenschaftlicher Nachweis geführt wurde bzw. bereits bekannte Zusammenhänge im Rahmen neuer ökonometrischer Untersuchungsmethoden auch am deutschen Kapitalmarkt erstmals zu validieren. Aus den Ergebnissen erfolgte die Formulierung eines Prognosemodells, welches für die weitere Forschung insbesondere im Zusammenhang mit Multifaktor-Modellen Forschungsansatzpunkte liefern kann.

Diese Arbeit entstand als Promotionsstudent am Lehrstuhl für Volkswirtschaftslehre, insbesondere Wirtschaftstheorie an der Katholischen Universität Eichstaett-Ingolstadt in Verbindung mit einer Promotionskooperation mit KPMG, Deutsche Treuhand Gesellschaft in München. Ich möchte daher zunächst meinem hochverehrten akademischen Lehrer, Herrn Prof. Dr. Johannes Scheider für sein großes Interesse an der wissenschaftlichen Erforschung der behandelten Thematik sowie den zahlreichen anregenden und kritischen Diskussionen danken, die wesentlich zum Erfolg der Arbeit beigetragen haben und meinen Blick auf die wissenschaftliche Problemstellung und deren Praxisbezug geschärft haben. Für die Übernahme des Koreferats möchte ich meinen herzlichsten Dank Herrn Prof. Dr. Dr. Anton Burger vom Lehrstuhl für ABWL und Unternehmensrechnung ausdrücken, der wichtige Impulse gegeben hat, wenn es darum ging, eine Verknüpfung zwischen Kapitalmarkttheorie und rechnungslegungsrelevanten Bereichen herzustellen, was i.a. bei der Formulierung der quantitativen Untersuchungs- und Prognosemodelle von besonderer Bedeutung war.

Weiter haben Herr Prof. Dr. Christian Aders und Herr Dr. Christian Wiedemann von KPMG Deutsche Treuhand München (heute beide bei Duff & Phelps) durch die Bereitstellung von

Informationsquellen für den Aufbau einer Untersuchungsdatenbank dieses Forschungsvorhaben erst möglich gemacht. Dafür sowie für die die hervorragenden Forschungsbedingungen im Münchner Büro von KPMG, Deutsche Treuhand möchte ich meine tiefe Dankbarkeit aussprechen. Im Zuge eines derart zeitintensiven wissenschaftlichen Auseinandersetzens, was sich über mehrere Jahre erstreckt und wofür auch der Umstand des Aufbaus einer relevanten Untersuchungsdatenbank verantwortlich ist, gilt es vielen weiteren lieben Menschen zu danken, die maßgeblich zum Erfolg dieser Arbeit beigetragen haben. Besonders hervorzuheben sind in diesem Zusammenhang meine Schwester, Daniela Scheld sowie Johannes Lämmle, ohne die der Aufbau einer derart umfangreichen Untersuchungsdatenbank sowie die Aufbereitung der Daten, insbesondere im Lichte knapper Forschungsbudgets, ein schier unerreichbares Unterfangen geblieben wäre.

Meinen ehemaligen Kollegen, Herren Dr. Peter Schmidt und Dr. Klaus Eberl vom Lehrstuhl für Volkswirtschaftslehre, insbesondere Wirtschaftstheorie sowie Herrn Dr. Philipp Ulbrich, ehemals Lehrstuhl für ABWL und Unternehmensrechnung gilt mein Dank für die kritischen Diskussionen und die bohrenden Fragen, die meinem Blick im Labyrinth der Informationsflut immer wieder für das Wesentliche geschärft haben. Eine gut sortierte Bibliothek sowie ein Bibliotheks-Team, das mit seiner freundlichen Art stets bemüht ist bei den endlosen Literatur-Recherchen zu helfen bildet die Grundlage allen Forschungsbestrebens. Ihnen allen sowie Frau Erika Richter vom Lehrstuhl für Volkswirtschaftslehre, insbesondere Wirtschaftstheorie und Frau Elisabeth Hanisch vom Lehrstuhl für ABWL und Finanzierung, die mir als „gute Seelen" des Hauses stets weitergolfen haben und die durch ihre organisatorischen Fähigkeiten das scheinbar unmögliche möglich gemacht haben, möchte ich mich von ganzem Herzen bedanken.

Mein größter Dank gilt jedoch meinen Eltern, sowie meiner Großmutter Elisabeth Klingelhöfer, die mir bei den manchmal unaufhörlich erschienenen Problemen im Zusammenhang mit der Erstellung dieser Arbeit mit Ihrer Insistenz und Ermunterung stets Mut gemacht haben. Dafür und weil sie mich vom ersten Tag meiner akademischen Ausbildung bedingungslos gefördert haben, möchte ich Ihnen diese Arbeit widmen.

Alexander Scheld

Inhalt

Inhaltsverzeichnis

Abbildungsverzeichnis

Tabellenverzeichnis

Abkürzungsverzeichnis

A	
a.a.O	an angegebenem Ort
ABS	Asset Backed Securities
Abs.	Absatz
ADF	Augmented Dickey Fuller
Adj.	Adjusted
AG	Aktiengesellschaft
AMEX	American Stock Exchange
APT	Arbitrage Pricing Theory
ARCH	Autoregressive Conditional Heteroskedasticity
Aufl.	Auflage
Aut.	Autum
AV	Anlagevermögen
B	
BARRA	Finanzdienstleister
BB	Betriebsberater
BCG	Boston Consulting Group
BFuP	Betriebswirtschaftliche Forschung und Praxis
BIP	Bruttoinlandsprodukt
BRM	Bickerdike-Robinson-Metzler
bspw.	beispielsweise
BVK	Bundesverband deutscher Kapitalbeteiligungsgesellschaften
bzgl.	bezüglich
bzw.	beziehungsweise
C	
ca.	circa
CAPM	Capital Asset Pricing Model
CDAX	Composite Deutscher Aktienindex
CE	Capital Employed
CFROI	Cash Flow Return on Investment
Cov	Covariance
c.p.	ceteris paribus
CRSP	Center of Research in Security Prices

D

DAX	Deutscher Aktienindex
DB	Deckungsbeitrag
DB	Der Betrieb
DCF	Discounted Cash Flow
DCX	DaimlerChrysler
ders.	derselbe
DF	Dickey-Fuller
DFDB	Deutsche Finanzdatenbank
DFL	Degree of Financial Leverage
d. h.	das heißt
DOL	Degree of Operating Leverage
DRS	Deutscher Rechnungslegungsstandard
DStR.	Deutsches Steuerrecht
DVFA	Deutsche Vereinigung für Finanzanalyse und Asset Management
DW	Durbin-Watson

E

EBIT	Earnings before Interest and Taxes
EBITDA	Earnings Before Interest, Taxes, Depreciation and Amortization
EBTDA	Earnings Before Taxes, Depreciation and Amortization
Ed.	Edition
EGLS	Pooled Generalized Least Squares
EK	Eigenkapital
engl.	Englisch
E/P	Earning to Price
EPS	Earnings per Share
ERP	Equity Risk Premium
et al.	et alius (und andere)

F

FASB	Financial Accounting Standards Board
FB	Finanzbetrieb
FCF	Free Cash Flow
FCFE	Cash Flow to Equity
FCFF	Free Cash Flow to Firm
F & E	Forschung und Entwicklung

FIFO	First In First Out
FIN	F-Test In
FK	Fremdkapital
FN	Fußnote
FOUT	F-Test Out
FTSE	Financial Times Stock Exchange-Index
FV	Firm Value

G

GARCH	Generalized Autoregressive Conditional Heteroscedasticity
GaT	Cash Flow nach Unternehmenssteuern und Zinszahlungen
GB	Grundbestandteil
GbT	Cash Flow vor Unternehmenssteuern und Zinszahlungen
ggf.	gegebenenfalls
ggü.	gegenüber
GLS	Generalized Least Squares
GoB	Grundsätze ordnungsmäßiger Buchführung und Bilanzierung
GoK	Grundsätzen ordnungsmäßiger Konsolidierung
grds.	grundsätzlich
GuV	Gewinn- und Verlustrechnung

H

HC	Human Capital
HDAX	Deutscher Aktienindex 100
HGB	Handelsgesetzbuch
Hrsg.	Herausgeber
hrsg.	herausgegeben

I

IAS	International Accounting Standards
i.d.R.	in der Regel
IDW	Institut d.Wirtschaftsprüfer in Deutschland
IFRS	International Financial Reporting Standards
i. H. v.	in Höhe von
i.i.d.	independent and identically distributed
Inc.	Incorporated
i. S.d.	im Sinne der

i. V.	in Verbindung
IVG	Immaterielle Vermögensgegenstände
IT	Informations-Technologie

J

JB	Jarque-Berra
JFQA	Journal of Financial Analysis
Jg.	Jahrgang
JoE	Journal of Economics
JoF	Journal of Finance
JoFE	Journal of Financial Economics
JoPM	Journal Portfolio Management

K

KA	Ausschüttungsverhalten
Kap.	Kapitel
KF	Finanzielle Risikomaße
KG	Unternehmensgröße
KGV	Kursgewinnverhältnis
KK	Kennzahlenkombination
KL	Leistungswirtschaftliche Risikomaße
KM	(Bilanzielle) Marktrisikomaße
KMU	Kleine und Mittlere Unternehmen
KOMB-Verfahren	kombiniertes Verfahren
KoR	Zeitschrift für internationale und kapitalmarktorientierte Rechnungslegung
KrP	Kostenrechnungspraxis
KStG.	Körperschaftsteuersatz
KW	Unternehmenswachstum

L

LAD	Least Absolute Deviations
lfd.	laufende
LIFO	Last In First Out
LM	Lagrange Multiplier
LMS	Least Median of Squares
Log	Logarithmus

LT	Long Term
Ltd.	Limited
M	
MAD	Median of Absolut Deviations
Max.	Maximum
M/B	Markt- Buchwertverhältnis
MDAX	Mid-Cap-DAX
m. E.	meines Erachtens
MEK	Marktwert des Eigenkapitals
MFK	Marktwert des Fremdkapitals
MGK	Marktwert des Gesamtkapitals
Min.	Minimum
MLPFS	Merril Lynch, Pierce, Fenner & Smith
Mrd.	Milliarden
MSCI	Morgan Stanley World Capital-Index
MSE	Mean Square Error
MVA	Market Value Added
MW	Mittelwert des Betafaktors
m. w. N.	mit weiteren Namen
N	
NASDAQ	National Association of Securities Dealers Automated Quotations
NEMAX.	Neue Markt-Index
No.	Number (Nummer)
NOA	Net Operating Assets
NOPAT	Net-Operating Profit After Taxes
Nosig	nicht signifikant
NYSE	New York Stock Exchange
O	
o. g.	oben genannt
OL	Operating Leverage
OLS	Ordinary-Least Squares
o. V.	ohne Verfasser

P/Q

P/E	Price to Earnings
q.e.d.	quod erat demonstrandum (was zu beweisen war)

R

R & D	Research & Development
REVA	Refined Economic Value Added
RoA	Return on Assets
RoC	Return on Capital
ROCE	Return on Capital Employed
RoE	Return on Equity“
RP	Risikoprämie

S

S.	Seite
SBF	Société des Bourses Françaises 250-Index (Französischer Aktienindex)
SDAX	Small-Cap-DAX
SFAS	Statements of Financial Accounting Standards
SG	Schmalenbach-Gesellschaft
SHV	Shareholder Value
sign. Zus.	signifikanter Zusammenhang
s. o.	siehe oben
sog.	sogenannte
S & P	Standard & Poors
SP	Size-Premium
ST	Short Term
STAT	Stationärer Betafaktoren
Std. Dev.	Standard Deviation
SUR	Seemingly Unrelated Regression

T

TecDax	Deutscher Aktienindex der 30 größten Technologiewerte
TFCF	Total Free Cash Flow to Firm

U

u.	und
U	Umsatz
u. a.	und andere
UK	United Kingdom
URL	Internet Adresse
US	United States
US-GAAP	United States Generally Accepted Accounting Principles
UV	Umlaufvermögen

V

VAP	Value Added per Employee
Var	Varianz
vgl.	vergleiche
Vol.	Volume
VZ	Verzeichnis

W

WACC	Weighted Average Costs of Capital
WiSt.	Wirtschaftswissenschaftliches Studium
WISU	Wirtschaft & Studium
WP	Wertpapier

Z

z. B.	zum Beispiel
ZfB	Zeitschrift für Bankwirtschaft
ZfbF	Zeitschrift für betriebswirtschaftliche Forschung
ZFO	Zeitschrift Führung + Organisation
ZGS	Zentraler Grenzwertsatz
Z-Score	Altman Z-Score
z. T.	zum Teil
zugl.	zugleich

1 Einleitung

1.1 Problematik der Ermittlung von Kapitalkosten bei nicht börsennotierten Unternehmen und Konzernsegmenten in Deutschland

In den vergangenen Jahren haben Unternehmenstransaktionen im Bereich nicht börsennotierter Unternehmen deutlich zugenommen. Im medialen Interesse war dabei insbesondere der Private-Equity-Bereich, der nach kurzer Stagnation im Jahr 2003 bis zum Krisenjahr 2008 wieder ein überdurchschnittliches und anhaltendes Wachstum erzielen konnte. Im Jahr 2004 resultierte das in einer enormen Steigerung der Investitionen der Private-Equity-Gesellschaften in KMU (kleine und mittlere Unternehmen) um 56 % gegenüber dem Vorjahr.[1] Schon im Jahr 2007 betrugen die Investitionen der im Bundesverband Deutscher Kapitalbeteiligungsgesellschaften e. V. (BVK) organisierten Privete Equity Unternehmen 10.6 Mrd. Euro während im Jahr 2003 lediglich 2.4 Mrd. Euro investiert wurden.[2]

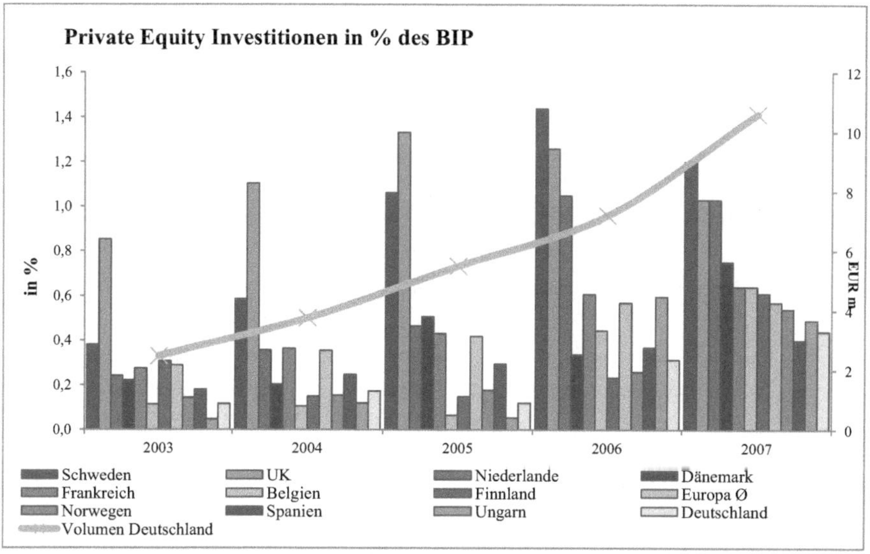

Abbildung 1: Private-Equity-Investitionen in Europa

---

1 Zum Teil erfolgten die Investitionen aber auch in Großunternehmen.

2 Investitionen In and Outbound Europa aber mit Sitz der Gesellschaft in Deutschland.

In Schweden wurden im Jahr 2007 nahezu 1.2 %, in Großbritannien und den Niederlanden etwa 1.03 %, in Frankreich 0.64 %, im europäischen Durchschnitt 0.57 % und in Deutschland bislang nur 0.44 % des BIP im Private-Equity-Bereich investiert.[3] Generell erwartet man für den deutschen Markt auch in Zukunft steigende Wachstumsraten für Transaktionen in diesem Umfeld, da ein Nachholbedarf gegenüber anderen europäischen Ländern offensichtlich erscheint. Es ist allerdings davon auszugehen, dass die seit Juni 2007 anhaltende Finanz- und Schuldenkrise mit ihren strukturellen Veränderungen die Rahmenbedingungen für derartige Transaktionen nachhaltig beeinflussen wird, wenngleich in den Jahren 2011 und 2012 schon wieder ein erheblicher Anstieg an Leveraged Buyouts erkennbar war. Dementsprechend sollte man meinen, dass dies auch Auswirkungen auf die zukünftige Anzahl der Transaktionen haben wird.[4] Die positive Entwicklung insbeondere der letzten Jahre lässt jedoch, trotz Finanzmarktkrise, langfristig weiter eine steigende Anzahl von Transaktionen in diesem Bereich erwarten.

Mit der steigenden Zahl der Transaktionen geht auch ein verstärkter Bedarf adäquater Bewertungsmodelle einher. In der hiesigen Literatur ebenso wie in der angewandten Unternehmensbewertungspraxis stellt das auf dem Shareholder Value (SHV)-Ansatz basierende Discounted-Cash-Flow-(DCF)-Verfahren mit den Weighted Average Costs of Capital (WACC) zur Kapitalkostenbestimmung eine der bedeutendsten Methoden für Zwecke der Wertermittlung eines Unternehmens dar. Schwierigkeiten bereitet in diesem Zusammenhang jedoch regelmäßig die Ermittlung des systematischen Risikos (Beta) bei der Bestimmung adäquater Kapitalkosten. Während die Bestimmung des Betas bei börsennotierten Unternehmen als weitestgehend unproblematisch angesehen wird,[5] ist die Ermittlung bei nicht börsennotierten Unternehmen(steilen) – aufgrund fehlender Kapitalmarktdaten – wesentlich schwieriger. Sowohl für nicht börsennotierte Unternehmen als auch für einzelne Unternehmensbereiche stehen grundsätzlich keine Marktwerte zur Verfügung, weshalb regelmäßig auf alternative Verfahren zurückgegriffen werden muss, wenn man das Beta ermitteln will. In der Literatur werden diesbezüglich hauptsächlich drei methodisch unterschiedliche Ansätze propagiert. Der erste An-

3 Alle Zahlen beziehen sich auf das Jahr 2007. Quelle: URL: http://www.BVK-EV.de, abgerufen am 18.06.2008.

4 Zwar war die Zahl der Transaktionen seit Beginn der Sub-Prime-Krise Mitte 2007 rückläufig. Dies gilt aber in erster Linie für große Transaktionen und weniger für den Mid-Cap-Bereich und ist darüber hinaus dem aus der Krise resultierenden Liquiditätsengpass der Banken untereinander geschuldet. Auch werden die Konditionen durch niedrigere Leverages, höhere Margen, bankenfreundlichere Kreditdokumentation und höhere Eigenkapitalanteile bei der Strukturierung von Private-Equity-Transaktionen zunehmend schwierger; ein Ende dieses Geschäftsmodells ist jedoch nicht zu erwarten, wenngleich neue Rahmenbedingungen nach dem Ausstehen der Finanzmarktkrise existieren werden, die sich aber vermutlich dynamisch an der Liquidität der „Kredit-Märkte" orientieren werden.

5 Die Kritik an der empirischen Validität des CAPM wird hier ausgeblendet. Siehe hierzu ausführlich Kapitel 3.1.

satz, das Analogieverfahren, stellt ein in der Bewertungspraxis weit verbreitetes und aufgrund der konzeptionellen Einfachheit vielfach geschätztes Verfahren dar, bei dem von einem Markt-Beta (Beta eines vergleichbaren[6] börsennotierten Unternehmens) auf das hypothetische systematische Risiko eines nicht börsennotierten Unternehmens geschlossen wird.[7] Diese Methode ist allerdings zumindest insofern kritisch zu betrachten, als nicht das tatsächliche dem Unternehmen obliegende systematische Risiko ermittelt wird, sondern das Risikoprofil eines Vergleichsunternehmens analogisiert und adaptiert wird.[8] Darüber hinaus existieren sog. Praktiker-Verfahren, die aber aufgrund ihrer subjektiven Beeinflussungsmöglichkeiten nicht unproblematisch sind. Ein – aufgrund der Problembehaftung der o. g. Verfahren – in der jüngeren Vergangenheit wieder in den Blick der Forschung geratener Ansatz ist das sog. Analyse-Verfahren. Dessen Grundlagen liegen in den empirischen Untersuchungen zu Einflüssen bilanzieller Kennzahlen auf das Beta, welche insbesondere im amerikanischen Sprachraum durch Publikationen von *Ball/Brown* (1969), *Beaver/Kettler/Scholes* (1970), *Rosenberg/McKibben* (1973) einige Aufmerksamkeit erlangten.[9] Mangels geeigneter Kennzahlenauswahl, temporaler Instabilität und methodischer Mängel der eingesetzten Modelle führten die Untersuchungen in Deutschland jedoch nur zu unbefriedigenden Ergebnissen.[10]

Die Frage, welches der o. g. Verfahren zu objektiv zutreffenden Werten für das Beta[11] nicht börsennotierter Unternehmen(steile) führt, ist bislang nicht abschließend geklärt. Trotzdem oder gerade deshalb gewinnt dieses Forschungsgebiet gegenwärtig an zunehmender Bedeutung, da sich insbesondere die nicht börsennotierten Unternehmen durch immer komplexer werdende Strukturen auszeichnen, denen traditionelle Betas in den wenigsten Fällen gerecht werden können. Vor dem Hintergrund einer stark ansteigenden Zahl von Transaktionen im Zusammenhang mit KMU, der zunehmenden Kapitalmarktorientierung nicht börsennotierter Unternehmen und der wachsenden Bedeutung der Segmentberichterstattung (und somit der Kapitalkosten auf Segmentebene) im Rahmen der IFRS überrascht es, dass nur wenige Arbeiten sich mit der Ermittlung des systematischen Risikos dieser Unternehmen auf der Grundlage von analytischen Ansätzen auseinandergesetzt haben oder bislang nur unzureichende Ergebnisse für den deutschen Markt erbracht haben. Die wenigen hierzu existierenden Arbeiten –

---

6 Vergleichbar hinsichtlich Branche, Kapitalstruktur, Jahresüberschüssen, Cash Flows etc.

7 Diskutiert werden in diesem Zusammenhang insbesondere drei unterschiedliche Ansätze, das Peer Group Beta, das Industry Beta und das Pure Play Beta. Siehe hierzu im Detail Kapitel 4.

8 Insbesondere sind die Verfahren unter dem Aspekt verzerrter Aktienkurse, Spekulationseinflüsse oder Ausreißer bei der Aggregation der Peer Betas kritisch zu sehen.

9 Vgl. *Ball/Brown* (1969), S. 300-323; *Beaver/Kettle/Scholes* (1970), S. 654-682; *Rosenberg/McKibben* (1973), S. 167-181.

10 Die Mehrzahl der empirischen Untersuchungen konnte bisher keine signifikanten und stabilen Zusammenhänge zwischen fundamentalen Kennzahlen und dem Beta am deutschen Markt belegen. Zu einer Zusammenfassung der empirischen Untersuchungen in Deutschland siehe Kapitel 4.3.2.

11 Im Falle der Praktikerverfahren wird nicht das Beta, sondern werden die Kapitalkosten ermittelt.

insbesondere am deutschen Markt – waren aber nicht in der Lage, fundamentale Einflüsse auf das Beta nachzuweisen.[12] Dies lag teilweise an der modelltheoretischen Konzeption (Auswahl der Faktoren) und dem ökonometrischen Forschungsdesign (Instabilität der Einflüsse).[13] Andere Gründe für die geringe Zahl an Publikationen in diesem Zusammenhang sind zum einen in der ressourcenaufwendigen Beschaffung und Aufbereitung des Datenmaterials sowie zum anderen in der Komplexität der ökonometrischen Modelle bei Verwendung einer Vielzahl von Kennzahlen zu sehen.[14] Da die vorhandenen Studien und Publikationen sich fast ausschließlich auf den amerikanischen Wirtschaftsraum beschränken und die Verwendung integrativer wertorientierter Kennzahlen vermissen lassen, soll diese wissenschaftliche Lücke durch das hier beschriebene Forschungsvorhaben geschlossen werden. Vor dem Hintergrund eines neuartigen, auf den panelanalytischen Grundlagen der Studien von *Hsiao* (1985) und *Baltagi* (1995) basierenden Forschungsdesigns, sollte die Bestimmung des systematischen Risikos aus fundamentalen Faktoren möglich sein.[15]

1.2 Zielsetzung und Lösungsansatz

Im Rahmen des Dissertationsvorhabens soll auf der Grundlage eines ganzheitlichen Kapitalkostenverständnisses unter Berücksichtigung der Werttreiber moderner Unternehmenssteuerungsverfahren das Fundamental (Panel) Beta für nicht börsennotierte Unternehmen ermittelt werden. Dadurch kann die Informationslücke, die durch nicht vorhandene Kapitalmarktdaten bei der Bewertung der nicht börsennotierten Unternehmen entsteht, geschlossen werden. Bei der analytischen Ermittlung der Eigenkapitalkosten soll unter Zuhilfenahme spezifischer Daten der externen Rechnungslegung aus den Unternehmensberichten ein Fundamental bzw. Accounting Beta als hypothetisches systematisches Risiko hergeleitet werden. Die Bestimmung des Fundamental Betas erfolgt im Rahmen eines Top-Down-Ansatzes mittels eines auf mehreren Stufen aufbauenden multivariaten uns panelanalytischen Regressionsmodells. Dabei wird das Modell durch die Ergebnisse der univariaten Analyse determiniert (Kalibrierung) und anschließend im Rahmen des Beta-Prognosemodells spezifiziert (Validierung). Im Einzelnen sollen folgende Frage- bzw. Problemstellungen beantwortet werden:

---

[12] Probleme traten insbesondere im Zusammenhang mit der Stabilität und Signifikanz der beobachteten Einflüsse auf.

[13] Zu dem in dieser Arbeit verwendeten ökonometrischen Forschungsdesign siehe Kapitel 6.

[14] Gerade in Deutschland liegt ein Grund zweifelsfrei in der mangelhaften Datenbasis bilanzieller Unternehmensinformationen in der Vergangenheit. Erst mit dem Wechsel der Rechnungslegung von HGB auf IAS/IFRS oder US-GAAP haben viele Unternehmen erstmals die Quartalsberichterstattung eingeführt.

[15] Die überwiegende Mehrzahl der Untersuchungen in diesem Zusammenhang wurde im Rahmen sog. jahresweiser Querschnittsanalysen durchgeführt. Dem Autor ist kein mit dem hier verwendeten Panelanlysemodell vergleichbares historisches Forschungsdesign bekannt.

- Wie muss ein geeignetes ökonometrisches Forschungsdesign/Modell aussehen, um die bei vergangenen Untersuchungen aufgetretenen Probleme beheben zu können?
- Unter welchen Prämissen sollte die Auswahl geeigneter Kennzahlen erfolgen? Kann ein normatives Rahmenwerk die Verbindung zwischen neoklassischer Finanzierungslehre und Analysemodellen herstellen?
- Können signifikante und stabile Einflüsse (bilanzieller) fundamentaler Kennzahlen auf das Beta von Unternehmen am deutschen Markt nachgewiesen werden?
- Welche Marktrisikomaße eignen sich am Besten, um die Einflüsse auf das Beta nachzuweisen und welcher Art sind diese Einflüsse?
    1. Fundamental Beta als Panelmodell
    2. Accounting Beta als Zeitreihenmodell
    3. Aus 1 + 2 kombinierte (Multifaktor-)Modelle
- Welche Auswirkung hat die Verwendung von Quartals-, anstelle von Jahresdaten (wie bei den meisten bisherigen empirischen Untersuchungen) bei der Schätzung des Accounting Betas auf die Prognosegüte?
- Welchen Einfluss haben unterschiedliche Rechnungslegungsregimes auf die festgestellten Kennzahlenzusammenhänge?
- Existieren Möglichkeiten, um den Fundamental-Beta-Ansatz zu manipulieren (bspw. aufgrund von Bewertungsspielräumen/Wahlrechten bei den Vorschriften der Rechnungslegung)?
- Kann mit einem multivariaten Modell die Prognosegüte gegenüber einem univariaten Modell verbessert werden?
- Welche Möglichkeiten bestehen für eine zukunftsorientierte Adjustierung des Fundamental Betas?

Im Mittelpunkt des Forschungsvorhabens steht die Entwicklung eines fundamentalen Zusammenhangs- sowie eines Beta-Prognosemodells, dessen Berechtigung und Gültigkeit im Rahmen einer empirischen Untersuchung am deutschen und amerikanischen Kapitalmarkt getestet werden soll.

1.3 Gang der Untersuchung

Die Dissertation ist in zwei Hauptteile gegliedert. Der erste Teil widmet sich den theoretischen Grundlagen, der Begriffsbestimmung und der Einordnung der Forschungsthematik in den Kontext der Finanzierungslehre. Der zweite Teil konzentriert sich auf die Entwicklung neuer Modellansätze und deren empirische Überprüfung. Kapitel 1 gibt eine kurze Einführung in den Kern des Forschungsvorhabens. Dort werden Motivation, Zielsetzung und der Gang der Arbeit begründet. In Kapitel 2 wird das Forschungsvorhaben in den wissenschaftlichen Kontext der Finanzierungs- und Kapitalkostenlehre eingeordnet. In diesem Zusammenhang werden zwei bedeutende wertorientierte Unternehmenssteuerungsansätze dargestellt und hinsichtlich ihrer normativen Bedeutung für das Fundamental Beta diskutiert. Kapitel 3 legt mit der Darstellung und kritischen Reflexion des Capital Asset Pricing Model (CAPM) die kapitalmarkttheoretischen Grundlagen für das zu entwickelnde Beta-Prognosemodell. Dabei wird auch der theoretische Zusammenhang zwischen Rendite und Beta veranschaulicht und es werden ökonometrische Messverfahren für das systematische Risiko vorgestellt.

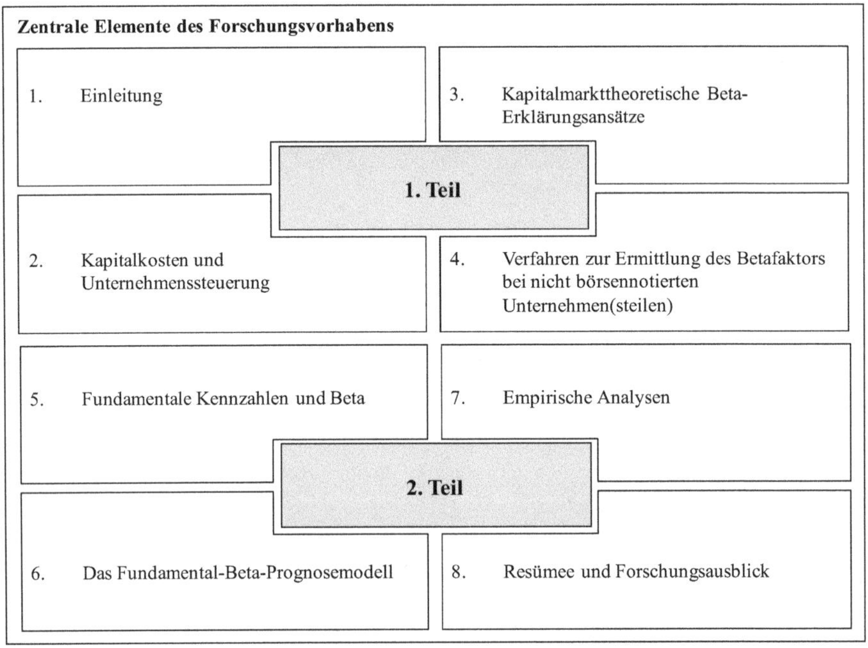

Abbildung 2: Zentrale Elemente des Forschungsvorhabens

Das Kapitel endet mit einer Zusammenfassung des aktuellen Forschungsstandes auf dem Gebiet der Capital-Asset-Pricing- und Multifaktor-Modelle. Kapitel 4 widmet sich der Darstellung der gegenwärtig in der Literatur diskutierten Ansätze zur Bestimmung der Kapitalkosten bzw. des Betafaktors bei nicht börsennotierten Unternehmen. Abgeschlossen wird der erste Teil der Dissertation mit der Entwicklung eines eigenen normativen Ansatzes zur Bestimmung der Kapitalkosten mittels eines fundamentalen Beta-Prognosemodells. Die Basis hierfür bildet das Shareholder-Value-Konzept und die in diesem Kapitel skizzierte interdependente

Beziehung zwischen Kapitalkosten und Unternehmenssteuerung. Auf dieser Grundlage soll im Rahmen eines Top-Down-Ansatzes das hypothetische systematische Risiko nicht börsennotierter Unternehmen(steile) bestimmt werden. In Kapitel 5 werden die theoretischen und empirischen Zusammenhänge zwischen bilanziellen Kennzahlen und dem systematischen Risiko geklärt, wobei eine abschließende Auswahl der Untersuchungskennzahlen getroffen wird. Dabei liegt der Fokus dieses Kapitels insbesondere auch darauf, neue (z.T. bisher nicht bekannte) Zusammenhänge zwischen bilanziellen Kennzahlen und Beta theoretisch und/oder empirisch zu fundieren. In Kapitel 6 wird ein eigenes Modell zur Prognose hypothetischer Marktrisiken für nicht börsennotierte Unternehmen hergeleitet. Dort werden zunächst zwei univariate Modelle dargestellt und kritisch beurteilt, um sodann zum multivariaten Modellaufbau überzuleiten und die Vorteile einer solchen Modellvariante darzulegen. Darüber hinaus wird ein neues, sich von bisherigen Ansätzen grundsätzlich unterscheidendes, ökonometrisches Untersuchungsmodell entwickelt. Vor dem Hintergrund der zunehmenden Kapitalmarktorientierung[16] in Deutschland scheint es für den deutschen Markt nunmehr möglich, einen fundamentalen, wertorientierten Ansatz zur Bestimmung der Kapitalkosten zu formulieren und zu testen. Für die empirische Beweisführung und wissenschaftliche Fundierung des Prognosemodells in Kapitel 7 wurden Daten repräsentativer Untersuchungsstichproben (Samples) am deutschen und auch am amerikanischen Kapitalmarkt erhoben. Neben der Überprüfung univariater Zusammenhänge werden auch mögliche multivariate Einflüsse getestet. Weiter erfolgen Untersuchungen hinsichtlich der historischen Stabilität unter Verwendung verschiedener Schätzmethoden, Renditeintervalle und Lags. Die Dissertation wird in Kapitel 8 mit einer Zusammenfassung der Ergebnisse sowie einer kritischen Würdigung abgeschlossen. Darin wird explizit auf das Untersuchungsmodell, das Forschungsdesign und die erzielten Ergebnisse Bezug genommen.

[16] Die Umstellung der Bilanzierung vieler Unternehmen in den letzten Jahren in Deutschland von HGB auf IFRS und die damit einhergegangenen veränderten Publizitätsanforderungen haben erstmal eine ausreichende Anzahl an verfügbaren Daten für Zwecke der Kennzahlenbildung gewährleistet.

2 Kapitalkosten und Unternehmenssteuerung

Im Zuge der Entwicklungen in der modernen Corporate-Finance-Theorie hat die kapitalmarktorientierte Unternehmenssteuerung eine immer größere Bedeutung erlangt. Dies gilt insbesondere nicht nur für börsennotierte Unternehmen, sondern zunehmend auch für nicht börsennotierte Unternehmen, die über immer komplexer werdende Finanzierungsstrukturen in stärkerem Maße den Kapitalmarkt als Finanzierungsquelle entdecken.[17] Aus dieser Entwicklung ist für die nicht börsennotierten Unternehmen die Forderung erwachsen, sich stärker an den Bedürfnissen der Kapitalgeber zu orientieren. Das Hauptaugenmerk liegt in diesem Zusammenhang auf der Erzielung einer dem Risiko der Investition angepassten Rendite der Kapitalgeber. Die Orientierung an den Bedürfnissen der Kapitalgeber, in der Literatur auch unter dem Begriff Shareholder Value subsumiert, gilt als „State of the Art"-Maxime angewandter moderner Unternehmenssteuerungsverfahren. Da die Maximierung der Aktienrendite gleichermaßen Zielsetzung des Aktionärs als auch des Unternehmens ist, müssen moderne kapitalmarktorientierte Steuerungsverfahren die Symbiose beider Perspektiven gewährleisten. Den Kapitalkosten als Instrument der wertorientierten Unternehmenssteuerungsansätze kommt in diesem Zusammenhang sowohl bei der Investitionsentscheidung der Kapitalgeber als auch bei der internen Steuerung des Unternehmens als strategisches bzw. kontrollierendes (Controlling)-Instrument eine grundlegende Bedeutung zu. Aufgrund der vorgenannten Entwicklungen werden Kapitalkosten immer stärker zum „Eichpunkt ökonomischer Erfolgsmessung"[18]. Die nachfolgenden Ausführungen werden verdeutlichen, dass die Unternehmenssteuerungsverfahren und die fundamentalen Methoden zur Bestimmung der Eigenkapitalkosten bzw. des Betas in einer interdependenten Beziehung untrennbar miteinander verbunden sind.

2.1 Der Begriff der Kapitalkosten in der Finanzierungslehre

Der Begriff der Kapitalkosten[19] wurde aus dem in der angelsächsischen Literatur gebräuchlichen Begriff „Cost of Capital"[20] abgeleitet.[21] Er ist insofern missverständlich, als er entweder als (i) Kosten des Kapitals im Sinne eines leistungsbezogenen Verbrauchs der knappen Res-

---

[17] So ist es über sog. Asset Backed Securities (ABS) auch für nicht börsennotierte Mittelständler möglich, die Vorteile des Kapitalmarktes zu nutzen und sich über die Verbriefung ihrer Kreditverbindlichkeiten zumeist deutlich niedrigere Zinssätze als bei alternativen, traditionellen Fremdkapitalfinanzierungen zu sichern. Vgl. zu einer detaillierten Darstellung von ABS-Finanzierungsstrukturen für den Mittelstand *Schmittat* (2007).

[18] Vgl. *Lorson* (1999), S. 1330.

[19] Hinsichtlich der nachfolgenden Ausführungen sei darauf verwiesen, dass sich die Terminologie an den angelsächsischen Begrifflichkeiten orientiert, die sich in der Literatur durchgesetzt haben.

[20] Vgl. zum Begriff der Kapitalkosten und den unterschiedlichen Interpretationen auch *Pratt* (2002), S. 3 ff.; *Heinen* (1985), S. 205 ff.; *Süchting* (1989), S. 345 ff.; *Nieß* (1989), S. 67 ff.; *Hax* (1989), S. 419.

[21] Es sei darauf hingewiesen, dass die nachfolgenden Begrifflichkeiten sich aus pragmatischen Gründen grundsätzlich an der angelsächsischen Terminologie orientieren.

source oder als (i) sog. „Opportunitätskosten"[22] interpretiert werden kann.[23] Je nachdem, ob man die Kapitalkosten im Sinne der traditionellen Ansätze der Finanzierungslehre oder der modernen kapitalmarkttheoretischen Forschungsansätze (vgl.Abbildung 3) versteht, unterscheiden sich auch die Ermittlungsmethoden. Das traditionelle Konzept der Finanzierungslehre ist durch einen deskriptiven Denkansatz charakterisiert und versteht die Kapitalkosten vor dem Hintergrund realer Unternehmens- und Kapitalmarktgegebenheiten als auszahlungsbezogenen (pagatorischen) Kostenbegriff. Betrachtet man demzufolge die Kapitalkosten aus der Perspektive der Unternehmen (i. S. des traditionellen Ansatzes), dann stellen die Kapitalkosten den Preis dar, den ein Unternehmen für die Bereitstellung einer bestimmten Menge an Eigen- und/oder Fremdkapital in Form von Dividenden, Zinsen und Sonderzahlungen tatsächlich bezahlen muss.[24] Während sich die Quantifizierung der *tatsächlich* angefallenen Kapitalkosten beim Fremdkapital als weitestgehend unproblematisch darstellt, sind bei der Ermittlung der Eigenkapitalkosten nicht unerhebliche Quantifizierungsprobleme zu überwinden, wenn man nicht sogar zu wenig sinnvollen Ergebnissen gelangt.[25] Die Kosten für die Bereitstellung der unterschiedlichen Fremdkapitalformen lassen sich im Allgemeinen recht einfach über die Auszahlungsströme erfassen. Unter Berücksichtigung einmaliger und laufender Zahlungen (z. B. Provisionen, Damnum, Zinsen etc.) kann die Fremdkapitalrendite im Sinne einer effektiven Zinsbelastung durch interne Zinsfußrechnung ermittelt werden.[26] Analog der Vorgehensweise bei der Ermittlung der Fremdkapitalkosten und unter Berücksichtigung des (nicht unproblematischen) Kerngedankens, dass jede Art von Kapitalüberlassung „ihren Preis habe", müssen auch die Eigenkapitalkosten im traditionellen Verständnis über sog. Auszahlungsströme erfasst werden.[27] Dies ist schon deshalb schwierig, da nur für bestimmte, der Eigenkapitalfinanzierung zurechenbare Tatbestände, Auszahlungen vorhanden sind aber andere wesentliche Größen gar nicht bekannt sind.[28] Betrachtet man bspw. den Fall einer Kapitalerhöhung, die über ein Bankenkonsortium abgewickelt wird, so fallen typischerweise Kosten mit einmaligem und wiederkehrendem Zahlungscharakter an:

22 Zum Begriff der Opportunitätskosten siehe unten.
23 Vgl. *Freygang* (1993), S. 184.
24 Vgl. *Kaufmann* (1999), Kapitel 8.3.
25 Vgl. *Freygang* (1993), S. 185 f.
26 Vgl. *Hax* (1989), S. 420. Zu den Kostenpositionen siehe auch *Hielscher/Laubscher* (1989).
27 Vgl. *Schneider* (1976), Sp. 451; *Lipfert* (1969), S. 42 f.
28 Vgl. *Freygang* (1993), S. 186.

Einmalige Kosten der Emission:

- Vorbereitungskosten (Hauptversammlung, Notargebühren, Gerichtskosten)
- Auflegungskosten (Gesellschaftssteuer, Übernahmeprovision, Druck des Bezugsangebots)
- Börseneinführungskosten (Börseneinführungsprovision, Veröffentlichungskosten, Beratungskosten, Notierungsgebühren)

Wiederkehrende (jährliche) Kosten:

- Dividendenforderungen
- Kurspflegekosten (z. B. Designated-Sponsor-Kosten)

Die Probleme, die im Zusammenhang mit einer Emission in Bezug auf die Quantifizierung der Eigenkapitalkosten auftreten, sind zweierlei Art. Zum einen entstehen zeitliche Zurechnungsprobleme bei den einzelnen (einmaligen) Kostenpositionen und zum anderen lassen sich manche Kostenpositionen wie z. B. die Kurspflege, etc nur schwer quantifizieren. Während Kosten bei der Kurspflege für den Designated Sponsor noch eindeutig zugeordner werden können, sind darüber hinaus veranlasste, kursstabilisierende Maßnahmen weder zeitlich noch der Höhe nach eindeutig bestimmbar.[29] Anders als für die Mehrzahl der Fremdkapitalüberlassungen steht beim Eigenkapital von vornherein keine bestimmte Zeitdauer fest.[30] Sofern *Hielscher/Laubscher* (1989) die durchschnittliche Kapitalnutzungsdauer bei Aktien-Emissionen mit 10.5 Jahren ansetzen, basiert dies auf subjektiver Einschätzung der Autoren.[31] Theoretisch ließe sich nämlich auch eine „unbegrenzte" Nutzungsdauer des Eigenkapitals bei Aktiengesellschaften unterstellen, wodurch einmalige Aktienemissionskosten als irrelevant für die Festsetzung der Kapitalkosten erachtet werden könnten.[32] Neben den Problemen bei der grundsätzlichen Erfassung einzelner Tatbestände und der zeitlichen Zuordnung existieren auch Unsicherheiten hinsichtlich der Höhe des Entgelts der Eigenkapitalüberlassung. Mit dem Eigenkapital wird, anders als beim Fremdkapital, typischerweise kein bestimmter Verzinsungsanspruch, sondern eine Beteiligung des Investors am Unternehmenserfolg über Dividendenausschüttungen und Kurssteigerungen verbunden. Der wesentliche Unterschied zum Zinsentgelt besteht darin, dass die Zahlungsströme an die Eigenkapitalgeber i. d. R. in ihrem zeitlichen Anfall und der Höhe nach unsicher sind.[33] Will man dennoch, dem traditionellen Ansatz folgend, die Kosten des Eigenkapitals bestimmen, so bietet sich an, die tatsächlich erzielten Gewinne zugrunde zu legen und diese im Verhältnis auf die Anteile der Eigenkapi-

[29] Vgl. *Freygang* (1993), S. 186 f.
[30] Vgl. *Kloster* (1988), S. 64.
[31] Vgl. *Hielscher/Laubscher* (1989), S. 12.
[32] Vgl. *Kloster* (1988), S. 64.
[33] Vgl. *Freygang* (1993), S. 187.

talgeber umzulegen.[34] Abgesehen von der Problematik, ob man hierbei nur die ausgeschütteten oder auch die thesaurierten Gewinne berücksichtigt und ob man diese ins Verhältnis zum Grundkapital oder zum gesamten buchhalterischen Kapital setzt, kann eine solche Vorgehensweise zu wenig sinnvollen Ergebnissen führen.[35] Wenn ein Unternehmen in einem bestimmten Geschäftsjahr z. B. keine Dividende zahlt und auch keine Kurssteigerung erzielen konnte, so lagen die Eigenkapitalkosten des Unternehmens nicht bei Null, wie man über das pagatorische Verständnis des traditionellen Kapitalkostenbegriffs irrtümlich annehmen könnte.

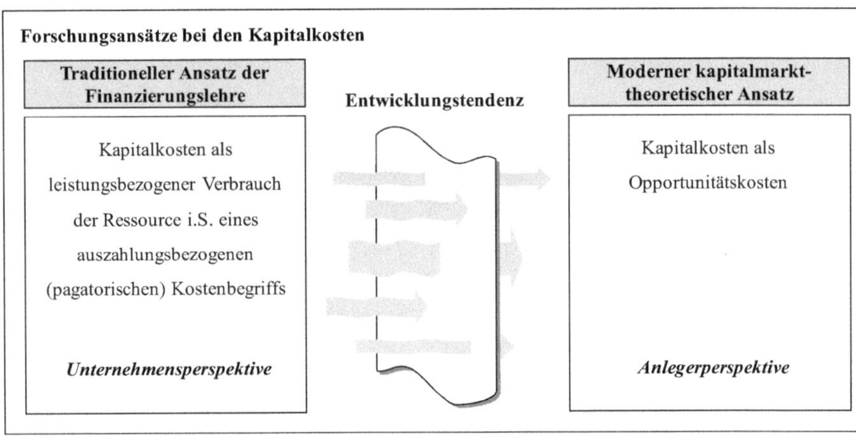

Abbildung 3: Forschungsansätze beim Begriff der Kapitalkosten

Eine ganz andere Sichtweise in Bezug auf die (Eigen-)Kapitalkosten erhebt der moderne kapitalmarkttheoretische Ansatz, der aus einer Anlegerperspektive die Kapitalkosten als die am Markt verlangte Rendite für ein spezifisches risikobehaftetes Investment begreift. Ökonomisch handelt es sich also nicht um die „tatsächlichen" Kosten eines Investments, sondern um die Rendite, die ein Anleger bei gleicher Risikosituation durch ein alternatives Investment realisieren könnte (sog. Opportunitätskosten).[36] Die theoretische Fundierung dieser Sichtweise folgt dem Substitutionsprinzip, wonach kein Anleger ein spezifisches Investment tätigt, wenn am Markt alternative Anlagemöglichkeiten mit höherer Rendite verfügbar sind. Bei diesem dem Opportunitätskostenprinzip folgenden Verständnis wird der „Markt" sowohl

---

[34] Vgl. *Freygang* (1993) S. 187 m. w. N.
[35] Vgl. *Freygang* (1993), S. 187 f.
[36] Vgl. *Pratt* (2002), S. 4. Man spricht in diesem Zusammenhang daher auch von den sog. ökonomischen Kapitalkosten.

durch die Gesamtheit aller verfügbaren Anlagemöglichkeiten als auch durch die Gesamtheit der Anleger, die ein Investment tätigen wollen, repräsentiert.[37] Dabei muss es sich bei dem zu investierenden Kapital nicht zwangsläufig um liquide Mittel handeln. Vorstellbar sind auch Investments, die durch andere Vermögensgegenstände (z. B. andere Wertpapiere oder Immobilien) finanziert werden.[38] Die Gesamt-Kapitalkosten setzen sich dann aus den gewichteten Kosten für Eigen- und Fremdkapital zusammen und werden im Allgemeinen in Form der *prozentual zu erwartenden Rendite*, bezogen auf das investierte Kapital, angegeben.[39] Die benötigten Informationen zur Berechnung werden normalerweise über die Finanzmärkte bzw. über unternehmensspezifischen Informationen, wie Jahresberichte, Quartalsberichte etc., bereitgestellt.[40]

Von Bedeutung für die nachfolgenden Ausführungen ist, dass die Kapitalkosten im Sinne der modernen Kapitalmarkttheorie als Opportunitätskosten verstanden werden, gleich, ob die Ermittlung aus einer internen oder externen Unternehmensperspektive erfolgt. Bei der Ermittlung der Kapitalkosten gilt es jedoch danach zu unterscheiden, ob es sich um börsennotierte Unternehmen oder nicht börsennotierte Unternehmen handelt.[41] Denn je nach Unternehmensform kommen auch unterschiedliche Ermittlungsmethoden für die Kapitalkosten in Betracht, deren Anwendung unmittelbar an die strukturellen Unterschiede der beiden genannten Unternehmensgruppen geknüpft ist. Möchte man die Kapitalkosten für (eine der) beide(n) Gruppen bestimmen, so ist ein Verständnis dieser Unterschiede unerlässlich. Nicht börsennotierte Unternehmen lassen sich am einfachsten durch einen Vergleich mit den börsennotierten Unternehmen abgrenzen. Die Anteile am Eigenkapital dieser Unternehmen werden im Gegensatz zu börsennotierten Unternehmen nicht an einem öffentlichen Markt gehandelt und befinden sich daher oftmals im Besitz einer nur „kleinen" Gruppe von Eigentümern.[42] Deshalb existiert für das Eigenkapital i. d. R. kein Marktpreis, woraus die vielfältigen Probleme in Bezug auf die Bestimmung der Kapitalkosten dieser Unternehmen resultieren. Bei börsennotierten Unternehmen handelt es sich in Deutschland im Allgemeinen um sog. Kapitalgesellschaften in der Rechtsform einer Aktiengesellschaft (AG), wohingegen es bei nicht börsennotierten Unternehmen keiner bestimmten Rechtsform bedarf. Denkbar ist neben einer Kapitalgesellschaft

---

37 Da Märkte immer dem Prinzip von Angebot und Nachfrage folgen, darf das Angebot an Investoren nicht außer Acht gelassen werden, da hierdurch insofern auch ein signifikanter Einfluss auf die Marktrendite der Investments ausgeübt wird.

38 Vgl. *Pratt* (2002), S. 3.

39 Siehe hierzu auch ausführlich die Darstellungen im Kapitel 2.2.

40 Beim traditionellen Aktien-Beta-Ansatz sind die Finanzinformationen ausreichend, wohingegen beim Accounting-Beta-Ansatz auf fundamentale Daten der Geschäfts- bzw. Quartalsberichte zurückgegriffen wird.

41 Hierunter werden auch Unternehmensdivisionen bzw. Konzernsegmente subsumiert.

42 Im Gegensatz zu der Anzahl der Aktionäre, die bei Aktiengesellschaften leicht einige Tausend übersteigen können.

auch eine Personengesellschaft, die sich grundsätzlich von der Kapitalgesellschaft in einer unterschiedlichen haftungs- und steuerrechtlichen Behandlung unterscheidet.[43]

2.2 Das Konzept der Weighted Average Cost of Capital (WACC)

Innerhalb der markt- und wertbezogenen Ansätze zur Kapitalkostenbestimmung kommt dem WACC-Ansatz in Theorie und Praxis wohl die größte Bedeutung zu. Die Grundlage bildet ein Mischzinsfuß, bestehend aus Eigenkapitalrendite und Fremdkapitalzins, der als sog. gewogener Kapitalkostensatz bezeichnet wird. Für die Berechnung des WACC wird ein konstanter Verschuldungsgrad auf Basis des Marktwertes unterstellt, wodurch sich folgender formeller Zusammenhang ohne Berücksichtigung individueller Einkommensteuer der Anteilseigner, aber mit Berücksichtigung der (deutschen) Unternehmenssteuern beim Tax Shield, ergibt:[44]

$$r_{wacc} = r_{EK} \cdot \frac{MEK}{MGK} + \underbrace{r_{FK} \cdot (1-s) \cdot \frac{MFK}{MGK}}_{\text{TAX Shield}}$$

mit:
- r_{WACC} = gewogener Kapitalkostensatz (**W**eighted **A**verage **C**apital **C**osts)
- r_{EK} = Renditeforderung der Eigenkapitalgeber
- MEK = Marktwert des Eigenkapitals
- r_{FK} = durchschnittlicher Zinssatz aller Fremdkapitalverbindlichkeiten im Unternehmen
- s = Steuersatz für Ertragssteuern auf Unternehmensebene[45]
- MFK = Marktwert des Fremdkapitals
- MGK = Marktwert des Gesamtkapitals

Die Ermittlung der Renditeforderung der Eigenkapitalgeber r_{EK} erfolgt hauptsächlich über kapitalmarkttheoretische Modelle, wie z. B. das CAPM (siehe unten).[46] Dabei kann die Renditeforderung der Eigenkapitalgeber als Summe der Rendite der risikolosen Kapitalanlage R_r und eines Risikozuschlags z ausgedrückt werden. Der Risikozuschlag wiederum wird über Multiplikation des unternehmensspezifischen Betas mit der Marktrisikoprämie berechnet, was nachfolgend noch ausführlich diskutiert wird.[47] Die Kapitalkosten (WACC) können dann als die erwartete, gewichtete Renditeforderung der Eigen- und Fremdkapitalgeber im Sinne eines

43 Zu unterschiedlichen steuerrechtlichen Aspekten bei Kapitalgesellschaften und Personengesellschaften unter Berücksichtigung der geplanten Unternehmenssteuerreform 2008 siehe *Höreth/Ortmann-Babel* (2007).

44 Vgl. *Ballwieser* (1998), S. 84.

45 Der Körperschaftsteuersatz der bei Kapitalgesellschaften (neben der Gewerbesteuer) zur Anwendung kommt wurde in Deutschland im Rahmen der Unternehmenssteuerreform 2008 gem. § 23 Abs. 1 KStG von 25 % auf 15 % gesenkt.

46 Vgl. *Drukarczyk* (2001), S. 350; zum CAPM siehe u. a. *Uhli/Steiner* (a. a. O.), S. 185 ff.

47 Vgl. ausführlich zum Beta Kapitel 3.2 und zum CAPM Kapitel 3.

Opportunitätskostensatzes für ihr Investment in eine bestimmte Anlageform (anstelle einer alternativen Anlage) aufgefasst werden.[48] Dabei richtet sich die relative Gewichtung von Eigen- und Fremdkapital nach der für die Langfristplanung angenommenen zukünftigen Zielkapitalstruktur des Unternehmens.[49]

2.3 Kapitalkosten und wertorientierte Unternehmenssteuerungsverfahren

Die moderne Kapitalmarkttheorie ist neben der Portfolio-/Investmenttheorie[50] und den modernen Verfahren der Unternehmensbewertung[51] auch sehr stark mit den Konzepten der wertorientierten Unternehmenssteuerung assoziiert.[52] Schon *Burger/Buchhardt* (2002) haben festgestellt, dass durch die Synthese von Elementen der Kapitalmarkttheorie und der Unternehmensführung eine konsequente Verbesserung der Übertragung der modernen Kapitalmarkttheorie auf die wertorientierte Unternehmensführung stattfindet.[53] Dies spiegelt sich insbesondere auch in der zunehmenden Orientierung an Shareholder-Value-basierten Unternehmenssteuerungskonzepten (Value Based Management)[54] bei komplexen Unternehmensverbünden wider.[55] Im Mittelpunkt des Shareholder-Value-Ansatzes steht die Orientierung jeglichen unternehmerischen Handelns an den Bedürfnissen der Eigenkapitalgeber.[56] Da der Shareholder-Value-Gedanke mittlerweile zur allgemeingültigen Unternehmensmaxime erhoben wurde, muss sich auch die wertorientierte Unternehmensführung daran ausrichten. Die Maximierung des Wertes der Unternehmensanteile der Eigenkapitalgeber gilt neben der Verfolgung spezifischer Teilziele/Funktionen als normative Prämisse und impliziert darüber hinaus, dass untergeordnete Teilbereiche bzw. Instrumente zur Erreichung dieser Zielsetzung, wie die Bestimmung der Kapitalkosten, an dieser Forderung auszurichten sind.[57] Dabei ist für die Ausrichtung der Kapitalkosten am SHV unerheblich, ob diese für das gesamte Unternehmen oder nur für einen Teilbereich bestimmt werden. Von maßgeblicher Bedeutung ist aber, dass die Bestimmung der Kapitalkosten nur in Verbindung mit dem im Rahmen des Value Mana-

48 Vgl. *Copeland/Koller/Murrin* (2000), S. 201.
49 Vgl. *Rappaport* (1995), S. 39.
50 Vgl. hierzu *Markowitz* (1952), S. 77-91.
51 Stellvertretend für moderne wertorientierte Ansätze sei hier auf die Discounted-Cash-Flow-Verfahren verwiesen. Grundsätzliche Darstellungen finden sich bei *Rappaport* (1995).
52 Siehe hierzu auch die Ausführungen in Kapitel 2 und 3 sowie *Albach* (1994), S. 273.
53 Vgl. *Burger/Buchhardt* (2002), S. 594.
54 Vgl. zum Value Based Management stellvertretend *Aders/Hebertinger/Wiedemann* (2003), S. 356 ff.
55 Vgl. *Reichmann/Hüllmann* (1999), S. 162; *Krause/Schmidbauer* (2003), S. 441; *Littkemann* (2001), S. 1284, (2002a), S. 99; *Littkemann/Michalik* (2004), S. 154. In einer Untersuchung am deutschen Aktienmarkt konnte *Pellens et al.* feststellen, dass 73.8 % der befragten DAX-100-Unternehmen eine marktwertorientierte Unternehmenssteuerung verfolgen.
56 Vgl. *Mensch* (2001), S. 173.
57 Für eine ausführliche Darstellung der Funktionen, die z. B. ein beteiligungsorientierter Unternehmenssteuerungsansatz bzw. das Beteiligungscontrolling erfüllen muss, siehe *Burger/Ulbrich* (2005), S. 74 ff., S. 511 ff.

gements instrumentalisierten Unternehmenssteuerungsansatz erfolgt. Die Grundlage für die Implementierung des späteren fundamentalen Beta-Modells bildet insofern einen ganzheitlicher Ansatz, der die normativen Prämissen des Unternehmenssteuerungsansatzes in Verbindung mit der Ermittlungsmethode der Kapitalkosten bringt. Kapitalkosten und Unternehmenssteuerungsansatz dürfen schon deshalb nicht getrennt voneinander betrachtet werden, weil beide Sphären wechselseitig miteinander in Beziehung stehen. Das Management trifft Entscheidungen, ob ein Investitionsobjekt seine Kapitalkosten verdient, und auf der anderen Seite werden die Kapitalkosten wesentlich durch das Finanzmanagement und die Kapitalstruktur des Unternehmens determiniert. Anhand zweier vorherrschender Unternehmenssteuerungsansätze, des Discounted-Cash-Flow-Verfahrens und der Economic-Value-Added-Methode wird im Rahmen einer vergleichenden Darstellung aufgezeigt, dass die Werttreiber des Unternehmenssteuerungsansatzes auch Risikodeterminanten des fundamentalen Beta-Prognosemodells sein müssen.[58]

2.3.1 Fundamentale Werttreiber des Discounted-Cash-Flow-Verfahrens

Wenn ein Unternehmen seine Handlungen auf der Grundlage der SHV-Prämisse beurteilen möchte und keine Marktwerte aufgrund fehlender Börsennotiz (oder einer Geschäftsbereichsanalyse) vorhanden sind, so kann für diese und für Zwecke der Gesamtunternehmenssteuerung und/oder Unternehmensbewertung das Discounted-Cash-Flow-Verfahren (Bruttoverfahren [Entity-Ansatz])[59, 60] eingesetzt werden. Hiernach berechnet sich der Marktwert des Eigenkapitals einer Unternehmung durch Subtraktion des Marktwerts des Fremdkapitals vom Marktwert des Gesamtunternehmens. Der Unternehmensgesamtwert lässt sich durch Abdiskontierung aller nachhaltig und zukünftig sowohl den Eigen- als auch den Fremdkapitalgebern (je nach Perspektive) zur Verfügung stehenden Einzahlungsüberschüssen, den sog. Free Cash Flows (FCF) inklusive des nicht betriebsnotwendigen Vermögens (nbv),[61] bestimmen.[62] Als Kapitalisierungszins kommt der um den Steuervorteil aus Fremdkapitalfinanzierung bereinigte und aus dem Verhältnis von Fremd- zu Eigenkapital gewichtete Mischkostensatz (WACC) zur Anwendung. Unter Berücksichtigung eines Detailprognosezeitraums, für den realistische Einschätzungen der erwarteten Einnahmenüberschüsse vorliegen sollten

---

58 Siehe zum Beta-Modell auch Kapitel 4.4 und Kapitel 6.

59 Neuere Untersuchungen haben eine deutliche Zunahme des Entity-DCF-Ansatzes gezeigt, wodurch die zunehmende Bedeutung auch für Unternehmenssteuerungsansätze (insbesondere im Beteiligungskontext) noch einmal unterstrichen wird. Vgl. *Pellens et al* (1999), S. 1935; *Reichmann/Hüllmann* (1999), S. 163.

60 Vgl. zu den einzelnen DCF-Ansätzen ausführlich Kapitel 2.3.1.2 sowie die dort genannte weiterführende Literatur.

61 Eine ausführliche Darstellung der Ermittlung des Free Cash Flows findet sich unten.

62 Vgl. *Copeland/Koller/Murrin* (1994), S. 172 ff.; *Schmidt* (1995), S. 1094.

(i. d. R. 3-5 Jahre), und eines Fortführungszeitraums, der den Wert der unendlichen Lebensdauer des Unternehmens widerspiegelt (Residualwert), ergibt sich der Unternehmensgesamtwert als:

$$MGK = \underbrace{\sum_{t=1}^{T} \frac{FCF_t}{(1+r_{WACC})^t}}_{\text{Detailprognosezeitraum}} + \underbrace{\frac{\frac{FCF_{T+1}}{(r_{WACC}-g)}}{(1+r_{WACC})^T}}_{\text{Fortführungszeitraum}} + nbv$$

mit:
MGK = Unternehmenswert (Marktwert des Gesamtkapitals)
MEK = Marktwert des Eigenkapitals
FCF_t = Free Cash Flows des Unternehmens im Detailprognosezeitraum
FCF_T = Free Cash Flows des Unternehmens im Fortführungszeitraum
g = Wachstumsrate der Free Cash Flows im Fortführungszeitraum
nbv = Barwert des nicht betriebsnotwendigen Vermögens

bzw. der Wert des Eigenkapitals als:

$$MEK = \sum_{t=1}^{T} \frac{FCF_t}{(1+r_{WACC})^t} + \frac{\frac{FCF_{T+1}}{(r_{WACC}-g)}}{(1+r_{WACC})^T} + nbv - MFK$$

Bei der Bestimmung des Unternehmenswertes bzw. des Marktwertes des Eigenkapitals orientiert man sich grundsätzlich an den oben genannten zwei Phasen.[63] Im Detailprognosezeitraum werden die zeitnah prognostizierten Free Cash Flows geschätzt, während im Fortführungszeitraum Annahmen über die zukünftig und nachhaltig erzielbaren Einnahmenüberschüsse getroffen werden müssen. Der Fortführungswert lässt sich formal über die sog. „ewige Rente" des Free Cash Flows zum Zeitpunkt T+1 bestimmen.[64] Beim FCF_{T+1} handelt es sich um den ersten normalisierten Free Cash Flow nach dem Detailprognosezeitraum, der eine konstante ewige Wachstumsrate impliziert und mit den um die Wachstumsrate korrigierten WACC diskontiert wird. Häufig wird aus Vereinfachungsgründen von einem Wachstum der zukünftigen und nachhaltigen Free Cash Flows in Höhe der Inflationsrate bzw. des langfristig zu erwartenden Wirtschafts- oder Branchenwachstums

63 In der Literatur finden sich auch Modifikationen in Form von Multi-Phasen-Modellen, wie z. B. das „Three Stage Model", wonach der Wert eines Unternehmens in drei Phasen mit unterschiedlichen Wachstumsausprägungen unterteilt wird. Das Konzept des Produktlebenszyklus wird hierbei einfach auf die Unternehmensgesamtebene aggregiert. Meistens unterscheiden sich solche modifizierten Modelle gegenüber der Wertermittlung nach dem o. g. Modell hinsichtlich der Anzahl und der Länge der einzelnen Wachstumsphasen. Vgl. hierzu *Pratt* (2002), S. 113 f.

64 Vgl. *Copeland/Koller/Murrin* (2000), S. 320 ff.

g ausgegangen. Der Unternehmensgesamtwert ergibt sich nun über die Addition der Teilwerte der beiden Bewertungsphasen. Nach *Rappaport* (1995) kommen als wesentliche Determinanten des Unternehmenswertes nur der FCF und die Kapitalkosten (WACC) in Betracht.[65] Das, was *Rappaport* (1995) als Wertdeterminante im Rahmen der Wertsteigerungsanalyse klassifiziert, wird einen wesentlichen Beitrag hinsichtlich der Risikodetermination einzelner Kennzahlen im Fundamental-Beta-Modell liefern, weshalb die Cash Flows in den nächsten Abschnitten eine ausführlichere und zweckmäßigerweise an der Zielsetzung dieser Arbeit angelehnte Würdigung erfahren.[66]

Der Unternehmenswert wird im DCF-Ansatz neben dem Kapitalisierungszins maßgeblich über die den Kapitalgebern zur Verfügung stehenden Einnahmenüberschüsse (Free Cash Flows) determiniert, wodurch die Cash Flows oft auch als (fundamentale) Werttreiber bezeichnet werden.[67] In der Literatur wird im Zusammenhang mit den relevanten Einnahmenüberschüssen auch von den zu diskontierenden Cash Flows der Unternehmung gesprochen. Was genau unter den Cash Flows bzw. den für die Kapitalgeber *frei* zur Verfügung stehenden Einnahmenüberschüssen (Free Cash Flows) zu verstehen ist und in welchem Kontext diese Größen mit der Ermittlung fundamentaler Betafaktoren stehen, soll nachfolgend veranschaulicht werden. Ausgehend von den grundsätzlichen Problembereichen bei der allgemeinen Cash-Flow-Berechnung sollen insbesondere die Heterogenität der Ermittlungsmethoden beim Free Cash Flow aufgezeigt und kritisch reflektiert sowie die daraus resultierenden Implikationen für den FCF als bedeutender Größe im Fundamental-Beta-Modell aufgezeigt werden.

2.3.1.1 Grundlagen und Berechnung des Cash Flows

Der Cash Flow wurde als Instrument der Wertpapieranalyse in den 1950er Jahren in den USA entwickelt und breitete sich daraufhin bald auch in Deutschland aus.[68] Durch die schnelle Verbreitung konnte sich jedoch keine einheitliche Terminologie entwickeln, was in einem noch immer bestehenden Mangel an theoriegestützter systematischer Definition des Begriffs resultierte.[69] Der Hauptgrund für diese in Theorie und Praxis bestehenden Begriffsirritationen

---

65 Vgl. *Rappaport* (1995), S. 48 ff. Zu weiterführenden Ansätzen für die Berechnung des Fortführungswertes siehe auch *Copeland/Koller/Murrin* (2000), S. 326 ff. Gegen die Verwendung der Wachstumsrate i. H. d. Inflationsrate sprechen sich *Lienau/Zülch* (2006), S. 327, aus.

66 Die gewichteten Kapitalkosten (WACC) wurden bereits ausführlich in Kapitel 2.2 dargestellt, weshalb nachfolgend die FCF in den Fokus der Betrachtungen rücken.

67 Vgl. *Rappaport* (1995).

68 Vgl. *Lachnit* (1975), S. 59.

69 Vgl. *Küting* (1992), S. 625; *Wagner* (1985), S. 1601-1607, 1649-1653. Zu den unterschiedlichen Definitionen bzw. Abgrenzungen siehe auch *Günther* (1997), S. 113-116, und *Pape* (1999), S. 100.

liegt in den unterschiedlichen Verwendungsarten und Ermittlungsmethoden,[70] was jedoch aufgrund der Funktionenvielfalt des Cash Flows verständlich erscheint.[71] So findet der Cash Flow als Instrument der Bilanzanalyse genauso Anwendung, wie als Kennzahl zur Beurteilung der finanzwirtschaftlichen Lage eines Unternehmens.[72] Darüber hinaus kommt der zahlungsorientierten Größe eine besondere Stellung im Rahmen von Unternehmensbewertungen zu, wo sie als Ausdruck für das Potenzial eines Unternehmens dient, zukünftige und nachhaltige Einnahmenüberschüsse zu generieren. Die Entwicklung der Cash-Flow-Größe beruht auf der zunehmenden Konzentration finanzieller Aspekte sowie der Tatsache, dass bilanzielle Kennzahlen eher manipulationsanfällig sind, wodurch deren Aussagekraft als stark eingeschränkt anzusehen ist.[73] Der Cash Flow stellt sowohl bei Bilanzierung nach HGB als auch nach IFRS/US-GAAP eine von Einflüssen der Bilanzierungs- und Bewertungspolitik (z. B. Anwendung des Niederstwertprinzips für Vorräte oder Pauschalwertberichtigung) weitestgehend unabhängige Größe dar.[74] Aufgrund der Hinzurechnung der Abschreibungen und Wertminderungen zum Jahresergebnis können sich unterschiedliche Abschreibungsverfahren bei verschiedenen Unternehmen nicht auf die Höhe des Cash Flows auswirken, was insofern einen Vorteil beim Vergleich unterschiedlicher Unternehmen impliziert.[75]

---

[70] Siehe hierzu auch die Ausführungen in Bezug auf die Free-Cash-Flow-Ermittlungsmethoden in Kapitel 2.3.1.2.
[71] Vgl. *Küting./Weber* (2001), S. 126; *Schult* (2003), S. 58 ff.; *Bieg* (1998), S. 432-439; *Hirsch* (2000), S. 123.
[72] Vgl. *Lachnit* (1975), S. 61.
[73] Vgl. *Schmidt*, in: *Fritsch/Liener/Schmidt* (1993), S. 282.
[74] Vgl. *Burger* (1995), S. 175.
[75] Vgl. *Küting* (1992), S. 625.

Cash-Flow-Ermittlungsschema	
	Jahresüberschuss/-fehlbetrag
+	Abschreibungen auf Anlagevermögen
+	Außerplanmäßige Abschreibungen/Wertminderungen
-	Zuschreibungen auf Anlagevermögen/Wertaufholungen
+	Zuführung langfristiger Rückstellungen (einschließlich Pensionsrückstellungen)
-	Auflösung langfristiger Rückstellungen (einschließlich Pensionsrückstellungen)
=	**Cash Flow I**
-/+	Gewinn/Verlust aus dem Abgang des Anlagevermögens
+	Finanzierungsaufwendungen*)
-	Finanzierungserträge*)
=	**Cash Flow II**
-/+	Veränderung der Vorräte
-/+	Veränderung der Forderungen aus LuL
-/+	Veränderung aktiver Rechnungsabgrenzungsposten
+/-	Veränderung der Verbindlichkeiten aus LuL
+/-	Veränderung der betrieblichen sonstigen Rückstellungen
+/-	Veränderung passiver Rechnungsabgrenzungsposten
=	**Cash Flow III**
*) Finanzierungsaufwendungen und Finanzierungserträge sind nicht eindeutig zuordnungsfähig, da sie entweder Bestandteil des Cash Flows aus betrieblicher Tätigkeit oder des Cash Flows aus Finanzierungs- bzw. Investitionstätigkeit sind (vgl. IAS 7.31-34).[76]	

Tabelle 1: Cash-Flow-Ermittlungsschema

Ebenso wenig haben unterschiedlich hohe Dotierungen langfristiger Rückstellungen einen Einfluss, wodurch der Cash Flow als verlässlicher und weitgehend unbeeinflussbarer Indikator des Ergebnispotenzials eines Unternehmens bzw. Konzerns anzusehen ist. Durch den Cash Flow wird insbesondere auch die zum Bewertungszeitpunkt tatsächlich vorhandene Finanzkraft des Unternehmens abgebildet. In Tabelle 1 werden diese Zusammenhänge noch einmal schematisiert und es wird gezeigt, wie man vom Jahresergebnis der Bilanz zu den unterschiedlichen Cash-Flow-Varianten gelangt.[77] Sofern man die Innenfinanzierungskraft eines Unternehmens beurteilen möchte, sollte der Cash Flow III (Cash Flow aus laufender Geschäftstätigkeit) herangezogen werden, da er im Gegensatz zum Cash Flow II (Cash Flow aus betrieblicher Tätigkeit) auch ergebnisneutrale Veränderungen von Bilanzpositionen berücksichtigt, die dem betrieblichen Bereich zugeordnet werden.[78] Bei solchen Positionen, die im Cash Flow III, nicht aber im Cash Flow II enthalten sind, handelt es sich z. B. um Veränderungen des Umlaufvermögens bzw. des dem betrieblichen Bereich zuzuordnenden Fremdkapitals.

[76] Siehe hierzu auch ausführlich die Ausführungen in Kapitel 2.3.1.4.
[77] Vgl. *Kirsch* (2004), S. 90.
[78] Vgl. *Kirsch* (2004), S. 90.

2.3.1.2 Die Ermittlung des Free Cash Flows

Grundsätzlich versteht man unter dem Free Cash Flow die Nettoeinzahlungen aus dem leistungswirtschaftlichen Bereich, abzüglich der Investitionen zur Fortführung des operativen Geschäfts, die den Kapitalgebern zur Verfügung gestellt werden können.[79] Bei der Ermittlung des Free Cash Flows wird zwischen der direkten und der indirekten Ermittlungsmethode unterschieden.[80] Im Rahmen der direkten Ermittlung wird der FCF unmittelbar als Differenz zwischen einzahlungswirksamen Erträgen und auszahlungswirksamen Aufwendungen gebildet.[81] Dagegen berechnet sich der FCF bei der indirekten Methode durch Korrekturen, die vom Jahresergebnis vorgenommen werden. Hierbei werden zunächst alle zahlungsunwirksamen Vorgänge ermittelt, um dann in einem zweiten Schritt die zahlungsunwirksamen Aufwendungen zum Jahresergebnis hinzuzurechnen und die zahlungsunwirksamen Erträge wieder abzuziehen.[82] Von dem so ermittelten Cash Flow aus laufender Geschäftstätigkeit gilt es allerdings noch die Investitionen in Abzug zu bringen, um den auszahlungsfähigen Betrag zu erhalten, der den Kapitalgebern zur Verfügung steht. Je nach Abhängigkeit der zu berücksichtigenden Kapitalgeber unterscheidet man zwischen dem Free Cash Flow to Firm (FCFF), bei dem die Fremdkapitalzinsen wieder hinzugerechnet werden, und dem Free Cash Flow to Equity (FCFE), bei dem es sich um die Einnahmenüberschüsse handelt, die lediglich den Eigenkapitalgebern zur Verfügung stehen.[83]

Free Cash Flow to Firm:

In Anlehnung an das grundsätzliche Vorgehen bei der Ermittlung der Cash Flows gilt es beim Free Cash Flow to Firm zu beachten, dass die Fremdkapitalzinsen zu der Ausgangsgröße (z. B. Jahresergebnis) wieder hinzugerechnet werden müssen, da der gesamte auszahlungsfähige Betrag für Eigentümer und Gläubiger ermittelt werden soll (Entity-Konzept).[84] Dadurch wird implizit eine vollständige Eigenfinanzierung des Unternehmens unterstellt.[85] Zur Ermittlung des allgemein verwendeten Free Cash Flow to Firm kann das nachfolgende Schema herangezogen werden, wobei in Literatur und Praxis noch immer keine einheitliche Begriffs- und Berechnungsgrundlage existiert.[86]

---

[79] Vgl. *DVFA/SG* (1993), S. 599; siehe auch *Drukarczyk* (1993), S. 71.
[80] Vgl. *Baetge* (1998), S. 319.
[81] Vgl. *Siener* (1991), S. 60.
[82] Vgl. *Wöhe* (1997), S. 323.
[83] Vgl. *Widmann* in: *Hölters, W.* [Hrsg.] (2002), S. 92; *Bühner* (1994), S. 17. In der Literatur werden oftmals auch synonym die Bezeichnungen „Cash Flow to Firm“ und „Flow to Equity“ verwandt.
[84] Diesen Begriff verwenden *Lawson* (1986), S. 163; *Weston/Copeland* (1992), S. 720; *Copeland/Koller/Murrin* (1991), S. 377; *Hendrickson/Breda* (1992), S. 266, 269 f.
[85] Vgl. *Baetge/Niemeyer/Kümmel*, in: Peemöller [Hrsg.] (2005), S. 283.
[86] Vgl. *Hachmeister* (1995), S. 60; *Lübbehüsen* (2000), S. 37.

	Free Cash Flow to Firm (FCFF)
	Gewinn vor Steuern
-	Unternehmenssteuern
=	Jahresergebnis
+	Fremdkapitalzinsen und ähnliche Aufwendungen
+/-	Abschreibungen u. Zuschreibungen u. andere nicht zahlungswirksame Aufwendungen u. Erträge
+/-	Zuführung/Inanspruchnahme von Rückstellungen
-/+	Zunahme/Abnahme aktiver Rechnungsabgrenzungsposten
+/	Zunahme/Abnahme passiver Rechnungsabgrenzungsposten
-/+	Zunahme/Abnahme des Bestandes an liquiden Mittel
-	Investitionsauszahlungen in immaterielles Vermögen
-	Investitionsauszahlungen in das Sachanlagevermögen
-	Investitionen in Finanzanlagen/Beteiligungen*
+/-	Verminderung/Erhöhung des Nettoumlaufvermögens
=	Operativer Einzahlungsüberschuss
-	Unternehmenssteuerersparnis infolge der Abzugsfähigkeit der FK-Zinsen (Tax Shield)
=	**Free Cash Flow to Firm (FCFF)**

*) Dies entspricht nicht zwingend der Auffassung der h. Literatur, wird aber vom Autor damit begründet, dass ein nachhaltiger und beteiligungsorientierter FCF ermittelt werden soll, in den auch die Einnahmenüberschüsse aus Beteiligungen und Finanzanlagen fließen sollen, weshalb die damit in Zusammenhang stehenden Investitionen konsistenterweise ebenfalls berücksichtigt werden müssen; vgl. hierzu auch Kapitel 2.3.1.3.

Tabelle 2: Ermittlungsschema Free Cash Flow to Firm

Dieses Schema ist jedoch für die praktische Anwendung in Deutschland, gerade hinsichtlich steuerlicher Aspekte sowie der Berücksichtigung von Veränderungen von Rückstellungen (z. B. für Pensionen), anzupassen.[87] Ein weiteres Problem ergibt sich daraus, dass die Literatur in Bezug auf die Behandlung von Investitionen in das Finanzanlagevermögen (Beteiligungen) keine einheitliche Sichtweise vertritt.[88] Sofern der Free Cash Flow eines Unternehmens positiv ist, konnte ein Einnahmenüberschuss aus der laufenden Geschäftstätigkeit erzielt werden, der für Investitionen, zur Tilgung der Verbindlichkeiten oder zur Dividenden- und Kapitalrückzahlung an die Anteilseigner zur Verfügung steht. Ein negativer Free Cash Flow hingegen lässt darauf schließen, dass Verluste aus dem laufenden operativen Geschäft entstanden sind. Diese müssen dann durch die Kapitalgeber, in Form einer Kapitalerhöhung und/oder durch Aufnahme neuen Fremdkapitals ausgeglichen werden.[89]

Free Cash Flow to Equity:

Im Gegensatz zum Free Cash Flow to Firm, der die Einnahmenüberschüsse für Eigen- und Fremdkapitalgeber reflektiert, werden im Free Cash Flow to Equity (FCFE) nur die Zahlungsströme erfasst, die den Eigenkapitalgebern zustehen. Die Ermittlung des FCFE lehnt sich also direkt an das Schema in Tabelle 2 an; allerdings mit dem Unterschied, dass die Fremdkapitalzinsen nicht wieder hinzugerechnet werden dürfen. Von Bedeutung ist der FCFE immer dann, wenn anstelle der Entity-Methode, die Equity-Methode im Rahmen einer DCF-Bewertung zur

---

87 Zum Ermittlungsschema vgl. *IDW* (2000), S. 837.

88 Vgl. hierzu ausführlich Kapitel 2.3.1.3.

89 Vgl. *Kirsch* (2004), S. 90; *Steiner/Wallmeier* (1999), S. 2.

Anwendung kommt. Hierbei werden die relevanten Einnahmenüberschüsse nur mit den Eigenkapitalkosten R_{EK} und nicht mit den WACC diskontiert, da lediglich der Marktwert des Eigenkapitals und nicht der Unternehmenswert bestimmt werden soll.[90]

2.3.1.3 Die Bedeutung der Investitionen bei der Bestimmung des Free Cash Flows

Eine der Hauptkomponenten bei der Ermittlung der Cash Flows betrifft den Bereich der Investitionen, bezüglich deren Abgrenzung die bestehende Literatur keine einheitliche Sichtweise vertritt. Ausgangspunkt der kontroversen Diskussion ist dabei die Frage, welchen Bereich die Investitionen umfassen sollten. Eine hierzu (vorherrschende) Meinung besagt, dass lediglich die Investitionen berücksichtigt werden sollen, die zur Fortführung des operativen Geschäfts notwendig sind.[91] In diesem Zusammenhang wird von Praktikern häufig die Auffassung vertreten, dass bei der FCF-Ermittlung die Investitionen an das Abschreibungsvolumen des Unternehmens zu knüpfen seien. Danach ergibt sich das für die Fortführung des Unternehmens bzw. des operativen Geschäfts notwendige Investitionsvolumen direkt aus den periodisierten Abschreibungen. Diese Vorgehensweise impliziert allerdings auch, dass Investitionen in (Finanz-)Beteiligungen und Finanzinstrumente (i. S. v. IAS 39) nicht einbezogen werden, weil sie nach IAS 39.55 nicht planmäßig abgeschrieben werden dürfen.[92] Dies gilt insbesondere auch für den derivativen Firmenwert (Goodwill), der in den Anschaffungskosten der Beteiligung enthalten ist und gemäß IFRS 3.55 (bzw. SFAS 141 und 142 nach US-GAAP) ebenfalls nicht planmäßig abgeschrieben werden darf, aber bilanziert wird und auf außerplanmäßige Wertminderungen hin überprüft werden muss (sog. Impairment-Test, IFRS 3 i. V. m. IAS 36).[93] Aus theoretischer Sicht kann die Abstrahierung des Investitionsvolumens mittels der Höhe der Abschreibungen nicht überzeugen, denn technisch gesehen, ergeben sich die Investitionsausgaben als Veränderung des Buchwertes des Anlagevermögens zuzüglich des entsprechenden Abschreibungsaufwands in der Periode.[94] Dennoch erweist sich diese Methode je nach Anwendungsbezug (z. B. bei Unternehmensbewertungen) in der Praxis oft als sinnvoll, da ein wesentlicher zeitlicher (und somit geldwerter) Vorteil in der vereinfachten Ermittlungsmethode liegt, wenn keine expliziten Angaben zum tatsächlichen Investitionsvo-

---

90 Eine Übersicht der unterschiedlichen DCF-Bewertungskonzeptionen findet sich bei *Hachmeister* (1994), S. 101.

91 Vgl. *Pratt* (2002), S. 16; *Ibbotson Associates* (2005), S. 13.

92 Vgl. *Buchholz* (2003), S. 162 f.

93 Bei der Bewertung von Finanzbeteiligungen (Financial Assets) muss insbesondere nach der Art der Wertpapierkategorie unterschieden werden. Außerordentliche Wertänderungen werden danach entweder erfolgswirksam, erfolgsneutral oder durch außerplanmäßige Zu- und Abschreibungen vereinnahmt. Vgl. hierzu ausführlich *Buchholz* (2003), S. 162 ff.

94 Dabei müssen sich die Buchwertveränderungen und das Abschreibungsvolumen nicht zwangsläufig kompensieren. Vgl. *Copeland/Koller/Murrin* (2002), S. 213.

lumen vorliegen. Außerdem haben Erfahrungswerte gezeigt, dass die Höhe der kumulierten Abschreibungen eines Unternehmens annähernd mit dem Investitionsvolumen übereinstimmen kann. Grundsätzlich kann jedoch festgehalten werden, dass sich das Investitionsvolumen bei dieser Methode an der Höhe der Abschreibungen orientiert, wodurch die Investitionen in Finanzanlagen/Beteiligungen ausdrücklich nicht berücksichtigt werden. Diese Vorgehensweise greift m. E. deshalb auch zu kurz, um das tatsächlich relevante Investitionsniveau bei der Ermittlung des FCF abzubilden.

Ein anderer, von Theorie und Praxis gleichermaßen gewürdigter Ansatz, lehnt die Investitionen an die Unternehmensumsätze an. Dahinter verbirgt sich der Gedanke, dass Investitionen prinzipiell mit der Absicht getätigt werden, daraus zukünftige Umsätze generieren zu können.[95] Sofern die Umsätze eines Unternehmens wachsen, müssen entsprechend auch die Investitionen ansteigen, um den Wachstumskurs nicht stagnieren zu lassen bzw. zukünftig zu gefährden. Unter den Investitionen subsumiert man die Aufwendungen, die notwendig sind, um die Produktion der umgesetzten Güter und Dienstleistungen sicherzustellen. Dieser Ansatz folgt der Grundprämisse, dass nur diejenigen Investitionen berücksichtigt werden sollen, die zur Erweiterung und Fortführung des operativen Geschäfts notwendig sind. Unklar ist dabei jedoch die Behandlung von Investitionen in Finanzanlagevermögen, da diese in keinem direkten Zusammenhang zum operativen Umsatzwachstum stehen und somit auch nicht Teil der ansteigenden Investitionsausgaben im Sinne der oben dargestellten Sichtweise sein dürften. Sofern dies in theoriekonsistenter Interpretation dieses Ansatzes tatsächlich der Fall wäre, kann die Methode m. E. auch nicht zweckmäßig sein, um *alle* dem Unternehmen tatsächlich und nachhaltig realisierbaren Einnahmenüberschüsse zu erfassen.

In weiten Teilen der angelsächsischen Literatur werden die Investitionen in Finanzanlagen im Allgemeinen bei der Ermittlung des FCF ausgeklammert, da lediglich diejenigen Investitionen berücksichtigt werden sollen, die dazu dienen, das operative Geschäft fortzuführen (sog. Erhaltungsinvestitionen).[96] *Copeland/Koller/Murrin* (2002) postulieren in diesem Sinne die Berücksichtigung von Investitionen in Sachanlagevermögen und von Investitionen in sonstige betriebsbedingte Aktiva, klammern aber die Investitionen in Finanzanlagen bei der Ermittlung der FCF völlig aus.[97] Eine Begründung für die Nichtberücksichtigung von Investitionen in Finanzanlagen wird meist nicht gegeben. Intuitiv kann sie darüber hergeleitet werden, dass die Autoren den Free Cash Flow als eine nachhaltige Werttreibergröße verstehen, wohingegen Investitionen/Desinvestitionen in Finanzanlagevermögen als einmalig bzw. außerordentlich,

---

[95] Vgl. *Weston/Chung/Hoag* (1990), 142.

[96] Im angelsächsischen Sprachraum auch als Replacement Capital Expenditures bezeichnet (Replacement CAPEX).

[97] Vgl. *Copeland/Koller/Murrin* (2002), S. 210.

aber nicht als nachhaltig angesehen werden.[98] Dieser Argumentation muss man zumindest kritisch gegenüberstehen, wenn man die Jahresabschlüsse großer deutscher (aber auch internationaler) Konzerne analysiert. Dort wird deutlich, dass Investitionen/Desinvestitionen in Finanzanlagevermögen in nahezu jedem Quartal stattfinden und darüber hinaus ihrer Höhe nach wesentliche (Bilanz-)positionen darstellen.[99] Daneben gilt es insbesondere auch den neueren Forschungsansätzen des Beteiligungscontrollings gerecht zu werden, die vor dem Hintergrund der Zunahme von Unternehmensbewertungen im Beteiligungskontext ausdrücklich eine an den Beteiligungen ausgerichtete Sichtweise der Free-Cash-Flow-Ermittlung für alle Kapitalgeber (Eigen- und Fremdkapitalgeber) einfordern.[100] Aus den o. g. Gründen und weil die Nachhaltigkeitskritik von Copeland et. al. entkräftet werden konnte, wird hier ausdrücklich eine an Finanzinvestitionen orientierte Definition der Free Cash Flows im Rahmen des Fundamental-Beta-Modells postuliert. Schwierigkeiten eines deartigen Verständnisses der relevanten FCF bereitet Analysten regelmäßig die Tatsache, dass aus den Daten des Jahresabschlusses nicht zwingend ersichtlich ist, ob es sich bei der Beteiligungsinvestition um eine Erweiterungsinvestition im Sinne der o. g. Abgrenzung oder um eine reine Finanzinvestition mit Investmentcharakter (aber keine Handelspapiere) handelt. Aus Gründen der Abgrenzungsproblematik und aufgrund der Erfordernis einer beteiligungsorientierten Sichtweise bei der Bestimmung relevanter Einnahmenüberschüsse für die Kapitalgeber soll der standardisierte Free Cash Flow für Zwecke dieser Arbeit angepasst werden. Der FCF der Ausgangssituation wird also noch um den Aspekt der Investitionen in Finanzanlagevermögen zum sog. Total Free Cash Flow to Firm (TFCF) erweitert. Diese Definition führt insbesondere auch zu deutlich mehr Transparenz für die Anleger, da sich der Free Cash Flow nunmehr direkt aus der Kapitalflussrechnung als Summe von Cash Flow aus laufender Geschäftstätigkeit und Cash Flow aus Investitionstätigkeit berechnen lässt.[101] Ein weiteres grundlegendes Argument für die postulierte FCF-Definition ergibt sich aus der SHV-Prämisse, wonach überschüssige Liquidität im Rahmen externer Investments (z. B. Finanzanlagen) mit einer Mindestverzinsung der Kapitalkosten investiert werden sollte. Da aus den externen Finanzanlagen letztlich ebenfalls nachhaltige Einnahmenüberschüsse für die Eigen- und Fremdkapitalgeber resultieren, müssen die damit in Zusammenhang stehenden Investitionsausgaben konsistenterweise auch berücksichtigt werden. Dies lässt sich auch durch den auf den ersten Blick gegensätzlich for-

---

98 Diese als kritisch zu beurteilende Sichtweise hat sich auch in der Praxis häufig manifestiert. Die Eon AG definiert den im Rahmen des Value Reporting im Jahresabschluss ausgewiesenen FCF als „Operativen Cash Flow nach Abzug der Investitionen in immaterielle Vermögensgegenstände und Sachanlagen", vgl. *Eon AG,* Geschäftsbericht 2005, S. 196.

99 Vgl. *Eon AG,* Geschäftsbericht 2005, S. 105.

100 Vgl. *Vogel* (1998), S. 51.

101 Vgl. *Coenenberg* (2003), S. 983. Zur Bedeutung des Cash Flows in Unternehmenspublikationen siehe ausführlich unten.

mulierten Ansatz von *Rappaport* (1986) unterstreichen, der den Free Cash Flow für Unternehmensbewertungszwecke definiert.[102] Der Unternehmenswert setzt sich ihm zufolge aus zwei Grundbestandteilen zusammen, die für Zwecke genauerer Schätzungen um eine dritte Komponente erweitert werden:[103]

- **Grundbestandteil (GB) 1:** der *Barwert* der diskontierten zukünftigen Cash Flows eines Unternehmens in der Prognoseperiode.
- **Grundbestandteil (GB) 2:** der *Residualwert*, also der Barwert der diskontierten zukünftigen Cash Flows nach der Prognoseperiode.
- **Erweiterungskomponente:** der *Marktwert* des nicht betriebsnotwendigen Vermögens.

Unter der Erweiterungskomponente subsumiert *Rappaport* börsenfähige Wertpapiere sowie andere Finanzanlagen („Investments"), die sich liquidieren lassen und für den eigentlichen operativen Geschäftsbetrieb nicht notwendig sind. Deshalb werden auch weder die Ausgaben, noch die Einnahmen hieraus im FCF der GB berücksichtigt.[104] Im Ergebnis stimmt dieser Ansatz jedoch theoretisch konzeptionell mit der oben erläuterten beteiligungsorientierten Free Cash Flow-Definition überein, da die aus der Erweiterungskomponente bei *Rappaport* resultierenden Cash Flows in der beteiligungsorientierten Definition schon im Total Free Cashflow enthalten sind und es insofern keiner Erweiterungskomponente bedarf. Während der Unternehmenswert sich bei *Rappaport* aus den zwei Grundbestandteilen (GB1 u. GB2) zuzüglich des Marktwertes der Erweiterungskomponente zusammensetzt, würde eine modellkonsistente Anwendung der hier dargestellten FCF-Definition den Unternehmenswert über nur zwei Komponenten, nämlich den Barwert der TFCF aus dem Detailprognosezeitraum und dem Residualwert der TFCF aus dem Fortführungszeitraum, bestimmen. Sämtliche Ein- und Auszahlungen, die sich aus der Erweiterungskomponente von Rappaport ergeben, müssen daher im beteiligungsorientierten Ansatz schon zuvor im FCF erfasst werden.

Beide Sichtweisen sind grundsätzlich modellkonsistent und besitzen insofern zumindest aus der Perspektive der Bewertung/Beteiligungssteuerung ihre Legitimation. Während aber für Zwecke der Unternehmensbewertung das Finanzanlagevermögen nicht zwingend über daraus realisierbare Zahlungsströme abgebildet werden muss, sondern zusätzlich zum Marktwert des Eigen- und Fremdkapitals in Form einer weiteren Komponente, des Marktwerts des nicht betriebsnotwendigen Vermögens (Erweiterungskomponente von *Rappaport*) abgebildet werden kann, ist dies bei der fundamentalen Ermittlung des Betafaktors nicht möglich. Alle für die Kapitalgeber relevanten Informationen zur betrieblichen Sphäre, die eine direkte Auswirkung

[102] Der Autor verwendet als Synonym für FCF die Bezeichnung „Cash Flow from Operations", vgl. *Rappaport* (1986), S. 33.
[103] Vgl. *Rappaport* (1986), S. 33.
[104] Vgl. *Rappaport* (1986), S. 33.

auf die Wertentwicklung des Unternehmens haben, müssen im fundamentalen Kapitalkostenmodell durch eine (in hohem Maße aggregierte und) wertorientierte Kennzahl beschrieben werden.[105] Anpassungen, die später für bestimmte Teilvermögen (z. B. Finanzanlagevermögen) vorgenommen würden, unterlägen der subjektiven Einschätzung des Bewerters und sind daher abzulehnen.

2.3.1.4 Die Bedeutung des Cash Flows in der Unternehmenspublizität

Da die Ermittlung der fundamentalen rechnungslegungsbezogenen Betafaktoren auf das Vorhandensein publizierter Unternehmensinformationen angewiesen ist, werden im Folgenden die mit dem Cash Flow als eine der grundlegenden Kennzahlen des Fundamental Betas in Verbindung stehenden Unternehmenspublizitätsanforderungen für mittlere und große Unternehmen, unter Berücksichtigung internationaler Rechnungslegungsnormen, aufgezeigt. Die Notwendigkeit der Darstellung der finanzwirtschaftlichen Situation eines Unternehmens/Konzerns in der Rechtsform einer Kapitalgesellschaft resultiert unmittelbar aus der Vorschrift des IAS 7.1 bzw. des SFAS No. 95,[106] wonach Unternehmen, die einen IAS- oder US-GAAP-Abschluss erstellen, auch verpflichtet sind, ein sog. Cash Flow Statement (dt. Kapitalflussrechnung) bereitzustellen. Damit soll den Jahresabschlussadressaten eine Grundlage zur Beurteilung der Fähigkeit des Unternehmens, Zahlungsmittel und Zahlungsmitteläquivalente zu erwirtschaften, zur Verfügung gestellt werden, die darüber hinaus in die Lage versetzt werden, den Liquiditätsbedarf des Unternehmens abschätzen zu können. Durch die Regelungen in IAS 7 bzw. das vom Financial Accounting Standards Board (FASB) erlassene Statement of Cash Flows (SFAS No. 95) wurden die gesetzlichen Bestimmungen für die Aufstellung einer Kapitalflussrechnung auf Basis einer Cash-Flow-Rechnung nach den Grundsätzen internationaler Rechnungslegung spezifiziert.[107] Auf dieser Grundlage haben Investoren eine breitere Informationsbasis und können Unternehmen hinsichtlich der Generierung zukünftiger Cash Flows, der Ausschüttung von Dividenden und der Fähigkeit, den Zahlungsverpflichtungen nachzukommen, besser beurteilen.[108] Aussagen sowohl über den zukünftigen Bedarf an Außenfinanzierungsmitteln als auch über nicht monetäre Investitions- und Finanzierungsaktivitäten bzw. Abweichungen zwischen bilanziellen und Cash-Flow-basierten Unternehmenser-

---

105 Siehe zur normativen Begründung eines fundamentalen Multifaktormodells Kapitel 4.4.

106 Im Handelsrecht findet sich diese Vorschrift unter § 264 Abs. 2 HGB, wonach Kapitalgesellschaften neben der Vermögens- und Ertragslage auch ein den tatsächlichen Verhältnissen entsprechendes Bild der Finanzlage vermitteln müssen. Dies geschieht innerhalb des Jahresabschlusses durch die Aufstellung der Kapitalflussrechnung.

107 Die nachfolgenden Ausführungen beziehen sich grundsätzlich auf die internationalen Rechnungslegungsstandards IAS/IFRS und US-GAAP, da die überwiegende Mehrzahl der Unternehmen der empirischen Untersuchung diesen Bilanzierungsgrundsätzen unterliegt.

108 Vgl. *Lübbehüsen* (2000), S. 37.

folgsgrößen lassen sich ebenfalls aus der Kapitalflussrechnung ableiten.[109] Eine an der o. g. Definition angelehnte Auffassung wird auch von der DVFA/SG[110] vertreten, die im Cash Flow einen Ausdruck für die Innenfinanzierungskraft eines Unternehmens sieht, durch welche Investitionen, Schuldentilgungen und Dividendenzahlungen getätigt bzw. der Finanzmittelbestand gespeist werden kann.[111] In der Kapitalflussrechnung wird die Abbildung des Cash Flows zum besseren Verständnis der Anleger in Cash Flow aus laufender Geschäftstätigkeit („Cash from Operating Activities"), Cash Flow aus Investitionstätigkeit („Cash from Investing Activities") und Cash Flow aus Finanzierungstätigkeit („Cash from Financing Activities") unterteilt:

Determinanten der Kapitalflussrechnung		
Cash from Operating Activities (lfd. Geschäftstätigkeit)	*Cash from Investing Activities (Investitionstätigkeit)*	*Cash from Financing Activities (Finanzierungstätigkeit)*
Ein- und Auszahlungen im Rahmen des operativen Geschäfts[112]	Ein- und Auszahlungen durch Veräußerung/Erwerb von Anlagevermögen	Ein- und Auszahlungen durch Aufnahme/Rückzahlung von Eigen- oder Fremdkapital
Beispiele: - Erwerb von Werkstoffen/Betriebsmitteln - Zahlung Personalgehälter - Verkauf von Fertigprodukten	Beispiele: - Erwerb/Verkauf von Maschinen - Erwerb/Verkauf von Patenten - Erwerb/Verkauf von Beteiligungen	Beispiele: - Kreditaufnahme/-tilgung - Emission von Aktien - Emission von Schuldverschreibungen - Aktienrückkäufe

Tabelle 3: Determinanten der Kapitaflussrechnung[113]

Die drei Größen sind im Rahmen des Finanzmittelfonds miteinander verbunden und determinieren insofern den Finanzmittelbestand am Ende einer Betrachtungsperiode. Bei der Interpretation des Cash Flows bzw. des Free Cash Flows ist von Bedeutung, dass die einzelnen Cash-Flow-Komponenten, abhängig vom jeweiligen Rechnungslegungssystem, aber auch innerhalb eines Systems inhaltliche Unterschiede aufgrund der bilanziellen Wahlrechte aufweisen können, so dass deren Aussagekraft differenziert zu beurteilen ist. Eine nicht eindeutige Zuordnung gilt insbesondere bei Zinsen, Dividenden und Ertragssteuern.[114] Im Rahmen von IAS 7.31-34 bestehen folgende Zuordnungsmöglichkeiten bei bestimmten Geschäftsvorfällen eines Unternehmens:

---

109 Vgl. *Jarnagin* (1993), S. 75.

110 Es handelt sich hierbei um eine gemeinsame Expertenkommission der Deutschen Vereinigung für Finanzanalyse und Anlageberatung e. V. (DVFA) und des Arbeitskreises "Externe Unternehmensrechnung" der *Schmalenbach-Gesellschaft, Deutsche Gesellschaft für Betriebswirtschaft (SG).*

111 Vgl. *DVFA/SG* (1993), S. 599.

112 Zahlungsvorgänge, die in direktem Zusammenhang mit der Umsatztätigkeit stehen.

113 In Anlehnung an *Buchholz* (2003), S. 219.

114 Vgl. *Coenenberg* (2001), S. 743; *Pilhofer* (2000), S. 295.

Zuordnung von Geschäftsvorfällen in der Kapitalflussrechnung nach IAS 7		
Geschäftsvorfall	**Allgemeine Zuordnung**	**Alternative Zuordnung**
Erhaltene Zinsen/Dividenden	Cash Flow aus laufender Geschäftstätigkeit	Cash Flow aus Investitionstätigkeit
Gezahlte Zinsen	Cash Flow aus laufender Geschäftstätigkeit	Cash Flow aus Finanzierungstätigkeit
Ertragsteuerzahlung	Cash Flow aus laufender Geschäftstätigkeit	Zuordnung zu Cash Flow aus Finanzierungs- oder Investitionstätigkeit möglich
Gezahlte Dividenden	Cash Flow aus Finanzierungstätigkeit	Cash Flow aus laufender Geschäftstätigkeit

Tabelle 4: Zuordnung von Geschäftsvorfällen nach IAS 7

Für die Zuordnungsmöglichkeiten der in Tabelle 4 genannten Geschäftsvorfälle gilt das **Stetigkeitsprinzip** („consistency")[115], wonach eine Zuordnung in verschiedenen Geschäftsjahren in gleicher Weise erfolgen muss und streng einzuhalten ist.[116] Dadurch werden die Wahlrechte im IAS zumindest insoweit eingeschränkt, als sich aufgrund der einheitlichen Ausübung die Möglichkeiten zur Erfolgs- und Vermögensbeeinflussung verringern. Auch nach US-GAAP (SFAS No. 95) und DRS 2 werden die unterschiedlichen Zahlungsströme den in Tabelle 3 genannten drei Cash-Flow-Komponenten zugeordnet, wobei zum Teil jedoch eine unterschiedliche Behandlung einzelner Vorgänge gegenüber den IAS-Regelungen erfolgt. Dividenden werden nach DRS 2 beispielsweise grundsätzlich der laufenden Geschäftstätigkeit zugeordnet, und nur ausnahmsweise (nicht jedoch alternativ) ist eine Zuordnung zum Investitionsbereich möglich. Im Rahmen der US-GAAP-Rechnungslegung werden erhaltene Dividenden immer dem Cash Flow aus laufender Geschäftstätigkeit zugeordnet.[117] Die Ausübung von Wahlrechten ist dann von Bedeutung, wenn es um Vergleiche von Unternehmen geht (bspw. innerhalb einer Peer Group) und Anpassungen bzw. Korrekturen nicht ohne größeren Aufwand vorgenommen werden können. Allerdings können Bewertungsergebnisse bei Vergleichsobjekten unterschiedlicher Rechnungslegungssphären dann mitunter starke Verzerrungen der realen Verhältnisse beinhalten. Darüber hinausgehende Cash-Flow-Angaben, z. B. in der Segmentberichterstattung, dem Lagebericht oder dem Value Reporting, finden lediglich auf freiwilliger Basis statt, was die Bestimmung fundamentaler Betafaktoren auf Geschäftsbereichsebene erheblich erschwert, da fundamentale, aus rechnungslegungsbezogenen Größen ermittelte Betafaktoren das Vorhandensein von auf der gesamten Marktbreite kodifizierten

[115] Zum Stetigkeitsprinzip siehe ausführlich u. a. *Wollmert/Achleitner* (1997), S. 253 ff.; *Buchholz* (2003), S. 53 f., und *Förschle/Holland/Kroner* (2001), S. 104. Handelsrechtlich gilt ebenfalls das Stetigkeitsprinzip (§ 252 Abs. 1 Nr. 6 HGB), wobei der Kreis der Ausnahmen relativ weit und daher die handelsrechtliche Auslegung nicht so streng wie bei IAS ist. Vgl. *Coenenberg* (2001), S. 69.

[116] *Goebel* (1995), S. 2490. Die strenge Einhaltung erfolgt zum Teil aus den Standards selbst bzw. aus den verschiedenen Interpretationen. Siehe hierzu auch SIC 1, SIC 2 und SIC 18, die detailliert auf das Stetigkeitsprinzip eingehen.

[117] Vgl. *Buchholz* (2003), S. 220.

und einheitlichen Publikations-Regelungen für finanzwirtschaftliche Größen erfordern.[118] Die Bestimmung fundamentaler Betafaktoren unter Verwendung von Cash-Flow-orientierten Größen sollte wegen der aufgezeigten Probleme immer auf einer möglichst homogenen Informationsgrundlage und Ausübung einheitlicher bilanzieller Wahlrechte geschehen.[119]

2.3.2 Fundamentale Treiber des EVA-Ansatzes

Bei dem Economic Value Added (EVA®)[120] handelt es sich um ein auf dem Jahresüberschuss basierendes Residualgewinnkonzept, das im Zusammenhang mit der wertorientierten Steuerung dezentraler Einheiten mittlerweile beachtliche Verbreitung in der Praxis gefunden hat und deshalb im Vergleich zum DCF-Ansatz hinsichtlich der Zielsetzung eines fundamentalen Kapitalkostenmodells ausführlich gewürdigt werden soll.[121] Der EVA stellt die periodenbezogene Differenz zwischen dem durch das eingesetzte Kapital erzielten Geschäftsergebnis nach Steuern, aber vor Zinsen (Net Operating Profit After Taxes [NOPAT])[122] und den mit dem Kapitaleinsatz verbundenen Kosten dar (siehe unten). Dabei ergeben sich die Kosten des Kapitaleinsatzes als Produkt aus den durchschnittlichen gewichteten Kapitalkosten (WACC) und dem betriebsnotwendigen, gebundenen Kapital (Capital Employed [CE] oder Net Operating Assets [NOA]):

$$EVA = NOPAT - (NOA \times rWACC)$$

bzw. nach der sog. **Value-Spread-Formel:**

$$EVA = (r_{ROCE} - r_{WACC}) \times NOA$$

mit:

$$r_{ROCE} = \frac{NOPAT}{NOA} = \text{Return on Capital Employed}$$

---

[118] Dies resultiert schon aus der formal theoretischen Herleitung des Accounting Betas, wonach eine rechnungslegungsbezogene Größe des Unternehmens ins Verhältnis zu der gleichen auf Marktbasis aggregierten Größe gesetzt wird. Wenn aber die überwiegende Zahl der Unternehmen keine Angaben zu dieser Größe macht, sind auf dem Aggregationsniveau des Marktes Aussagen nur schwer möglich.

[119] In Anhang 1a + 1b findet sich eine Übersicht der in die empirische Untersuchung einbezogenen Unternehmen mit Angabe der angewandten Rechnungslegungsvorschriften zum Untersuchungsstichtag 31.12.2005. Während die Unternehmen des Untersuchungssamples II (US-Markt) ausnahmslos nach den Vorschriften des US-GAAP bilanzieren, wenden 83 % der Unternehmen des Untersuchungssamples I (Deutscher Markt) die Vorschriften nach IAS/IFRS an.

[120] Das EVA-Konzept ist ein eingetragenes Warenzeichen des Beratungsunternehmens Stern Stewart & Company. Vgl. hierzu *Stewart* (1990), *Ehrbar* (1999), *Hachmeister* (1995), *Günther* (1997).

[121] Vgl. *Pellens et al.* (1999), S. 1937 f.

[122] Net Operating Profit after Taxes steht für das operative Betriebsergebnis vor Zinsen und nach Steuern.

Die Value-Spread-Formel macht deutlich, dass lediglich die über den WACC liegenden betrieblichen Gewinne (Übergewinne) wertschaffend für das Unternehmen sind. Eine Investition (z. B. Beteiligung an einem Unternehmen) ist nur dann vorteilhaft, wenn die Rendite der Investition über den Kosten von Eigen- und Fremdkapital (WACC) liegt.[123] In einer einperiodischen Betrachtung des Grundmodells[124] ist der EVA als der Gewinn einer Einheit (Tochtergesellschaft, Unternehmensbereich etc.) zu interpretieren, der nach Abzug der Eigen- und Fremdkapitalkosten resultiert (Übergewinn oder Residualgewinn).[125] Wie aus den o. g. Formeln ersichtlich, stellen sowohl NOPAT als auch NOA neben den Kapitalkosten die zentralen Werttreiber des EVA dar. Aufgrund der Identifikation als Werttreiber lässt sich intuitiv auch ein Einfluss als Determinante des systematischen Risikos vermuten, was es noch zu beweisen gilt.[126]

2.3.2.1 Das betriebsnotwendige Kapital (NOA)

Das betriebsnotwendige Kapital (NOA) wird von *Stewart* (1990) als „Economic Book Value" bezeichnet und stellt eine modifizierte Buchwertgröße der Aktiva abzüglich der unverzinslichen Verbindlichkeiten dar.[127] Schwierig bei der Modifikation dieser Größe ist die Beurteilung, wann ein Vermögensgegenstand für die Erwirtschaftung des NOPAT notwendig, aber noch nicht in der Bilanz enthalten ist und wann ein Vermögensgegenstand in der Bilanz nicht betriebsnotwendig ist.[128] Der Buchwert-Charakter der NOA wird über die einzelnen Modifikationen zugunsten einer stärker an der ökonomischen Realität orientierten Marktwertbetrachtung verändert.[129] Die zu berücksichtigende Kapitalbasis darf keine liquiditätsrelevanten Positionen umfassen und ist um das nicht verzinsliche Fremdkapital zu kürzen. Eigenkapitaläquivalente, wie kumulierter abgeschriebener Goodwill oder Aufwendungen mit Investitionscharakter (R&D),[130] müssen genau wie die kapitalisierten Miet- und Leasingaufwendungen hinzugerechnet werden.[131] Die Aktivierung dieser Aufwendungen erfolgt, damit die Entscheidung über eine bestimmte Finanzierungsform (z. B. beim Leasing) unabhängig vom bilanziellen Ausweis getroffen werden kann.

---

[123] Vgl. *Nowak* (2000), S. 144 f.; *Hostettler* (2000), S. 38-54.

[124] Über Konversionen kann jedoch ein Mehrphasenmodell abgebildet werden (siehe unten).

[125] Vgl. *Schmidbauer* (1999), S. 368.

[126] Siehe hierzu die Ausführungen in Kapitel 7.

[127] Unverzinsliche Verbindlichkeiten mindern in Form von niedrigeren Absatzpreisen oder höheren Einkaufspreisen bereits den Überschuss aus dem operativen Geschäft, so dass sie korrespondierend dazu auch beim betriebsnotwendigen Kapital (NOA) korrigiert werden müssen. Vgl. *Stewart* (1990), S. 93.

[128] Vgl. *Hostettler* (1997), S. 111 f.

[129] Vgl. zu den einzelnen Modifikationen *Stewart*, a. a. O., S. 87 ff., S. 112 ff., S. 744 f.

[130] Zur Behandlung von Aufwendungen für Forschung und Entwicklung (F&E; engl.: Research & Development [R&D]) vgl. *Schmidbauer* (1999), S. 368.

[131] Vgl. *Burger/Ulbrich*, a. a. O., S. 579.

Berechnung der Net Operating Assets (NOA)	
	Buchwert des Anlagevermögens
+	Buchwert des Umlaufvermögens
+	Nicht verzinsliche kurzfristige Verbindlichkeiten
-	Marktgängige Wertpapiere
-	Anlagen im Bau
+	Wertberichtigung auf Forderungen
+/-	Differenz zwischen der Bewertung der Vorräte nach der LIFO- gegenüber der FIFO-Methode
+	Kumulierte Abschreibungen von derivativen Firmenwerten
+	Kapitalisierung der Miet- und Leasingaufwendungen
+	Kapitalisierung der Forschungs- und Entwicklungsaufwendungen
+	Kapitalisierung der marktwertbildenden Vorlaufkosten
=	**Betriebsnotwendiges Kapital (Capital Employed oder Net Operating Assets)**

Tabelle 5: Berechnung der Net Operating Assets (NOA)

Im Gegenzug darf bei der Ermittlung des NOPAT folglich nur der Nicht-Zinsanteil (z. B. der Leasingraten) subtrahiert werden, wodurch die Gleichbehandlung der Finanzierungsform (Leasing vs. kreditfinanzierter Kauf) sichergestellt wird.[132] Die Aktivierung dieser Positionen sowie der marktwertbildenden Vorlaufkosten soll das Management veranlassen, nur solche Investitionen durchzuführen, die tatsächlich den EVA steigern und darüber hinaus die Erfassung des gesamten produktiven Kapitals gewährleisten.[133]

2.3.2.2 *Das operative Ergebnis vor Zinsen und Steuern (NOPAT)*

Beim NOPAT handelt es sich um den betrieblichen Erfolg nach Steuern, aber vor Zinsen, der bei vollständiger Eigenkapitalfinanzierung angefallen wäre.[134] Dabei tendiert die Größe, ausgehend von einem zunächst rein bilanziellen Charakter, durch die verschiedenen Anpassungen immer stärker „in Richtung Cash Flow modifiziertes Betriebsergebnis“[135]. Im Rahmen dieses Übergangs von einem reinen bilanzorientierten („Accounting Model“) hin zu einem wertorientierten („Economic Model“) Modell besteht die Möglichkeit, bis zu 164 Korrekturen vorzunehmen, von denen im Einzelfall jedoch meist nur ein geringer Teil durchgeführt wird.[136] Nach *Stewart* (1990) sollen lediglich wiederkehrende, betriebliche und zahlungswirksame Ergebnisgrößen von nachhaltigem Charakter berücksichtigt werden.[137] Die Forderung von *Stewart* (1990) in Bezug auf die Ermittlung der NOPAT deckt sich insofern auch mit der Nachhaltigkeitsforderung von *Copeland/Koller/Murrin* (2002) bei der Bestimmung der

[132] Vgl. *Schmidbauer* (1999), S. 368.
[133] Vgl. *Burger/Ulbrich,* a. a. O , S. 579; *Schmidbauer* (1999), S. 368.
[134] Vgl. *Burger/Ulbrich,* a. a. O , S. 580.
[135] Vgl. *Schmidbauer* (1999), S. 368.
[136] Vgl. *Hostettler* (2002), S. 97.
[137] Als „wiederkehrend“ werden nur solche Positionen betrachtet, die auch zukünftig weitergeführt werden. Außerordentliche Gewinne oder Verluste verzerren das Ergebnis und dürfen deshalb nicht berücksichtigt werden. Vgl. *Stewart* (1990), S. 92, S. 116.

FCF.[138] Neben den zahlreichen Korrekturen bei der NOPAT-Ermittlung (vgl. Tabelle 6) hin zur zahlungsorientierten Größe werden die Abschreibungen als einziger nicht finanzwirksamer Aufwand nicht korrigiert.

	Berechnung des Net Operating Profit After Taxes (NOPAT)
	Ergebnis der gewöhnlichen Geschäftstätigkeit
+/-	Erhöhung/Verminderung der Wertberichtigungen auf Forderungen
+/-	Erhöhung/Verminderung der Differenz zwischen dem Ansatz der Vorräte mit der LIFO-Methode
-	gegenüber der FIFO-Methode
+	Abschreibungen auf den derivativen Firmenwert (Impairment-Test, IAS 36 i. V. m. IFRS 3)
+/-	Erhöhung/Verminderung des Barwertes kapitalintensiver Forschungs- und Entwicklungsaufwendun-
+/-	gen
	Erhöhung/Verminderung von Rückstellungen
+	Marktwertbildende Vorlaufkosten
-	Abschreibungen der marktwertbildenden Vorlaufkosten
+	Zinsanteil der Leasingraten
+	Zinsergebnis
-	finanzwirksame Steuern
=	**Operatives Ergebnis vor Zinsen und nach Steuern (NOPAT)**

Tabelle 6: Berechnung des Net Operating Profit After Taxes (NOPAT)

Dementsprechend dürfen die Investitionen allerdings auch nicht in Abzug gebracht werden, was damit begründet wird, dass die Abschreibungen einerseits der Wiederbeschaffung abgenutzter Anlagen dienen (und somit „true economic expenses“ darstellen) und andererseits zur besseren Vergleichbarkeit mit geleasten Wirtschaftsgütern berücksichtigt werden müssen.[139] In der Praxis werden die Earnings Before Interest and Taxes (EBIT) als Surrogat dem NOPAT häufig vorgezogen. Dies resultiert einmal aus der Tatsache, dass zahlreiche Datenanbieter, wie z. B. Bloomberg oder Thomson Financial, den NOPAT nicht explizit ausweisen, sondern nur Standardkennzahlen, wie EBIT oder Net Income, zur Verfügung stellen. Zum anderen impliziert der EBIT aber auch einen theoretischen Vorteil, sofern der Einfluss der nicht der dezentralen Steuerung unterliegenden Steuern eliminiert wird.[140] Unter der Annahme, dass die Ersatzinvestitionen der Höhe der Abschreibungen entsprechen, kann der NOPAT auch als Approximation des Free Cash Flow angesehen werden.[141]

---

[138] Vgl. hierzu Kapitel 2.3.1.2

[139] Vgl. *Stewart* (1990), S. 86.

[140] Vgl. Arbeitskreis „Finanzierung“ der *Schmalenbach-Gesellschaft* (1996), S. 564; *Reichmann/Hüllmann* (1999), S. 163 f.

[141] Allerdings gilt dies aus den in Kapitel 2.3.1 genannten Gründen nur für die Standard-Definition des FCF und nicht etwa für den beteiligungsorientierten Total Free Cash Flow.

2.3.2.3 Der MVA als Mehrperiodenmodell des EVA

Der EVA ist grundsätzlich einperiodig, kann aber durch die Abdiskontierung der zukünftigen EVA über die gesamte Lebensdauer eines Unternehmens(teils) auf den Bewertungszeitpunkt in ein Mehrperiodenmodell transformiert werden. Will man den Unternehmensgesamtwert ermitteln, so leitet sich dieser aus den zukünftigen Erfolgen (EVA) des Bewertungsobjektes ab.[142] Durch Diskontierung der zukünftigen periodischen EVA mit den WACC[143] ergibt sich der sog. Market Value Added (MVA):

$$MVA = \sum_{t=1}^{T} \frac{EVA_t}{(1+r_{WACC})^t} + \frac{\frac{EVA_T}{(r_{WACC}-g)}}{(1+r_{WACC})^T}$$

Der MVA stellt die Differenz zwischen dem Marktwert des Gesamtunternehmens und dem betriebsnotwendigen Kapital dar. Als Barwert der zukünftig erwarteten EVA gibt der MVA somit den Netto-Kapitalwert des Unternehmens wider.[144] Addiert man zum MVA das betriebsnotwendige Kapital (NOA) zum Zeitpunkt $t = 0$, so erhält man den Gesamtunternehmenswert (MGK).[145]

$$MGK = \sum_{t=1}^{T} \frac{EVA_t}{(1+r_{WACC})^t} + \frac{\frac{EVA_T}{(r_{WACC}-g)}}{(1+r_{WACC})^T} + NOA$$

Da es sich um eine auf der Kapitalwertmethode basierende Berechnungsmethodik handelt, ist die Ähnlichkeit zum DCF-Ansatz aus Kapitel 2.3.1 eindeutig. Analog der Vorgehensweise beim DCF gelangt man durch Subtraktion des Marktwertes des Fremdkapitals vom Gesamtunternehmenswert (MGK) zum Marktwert des Eigenkapitals des Unternehmens (MEK). Zwischen dem periodischen EVA und dem Marktwert des Eigenkapitals besteht folglich ein analytischer Zusammenhang, so dass:[146]

$$MEK = \sum_{t=1}^{T} \frac{EVA_t}{(1+r_{WACC})^t} + \frac{\frac{EVA_T}{(r_{WACC}-g)}}{(1+r_{WACC})^T} + NOA - MFK$$

---

[142] Vgl. *Küting/Eidel* (1999), S. 832.
[143] Dabei ergeben sich die gewichteten Kapitalkosten analog der Berechnungsweise in Kapitel 2.2.
[144] Vgl. Crasselt/Pellens/Schremper (2000), S. 74.
[145] Die Abkürzung „FV" entstammt der angelsächsischen Terminologie und steht für „Firm Value".
[146] Vgl. *Schmidbauer* (2003), S. 1410.

EVA ist ein Treiber des MVA, denn Unternehmen mit Gewinnen, die langfristig die Kapitalkosten übersteigen, werden i. d. R. über den Buchwerten bewertet (und verzeichnen somit Wertzuwachs).[147] Das EVA-Konzept zeigt dem Management für tägliche Entscheidungen die relevanten Größen auf, durch die der Unternehmens(teil)wert maximiert (beeinflusst) werden kann.[148] Ein positiver EVA lässt auf einen Wertzuwachs schließen, während ein negativer EVA die Annahme stärkt, dass Wert vernichtet wurde.[149] Obwohl den EVA mit dem Unternehmenswert eine enge konzeptionelle Verwandtschaft verbindet, sollte dessen Aussagefähigkeit nicht überstrapaziert werden, da EVA und kapitaltheoretischer Residualgewinn nicht identisch sind und daher Rückschlüsse auf die Unternehmenswertsteigerung in einer Periode nicht ohne weiteres möglich sind.[150]

---

147 Vgl. Stern/Shiely/Ross (2002).

148 Vgl. *Hostettler* (1995), S. 310.

149 Eine solch vereinfachte Schlussfolgerung wird der Komplexität des Konzepts jedoch nicht immer gerecht und ist daher in praktischer Hinsicht vorsichtig zu beurteilen. Über die Berechnung der Kennzahl hinaus muss eine gezielte Ursachenanalyse vorgenommen werden (und dies nicht nur bei negativen EVA), um die dauerhafte Maximierung des SHV zu gewährleisten.

150 Vgl. *Schmidbauer* (2003), S. 1414.

3 Kapitalmarkttheoretische Beta-Erklärungsansätze

In der modernen Kapitalmarkttheorie und -praxis werden verschiedene Methoden zur Bestimmung des Betas (systematischen Risikos)[151] im Zusammenhang mit den Kapitalkosten angewandt. Grundsätzlich lassen sich die nachfolgend dargestellten kapitalmarkttheoretischen Verfahren (Kapitel 3.1 und Kapitel 3.2) und die kapitalmarktbasierten Verfahren (Kapitel 4) unterscheiden. Zu den bedeutendsten Vertretern der erstgenannten Gruppe gehört zweifelsfrei das Capital Asset Pricing Model (CAPM), das im Wesentlichen als solches auch die Basis der kapitalmarktbasierten Verfahren darstellt und wegen seiner Grundlagenrelevanz hier eine ausführliche Würdigung erhält.[152]

3.1 Das Capital Asset Pricing Model

Für die Ermittlung der Eigenkapitalkosten bzw. des marktorientierten Risikozuschlags auf die Eigenkapitalkosten findet in der Mehrzahl der auf dem Shareholder Value[153] basierenden Ansätze das CAPM von *Sharpe* (1964), *Lintner* (1965) und *Mossin* (1966) Anwendung.[154] *Graham und Harvey* (2001) kommen zum Ergebnis, dass das CAPM das am weitesten verbreitete Modell bei der Bestimmung der Eigenkapitalkosten von US-Unternehmen ist, wenngleich bisher keine eindeutigen empirischen Beweise für dessen kritikfreie Anwendung gefunden werden konnten.[155, 156]

3.1.1 Grundlagen und Modellannahmen

Das CAPM ist ein auf der Portfolio Selection Theory[157] basierendes Gleichgewichtsmodell, das die Frage zu beantworten versucht, welche Rendite[158] die Aktie eines bestimmten Unter-

---

151 Allgemein und im Folgenden auch als Beta oder Marktrisiko bezeichnet.

152 Ebenfalls genannt sei die Arbitrage Pricing Theory (APT), die jedoch im Rahmen dieser Arbeit nicht weiter berücksichtigt werden kann. Vgl. hierzu *Ross* (1976), S. 341-360.

153 Vgl. zum Shareholder-Value-Ansatz u. a. *Rappaport* (1995), S. 44-48; *Reimann* (1989), S. 193 f.; *Copeland/Koller/Murrin* (2000), S. 276-299, für den deutschen Anwendungsfall bei Bewertungen siehe u. a. *Coenenberg/Sauter* (1988), S. 206 ff.; *Ballwieser* (1990), S. 173-176.

154 Siehe hierzu *Sharpe* (1964), S. 425-441; *Lintner* (1965), S. 13-37; *Mossin* (1966), S. 768-783.

155 Zu der empirischen Kritik am CAPM siehe 3.1.3.

156 Vgl. *Graham/Harvey* (2001), S. 233 f.

157 Vgl. *Markowitz* (1952), S. 77 ff. Die Portfolio Selection Theory wurde 1963 von *Sharpe* (1963), S. 281, dahingehend weiterentwickelt, dass der Erwartungswert des Ertrags einer Aktie als lineare Funktion aus einer unternehmensspezifischen (unsystematischen) und einer systematischen Risikokomponente ausgedrückt werden kann. Die Portfolio-Theorie hingegen geht von einer unternehmensspezifischen Komponente aus, die gegen Null läuft, so dass der Erwartungswert des Ertrags allein vom Betafaktor bestimmt wird. Vgl. hierzu auch *Beaver/Kettler/Scholes* (1970), S. 657.

158 Die Rendite einer Aktie setzt sich dabei aus der Dividendenzahlung bzw. anderweitigen Zuwendungen an die Aktionäre und der Kurssteigerung der Aktie zusammen, weshalb in der Praxis zumeist sog. Performance Indices bei der Berechnung der Rendite bzw. des Betas verwendet werden.

nehmens erzielen muss, um die Investition eines beliebigen Anlegers zu motivieren. Es handelt sich um ein zukunftsorientiertes Modell (sog. „forward looking principle")[159], in dem die Erwartungen des Investors bezüglich der Rendite einer spezifischen Anlage gegenüber der alternativen Anlage zum risikolosen Zinssatz ausgedrückt werden. Grundlage für die Bestimmung der Kapitalkosten, o. g. WACC, sind dem CAPM zufolge also nicht die „tatsächlichen" Kapitalkosten eines spezifischen Investments, sondern die aus den Erwartungen des Investors abgeleiteten Opportunitätskosten. Dabei basiert die Anwendung des CAPM auf einer Reihe wesentlicher Modellprämissen:[160]

- Die Marktteilnehmer verfügen über *homogene Erwartungen* bzgl. Rendite und Risiko der Wertpapiere (A1).
- Der Betrachtungshorizont ist *einperiodig* (A2).
- Die Investoren agieren *risikoscheu*, *rational* und *nutzenmaximierend* (A3).[161]
- Ausgangslage ist ein *vollkommener Kapitalmarkt*, auf dem mittels des risikolosen Zinssatzes beliebig viel Geld aufgenommen und angelegt werden kann (A4).
- Es fallen *keine Transaktionssteuern* an und der *Einfluss von Steuern und Gesetzen* wird ausgeklammert (A5).
- Die *Marktpreise der Wertpapiere* sind von den einzelnen Marktteilnehmern nicht beeinflussbar (A6).
- Die Wertpapiermenge ist gegeben. Es wird *beliebige Teilbarkeit* unterstellt, so dass die Anlage in unterschiedliche Investitionsobjekte möglich ist (A7).

Die Hauptaussage des CAPM ist darin zu sehen, dass die erwartete Rendite eines Investments, bei a priori feststehender Marktrisikoprämie und risikolosem Zins, von dem systematischen, also dem nicht diversifizierbaren Risiko, abhängt.[162] Folglich wird die Übernahme des mit dem Investment verbundenen Risikos vom Anleger erwartet und soll durch eine am Markt beobachtbare Risikoprämie für Eigenkapital abgegolten werden. Dabei setzt sich die Marktrisikoprämie aus der am Markt erwarteten Rendite für risikobehaftete Anlagen, subtrahiert um den Zinssatz einer risikolosen Anlage zusammen, und wird oftmals auch als Überrendite ([Total] Excess Return) bezeichnet.[163] Insofern beschreibt das CAPM auch den Zusammenhang zwischen Rendite und systematischem Risiko der Unternehmung. Dies lässt sich durch

---

159 Vgl. *Timmreck* (2002), S. 307.

160 Vgl. *Serfling/Marx* (1990), S. 364-369, S. 425-429, hier 364; *Perridon/Steiner* (1999), S. 261-263; *Hachmeister* (1995), S. 163.

161 *Tversky/Kahneman* haben herausgefunden, dass der Verlustfall einer Anlage vom Investor 2.5-mal so intensiv wahrgenommen wird wie ein Gewinn in äquivalenter Höhe. Vgl. *Tversky/Kahneman* (1992), S. 297-323.

162 Siehe hierzu auch die Darstellung in Abbildung 7.

163 Siehe zur genauen Ermittlungsmethode auch Kapitel 3.1.2.4.

folgenden linearen Formalismus verdeutlichen, der für das spätere Fundamental-Beta-Modell von grundlegender Bedeutung ist:

$$R_i = R_f + \beta_i \cdot ERP_m + \varepsilon_i$$

mit:

R_i	=	die Eigenkapitalkosten des Wertpapiers (WP) i,
R_f	=	die Rendite der risikolosen Anlagemöglichkeit,
β_i	=	das Beta (systematische Risiko) des Wertpapiers i,
$E(ERP_m)$	=	die erwartete „Marktrisikoprämie" für Eigenkapital bzw. die zukünftig zu erwartende Überrendite zwischen der Rendite des Marktportfolios und der Rendite der risikolosen Anlagemöglichkeit E (R_m-R_f),
ε_i	=	unternehmensspezifischer Störterm

und:

$$\beta_i = \frac{Cov(R_m, R_i)}{Var(R_i)}$$

mit:

$Cov(R_m;R_i)$	=	die Kovarianz der Rendite des Marktportfolios m und des WPs i
$Var(R_i)$	=	die Varianz des WPs i
R_m	=	die Rendite des Marktportfolios

Die im CAPM verwendete Rendite wird aus sog. Total-Return-Kursen abgeleitet. Dabei werden also nur die um Dividendenausschüttungen und Kapitalveränderungen bereinigte Aktienkurse, die häufig auch als Performance-Kurse bezeichnet werden, verwendet. Die Renditen lassen sich entweder als stetige oder als diskrete Renditen berechnen, wobei die Unterschiede beider Varianten bei der Beta-Schätzung eher gering sind.[164] Häufig werden stetige Renditen den diskreten jedoch vorgezogen, was insbesondere auf deren positive statistische Eigenschaften zurückzuführen ist. Außerdem können stetige Renditen rechentechnisch einfacher behandelt werden.[165]

Wie aus dem formalen Zusammenhang deutlich wird, repräsentiert der Betafaktor das Risiko eines bestimmten Wertpapiers relativ zum Markt. Besitzt ein Wertpapier ein Beta von *eins*, so stellt dies eine perfekte Korrelation der Rendite mit der Marktrendite dar. Ein Beta *größer eins* impliziert hingegen, dass das Wertpapier volatiler und risikoreicher als der Markt ist. Ist das Beta *kleiner eins*, so ist das Wertpapier weniger volatil als der Markt. Volatilität bezeichnet in diesem Zusammenhang die Schwankungsbreite der logarithmierten Renditen des Investments um ihren Mittelwert – anders ausgedrückt, stellt die Volatilität die wahrscheinliche Abweichung einer zukünftigen Rendite von der erwarteten (durchschnittlichen) Rendite

---

164 Vgl. *Zimmermann* (2001), S. 81.

165 Für die Berechnung des Betafaktors ist die Normalverteilung der Renditen grundsätzlich vorausgesetzt. Diese wurde empirisch, wenn überhaupt, eher bei stetigen (logarithmierten) Renditen beobachtet, da diskrete Renditen eher rechtsschief verteilt sind. Siehe hierzu *Poddig/Dichtl/Petersmeier* (2003), S. 105.

dar.[166] Da das CAPM ein lineares Gleichungssystem mit drei Variablen ist und die abhängige Variable (R_i) lediglich durch eine unabhängige Variable beeinflusst werden kann, gestaltet sich die mathematische Lösung des Modells relativ einfach, wenn die übrigen Parameter (die Rendite des Wertpapiers R_i und die Marktrisikoprämie ERP_m) a priori feststehen. Das System kann im Rahmen einer einfachen Kleinste-Quadrate-Schätzung (Ordinary-Least-Squares [OLS]) gelöst werden, wobei rechentechnisch die Koeffizienten β_i und R_f (Alpha) ausgegeben werden.[167]

3.1.2 Zentrale Bestandteile und Einflussfaktoren des CAPM

Betrachtet man das CAPM etwas näher, so wird deutlich, dass das Modell im Wesentlichen über vier zentrale Bestandteile beeinflusst wird. Als wesentliche Determinanten gelten (i) die Zusammensetzung des Marktportfolios, (ii) das systematische Risiko, (iii) der risikolose Zins und (iv) die Marktrisikoprämie, welche nachfolgend ausführlich dargestellt werden.

3.1.2.1 Das Marktportfolio

Für die Ermittlung des systematischen Risikos (Beta) im Rahmen des CAPM ist die Bestimmung des Marktportfolios von grundlegender Bedeutung, da hierdurch erst der Zusammenhang zwischen der erwarteten Rendite eines spezifischen Unternehmens (R_i) und der Rendite der am Markt verfügbaren Anlagemöglichkeiten (R_m) hergestellt werden kann. Die Marktrendite (R_m) hängt von den einzelnen Renditen der einbezogenen Anlagemöglichkeiten ab und ergibt sich im Allgemeinen als wertgewichteter Durchschnitt aller Anlagen. Aus portfoliotheoretischen Überlegungen lässt sich erklären, welche Eigenschaften das Marktportfolio besitzen sollte und wie eine modellkonforme Zusammensetzung auszusehen hat. In Abbildung 4 wird deutlich, dass sich das theoretische, effiziente Marktportfolio (M) als Tangentialpunkt aus der Effizienzkurve aller riskanten Portfolios und der Kapitalmarktlinie ergeben muss. Als effizient erweisen sich Kombinationen aus risikoloser Anlage und risikobehafteten Anlagen, wobei der Tangentialpunkt M das Marktportfolio mit einer effizienten Mischung aller risikobehafteten Anlagemöglichkeiten darstellt (*Tobin's* [1958] „separation theorem"“).[168] Alle anderen Kombinationen gelten als nicht effizient, da sie bei gleicher Risikosituation eine niedrigere Rendite erzielen oder bei gleicher Rendite ein höheres Risiko beinhalten. Dies wird

---

166 Vgl. *Perridon* 1997, S. 280.
167 Zur praktischen Anwendung und detaillierten Beschreibung der OLS-Regression siehe Kapitel 3.3.1 und Kapitel 7.2. Vgl. in diesem Zusammenhang auch *Fama* (1976), S. 77-98.
168 Vgl. *Tobin* (1958), S. 65-86.

in Anlehnung an die Portfoliotheorie von *Markowitz* (1959) auch als sog. „mean-variance-efficient"-Portfolio bezeichnet.[169]

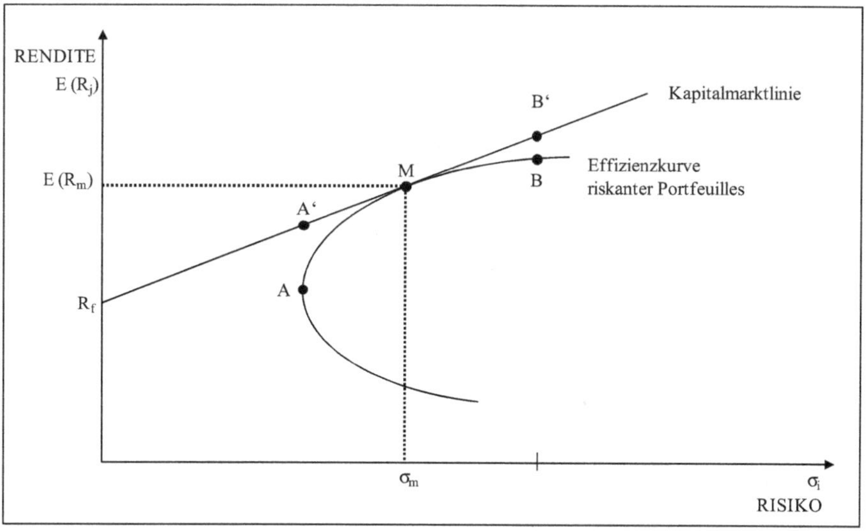

Abbildung 4: Effizientes Marktportfolio

Hielte ein Anleger *Portfolio A* in, so könnte die Renditeerwartung unter Beibehaltung der gleichen Risikosituation durch *Portfolio A'*, welches sich aus einer Kombination von Marktportfolio und risikoloser Anlage zusammensetzt, übertroffen werden. Dies würde jedoch bedeuten, dass *Portfolio A* nicht die beste Alternative am Markt darstellt und somit nicht effizient ist, was wiederum der Annahme von Tobin's separation theorem widersprechen würde. Alle am Markt verfügbaren Rendite-Risiko-Kombinationen werden in durch die Kapitalmarktlinie abgebildet. Diese Effizienzlinie ist eine Gerade mit positiver Steigung und dem Achsenabschnitt R_f als Konstante. Sie verläuft durch den Tangentialpunkt M auf der Effizienzkurve der risikobehafteten Anlagen und ist für alle rational handelnden und risikoscheuen Investoren identisch. Ganz allgemein basiert das Modell auf der Grundannahme homogener Erwartungen (A1) und eines vollkommenen Kapitalmarkts (A4) mit:

[169] Vgl. *Markowitz* (1952), S. 77-91.

$$E(R_i) = R_f + \frac{E(R_m) - R_f}{\sigma_m}\sigma_i \quad \Rightarrow \textbf{Kapitalmar ktlinie}$$

und: σ_i = die Standardabweichung der Rendite des Wertpapiers i
σ_m = die Standardabweichung der Rendite des Marktportfolios

Aus theoretischer, aber auch aus praktischer Sicht ist die Zusammenstellung des Marktportfolios strittig bzw. unklar, wodurch nach Auffassung von *Roll* (1977) das CAPM niemals wirklich empirisch getestet werden kann.[170] Da bei praktischer Anwendung des CAPM nur ein Proxy als Surrogat für das tatsächliche Marktportfolio verwendet wird, könne *Roll* zufolge auch keine hinreichende empirische Validierung des CAPM erfolgen. Folgt man dieser Argumentation, so müsste sich das Marktportfolio grundsätzlich aus allen, einem fiktiven Investor, zur Verfügung stehenden Anlagemöglichkeiten zusammensetzen. Dies würde neben Aktien z. B. auch andere Finanzinstrumente (Optionen, Futures etc.), Anleihen, Rohstoffe, Immobilien, Human Capital[171] etc. beinhalten.[172] Die Abbildung eines solchen Portfolios wäre, so auch *Roll* (1977), in der Praxis zumindest mit deutlich höheren Kosten verbunden, wenn nicht aufgrund der unendlichen Vielzahl von Anlagemöglichkeiten gar unrealisierbar.

In einer pragmatischeren, von Theorie und Praxis gleichermaßen geteilten Sichtweise gilt als hinreichende und im kapitalmarkttheoretischen Verständnis ausreichende Bedingung die Erfüllung der Minimum-Varianz-Voraussetzung effizienter Portfolios. Danach sollte derjenige (Aktien-)Index als Proxy Verwendung finden, der am ehesten in der Lage ist, ein breites Spektrum an Anlagealternativen als effizientes Portfolio abzubilden.[173] Folgt man dieser Auffassung, dann spielt die Größe (Marktkapitalisierung) eine bedeutende Rolle, wodurch große Indices, wie z. B. der S&P 500,[174] der NYSE-Index,[175] der NYSE/AMEX/NASDAQ,[176] der CDAX[177] oder der MSCI[178] einen Vorzug vor kleineren Indices erhalten sollten, da sie mehr Branchen und auch mehr Unternehmen (höhere Marktkapitalisierung) repräsentieren.[179] Strit-

170 Vgl. *Roll* (1977), S. 129-176.

171 Zur jüngeren Diskussion im Zusammenhang mit dem „Human Capital" als Investment siehe z. B. *Chen/Lin* (2003), S. 470-478; *Porter/Stern* (2001), S. 28-36; *Acemoglu/Pischke* (1999), S. 539-572.

172 Vgl. *Lally* (1995), S. 64.

173 Vgl. *Damodaran* (2001), S. 70 f.

174 Der S&P 500 ist ein wertgewichteter Index, der die größten amerikanischen Unternehmen branchenübergreifend beinhaltet.

175 Der NYSE-Index ist der wertgewichtete Index aller an der New Yorker Börse (**N**ew **Y**ork **S**tock **E**xchange) gehandelten Unternehmen.

176 Der NYSE/AMEX/NASDAQ ist ein wertgewichteter Index, der die Performance von Unternehmen der New York Stock Exchange und der American Stock Exchange zusätzlich zu den an der NASDAQ gehandelten Unternehmen misst.

177 Der CDAX (Composite Deutscher Aktienindex) ist ein wertgewichteter Aktienindex, der die Aktiensegmente Prime All Share und General Standard umfasst.

178 Morgan Stanley Capital-Index.

179 Vgl. *Weston/ Copeland* (1986), S. 608; *Brealey/Myers* (1985), S. 136.

tig ist allerdings, inwiefern die Verwendung eines Surrogats für das theoretische Marktportfolio Modellverzerrungen verursacht, wenn explizite Eliminierungen von prinzipiell am Markt verfügbaren Anlagealternativen (andere Aktien, Anleihen, Öl etc.) vorgenommen würden.[180] Die Beantwortung dieser Frage soll am Beispiel verschiedener deutscher Aktienindices veranschaulicht werden. Jeder dieser Indices repräsentiert ein individuelles Marktportfolio und unterscheidet sich in der Zusammensetzung von den übrigen Vergleichsindices. Insofern kann die o. g. Problematik von exkludierten Anleihen, eines Öl-Investments oder Human-Capital-Anlagen aus dem Proxy für das Marktportfolio auch auf die Zusammensetzungsproblematik unterschiedlicher Aktienindices übertragen werden. Für den deutschen Markt stehen grundsätzlich verschiedene Aktienindices (vgl. Abbildung 5), wie DAX, Prime All Share, MDAX, HDAX oder SDAX – um nur die großen Indices zu nennen – als Surrogate für das Marktportfolio zur Verfügung.[181] Betrachtet man die wöchentliche Kursentwicklung der in Abbildung 5 dargestellten Indices im Zeitraum von Januar 1996 bis Dezember 2005, so fällt deren starke Korrelationswirkung auf. Aufgrund dieser Tatsache entschärft sich das Problem der Auswahl eines bestimmten nationalen Index als Proxy deutlich, werden doch die generellen Markteinflüsse aller Indices (mehr oder weniger) ähnlich stark antizipiert. Einzig für branchenspezifische bzw. nach anderen Kriterien gebildete Indices (z. B. Umsatzgröße etc)[182] ist eine weniger starke Korrelation zu erwarten, wobei solche Indices aufgrund der mangelhaften Diversifikation schon aus theoretisch konzeptionellen Gründen als Surrogat für das Marktportfolio ungeeignet erscheinen.

---

180 Vgl. *Fama/French* (1994), S. 24.

181 Zu einer Beschreibung und einer genauen Zusammensetzung dieser Indices vgl. URL: http://deutsche-boerse.com/dbag/dispatch/de/kir/gdb_navigation/home, abgerufen am 27.12.2006. Die Notierung des Prime All Share-Index begann erst im März 2003. Darüber hinaus existiert eine Vielzahl weiterer Indices, die zumeist eine geringere Marktkapitalisierung repräsentieren und deren Zusammensetzung an spezifische Kriterien, wie z. B. eine bestimmte Branchenzugehörigkeit, angelehnt ist.

182 Ein in Abhängigkeit vom Größenmerkmal gebildeter Index ist der SDAX, der auch einen eher niedrigen Korrelationskoeffizienten mit dem DAX aufweist; siehe hierzu Tabelle 7.

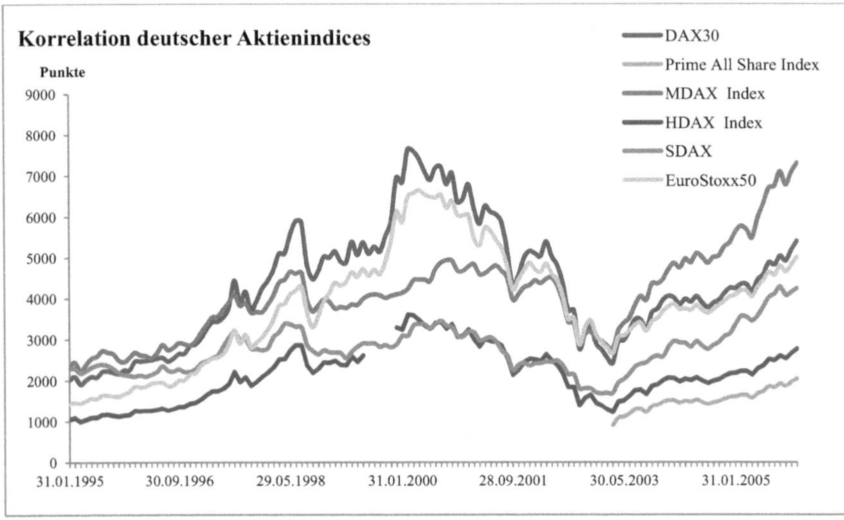

Abbildung 5: Vergleich deutscher Aktienindices als Proxy für das Marktportfolio[183]

In analoger Weise können diese Beobachtungen auch für den europäischen Markt, z. B. den EuroStoxx 50, bestätigt werden, der mit einer Korrelation von 0.96 einen starken Zusammenhang zum DAX 30 aufweist (vgl. Abbildung 5 und Tabelle 7).

1995-2005*	DAX 30	Prime All Share	MDAX	HDAX	SDAX	EuroStoxx 50
DAX 30	1.0000	0.9996	0.6103	0.9979	0.6513	0.9632
Prime All Share	0.9996	1.0000	0.9886	1.0000	0.9785	0.9941
MDAX	0.6103	0.9886	1.0000	0.6241	0.8714	0.6711
HDAX	0.9979	1.0000	0.6665	1.0000	0.6920	0.9645
SDAX	0.6513	0.9785	0.8714	0.6920	1.0000	0.6092
EuroStoxx 50	0.9632	0.9941	0.6711	0.9645	0.6092	1.0000
* wöchentliche Kursnotierungen (Last Price)						

Tabelle 7: Korrelationsmatrix deutscher Aktienindices[184]

Die oben getroffenen Aussagen lassen sich am deutschen Markt auch durch den Prime All Share als Proxy für das Marktportfolio belegen, da dieser Index einen besonders starken Korrelationsgrad zu anderen nationalen Aktienindices (und auch einem europäischen Aktienindex) besitzt (vgl. Tabelle 7). Die Korrelationsmatrix macht deutlich, dass große Indices ten-

[183] Eigene Erstellung und Berechnung auf der Datenbasis von Bloomberg.

[184] Eigene Erstellung und Berechnung auf der Datenbasis von Bloomberg.

denziell stärkere statistisch signifikante Abhängigkeiten aufweisen.185 Aufgrund der oben beschriebenen Eigenschaften eignen sich große Indices gegenüber (nach Marktkapitalisierung und Marktbreite) kleineren Indices eher als Surrogat für das Marktportfolio. Um diese These zu belegen, sei auf einen Vergleich neun internationaler Indices verwiesen. Bei Verwendung wöchentlicher Kursnotierungen (Freitags-Schlusskurse) im Zeitraum von 01/1995-12/2005 lassen sich die Kursverläufe verschiedener Aktienindices wie des CDAX, SBF 250, FTSE 100, Bloomberg Euro 500, EuroStoxx 50, MSCI World, S&P 500, des DAX und des Hang-Seng graphisch in Abbildung 6 veranschaulichen.

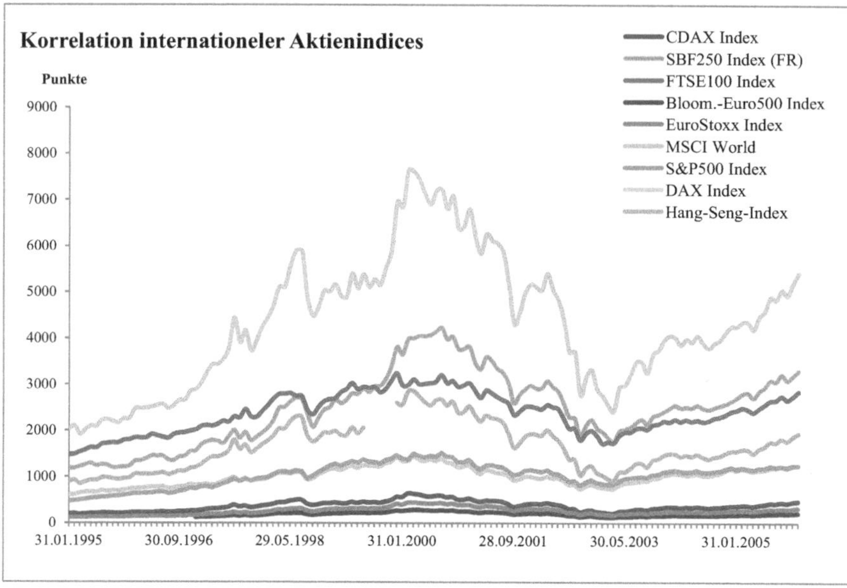

Abbildung 6: Vergleich internationaler Aktienindices als Proxy für das Marktportfolio[186]

Auf den ersten Blick fällt die starke Korrelationswirkung der einzelnen Indices auf. Vergleicht man zunächst europäische Spitzenindices, wie den DAX, den SBF 250 (Frankreich) und den FTSE 100 (UK), wird die Gleichförmigkeit der Kursverläufe deutlich.[187] Kursanstiege und -einbrüche verlaufen, die Skalenniveaus berücksichtigend, stark symmetrisch, was

185 Eine Ausnahme bildet der in Tabelle 7 dargestellte MDAX, der aber nicht nur zum Prime All Share, sondern auch zu anderen Indices einen vergleichsweise niedrigen Korrelationsgrad aufweist.

186 Eigene Erstellung und Berechnung auf der Datenbasis von Bloomberg.

187 Da auch die absoluten Niveaus gezeigt werden sollen, wurde bewusst auf eine Indexierung der einzelnen Indices zum Zeitpunkt t= 01.01.1995 verzichtet.

darauf schließen lässt, dass auch unter Verwendung europäischer Indices im deutschen Bewertungsfall konsistente Betas geschätzt werden können.[188] Dies gilt insbesondere auch für Indices, deren Marktkapitalisierung, die der o. g. Indices noch deutlich übersteigt, wie z. B. der S&P 500, der MSCI World und der CDAX, die eine sehr starke Korrellationswirkung untereinander besitzen. Dies ist auch bei europäischen Spitzenindices, wie dem Bloomberg 500[189] oder dem EuroStoxx 50[190] beobachtbar, die einen fast gleichförmigen Kursverlauf zeigen. Unter Berücksichtigung der o. g. Untersuchungsergebnisse wird deutlich, dass das Marktportfolio des CAPM über Aktienindices vergleichsweise gut abgebildet werden kann, wobei Indices mit hohem Diversifikationsgrad und hoher Marktkapitalisierung sich besser als Proxy eignen als relativ kleine und weniger stark diversifizierte Indices.

3.1.2.2 Systematisches versus unsystematisches Risiko

Im CAPM wird das Gesamtrisiko eines Investments (gemessen an der Volatilität der Rendite) in zwei Komponenten, das systematische Risiko (auch Beta oder unternehmensunspezifisches Risiko)[191] und das unsystematische Risiko (unternehmensspezifisches Risiko) unterteilt. Das systematische Risiko haftet jeder verfügbaren Anlagemöglichkeit an und ist nicht vermeidbar, hingegen kann das unsystematische Risiko durch ausreichende Diversifizierung in einem Portfolio seitens der Kapitalmarktteilnehmer eliminiert werden. In der Realität äußert sich das systematische Risiko in makro- oder mikroökonomischen Faktoren, die auf alle am Markt vertretenen Unternehmen auf eine bestimmte Art und Weise - jedoch in unterschiedlichem Ausmaß - treffen und durch eine Risikoprämie, der sog. Marktrisikoprämie des Eigenkapitals („Equity Risk Premium")[192] abgegolten werden.[193] Im Gegensatz dazu wird das unsystematische Risiko im CAPM vom Markt nicht mit einer Risikoprämie entgolten, da es grundsätzlich eliminiert werden kann.[194] Da das Gesamtrisiko in einem ausreichend diversifizierten Portfolio einzig durch die Höhe des systematischen Risikos determiniert wird, kann der Zusammenhang zwischen der erwarteten Rendite für ein risikobehaftetes Wertpapier (WP_i) und der Marktrisikoprämie (ERP_m) einzig über den Betafaktor beschrieben werden. Multipliziert man die Marktrisikoprämie mit dem Betafaktor des Wertpapiers (WP_i), so erhält man die unter-

---

188 Vgl. hierzu auch ausführlich die Diskussion zur Anwendung des International CAPM unten.

189 Index der nach Marktkapitalisierung größten 500 europäischen Unternehmen, geführt vom Finanzinformationsdienstleister Bloomberg.

190 Der Dow Jones Euro Stoxx 50 ist ein Aktienindex, der die 50 größten börsennotierten europäischen Unternehmen der Euro-Zone beinhaltet. Der Index wird von Stoxx Ltd., Zürich geführt.

191 Synonym wird häufig auch der Begriff „Marktrisiko" verwendet.

192 Siehe hierzu ausführlich Kapitel 3.1.2.4.

193 Vgl. *Sharpe* (1963), S. 281.

194 Ein in der Praxis häufig auftretendes Beispiel für das unsystematische Risiko ist der Verlust von Marktanteilen eines Unternehmens gegenüber einem Wettbewerber.

nehmensindividuelle, erwartete Rendite, die auch in Form der Wertpapierlinie in Abbildung 7 dargestellt werden kann. Unter Annahme eines effizienten Kapitalmarktes und fairer Preise liegt jedes Wertpapier bzw. Portfolio auf dieser Geraden.[195]

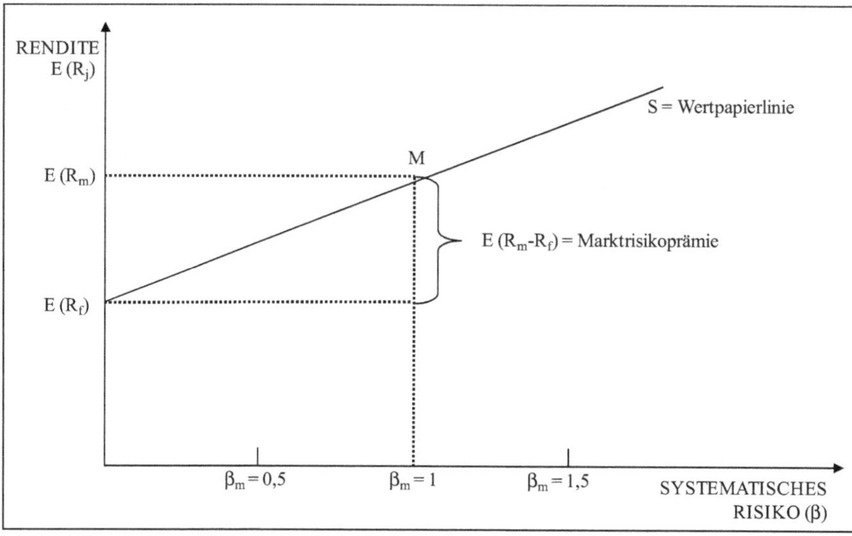

Abbildung 7: Rendite-Risiko-Zusammenhang im CAPM[196]

In Abbildung 7 wird der risikolose Zinssatz (R_f) durch den Achsenabschnitt der Y-Achse repräsentiert und impliziert insofern die Renditeerwartung bei einem systematischen Risiko von Null. Das Marktportfolio (M) hat per Definition ein systematisches Risiko von 1, wodurch sich für den Investor dieses Portfolios ein Erwartungswert für die Risikoprämie für das Eigenkapital i. H. v. $E(R_m-R_f)$ für die Übernahme des systematischen Risikos ergibt. Dass das Marktportfolio ein Beta von 1 haben muss, ergibt sich aus dem in Kapitel 3.1.1 dargestellten mathematischen Zusammenhang von Kovarianz und Varianz der Rendite. Die Kovarianz des Marktes mit sich selbst entspricht der Varianz des Marktes. Teilt man diesen Term dann durch den Nenner (Varianz des Marktes), so muss daraus ein Beta von 1 resultieren.

---

[195] Empirische Untersuchungen haben jedoch gezeigt, dass dies nicht generell für sehr kleine (in Bezug auf die Marktkapitalisierung) bzw. sehr große börsennotierte Unternehmen gilt; sehr kleine Unternehmen haben im Rahmen der Untersuchungen durchschnittlich höhere und sehr große Unternehmen durchschnittlich niedrigere erwartete Renditen aufgezeigt, als die Schätzungen des CAPM (Beta-Schätzungen) vorhersahen. Vgl. hierzu die Ausführungen in Kapitel 3.3.1 und *Banz* (1981), S. 3-18; *Fama/French* (1992), S. 427-465.

[196] In Anlehnung an *Perridon/Steiner* (1997), S. 262.

3.1.2.3 Zinssatz der risikolosen Anlagemöglichkeit

Beim risikolosen Zinssatz handelt es sich um die Entlohnung, die der Markt einem Investment in eine risikolose Anlagemöglichkeit zuordnet. Dabei ist der risikolose Zins für alle Investoren gleichermaßen unabhängig von der Größe des verfügbaren Investments.[197] Um als risikolos von den Marktteilnehmern eingeschätzt zu werden, muss die Anlagemöglichkeit über den spezifischen Zeithorizont hinweg drei Bedingungen erfüllen:

- Es existiert kein *Ausfallrisiko* (Default Risk) für den Investor.
- Es besteht kein *Laufzeitrisiko* (Maturity Risk).
- Das künftige *Inflationsrisiko* (Inflation Risk) wird bereits im Zins antizipiert.

Im Allgemeinen werden für den risikolosen Zins die Renditen der Staatsanleihen oder das kurzfristige von der Bundesbank ausgewiesenes Monatsgeld (bzw. im internationalen Umfeld die US Treasury Bonds bzw. Bills) verwendet. Dass Staatsanleihen „risikolos" sind, also kein Ausfallrisiko besitzen, wird nur für große (Industrie-)Länder unterstellt.[198] Ein Laufzeitrisiko von Null ist streng genommen nur bei einer Null-Koupon-Anleihe (Zero-Bond) gegeben, weil nur hierbei keine Cash Flows während der Laufzeit zu einem unbekannten Zins reinvestiert werden müssen.[199] Da Staatsanleihen (abgesehen von der Null-Koupon-Anleihe) grundsätzlich mit einem Laufzeitrisiko behaftet sind, welches auf die Rendite dieser Papiere wirkt, kann als „risikolos" folgerichtig nur der Koupon der Papiere angesehen werden. Anders als bei der Marktrisikoprämie ist also nicht der „Total-Return", sondern der nominale Zins zugrunde zu legen, da nur dieser für jeden beliebigen Investor risikolos verfügbar ist.[200] Generell sind unterschiedliche Laufzeiten der risikolosen Anlagemöglichkeit vorstellbar, wobei sich die Auswahl zum einen durch den Zweck der Kapitalkostenermittlung und zum anderen durch das verwendete Renditeintervall der Marktrisikoprämie bestimmt. Wird die Marktrisikoprämie für einen kurzfristigen Investitionshorizont ermittelt, so können auch der Zins des Monatsgeldes der Bundesbank bzw. die US-Treasury-Bills verwendet werden. Zu unterscheiden ist also auch nach dem Zeithorizont des Investments. Für eine eher kurzfristig ausgerichtete Anlage macht es wenig Sinn, eine Staatsanleihe mit zwanzigjähriger Laufzeit heranzuziehen, da hier ein sich langfristig auf einem bestimmten (stabilen) Niveau einpendelnder Zins

---

197 Vgl. *Sharpe* (1964), S. 425-441; *Lintner* (1965), S. 13-37.

198 Bei Ländern, die ein schlechtes Rating haben, kann der Zinssatz der landesspezifischen Staatsanleihe jedoch nicht herangezogen werden, da insofern kein risikoloser Zins repräsentiert wird. Hier ist es angebracht, eine internationale Staatsanleihe (US-Treasury Obligation etc.) mit gegebenenfalls notwendigen Auf- oder Abschlägen bezüglich des Währungsrisikos zu verwenden. Vgl. *Damodaran* (2001), S. 58 f.

199 Die Rendite bleibt über die gesamte Laufzeit konstant, während bei Staatsanleihen mit Koupon und langer Laufzeit die Zinsänderungen am Markt mitunter erhebliche Auswirkungen auf die Rendite dieser Papiere haben können.

200 Da das Monatsgeld in aller Regel über kein oder nur ein sehr geringes Laufzeitrisiko verfügt, trifft dies hierfür nicht zu.

berücksichtigt würde, der aufgrund des üblichen Verlaufs der Zinsstrukturkurve vermutlich nicht dem Niveau kurzfristig risikoloser Anlagemöglichkeiten entspräche.[201]

Vergleich historischer risikoloser Zins Deutschland/USA (31.12.2004)	**Rendite**
Deutschland (€)	
Umlaufrendite[202]	3.4 %
Bundesanleihe 8-15 Jahre	3.6 %
Bundesanleihe 9-10 Jahre	3.7 %
Bundesanleihe 5-8 Jahre	3.3 %
30 Tage Monatsgeld	2.1 %
USA (US-$)	
Long Term (20 years) Treasury Coupon Bond Yield	4.8 %
Long Term (10 years) Treasury Coupon Bond Yield	4.2 %
Intermediate Term (5 year) US Treasury Coupon Note Yield	3.5 %
Short Term (30 days) US Treasury Bill Yield	1.9 %

Tabelle 8: Vergleich unterschiedlicher Laufzeiten beim risikolosen Zins[203]

Generell stößt man in Theorie und Praxis häufig auf die Forderung nach der Verwendung von Laufzeiten von *30 Tagen über 5, 10, 20 oder sogar 30 Jahre.*[204] In der praktischen Anwendung des CAPM wird in den USA häufig die Rendite der 20-jährigen Staatsanleihe (US-Treasury-Bond) verwendet, während im europäischen Raum (z. B. in Deutschland) eher Renditen 10-jähriger Staatsanleihen (Bundesanleihe) verbreitet sind.[205] Daneben kommen aber grundsätzlich auch die längeren oder kürzeren oben dargestellten und in Tabelle 8 am Beispiel von Deutschland/USA veranschaulichten Laufzeiten in Betracht, wenn dies die Erwartung bzgl. der Investmentdauer rechtfertigt.

Die Auswahl der oben angesprochenen 20-jährigen Rendite wird oftmals auch vor dem Hintergrund des eher langfristig orientierten Investmenthorizonts von Eigenkapitalinvestitionen und der geringeren Fluktuation der Renditen langfristiger Staatsanleihen begründet.[206] Vergleicht man die risikolose Rendite der G7-Länder anhand der 20-jährigen Staatsanleihen (Bonds) und der 30-Tages-Schuldverschreibung (Bills) in Tabelle 9, so fällt auf, dass die betrachteten Länder im Zeitraum zwischen 1900 und 2000 diesbezüglich kein einheitliches Bild

[201] Was insbesondere auch seit Beginn der Finanzmarktkrise im Juni 2007 zu beobachten ist.
[202] Bei der Umlaufrendite oder Sekundärmarktrendite handelt es sich um die durchschnittliche Rendite aller im Umlauf befindlichen festverzinslichen Wertpapiere (Anleihen). Anleihen in Nicht-Euro-Währung werden nicht berücksichtigt. In Deutschland wird die Umlaufrendite von der Deutschen Bundesbank ermittelt und nach Emittenten (Öffentliche Hand, Banken etc.) sowie Restlaufzeiten gruppiert. Veröffentlicht unter URL: http://de.wikipedia.org/wiki/Zinsniveau, abgerufen am 18.01.2007.
[203] Quelle: *Bloomberg*.
[204] Vgl. *Ibbotson Associates* (2005), S. 57.
[205] Vgl. *Damodaran* (2001), S. 60.
[206] Die Anleger sind eher bereit, bei einer langen Laufzeit davon auszugehen, dass das Laufzeitrisiko bereits in der Rendite eingepreist ist. Darüber hinaus entspricht der Zeitraum auch etwa dem längsten Zeitraum für die Schätzung der Marktrisikoprämie. Siehe hierzu 3.1.2.4.

abgeben. Dies liegt zum einen an den unterschiedlichen, länderspezifischen Inflationsraten und den Wechselkursen sowie zum anderen aber auch an der landesbezogenen Kaufkraftparität.

Zeitraum: 1900-2000	**NominaleRendite** (%p.a.)		**RealeRendite** (%p.a.)**	
Länder	Bonds Arithm. (Geo.)	Bills Arithm. (Geo.)	Bonds Arithm .(Geo.)	Bills Arithm. (Geo.)
Deutschland	4.7 (2.8)	4.6 (4.6)	0.3 (-2.2)	0.1 (-0.6)
Frankreich	7.1 (6.8)	4.3 (4.3)	0.1 (-1.0)	-2.6 (-3.3)
Italien	7.0 (6.7)	4.7 (4.7)	-0.8 (-2.2)	-2.9 (-4.1)
Japan	6.9 (5.9)	5.4 (5.4)	1.3 (-1.6)	-0.3 (-2.0)
Kanada	5.4 (5.0)	4.9 (4.9)	2.4 (1.8)	1.8 (1.7)
UK	6.1 (5.4)	5.1 (5.1)	2.3 (1.3)	1.2 (1.0)
USA	5.1 (4.8)	4.1 (4.1)	2.1 (1.6)	1.0 (0.9)
Welt*	4.7 (4.4)	4.1 (4.1)	1.7 (1.2)	1.0 (0.9)

*setztsichzusammenaus16derbeiDimson/Marsh/Staunton(2002)analysiertenLänder,ausSichteinesUS-Investors.
**bereinigtumdieInflationsratep.a.

Tabelle 9: Vergleich des risikolosen Zinsatzes der G7-Länder 1900-2000[207]

Neben dem arithmetischen wird auch der geometrische Mittelwert ausgewiesen, der für alle Länder grundsätzlich den niedrigeren Wert ausmacht. Da die Rendite des Weltportfolios wertgewichtet ist, verwundert es auch nicht, dass die stärkste Korrelation mit den USA auftritt, da hier auch die größten Volumina der beiden Anlageklassen vorliegen.

Aus den zuvor gemachten Ausführungen wird deutlich, dass es keine allgemeingültige Regel bei der Auswahl des „richtigen" risikolosen Zinssatzes gibt. Es bieten sich Laufzeiten von 30 Tagen bis 30 Jahren an, wobei die Entscheidung immer unter Berücksichtigung der Laufzeit des Investments (Relevanz des Anleger- oder Investmenthorizonts) getroffen werden sollte. Ebenfalls denkbar ist die Berücksichtigung internationaler Aspekte, wenn die Anlagen mehrheitlich global getätigt werden oder ein Markt (wie z. B. die USA) eine herausragende (beherrschende) Stellung einnimmt und dadurch in der Lage ist, die übrigen Märkte wesentlich zu beeinflussen. Grundsätzlich verfügen lange Laufzeiten zumindest über die oben genannten Vorteile und können daher empfohlen werden.

3.1.2.4 Die Marktrisikoprämie des Eigenkapitals

Die erwartete Marktrisikoprämie des Eigenkapitals (ERP_m) i.S.d. CAPM[208] ergibt sich aus der Differenz der Renditeforderung für das Marktportfolio und des Zinssatzes der risikolosen In-

[207] Quelle: Dimson/Marsh/Staunton (2002).

[208] Darüber hinaus gibt es auch alternative Verfahren die Marktrisikoprämie zu schätzen, wie z.B. die Discounted Cash-Flow Methode, das Supply Side Model und das Demand Side Model, die aber im Rahmen dieser Arbeit nicht weiter dargestellt werden sollen; zur weiterführenden Literatur siehe *Damodaran* (2001), S. 61; *Ibbotson Associates* (2005), S. 69; *Mehra* (1985), S. 145-161; *Ibbotson/Diermeier/Siegel* (1984), S. 22-33.

vestitionsalternative $E(R_m-R_f)$ und repräsentiert insofern die Forderung der Eigenkapitalgeber nach einer Entlohnung für die Übernahme des (systematischen) Risikos.[209] Dabei wird die Marktrisikoprämie durch die antizipierte Rendite-Erwartung eines durchschnittlichen, risikoaversen Anlegers in Bezug auf eine durchschnittliche, am Markt verfügbare risikoreiche Anlage als Überrendite („excess return") zur risikolosen Anlage repräsentiert.[210] Als Überrendite wird in diesem Zusammenhang die Rendite des Marktes (R_m) abzüglich der Rendite der risikolosen Anlage (R_f) für diesen Zeitraum betrachtet, die wahlweise als diskrete oder stetige Rendite (Kursgewinn inklusive Dividende) berechnet werden kann.[211]

$$\text{Überrendite} = \left[\frac{(P_{t_m} + D_{t_m})}{P_{(t-1)_m}}\right] - 1 - R_f = E(ERP)_m$$

mit:
P_t = der Preis (Kurs) des Marktportfolios m zum Zeitpunkt t;
P_{t-1} = der Preis (Kurs) des Marktportfolios m zum Zeitpunkt t-1;
D_t = die Dividende zum Zeitpunkt t;
R_f = Zinsrate der risikolosen Anlagemöglichkeit.

Die Überrendite findet deshalb Verwendung, weil das CAPM implizit durch die Wertpapierlinie unterstellt, dass die Renditeerwartung des risikobehafteten Wertpapiers *i* im Kapitalmarktgleichgewicht genau der risikolosen Rendite zuzüglich einer Risikoprämie entspricht, die sich aus dem Marktpreis für die Risikoübernahme (Überrendite), multipliziert mit der Risikohöhe, ergibt.[212] Es ist wichtig zu verstehen, dass die Marktrisikoprämie nicht direkt beobachtet, sondern nur durch geeignete Annahmen bzgl. der einzelnen Parameter geschätzt werden kann. Obwohl es sich bei der Marktrisikoprämie für Eigenkapital genau wie bei den Kapitalkosten selbst um ein zukunftsgerichtetes Konzept handelt, muss im Rahmen des Schätzverfahrens auf historische Daten (sog. ex-post-Betrachtung) zurückgegriffen werden, da die Prognose der zukünftigen Entwicklung von Aktien und somit auch der Marktrenditen (ohne Rückgriff auf die Vergangenheit) in der Praxis ein nahezu unmögliches Unterfangen darstellt.[213] Die Verwendung historischer Daten impliziert dabei, dass von der Entwicklung vergangener Renditen auch auf zukünftige zu erwartende Renditen geschlossen werden kann. Dies bedeutet nichts anderes, als dass ein stabiler Zusammenhang zwischen der risikobehafteten und der risikolosen Anlage unterstellt wird und dass die bisher erzielte Überrendite auch

---

[209] Die Marktrisikoprämie für Eigenkapital ist nicht nur wesentlicher Bestandteil des klassischen CAPM, sondern auch verschiedener anderer Modelle zur Bestimmung der Eigenkapitalkosten, wie z. B. der Build-up-Methode oder des Fama/French Three Factor Model (siehe Kapitel 3.3.2).

[210] Vgl. *Damodaran* (2001), S. 60.

[211] Die Formel stellt die diskrete Rendite dar. Zur Herleitung der unterschiedlichen Rendite-Berechnungsarten siehe Kapitel 7.1.2.

[212] Siehe hierzu auch Abbildung 7.

[213] Vgl. *Pratt* (2002), S. 61.

in Zukunft erwartet wird.[214] Aufgrund der Tatsache, dass es sich dabei um ein zukunftsgerichtetes Konzept handelt, sollte allerdings bei jeder Berechnung Rücksicht auf die spezifischen zukünftigen Erwartungen genommen werden, etwa über Anpassungen durch Extrapolation oder individuelle Zu- oder Abschläge auf die historisch ermittelte Marktrisikoprämie.[215] Neben dem risikolosen Zins (R_f), der bereits im vorangegangenen Kapitel definiert wurde, bedarf es zur Ermittlung der Marktrisikoprämie noch der Rendite des Marktportfolios (R_m). Diese lässt sich am besten, wie in Kapitel 3.1.2.1 dargestellt, über einen Aktienindex herleiten, der den Markt in der Art der Zusammensetzung und der Höhe seiner Marktkapitalisierung möglichst gut approximieren kann.[216] Diese Indices repräsentieren am ehesten die gesamte Marktbreite und können darüber hinaus sicherstellen, dass allen Anlegern Zugang zu den Anlagemöglichkeiten gewährt wird.

Neben der Auswahl des Marktportfolios und des adäquaten risikolosen Zinssatzes muss weiter auch der Zeithorizont der Marktrendite sowie ein geeignetes Verfahren zur Mittelwertbildung (arithmetisches vs. geometrisches Mittel) gefunden werden. Beide Aspekte haben, wie die nachfolgenden Ausführungen verdeutlichen, einen bedeutenden Einfluss auf die Höhe der Marktrisikoprämie. Vergleicht man in Abbildung 8 die Höhe der Marktrisikoprämie über verschiedene Zeiträume am Beispiel der USA[217], so wird deutlich, dass die Prämie in Abhängigkeit vom gewählten Intervall signifikanten Schwankungen unterliegt. Während man unter Berücksichtigung des arithmetischen Mittelwertes und 20-jähriger Bundesanleihen für den Zeitraum von 1928-1999 mit einem risikolosen Zins von 7.63 % einen vergleichsweise niedrigen Wert beobachtet, zeigt die Wahl eines sehr kurzen Zeitintervalls (1990-1999) mit 10.97 % Marktrisikoprämie einen Anstieg um 43.8 %.

---

[214] Dabei wird vorausgesetzt, dass sich weder das relative Risiko des Marktportfolios noch die Risikoaversion des Anlegers im Zeitablauf verändert.

[215] Vgl. *Pratt* (2002), S. 185 f.

[216] Zu verschiedenen Aktienindices als Proxy siehe Kapitel 3.1.2.1. Zu der empirischen Kritik in diesem Zusammenhang siehe auch Kapitel 3.1.3 unten.

[217] Die USA wurde nur wegen der historisch länger zurückreichenden Kursinformationen gewählt. Analoge Ergebnisse dürfen für Untersuchungen am deutschen Markt erwartet werden. Vgl. *Damodaran* (2001).

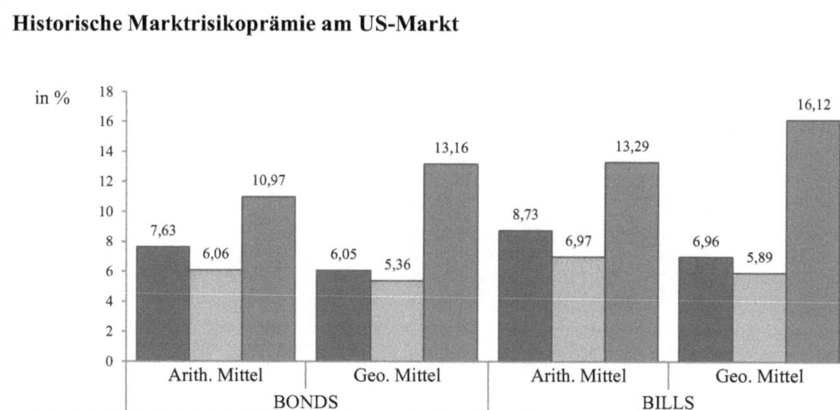

	BONDS Arith. Mittel	BONDS Geo. Mittel	BILLS Arith. Mittel	BILLS Geo. Mittel
1928-1999	7,63	6,05	8,73	6,96
1962-1999	6,06	5,36	6,97	5,89
1990-1999	10,97	13,16	13,29	16,12

Abbildung 8: Historische Entwicklung der US-amerikanischen Marktrisikoprämie[218]

Ibbotson Associates (2005) kommen in ihren Berechnungen für den Zeitraum von 1926-2004 für den S&P 500-Index unter Bezugnahme von Bonds (Bills) auf eine Risikoprämie von 7.17 % (8.63 %) und für den NYSE-Index auf 6.89 % (8.35 %), was annähernd identisch mit den in dieser Studie vorgenommenen Berechnungen ist und vor dem Hintergrund des leicht verschobenen Zeitintervalls die Relevanz der o. g. Berechnungsergebnisse am US-Markt unterstreicht.[219] Von Bedeutung ist in diesem Zusamenhang auch, auf welche Art und Weise der Mittelwert im Rahmen der Berechnungen gebildet werden sollte.[220] Soll für die Berechnung der Marktrisikoprämie das arithmetische Mittel oder das geometrische Mittel verwendet werden? Wie ein Vergleich der Werte in Abbildung 8 zeigt, resultieren aus der Anwendung entweder des einen oder des anderen Verfahrens erhebliche Unterschiede. Für die kurzfristigen Schatzanweisungen (T Bills) im Zeitintervall 1928-1999 etwa resultiert aus der Anwendung des arithmetischen Mittels eine Marktrisikoprämie i. H. v. 8.73 %, während das geometrische Mittel nur einen Wert i. H. v. 6.96 % ergibt.

218 Eigene Berechnung und Erstellung auf der Datenbasis von *Damodaran* (2001); Daten veröffentlicht unter URL: http://pages.stern.nyu.edu/ ~adamodar/ New_Home_Page/darkside/darkside.htm, abgerufen am 10.11.2005.

219 Vgl. *Ibbotson Associates* (2005), S. 70.

220 Siehe zur Mittelwertbildung bei Renditen auch *Seppelfricke* (2003), S. 69.

Marktrisikoprämie der G7-Länder im Zeitraum 1900 - 2000

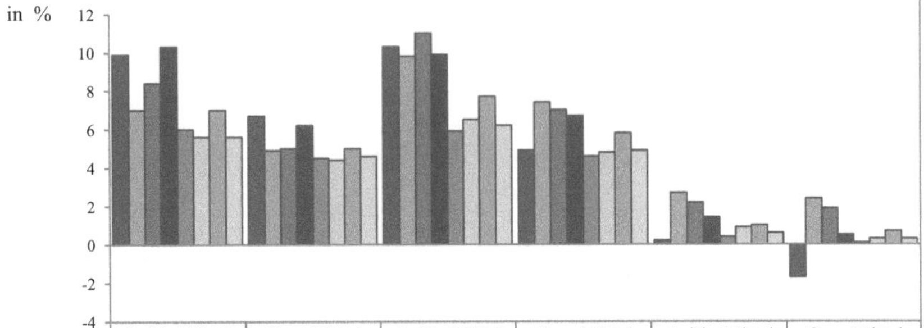

	BONDS Arith. Mittel	BONDS Geo. Mittel	BILLS Arith. Mittel	BILLS Geo. Mittel	BONDS vs. BILLS Arith. Mittel	BONDS vs. BILLS Geo. Mittel
Deutschland	9,9	6,7	10,3	4,9	0,2	-1,7
Frankreich	7	4,9	9,8	7,4	2,7	2,4
Italien	8,4	5	11	7	2,2	1,9
Japan	10,3	6,2	9,9	6,7	1,4	0,5
Kanada	6	4,5	5,9	4,6	0,4	0,1
UK	5,6	4,4	6,5	4,8	0,9	0,3
USA	7	5	7,7	5,8	1	0,7
Welt*	5,6	4,6	6,2	4,9	0,6	0,3

**Mittelwert der genannten Länder*

Abbildung 9: Historische Entwicklung der Marktrisikoprämien der G7-Länder[221]

Eine eindeutige Antwort auf die Frage nach dem jeweils angemessenen Verfahren gibt auch die Literatur nicht, wohl aber Argumente für oder gegen die Anwendung eines jeweiligen Verfahrens. Für das arithmetische Mittel spricht zumindest die Konsistenz in Bezug auf das CAPM und die Tatsache, dass es sich in einer Ein-Perioden-Welt als besserer Schätzer für die nächste Periode zu eignen scheint.[222] Bestimmt man die Marktrisikoprämie hingegen über einen sehr langen Zeitraum, so ist der geometrische Mittelwert, schon aufgrund seiner mathematischen Eigenschaften in Bezug auf die Verzinsung, ein besserer Schätzer für die zukünftige Marktrisikoprämie. Der Aspekt der Mittelwertbildung und des Zeitintervalls stellt selbstverständlich kein rein US-amerikanisches Problem dar, sondern gilt in gleichem Maß für alle Länder, was am Beispiel der G7-Länder noch einmal veranschaulicht werden soll.

[221] Eigene Berechnung und Erstellung auf der Datenbasis von *Dimson/Marsh/Staunton* (2002).

[222] Sowohl die erwartete Rendite als auch das Risiko auf Basis der Varianz werden im CAPM über das arithmetische Mittel bestimmt, weshalb die Marktrisikoprämie ebenfalls, schon aus Konsistenzgründen, nach dieser Methode bestimmt werden sollte.

Betrachtet man die Marktrisikoprämie in Abbildung 9 im Ländervergleich, so fällt neben dem eher heterogenen Gesamtbild der Marktrisikoprämien auch auf, dass die Anwendung des geometrischen Mittels gegenüber dem arithmetischen Mittel tendenziell zu niedrigeren Werten führt. Darüber hinaus existieren sehr große Unterschiede zu Marktrisikoprämien, die für kürzere Zeiträume berechnet wurden. Gegenüber dem oben dargestellten hundertjährigen Betrachtungszeitraum bieten sich in der praktischen Anwendung der Kapitalkostenmodelle eher kürzere Berechnungszeiträume schon aufgrund ihrer Konsistenz zum Berechnungsintervall der erwarteten Renditen im CAPM an.[223] Vergleicht man die Marktrisikoprämie auf der Basis des Jahrhundert-Betrachtungszeitraums (Abbildung 9) mit der Marktrisikoprämie im kurzen Betrachtungszeitraum (Abbildung 10), so werden erhebliche Unterschiede in Bezug auf die Höhe deutlich. Während *Dimson/Marsh/Staunton* (2002) für Deutschland langfristig eine langfristige Marktrisikoprämie von 9.9 % als arithmetischen Mittelwert beobachtet haben, konnten in einer eigenen Untersuchung für ausgewählte Länder-/Währungsräume die in Abbildung 10 dargestellten Marktrisikoprämien im kurzfristigen, einjährigen Zeitintervall ermittelt werden. Für den EURO-Raum wurde unter Verwendung eines den Währungsraum repräsentierenden Index und des risikolosen Zinssatzes einer europäischen 10-jährigen Anleihe eine Marktrisikoprämie von 6.27 % ermittelt. Ähnlich starke Diskrepanzen zwischen lang- und kurzfristigen Marktrisikoprämien lassen sich auch bei den übrigen Ländern feststellen. Die USA bspw. kommen im langfristigen Vergleich auf eine Prämie von 7 %, obwohl die Prämie im einjährigen Zeithorizont nur 5 % beträgt. Betrachtet man nun allerdings die geometrischen Mittelwerte der Marktrisikoprämie, so wirken sich die o. g. Vorteile dieser Berechnungsweise deutlich aus. Die geometrischen Mittelwerte zeigen im einjährigen Betrachtungszeitraum sehr viel stärkere Zusammenhänge zur Marktrisikoprämie auf, als dies bei den arithmetischen Mittelwerten der Fall ist.[224] Über alle Länder hinweg liegt der geometrische Mittelwert der Marktrisikoprämien im langfristigen Betrachtungszeitraum deutlich unter dem arithmetischen Wert. Für Deutschland liegt der geometrische Mittelwert mit 6.7 % auch sehr nahe am arithmetisch geschätzten Mittelwert i. H. v. 6.27 % im kurzfristigen Betrachtungszeitraum. Der Arbeitskreis „Finanzierung" der *Schmalenbach-Gesellschaft* (1996) quantifiziert für Deutschland eine Marktrisikoprämie in Höhe von 5.3 % p. a.,[225] wohingegen *Damodaran* (1999) langfristig von einer niedrigeren Bandbreite zwischen 3.5 %-4 % ausgeht.[226, 227]

[223] Erwartete Renditen und der Betafaktor im CAPM werden zumeist im einjährigen Betrachtungszeitraum bestimmt. Alternativ (aber weniger häufig) kommen auch wöchentliche Renditen im Fünfjahres-Zeitraum in Betracht.

[224] Die einjährigen Marktrisikoprämien wurden allerdings mittels des arithmetischen Mittelwertes bestimmt.

[225] Vgl. Arbeitskreis „Finanzierung" der Schmalenbach-Gesellschaft (1996), S. 549.

[226] Vgl. *Damodaran* (1999), S. 23.

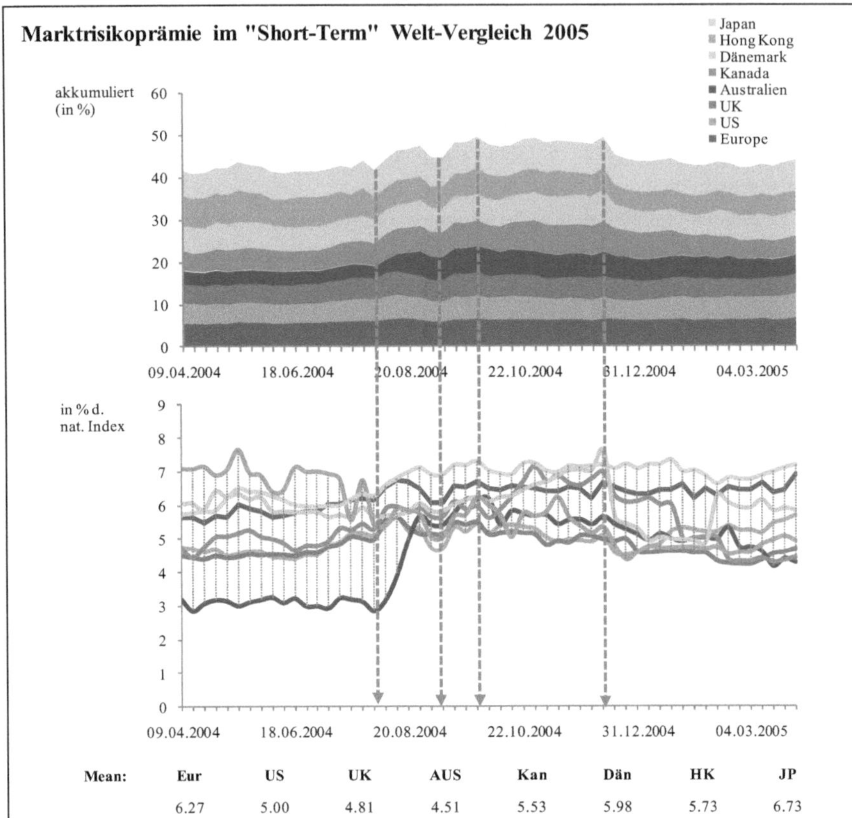

Abbildung 10: Kurzfristige Entwicklung der Marktrisikoprämie ausgewähler Länder[228]

Betrachtet man Abbildung 10 über die bereits angesprochenen Aspekte hinaus etwas genauer, so wird deutlich, dass es Einflüsse zu geben scheint, die zwar auf alle Länder treffen, sich in ihrer Intensität auf die einzelnen Länder jedoch unterschiedlich stark auswirken. Bei den Ein-

[227] Gründe für die unterschiedliche Höhe der Marktrisikoprämie können z. B. in der Länge des Untersuchungszeitraums liegen. Während *Dimson et al.* (2002) im Zeitraum von 1900-2000 untersuchten, kann die Schätzung des *Arbeitskreis „Finanzierung" der Schmalenbach-Gesellschaft* mit Rückgriff auf die Ergebnisse von *Bimberg* (1991) in einem Betrachtungszeitraum von 1954-1988 nur als Sekundärquelle gewertet werden.

[228] Eigene Berechnung und Erstellung auf der Datenbasis von Bloomberg. Die Berechnung im Zeitraum 04/2004-03/2005 basiert auf wöchentlichen Freitags-Renditen unter Verwendung des länderspezifischen, risikolosen Zinssatzes.

flüssen bzw. Ereignissen,[229] im oberen Teil von Abbildung 10 durch die wellenförmigen Bewegungen (Richtungswechsel)[230] zu erkennen, handelt es sich z. B. um makroökonomische Einflüsse, wie Zinsänderungen oder Börsen-Schocks (Hause oder Baisse)[231], die an den Aktienmärkten entweder auf die Marktrendite oder den Zinssatz der risikolosen Anlagemöglichkeit wirken. Welche Auswirkungen dies auf die Volatilität der Marktrisikoprämie auch im kurzfristigen Betrachtungszeitraum haben kann, lässt sich am Beispiel von Australien verdeutlichen. Während zu Beginn der Betrachtungsperiode (04/2004) eine Marktrisikoprämie auf dem niedrigen Niveau von ca. 3 % vorlag, konnte ab Anfang August 2004 ein kontinuierlicher Anstieg der Prämie bis zu einem Niveau von 5.67 % innerhalb eines Monats beobachtet werden, was einer Spannweite der Veränderung von 89 % entspricht. Dass es sich hierbei allerdings keineswegs um ein nationales Phänomen handelt, lässt sich daraus ableiten, dass auch bei anderen Ereignissen[232] in fast allen Ländern die Marktrisikoprämie in gleicher Weise reagierte. Sieht man einmal von den Abweichungen zu Beginn der Betrachtungsperiode bei Australien ab, bewegen sich die Marktrisikoprämien aller Länder in der Spannweite zwischen 4 % und 7 %, mit der durchschnittlich höchsten beobachteten Prämie in Japan (6.73 %) und der relativ niedrigsten Prämie in Australien (4.51 %). Zusammenfassend lässt sich festhalten, dass bei der Bestimmung der Marktriskoprämie grundsätzlich ein eher mittelfristiger Zeithorizont gewählt werden sollte, der sich idealerweise mit dem Investitionshorizont des Anlegers deckt.[233]

3.1.3 Empirische Untersuchungen und kritische Reflexion des CAPM

Trotz der weiten Verbreitung des CAPM in Theorie und Praxis stößt das Modell in jüngerer Vergangenheit immer wieder auf Kritik hinsichtlich seiner zum Teil unrealistischen Annahmen und der immanenten Probleme bei der empirischen Überprüfung. Während zahlreiche empirische Arbeiten das CAPM in Bezug auf den Erklärungsgrad der beobachteten Renditen getestet haben,[234] konnten andere Arbeiten bestimmte Kapitalmarktanomalien bzw. weitere Einflussfaktoren für die im Querschnitt erklärten Renditen identifizieren, die auch für das

[229] In der finanzwirtschaftlichen Diskussion spricht man bei diesen Einflüssen, die über unterschiedlichste Faktoren auf die (globalen) Kapitalmärkte wirken von sog. „events".

[230] Diese Effekte treten zu ganz bestimmten Zeitpunkten auf und werden in der Abbildung 10 durch grau schattierte Verbindungspfeile gekennzeichnet.

[231] Bezeichnet die Auf- und Abwärtsphasen an den Aktienmärkten.

[232] Jeweils durch die Pfeile in Abbildung 10 gekennzeichnet.

[233] Nur so können wesentliche Markteinflüsse mit einer relativen Gewichtung internalisiert werden. Wählt man einen zu kurzen oder zu langen Betrachtungszeitraum und treten wesentliche ökonomische, renditebeeinflussende Ereignisse/Entwicklungen auf, so werden diese in einem kurzen Betrachtungszeitraum überproportional stark und in einem zu langen Zeitraum überproportional schwach gewichtet.

[234] Vgl. zu den jüngsten empirischen Untersuchungen *Campbell* (2000), S. 1515-1567; *Kathori/Shanken/ Sloan* (1995), S. 185-224; *Kim* (1995), S. 1605-1634; *ders.* (1997), S. 463-489; *Black/Jensen/Scholes* 1972.

nachfolgend formulierte fundamentale Multifaktor-Beta-Modell bei nicht börsennotierten Unternehmen(steilen) von Bedeutung sind und daher ausführlicher gewürdigt werden sollen. In einer der wichtigsten Untersuchungen fand *Banz* (1981) für an der New York Stock Exchange (NYSE) gelistete Unternehmen heraus, dass neben dem Aktienbeta eine weitere Komponente, der sog. „Size"-Effect, zur Erklärung der realisierten Renditen beiträgt.[235] Er stellte fest, dass sehr kleine börsennotierte Unternehmen (in Bezug auf die Marktkapitalisierung) durchschnittliche höhere Renditen realisieren als große Unternehmen und als durch das Aktien-Beta geschätzt würde.[236] Ein anderer Aspekt, der Kritik am klassischen CAPM hervorrief, wurde von *Hamada* (1972) mit der Beobachtung eines Zusammenhangs zwischen Leverage (Verschuldungsgrad) und durchschnittlicher Rendite eines Unternehmens herausgearbeitet.[237] Er konnte nachweisen, dass das finanzielle Risiko (ausgedrückt durch den Leverage) 21-24 % des gesamten systematischen Risikos erklärt.[238] Obwohl ein Zusammenhang zwischen Leverage, Risiko und der erwarteten Rendite vordergründig plausibel erscheint (höhere Verschuldung sollte höheres Ausfallrisiko für Aktionäre implizieren), ist das Risiko aus dem Leverage im CAPM impliziter Bestandteil des Betafaktors und wird nicht etwa gesondert durch ein spezielles Risikomaß ausgedrückt. Im gleichen Zusammenhang konnte *Bhandari* (1988) schließlich zeigen, dass der Leverage neben dem „Size"-Effect und dem Betafaktor hilft, die im Querschnitt durchschnittlich beobachteten Renditen besser zu erklären.[239] Weiter hat *Basu* (1983) den Beweis dafür geliefert, dass das Kursgewinnverhältnis (KGV, engl.: P/E-Ratio)[240] neben dem „Size"-Effect und dem Marktrisiko (Beta) ebenfalls einen positiven Erklärungsbeitrag für die im Querschnitt durchschnittlich beobachteten Marktrenditen von US-börsennotierten Unternehmen liefert.[241] In wiederum anderen Studien konnten *Stattmann* (1980) und *Rosenberg/Reid/Lanstein* (1985) aufzeigen, dass die erwarteten Renditen von börsennotierten Unternehmen am US-amerikanischen Aktienmarkt ebenfalls einen positiven Zusammenhang mit ihrem Buch-/Marktwert-Verhältnis („M/B-Ratio") des Eigenkapitals besitzen.[242] Dies wurde durch *Chan/Hamao/Lakonishok* (1991) auch für den japanischen Aktienmarkt bestätigt. *Ball* kam schon 1978 zu dem Schluss, dass das KGV als Auffangfaktor (Dummy-Variable) für alle nicht explizit zu benennenden Einflüsse auf die beobachtete Marktrendite dient. Dies bedeutet, dass das KGV bei Aktien mit größeren Risi-

---

235 Vgl. *Banz,* (1981), S. 3-18.
236 Siehe hierzu auch Kapitel 3.3.1.
237 Vgl. *Hamada,* (1972), S.442. Siehe zum Leverage-Effect auch *Boness/Chen/Jatusipitak* (1974), S. 518-537.
238 Die Untersuchung erfolgte mittels einer Zeitreihenanalyse basierend auf dem CRSP Compustat-Datensatz mit einer Stichprobe von 304 Unternehmen im Zeitraum von 1948-1967.
239 Vgl. *Bhandari* (1988), S. 507-528.
240 Im angelsächsischen Sprachraum wird synonym die Bezeichnung Price/Earnings-Ratio (P/E) verwandt.
241 Vgl. *Basu* (1983), S. 129-156.
242 Vgl. *Stattmann* (1980), S. 25-45; *Rosenberg/Reid/Lanstein* (1985), S. 9-17.

ken und Renditen höher ist, und dass dafür ein nicht näher zu benennender Einfluss verantwortlich ist.[243] Die Argumentation einer Dummy-Variablen als Auffangfaktor für alle nicht zu spezifizierenden Risiken lässt sich neben dem KGV auch auf den o. g. Leverage, den „Size"-Effect und das Buch-/Marktwertverhältnis übertragen. Alle diese Faktoren stellen verschiedene Formen der Aktienpreis-Skalierung (Transformation) dar, wodurch implizit Informationen über Risiko und erwartetet Rendite in diesen Faktoren enthalten sein müssen.[244] Wenn durch die Kombination dieser Faktoren bessere Modelle zur Erklärung der beobachteten Renditen aufgebaut werden können, so müssen allerdings auch Redundanzen und Multikollinearitäten bei den vorhandenen Informationen/Faktoren vermieden werden.[245] *Fama/French* (1992) fanden heraus, dass der Betafaktor *allein* (wie im klassischen CAPM unterstellt) nicht hilft, die beobachteten Renditen am Markt vollständig zu erklären und dass die Kombination des „Size"-Effect und des Buch-/Marktwertverhältnisses die Erklärungskraft von Leverage und KGV genau absorbieren.[246] Die Feststellungen beziehen sich hierbei auf den Betrachtungszeitraum von 1941-1990 für an der NYSE, AMEX und NASDAQ notierte Unternehmen, bei denen nur ein schwacher Zusammenhang zwischen Markt-Beta und beobachteter Rendite festgestellt werden konnte.[247] Scharfe Kritik am CAPM wurde auch von *Frankel und Lee* (1998), *Dechow, Hutton und Sloan* (1999), *Piotroski* (2000) und anderen geübt.[248] Die Autoren haben gezeigt, dass in Portfolios, die unter dem Gesichtspunkt von Preis-Verhältniszahlen (z. B. Buchwert zu Marktwert des Eigenkapitals) gebildet wurden, Aktien mit höheren erwarteten zukünftigen Cash Flows höhere durchschnittliche Renditen aufwiesen, als durch das klassische CAPM oder seine Varianten[249] erklärt werden konnte. Diese Erkenntnisse wurden als weiterer Beweis für das irrationale Preisverhalten an den Kapitalmärkten und die Irrelevanz von Marktinformationen für zukünftige Renditen interpretiert. Dagegen richtet sich allerdings die Argumentation von *Fama/French* (2004), die das Problem der nicht zu erklärenden Höhe der Renditen weder irrationalen Kapitalmärkten noch schlecht spezifizierten Kapitalmarktmodellen zuschreiben. Da der Aktienpreis in jedem Fall als der Gegenwartswert der zukünftig erwarteten Cash Flows ausgedrückt werden kann, folgt nach Auffassung der Autoren, dass beim Vorliegen zweier Aktien mit gleichem Kurs (Preis) der Aktienwert mit den höheren er-

243 Vgl. *Ball* (1978), S. 103-126.
244 Vgl. *Keim* (1988), in: *Dimson (Hrsg.)*, S. 26-29.
245 Vgl. hierzu auch die Ausführungen in Kapitel 7.4 zum Test des Multifaktor-Modells.
246 Vgl. *Fama/French* (1992), S. 428.
247 Die Kurs- und Renditeinformationen (unter Verwendung monatlicher Daten) in den Untersuchungen von *Fama/French* wurden über das Center of Research in Security Prices (CRSP) bezogen. Auch die der COMPUSTAT-Datenbank entnommenen Rechnungslegungsinformationen (GuV, Bilanz etc.) wurden durch das CRSP zur Verfügung gestellt.
248 Vgl. *Frankel/Lee* (1998), S. 283-319; *Dechow/Hutton/ Sloan* (1999), S. 1-34; *Piotroski* (2000), S. 1-51.
249 Zu den modifizierten CAPM-Ansätzen siehe Kapitel 3.3.

warteten Cash Flows auch eine höhere erwartete Rendite aufweisen muss.[250] Diese Aussage besitzt Allgemeingültigkeit, egal ob die Kurse rationalen oder irrationalen Mustern folgen. Daraus lässt sich schlussfolgern, dass selbst bei der empirischen Beobachtung eines positiven Zusammenhangs zwischen erwarteten Cash Flows und erwarteter Rendite eines Unternehmens – was nicht durch das CAPM oder seine Varianten erklärt werden kann – dies weder auf das Vorhandensein irrationaler Kapitalmärkte noch auf mangelhafte Spezifikation der Asset-Pricing-Modelle zurückzuführen ist.[251]

Die bereits oben erwähnte und wohl bekannteste Kritik stammt von *Roll* (1977), wonach sowohl aus theoretischer als auch aus praktischer Sicht die Zusammensetzung des Marktportfolios im CAPM strittig bzw. unklar ist, weshalb das CAPM insofern auch niemals wirklich empirisch getestet werden könnte.[252] Während das klassische CAPM als Marktportfolio lediglich einen Aktienmarktindex (meist national) verwendet, wären auch weitere Anlagemöglichkeiten, wie Öl, Gold oder gar Human-Kapital („Human Capital"), vorstellbar. Dieser Kritik an der Zusammensetzung des Marktportfolios stehen allerdings empirische Untersuchungen, wie z. B. die von *Stambaugh* (1982) entgegen, der gezeigt hat, dass auch bei Verwendung erweiterter Marktportfolios, die neben Aktien auch Anleihen, Vorzugsaktien, Immobilien und andere Konsumgüter enthielten, keine wesentlich verbesserte Erklärung der Renditen festgestellt werden konnte.[253] Sowohl für den deutschen Aktienmarkt als auch für andere bedeutende europäische Aktienmärkte hat es zahlreiche empirische Untersuchungen gegeben, die sich in Anlehnung an die oben angeführte Diskussion kritisch mit der Anwendung des CAPM auseinandergesetzt haben, ohne aber im Rahmen dieser Arbeit im Einzelnen genannt werden zu können.[254]

3.2 Das Beta-Schätzverfahren in der Praxis

Da das Betafaktor-Schätzverfahren auf der Grundlage des CAPM zu den bedeutendsten Methoden für die Bestimmung der risikoadjustierten Eigenkapitalkosten zählt, sollen dessen praktische Anwendung und die damit verbundenen Probleme und Lösungsansätze nachfolgend dargestellt werden. Dabei liegt der Fokus auf zentralen Aspekten, deren Relevanz auch für die nachfolgenden Ausführungen in Bezug auf das Fundamental Beta erwartet werden

---

[250] Zum (empirischen) Zusammenhang zwischen Rendite und Cash Flows (bzw. Dividende) siehe die Ausführungen zum „Dividend Ratio Model" in *Campbell/Shiller* (1989), S. 195-228.

[251] Vgl. *Fama/French* (1994), S. 24.

[252] Vgl. *Roll* (1977), S. 129-176.

[253] Vgl. *Stambaugh* (1982), S. 237-268.

[254] Vgl. zu den Untersuchungen am deutschen Kapitalmarkt z. B. *Ulschmid* (1994), *Warfsmann* (1993) und zum UK-Markt *Strong/Xu* (1997), S. 1-24

darf.[255] Aufgrund der Vielzahl der teilweise oben schon angesprochenen Einflussfaktoren auf das Beta kommt der Bestimmung konsistenter Beta-Schätzer in der Praxis eine besondere Bedeutung zu. Die Höhe des Betafaktors beeinflusst über den durch das CAPM beschriebenen Zusammenhang zur Rendite direkt die Höhe der Eigenkapitalkosten und somit auch die WACC.[256] Zahlreiche Finanzinformationsdienstleister, wie Bloomberg, Reuters oder Thomson Financial, stellen Betas bzw. Daten für die Berechnung der Betas auf der Basis unterschiedlicher Betrachtungszeiträume (Anzahl der einbezogenen Datenpunkte), unterschiedlicher Basisindices sowie unterschiedlicher Renditeintervalle (Monat, Woche, Tag) zur Verfügung, wodurch erhebliche Differenzen in der Höhe des jeweiligen Betafaktors auftreten können. Welches Beta aber ist das richtige? Die folgenden Ausführungen sollen helfen, die Modell-Parameter theoriekonform zu wählen bzw. zu adjustieren, um einen konsistenten Schätzer für den Betafaktor zu erhalten. Darüber hinaus sollen die Darstellungen helfen, entsprechende Annahmen bei der späteren Berechnung des Fundamental Beta treffen zu können.

3.2.1 Lineare Regression mittels OLS-Verfahren im Marktmodell

Die Berechnung des Betafaktors kann über verschiedene ökonometrische Verfahren erfolgen. Neben dem hier dargestellten Verfahren der Kleinste-Quadrate-Schätzung (Ordinary- Least-Squares [OLS]) genießen auch das Maximum-Likelihood-Verfahren[257], das Generalized-Least-Squares-(GLS)-Verfahren und robuste Regressionsverfahren, wie das Least Absolute Deviations (LAD), das Least Median of Squares (LMS), sowie ARCH- und GARCH-Verfahren zunehmend an Bedeutung für die Bestimmung des konsistenten Beta-Schätzers.[258] Im Rahmen der OLS-Schätzung lässt sich das zukünftige Beta des Unternehmens über den bekannten CAPM-Zusammenhang im sog. Marktmodell wie folgt definieren:[259]

---

255 Aufgrund der anders gearteten Zielsetzung dieser Arbeit muss z. T. auf weiterführende Literatur verwiesen werden. Einen guten (über den Rahmen dieser Arbeit hinausgehenden) Überblick über die Thematik liefert *Zimmermann* (1997), S. 56 ff.; vgl. auch *Graham/Harvey* (2001), S. 187-243.

256 Dies wiederum hat letztlich Einfluss auf die Entscheidung für oder gegen eine bestimmte Investition bzw. über die Diskontierungsrate (WACC) Einfluss auf die Höhe des Gegenwartswertes einer Anlage.

257 Das Verfahren wurde bereits 1821 von dem Mathematiker *C. F. Gauß* vorgeschlagen und insbesondere auch von *Fisher* (1922) propagiert. Siehe hierzu u. a. *Schneeweiß* (1990), S. 53 ff.

258 Da der Fokus dieser Arbeit nicht auf den Verfahren zur Schätzung des Marktrisikos liegt, muss zu den weiteren Beta-Schätzverfahren auf eine ausführliche Darstellung bei *Zimmermann* (1997), S. 79 ff., m. w. N., verwiesen werden.

259 Für die nachfolgenden Darstellungen sei aus Vereinfachungsgründen auf die einfache Marktrendite und nicht auf die Überschussrendite (ohne Abzug der risikolosen Anlagemöglichkeit) zurückgegriffen. Bei Konstanz des risikolosen Zinssatzes muss die Marktrendite jedoch zu identischen Ergebnissen wie die Überschussrendite führen.

$$R_i = R_f + \beta_i \cdot (R_m - R_f) + \varepsilon_i$$

mit: $$\beta_i = \frac{Cov(R_i, R_m)}{Var(R_m)}$$

Im OLS-Marktmodell lässt sich die Rendite des Wertpapiers (R_i) in drei Komponenten aufspalten. Der risikolose Zinssatz (R_f), auch als Alpha bezeichnet, stellt den Achsenabschnitt auf der Y-Achse dar und gilt als der von der Marktentwicklung unabhängiger Renditebestandteil. Im Gegensatz hierzu stellt die Marktrisikoprämie $\beta_i \cdot (R_m - R_f)$ eine von der Marktrendite abhängige Komponente dar. Als ε_i wird der stochastische Störterm bezeichnet.[260] Dabei ergibt sich das systematische Risiko (β_i) als Kovarianz zwischen der Rendite des Unternehmens (R_i) und der Rendite des Marktportfolios (R_m), dividiert durch die Varianz der Rendite des Marktportfolios (R_m). Die Kovarianz gibt in diesem Zusammenhang an, inwiefern die Rendite des Wertpapiers *i* und die Marktrendite zusammenlaufen. Eine positive Kovarianz impliziert insofern, dass sich die Variablen in dieselbe Richtung bewegen, wohingegen eine negative Ausprägung ein Auseinanderlaufen der Variablen unterstellt. Die Varianz misst die Abweichung der Rendite der jeweiligen Periode von der durchschnittlichen erwarteten Rendite.[261] Das Beta selbst stellt die Steigung der Geraden, also die relative Veränderung der Rendite des Wertpapiers *i* gegenüber einer ein-prozentigen Veränderung der Rendite des Marktportfolios dar. Insofern muss der gewichtete Mittelwert aller im Marktportfolio enthaltenen Anlagemöglichkeiten einen Schätzwert von 1 besitzen.

Im Folgenden wird das OLS-Verfahren zunächst über die graphische Parameterschätzung dargestellt, bevor die formalen mathematischen Zusammenhänge explizit aufgezeigt werden. Dies wird beispielhaft anhand der DaimlerChrysler AG und des CDAX als Marktportfolio veranschaulicht, wobei 250 tägliche Renditen im Jahr 2005 einbezogen werden.[262] Dabei wird die stetige Rendite der DaimlerChrysler AG (DCX) auf der Y-Achse und die Rendite des CDAX auf der X-Achse abgetragen (vgl. Abbildung 11). Intuitiv wird der Parametervektor aus der CAPM-Formel oben so ermittelt, dass Y (Rendite DCX) über die systematische Komponente ($\beta \cdot X$, [Beta multipliziert mit der Marktrendite]) geschätzt wird. Dies erfolgt implizit über die Minimierung der Summe der kleinsten Quadrate der Residuen, woraus sich der Name des Schätzverfahrens ableitet.[263] Auf der Basis ex post geschätzter Renditen erhalten wir den unten dargestellten Scatter-Plot, der die Datenpaare als Punktewolke um die Regressionsgerade abträgt. Wären alle Punkte auf der Regressionsgeraden gelegen, so würde dies impli-

---

[260] Vgl. Poddig/Dichtl/Petersmeier (2003), S. 271.
[261] Vgl. *Ibbotson Associates* (2005), S. 100.
[262] Dies entspricht in etwa der Anzahl der Börsentage in einem Jahr. Stichtag ist der 30.12.2005.
[263] Vgl. *Poddig/Dichtl/Petersmeier* (2003), S. 227; *Bamberg/Baur* (1996), S. 42 f.

zieren, dass die endogene Variable Y exakt durch die exogene Variable X beschrieben werden kann. Dies ist in der Praxis jedoch häufig nicht der Fall. Während die Mehrzahl der Punkte sehr nahe bei der Regressionsgeraden liegt, sind einzelne Punkte weit davon entfernt. Konkret wird im Rahmen der OLS-Schätzung versucht, die Summe der quadrierten vertikalen Abstände (geschätzte Residuen ε_i) der Punkte zur Geraden möglichst zu minimieren.[264] Dementsprechend wird die Regressionsgerade so durch die Punktewolke gelegt, dass diese Bedingung erfüllt wird und die Abstände minimiert sind.

Tägliche stetige Renditen CDAX vs. DaimlerChrysler 2005

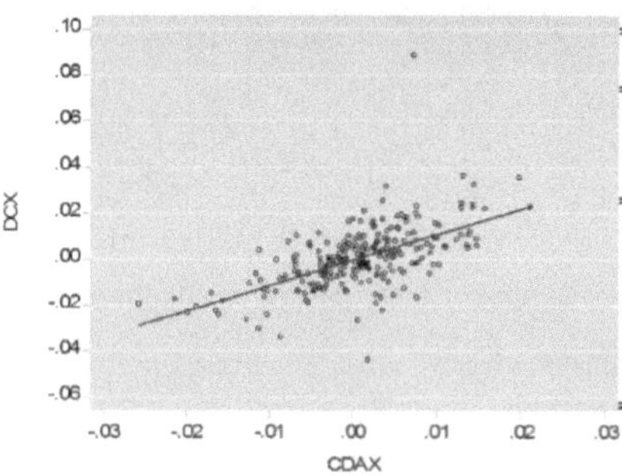

Variable (DCX)	Coeff	Std. Error	t-Stat	Prob.
DLOG(CDAX)	1.10998	0.094050	11.8020	0.0000
C	-0.00028	0.000672	-0.42758	0.6693

R^2	0.35597	Mean depend var	0.000786
Ad. R^2	0.35341	S.D. depend var	0.013191
S.E. of regress	0.01060	Akaike info crit	-6.24681
Sum squar resid	0.02835	Schwarz criterion	-6.21895
Log likelihood	795.344	F-statistic	139.2878
Durbin-Watson	2.07558	Prob(F-statistic)	0.000000

Abbildung 11: Graphische OLS-Parameterschätzung und deskriptive Statistik[265]

Da die graphische Parameterschätzung zum einen nur bei der einfachen Regression möglich ist und zum anderen die graphische Lösung auch nur sehr ungenau ist, soll nachfolgend der formale mathematische Zusammenhang der OLS-Schätzung hergeleitet werden. Die Parameterschätzung im OLS-Verfahren erfolgt, wie oben bereits angemerkt, unter der Bedingung der Minimierung der Summe der quadrierten Residuen (ε_t), wobei $e = y - X \cdot b$ den Vektor der Residuen ε_t darstellt:

$$min\ S = \sum_{t=1}^{T} \varepsilon_t^2 = \min_b e'e$$

[264] Die quadrierten Abstände werden verwendet, da die einfachen Abstände sowohl positiv als auch negativ sein können und sich somit bei der Summenbildung aufheben würden. Vgl. *Poddig/Dichtl/Petersmeier* (2003), S. 228.

[265] Eigene Berechnung und Erstellung auf der Datenbasis von Bloomberg.

Dabei ist die Summe der quadrierten Residuen genau dann minimiert, wenn der unbekannte Parametervektor **b** durch folgende, als System der sog. Normalgleichung bekannte, Schätzgleichung $\hat{\mathbf{b}}$ ersetzt wird:[266]

$$\hat{b} = (X'X)^{-1} X'y$$

Der unbekannte Parametervektor **b** wird durch $\hat{\mathbf{b}}$ so geschätzt, dass die Summe der quadrierten Residuen minimiert wird. Es existiert also ein eindeutiges globales Fehlerminimum an der Stelle, wo der unbekannte Parametervektor **b** durch $\hat{\mathbf{b}}$ geschätzt wird.[267] Überträgt man diese Zusammenhänge auf das Marktmodell, folgt hierfür:

$$\min_{\alpha_i,\beta_i} \sum_{t=1}^{T} e_{i,t}^2 = \min_{\alpha_i,\beta_i} \sum_{t=1}^{T} (R_{i,t} - (\alpha_{i,t} + \beta_i \cdot R_{m,t}))^2$$

Durch Umformen der Normalgleichung ergibt sich der Schätzwert für den Steigungskoeffizienten β_i im Marktmodell als:

$$\beta_i = \frac{T\sum_t R_{m,t} R_{i,t} - \sum_t R_{m,t} \sum_t R_{i,t}}{T\sum_t R_{m,t}^2 - \left(\sum_t R_{m,t}\right)^2}$$

Dies entspricht unter Berücksichtigung weiterer Umformungen dem Beta der klassischen CAPM-Formel (siehe oben).[268] Der in der graphischen Herleitung benannte Achsenabschnitt $\alpha_{i,t}$ kann mathematisch aufgrund der Tatsache, dass die OLS-Regressionsgerade immer durch den von den Mittelwerten der Aktien- und Marktrendite repräsentierten Punkt $(\overline{R}_m, \overline{R}_i)$ verläuft, aus dem Schätzwert für Beta und den Mittelwerten der Renditen bestimmt werden:[269]

$$\alpha_i = \overline{R}_i - \beta_i \overline{R}_m$$

Allerdings muss darauf hingewiesen werden, dass der so geschätzte Beta-Koeffizient β_i aus der Einfachregression nicht ohne weiteres mit den Beta-Koeffizienten der multiplen Regressi-

---

266 Vgl. *Schneeweiß* (1990), S. 95; *Greene* (2003), S. 173.
267 Vgl. Poddig/Dichtl/Petersmeier (2003), S. 231.
268 Vgl. auch die Darstellungen in Kapitel 3.1.1.
269 Vgl. *Fama* (1976), S. 80.

on vergleichbar ist, wenn die einzelnen Koeffizienten mit unterschiedlichen Skalen bzw. Dimensionen gemessen wurden. Um Vergleichbarkeit herzustellen, bedarf es der Standardisierung der Regressionskoeffizienten, die sich wie folgt berechnet:[270]

$$\beta_k^{st} = \beta_k \cdot \frac{std[x_{k,t}]}{std[y_t]}$$

Vergleicht man nun die in Abbildung 11 mittels Scatter-Plot veranschaulichte graphische Lösung mit der ebenfalls dort ausgewiesenen mathematischen Lösung (Regressionsstatistik), kommt man zum Ergebnis, dass die intuitive Interpretation des Graphen mit den tatsächlichen mathematischen Regressionsergebnissen übereinstimmt. Alle Punkte liegen nahe und entlang der Geraden, was darauf schließen lässt, dass die endogene Variable Y (Rendite DCX) sehr gut durch die exogene Variable X (Marktrendite CDAX) erklärt werden kann. Dabei wird der Steigungskoeffizient (β_i) mit einem Wert von 1.11 ausgewiesen, während Alpha (α) einen Wert von -0.00028 annimmt. Sowohl t- als auch F-Statistik erlauben die Annahme eines signifikanten Zusammenhangs zwischen der Rendite von DCX und der Marktrendite des CDAX bei einer Irrtumswahrscheinlichkeit von 1 %. Das Bestimmtheitsmaß (R^2), welches als Maß für die Güte des unterstellten Zusammenhangs gilt, besitzt mit 35.6 % einen, verglichen mit den in der Finanzstatistik üblicherweise niedrigen Bestimmtheitsmaßen, sehr guten Wert.

3.2.2 Die Modellparameter als Einflussgrößen des Betas

3.2.2.1 Die Bestimmung des Marktportfolios

Wie bereits in der kritischen Diskussion zum Marktportfolio im Zusammenhang mit dem CAPM angemerkt, kommt der Auswahl des richtigen Basisindexes als Proxy für das Marktportfolio bei der Bestimmung des Betas eine besondere Bedeutung zu. In Kapitel 3.1.2.1 wurde die Bedeutung von Aktienindices in diesem Zusammenhang unterstrichen, deren Verwendung insbesondere über die Höhe der Marktkapitalisierung (Marktrepräsentativität) und die weite Verbreitung der Aktie als Anlageform begründet werden kann. Deshalb und weil Aktien dem typischen Anleger als Anlageform noch am ehesten zur Verfügung stehen, ist ein Aktienindex am besten in der Lage, das im CAPM geforderte Marktportfolio approximativ abzubilden. Dennoch bleibt das Problem der Auswahl eines geeigneten Aktienindexes weiterhin bestehen, denn unterschiedliche Marktportfolios führen bei der Schätzung des Beta-Koeffizienten auch zu unterschiedlichen Ergebnissen. In Abhängigkeit des Basisindexes ändert sich auch das Beta, wie Abbildung 12 am Beispiel der DaimlerChrysler AG verdeutlicht.

---

[270] Vgl. *Backhaus et al.* (1994), S. 19.

Unter Berücksichtigung täglicher Renditen im einjährigen Betrachtungszeitraum (2005) und unter der Annahme eines deutschen Anlegers[271] bieten sich für die Auswahl des Marktportfolios grundsätzlich verschiedene nationale und internationale Aktienindices an. Neben den nach der Höhe der Marktkapitalisierung ausgewählten deutschen Indices DAX, CDAX und Prime All Share-Index kommen aufgrund der Ausführungen in Kapitel 3.2.2.1 (Repräsentativität der vertretenen Anlageklassen, Volumen etc.) ebenfalls große internationale Indices wie der Morgan Stanley World Capital-Index (MSCI) als Surrogat für das Marktportfolio in Betracht.[272] In Abbildung 12 wird deutlich, dass das Beta der DaimlerChrysler AG bei übereinstimmendem einjährigen Betrachtungszeitraum in 2005 und täglichem Renditeintervall unterschiedliche Werte in Abhängigkeit des jeweiligen Index annimmt. So ergibt sich bei Berücksichtigung des in Deutschland häufig verwendeten DAX 30 (DAX) ein Beta von 1.02 gegenüber einem Beta von 1.12 bei Verwendung des CDAX und einem Beta von 1.10 bei Verwendung des Prime All Share. Obwohl die Unterschiede offensichtlich sind, liegen alle Werte doch nahe beieinander. Die dichte Streuung der Punkte um die Regressionsgerade ist der graphische Ausdruck für die hohe Güte der Regressionskoeffizienten, veranschaulicht mit einem Bestimmtheitsmaß von 34 %.[273] Interessanterweise führt die Verwendung eines internationalen Index, wie dem MSCI, zu einem Beta von 1.12. Dieser Wert wurde ebenfalls bei Verwendung des größten deutschen Aktienindex CDAX beobachtet.[274] Diese Beobachtungen fundieren sowohl die Hypothese nach der Korrelationsbewegung großer internationaler Aktienindices[275], als auch die theoretischen Ausführungen nach der Verwendung repräsentativer Aktienindices als Proxy für das Marktportfolio im CAPM. Darüber hinaus werden diese Beobachtungen insbesondere auch durch bisherige internationale empirische Untersuchungen unterstrichen.[276] An dieser Stelle sei allerdings auf einen in der Praxis teilweise anzutreffenden Irrglauben bei der Verwendung branchenspezifischer Indices hingewiesen. Während aus theoretischer und empirischer Sicht die Entscheidung über einen nationalen oder internationalen

---

271 Die Tatsache, dass anders als in der modelltheoretischen Formulierung des CAPM, in der Realität Transaktionskosten und unterschiedliche nationale Steuerregime (Annahme A 5 des CAPM) existieren, hat grundsätzlich weitreichende Konsequenzen in Bezug auf die Investitionsentscheidung des Anlegers.

272 Die deutschen Indices wurden in Anlehnung an die in Kapitel 3.1.2.1 geforderte hohe Marktkapitalisierung ausgewählt, während der MSCI über die Forderung nach einem Weltmarktportfolio fundiert wurde.

273 Alle vier in Abbildung 12 dargestellten Regressionen wurden hinsichtlich Normalverteilung der Renditen, Autokorrelation und Stationarität überprüft. Darüber hinaus lassen die Ergebnisse des t- und F-Tests auf signifikante Zusammenhänge bei einer Irrtumswahrscheinlichkeit von 1 % schließen.

274 Die Größe der Aktienindices wird in diesem Zusammenhang über die Höhe der Marktkapitalisierung definiert.

275 Begründet werden können die Werte der Betas über die in Kapitel 3.1.2.1 aufgezeigte starke Korrelationsneigung deutscher und internationaler Indices.

276 Analoge Beobachtungen zu den Betas bei Verwendung unterschiedlicher Indices und zum Ausmaß der Korrelation zwischen den Indices wurden auch am amerikanischen Markt gemacht. Vgl. *Ibbotson Associates* (2005), S. 103. Siehe hierzu auch die Ausführungen in Kapitel 3.1.3, 3.3 und 3.4.

Index eher marginal zu sein scheint, muss die Verwendung branchenspezifischer Indices als Surrogat für das Marktportfolio abgelehnt werden.[277]

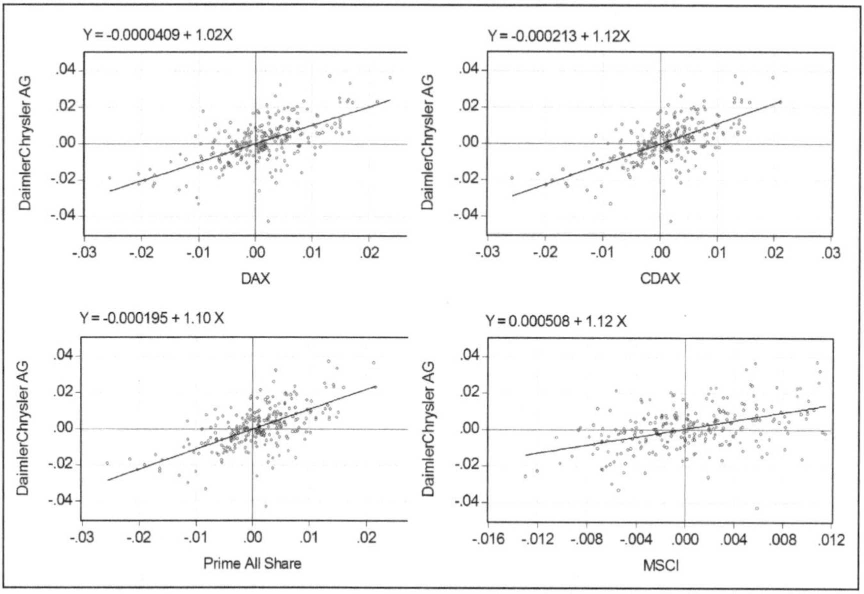

Abbildung 12: Beta-Berechnung der DaimlerChrysler AG in 2005[278]

Die Begründung resultiert aus der Tatsache, dass es sich bei den Eigenkapitalkosten um sog. Opportunitätskosten handelt, also um die Rendite, die ein beliebiger Anleger bei einem alternativen durchschnittlichen Investment *am Markt* verlangen kann. Mit dem Wort „Markt“ wird die durchschnittliche Rendite *aller* auf der Welt verfügbaren Anlageformen assoziiert, wodurch die Rendite eines Branchenportfolios aus theoretischer Sicht ausscheiden muss. Die Verwendung eines Branchenportfolios greift deshalb zu kurz, weil hiermit gerade nicht die Entwicklung aller durchschnittlichen Anlagen abgebildet werden kann, sondern nur ein Teilbereich der Volkswirtschaft abgedeckt wird. Anhand der Darstellung in Abbildung 12 und den Erläuterungen in Kapitel 3.1.2.1 wird deutlich, dass die Renditen unterschiedlicher großer Aktienindices stark miteinander korrelieren, was die Problematik hinsichtlich der Auswahl

[277] Häufig können in der Praxis statistisch nur sehr schwache Zusammenhänge (sehr niedriges R^2) zwischen der Rendite eines spezifischen Unternehmens und der Rendite eines großen Marktindex hergestellt werden. Von Praktikern werden dann häufig Branchenportfolios verwendet, um bei der Bestimmung des Betafaktors ein möglichst hohes R^2 zu erzielen.

[278] Eigene Berechnung und Erstellung auf der Datenbasis von Bloomberg.

des (richtigen) Proxy für das Marktportfolio weniger gravierend bei der praktische Schätzung des Betas erscheinen lässt.

3.2.2.2 Festlegung der Schätzperiode

Neben dem Marktportfolio wird das Beta durch die Länge der Schätzperiode und das Renditeintervall beeinflusst.[279] Um einen aussagekräftigen Wert des Betas zu erhalten, muss eine Mindestanzahl an Schätzpunkten vorliegen. Dabei richtet sich der erforderliche Stichprobenumfang nach den den Standardfehler beeinflussenden Varianzen der Residuen und der Marktrendite. Die Länge der Schätzperiode und das Renditeintervall können somit als direkte Determinanten des Stichprobenumfangs betrachtet werden. Der Mindestumfang von Schätzpunkten sollte, so die Faustregel, ca. das Zehnfache der Anzahl der Koeffizienten betragen.[280] Dies entspricht bei zwei Koeffizienten im Marktmodell einer Mindestanzahl von $T = 20$ Punkten.[281] Da die OLS-Schätzer konsistent sind, sollte die Länge der Schätzperiode (also die Anzahl der einbezogenen Punkte im Regressionsschätzverfahren) grundsätzlich so groß wie möglich gewählt werden, weil mit steigender Anzahl der Punkte c. p. der Standardfehler von Beta reduziert und die Genauigkeit der Ergebnisse erhöht wird. Üblicherweise wird von Theorie und Praxis ein Schätzzeitraum von fünf Jahren bzw. von mindestens zwei Jahren gefordert.[282] Bei einem so langen Zeitraum wie dem erstgenannten könnten idealerweise verschiedene ökonomische Entwicklungen, wie Expansion und Rezession, in die Berechnungen mit einfließen.[283] Die Forderung nach einer maximalen Länge der Schätzperiode muss allerdings insoweit relativiert werden, als die Wahrscheinlichkeit des Auftretens von *Strukturbrüchen*[284] (Veränderungen im Zeitablauf) tendenziell mit der Länge der Schätzperiode zunimmt.[285] Der Zeitrahmen sollte deshalb nur so weit in die Historie des Unternehmens reichen, wie von einer größtmöglichen Übereinstimmung der Unternehmensidentität ausgegangen werden kann. Dadurch wird vermieden, dass der unterstellte stabile Zusammenhang zwischen Unterneh-

---

279 Vgl. *Damodaran* (2001), S. 71ff.

280 Vgl. *Sincich* (1994), S. 426.

281 Im Allgemeinen liegt die Anzahl der Schätzpunkte jedoch deutlich über dem Wert 20, z. B. bei 52 (für 52 Wochenrenditen) oder 260. Auch wird oftmals ein größerer Stichprobenumfang gefordert. Vgl. *Uhlir/Steiner* (1994), S. 178, der einen Mindestumfang von 60 Beobachtungen fordert. Für die Accounting Betas gewinnt diese Faustregel eine wichtige Bedeutung, da hier zumeist nur begrenzte Stichprobenumfänge vorliegen.

282 Vgl. *Ibbotson Associates* (2005), S. 104.

283 Allerdings sollten für die Regressionsberechnung irrelevante Informationen gezielt ausgespart bleiben.

284 Zu den genauen Gründen für das Auftreten von Strukturbrüchen und instabilen Betas siehe Kapitel 3.2.3 und eine Übersicht zu weiteren Studien in diesem Zusammenhang in Anhang 2 und 3.

285 Vgl. *Gonedes* (1973), S. 416-417; *Eubank/Zumwalt* (1979), S. 764; *Alexander/Chervany* (1980), S. 127-128; *Eubank/Zumwalt* (1981), S. 324-325; *Dimson/Marsh* (1983), S. 772-773.

mens- und Marktrendite (ausgedrückt durch Beta), durch strukturelle Einflüsse verzerrt wird.[286]

3.2.2.3 Das Renditeintervall

Neben den beiden o. g. Parametern wird das Beta, maßgeblich über das Renditeintervall beeinflusst. Die Auswahl des Renditeintervalls richtet sich dabei nach den verfügbaren Daten. Im Allgemeinen kommen die Intervalle Jahr, Monat, Woche und Tag für die Schätzung in Betracht. Aufgrund der oben dargestellten Problematik von Strukturbrüchen wird in Theorie und Praxis jedoch zumindest von jährlichen Intervallen abgeraten, auch monatliche Renditen finden eher selten Verwendung. Empirische Untersuchungen wurden mit durchweg allen genannten unterschiedlichen Renditeintervallen durchgeführt, wenngleich zumeist keine Begründung für die Auswahl des spezifischen Intervalls gegeben wurde.[287] Dies liegt auch daran, dass das einperiodige CAPM, aber auch die mehrperiodigen (intertemporalen) Modifikationen keinerlei Aussage zum Investitionshorizont treffen. Zum Teil existiert daher die Forderung, den Gesamtbetrachtungszeitraum und das Renditeintervall an den „wahren" Investitionshorizont des Anlegers zu knüpfen, um andernfalls entstehende Verzerrungen bei der Schätzung des Betas zu vermeiden.[288] Unter der Voraussetzung einer modellhaften Betrachtung kann der wahre Investitionshorizont eines Anlegers aufgrund subjektiver Entscheidungsprämissen jedoch nicht bekannt sein und muss individuell verschieden sein. Die Vermutung längerer Investitionshorizonte erscheint jedoch tendenziell gerechtfertigt und auch die statistisch positiven Eigenschaften der Renditen und der Marktmodell-Residuen im langen Zeitintervall sprechen dafür. Darüber hinaus erfüllen, in Anlehnung an die längere Gesamtbetrachtungsperiode, größere (längere) Renditeintervalle eher die Voraussetzung der Normalverteilung der Renditen.[289]

Die Auswahl des Renditeintervalls ist neben der Länge des Schätzzeitraums auch an die Kapitalmarktgegebenheiten, den Investitionshorizont und die statistischen Erfordernisse der Beta-Schätzung geknüpft.[290] Wie die Ausführungen oben gezeigt haben, ist die Frage nach der Auswahl des „richtigen" Renditeintervalls und Schätzzeitraums unmittelbar mit der Zielsetzung der Beta-Schätzung verbunden. Im Folgenden soll der Einfluss verschiedener Rendite in-

[286] Zur Stabilität und Prognose des Betafaktors vgl. Kapitel 3.2.3.

[287] Vgl. *Zimmermann* (1997), S. 99.

[288] Vgl. Levhari/Levy (1977), ders. (1981), Frankfurter/Leung/Brockmann (1994).

[289] Zur Normalverteilungsvoraussetzung siehe Kapitel 7.2.1. Ein Überblick über die empirischen Untersuchungen zur Normalverteilung deutscher Aktien findet sich bei *Möller* (1986), S. 26-28. Weitere Untersuchungen bei *Ulschmid* (1994), S. 280-287, und *Lockert* (1996), S. 131-135.

[290] Um die Validität des Beta-Koeffizienten zu gewährleisten, muss mindestens eine bestimmte Anzahl an Renditepunkten in die Regression einbezogen werden. Außerdem müssen die Renditen in der jeweiligen Intervallform zur Verfügung stehen, sie müssen normalverteilt und (schwach) stationär sein.

tervalle auf die Höhe des Beta am Praxisbeispiel der DaimlerChrysler AG verdeutlicht werden.[291]

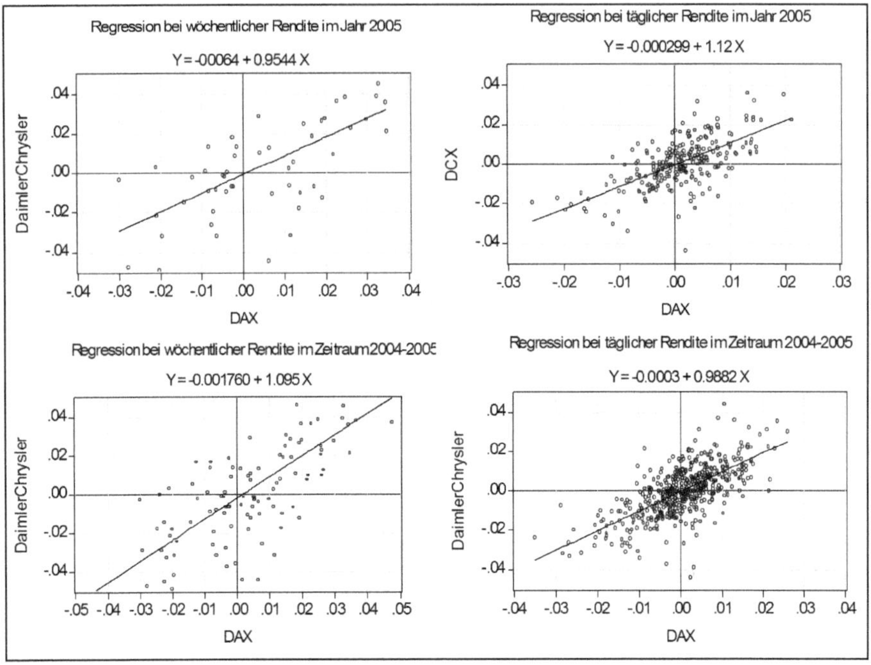

Abbildung 13: Beta bei unterschiedlichen Renditeintervallen und Schätzzeiträumen I[292]

Betrachtet man die graphischen Ergebnisse des historischen Betafaktors der DaimlerChrysler AG unter Anwendung der naiven Prognose und des OLS-Regressionsverfahrens genauer, so fällt die große Bandbreite der Schätzer des Beta-Koeffizienten auf.[293] Unter Berücksichtigung verschiedener Zeitintervalle (wöchentlich, täglich und monatlich) und unterschiedlich langer

291 Als Proxy für das Marktportfolio dient der DAX 30 unter Berücksichtigung wöchentlicher Freitags-Schlusskurse.

292 Eigene Berechnung und Erstellung auf der Datenbasis von Bloomberg.

293 Die Darstellung der Regressionsergebnisse erfolgt in Form eines Scatter-Regression-Plots, in dem die Renditen des Marktes (DAX) zu den Renditen der DaimlerChrysler AG abgetragen werden. Für alle Schätzungen gilt die Normalverteilungsannahme der Renditen als erfüllt.

Schätzzeitraume (1 Jahr, 2 Jahre und 5 Jahre) zeigen Abbildung 13 und Abbildung 14 (je nach Parameterspezifikation) verschiedene Beta-Koeffizienten.[294]

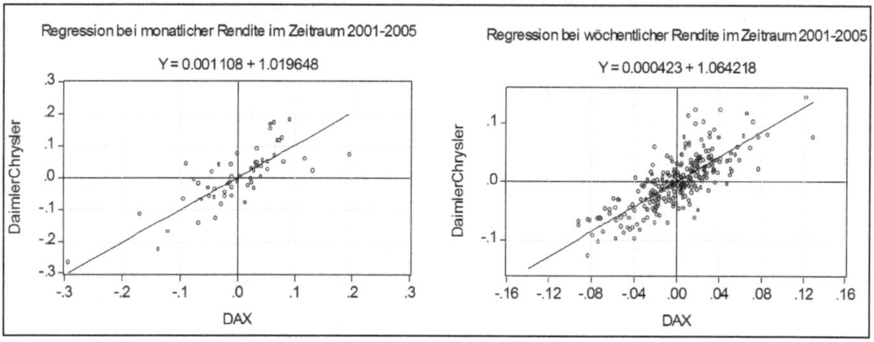

Abbildung 14: Beta bei unterschiedlichen Renditeintervallen und Schätzzeiträumen II[295]

Die Ergebnisse des Durbin-Watson-Tests liegen nahe bei dem Wert 2, wodurch Autokorrelation als unwahrscheinlich gilt. Große Unterschiede ergeben sich aber nicht nur hinsichtlich der Höhe des Beta-Koeffizienten, sondern auch in Bezug auf die Güte (Qualität) der verschiedenen Schätzungen. Während bei den Schätzungen im einjährigen Betrachtungszeitraum unter Berücksichtigung von wöchentlichen und auch täglichen Renditen Bestimmtheitsmaße (R^2) von 32 % und 35 % erzielt wurden, verbessert sich die Güte schon im zweijährigen Betrachtungszeitraum (R^2: 42 %) und steigert sich noch einmal beim fünfjährigen Betrachtungszeitraum (R^2: 60 % - 63 %). Die Ergebnisse bestätigen die bereits geäußerte Vermutung, dass auch über den Parameter des Renditeintervalls, genau wie über die Länge der Schätzperiode, ein nicht vernachlässigbarer Einfluss auf die Höhe des Beta-Schätzers resultiert. Eine Zusammenfassung der Ergebnisse macht deutlich, dass die Schätzung des Beta-Koeffizienten unter Berücksichtigung des fünfjährigen Betrachtungszeitraums bei Verwendung wöchentlicher Renditen das höchste Bestimmtheitsmaß (63 %) und den niedrigsten Standardfehler besitzt.[296]

---

[294] Als Proxy für das Marktportfolio dient der DAX 30, der grundsätzlich aufgrund der o. g. Kritik von *Roll* (nicht alle theoretisch möglichen Anlageklassen sind in dem Index enthalten) eine Verletzung des CAPM darstellen würde, aber aus praktischen Gründen als Surrogat für das Marktportfolio herangezogen wird.

[295] Eigene Berechnung und Erstellung auf der Datenbasis von Bloomberg.

[296] Diese Erkenntnis ist insbesondere für die spätere Schätzung der Accounting Betas (Auswahl des Schätzzeitraums) auf der Grundlage von Quartalsdaten von Bedeutung.

3.2.3 *Stabilität des Betafaktors*

Die vorangegangenen Ausführungen haben gezeigt, dass die Schätzung des Betafaktors im CAPM grundsätzlich auf der Prämisse der Stabilität der Modellparameter gründet. Dieses Modell ist in sämtlichen seiner Parameter ex ante formuliert, bedarf aber für Zwecke der Validierung eines Rückgriffs auf ex post vorliegende Größen. Der prognostizierte Beta-Koeffizient stellt nur dann einen effizienten Schätzer dar, wenn Stabilität vorausgesetzt werden kann.[297] Sofern die als stabil erachteten Parameter im Zeitablauf nicht konstant sind, führen die angewandten Regressionsverfahren zu verzerrten Schätzern des Alpha- und Beta-Wertes sowie der Residualvarianz (unsystematisches Risiko). Damit die (naive) Prognose von Betafaktoren jedoch effiziente Schätzer liefert, sollte grundsätzlich Stabilität des Betafaktors vorausgesetzt sein.[298] Stabilität bedeutet in diesem Zusammenhang, dass der Beta-Schätzer nicht von seinem Schätzzeitraum abhängen darf und dass bei aufeinanderfolgenden Untersuchungszeiträumen annähernd konstante Betafaktoren resultieren sollten. Dies ist nicht nur für die naive Prognose unabdingbar, sondern gilt gleichermaßen für das im Folgenden in Kapitel 6 entwickelte fundamentale Beta-Prognosemodell.[299] Die Verfahren, mit denen die Stabilität der Betafaktoren getestet werden können, sind relativ aufwendig und werden oft nur für begrenzte Stichprobengrößen durchgeführt. Prinzipiell kann die Stabilität des Betafaktors innerhalb einer bestimmten Periode auf zwei verschiedene Arten analysiert werden.[300] Zum einen ließe sich untersuchen, ob der Betafaktor innerhalb einer Periode stabil ist, was entweder unter Berücksichtigung von *Strukturbrüchen*[301] oder *zeitvariablen Betafaktoren*[302] analysiert werden kann. Zum anderen kann über eine in der Ökonometrie weit verbreitete Methode mittels Abweichungsmaßen (z. B. Mean Square Error [MSE]) die Stabilität der Betafaktoren aufeinanderfolgender, sich nicht überlappender Perioden eines Querschnitts von Aktien getestet werden.[303]

---

[297] Vgl. *Ulschmid* (1994), S. 235.

[298] Vgl. *Eubank/Zumwalt* (1979), S. 761.

[299] Da die historischen Betafaktoren bei der fundamentalen Beta-Prognose die endogene Variable darstellen, ist die Voraussetzung der Stabilität in diesem Zusammenhang von besonderer Bedeutung.

[300] Auf eine ausführliche Darstellung der einzelnen Verfahren wird im Rahmen dieser Arbeit verzichtet und auf die weiterführende Literatur verwiesen.

[301] Von sog. Strukturbrüchen spricht man immer dann, wenn sich ein oder mehrere Parameter der Regressionsfunktion zu einem bestimmten Zeitpunkt „schlagartig" verändern.

[302] Einige Untersuchungen zu zeitvariablen Betafaktoren haben die Stabilität der Betas von Investmentfonds untersucht. Ein Überblick hierzu findet sich bei *Alexander/Benson/Eger* (1982), S. 580-584. Die Ergebnisse dort sind jedoch nicht ohne weiteres auf Aktien übertragbar, da man vermuten darf, dass Portfoliomanager durch Timing-Strategien gezielt versuchen, die Betas ihrer Portfeuilles zu beeinflussen. Die dort angewandten Verfahren lassen sich aber grundsätzlich auch bei der Überprüfung der Stabilität einzelner Aktien einsetzen.

[303] Da den genannten Verfahren keine vorrangige Bedeutung im Rahmen der vorliegenden Arbeit zukommt, wird auf die weiterführende Literatur verwiesen. Die nachfolgenden Ausführungen in diesem Kapitel be-

3.2.3.1 *Gründe für die Instabilität von Betafaktoren*

Die Instabilität der Betafaktoren kann aus einer Vielzahl von Gründen resultieren. Eine abschließende und explizite Beurteilung bzw. Ursachenbenennung lässt sich jedoch auch anhand der aktuellen Forschungserkenntnisse auf diesem Gebiet nicht geben.[304] Ursachenforschung erscheint allerdings legitim, weshalb im Folgenden der Versuch einer analytischen Auseinandersetzung mit anschließender Synopse von historischen Untersuchungsergebnissen und möglichen neuen Hypothesen zu den Gründen der Instabilität vollzogen werden soll. Diese Gründe lassen sich zum einen statistischen Problemen (a) und zum anderen externen Faktoren (b) zuordnen:

a. Statistische Probleme

Auf der Grundlage, dass statistische Probleme für die instabilen Betas verantwortlich sind, könnte die Verzerrung des Beta-Schätzers darauf zurückzuführen sein, dass Kurse illiquider Aktien einbezogen wurden oder dass bei der Schätzung sog. NOISE-Phänomene aufgetreten sind.[305] Auch die „richtige" Wahl der Modellparameter, wie z. B. die Länge des Renditeintervalls, der Schätzzeitraum und/oder die Zusammensetzung des Marktportfolios können bei fehlerhafter Spezifikation Auswirkungen auf die Stabilität des Betafaktors haben.[306] Darüber hinaus können Regressionsausreißer oder die Wahl eines falschen Schätzverfahrens zu einem verzerrten Regressionskoeffizienten führen bzw. für das Vorliegen instabiler Betafaktoren verantwortlich sein.[307] Die Stabilität der Betafaktoren bei unterschiedlichen Schätzverfahren lässt sich am einfachsten mittels der o. g. Abweichungsmaße MSE und MAD überprüfen, wobei jedoch nicht bestimmt werden kann, inwieweit die instabilen Schätzer auf die Instabilität der Parameter zurückzuführen sind.

schränken sich auf eine Zusammenfassung der Ergebnisse empirischer Untersuchungen sowie der Analyse möglicher Gründe für die (In-)Stabilität der Betafaktoren, um die Forschungsergebnisse dieser Arbeit im übergeordneten theoretischen Gesamtkontext besser einordnen zu können. Vgl. zur weiterführenden Literatur den Überblick der einzelnen Verfahren in Anhang 2 und 3.

304 Vgl. zu Untersuchungen in diesem Zusammenhang die Übersicht in Anhang 2 und 3.

305 Als NOISE-Phänomen versteht man Kursbewegungen, die durch Handeln ohne Informationen (NOISE-Trading) entstehen. Zum einen erhöht dies die Liquidität der Märkte, zum andern gefährdet es aber auch die Informationseffizienz der Kurse, die unabdingbar für das Vorhandensein von Marktpreisen ist. Vgl. hierzu auch *Black* (1986).

306 *Bey* (1983a) kann u. a. nachweisen, dass aus der Schätzung mit monatlichen Renditen stabilere Betafaktoren als aus der Schätzung mit täglichen Renditen resultieren. Dieses Ergebnis konnte *Ulschmid* (1994), S. 314-319, ebenfalls für 30 DAX-Werte im Zeitraum von 1978-1991, bestätigen.

307 Vgl. *Zimmermann* (1997), S. 211.

b. Externe Faktoren

Sofern die Marktrendite im CAPM nicht der einzige erklärende Faktor für die Rendite eines spezifischen Unternehmens wäre, sondern von einem multifaktoriellen Zusammenhang ausgegangen werden müsste, so könnte auch dies ein Grund für Instabilität sein.[308] Auch die Art der Zusammensetzung und die Berechnungsgrundlage des Marktportfolios spielen ebenfalls eine wichtige Rolle, da kapitalgewichtete Indices als Proxy für das Marktportfolio eher zur Instabilität tendieren, wenn sich die Gewichtung der einzelnen Aktien im Zeitablauf aufgrund der unterschiedlich realisierten Renditen verändert.[309] Im Unterschied zum Überschuss-Rendite-Modell kann Instabilität auch durch die Variabilität des nicht berücksichtigten risikolosen Zinssatzes R_f im Marktmodell hervorgerufen werden.[310] Zeitvariable (und somit instabile) Betafaktoren können auch hervorgerufen werden, wenn Strukturbrüche,[311] bedingt durch eine signifikante Veränderung der Branche[312], der Unternehmenskennzahlen, der politischen Situation oder makroökonomischer Kennzahlen, wie z. B. der Inflationsrate, des realen Wachstums[313], des Bruttosozialprodukts oder andere bedeutende „Events", auftreten.[314]

Die Auswirkungen makroökonomischer Veränderungen spiegeln sich im Allgemeinen in Unternehmenskennzahlen, wie z. B. der Kapitalstruktur oder dem Verschuldungsgrad, wider. So stellen bspw. Veränderungen der Refinanzierungskosten des Unternehmens, der Kauf oder Verkauf von Unternehmen sowie Investitionen in neue Geschäftsfelder mögliche Einflussfaktoren dar, die eine nachhaltige Veränderung des Beta-Wertes herbeiführen können.[315] Eine derart veränderte Unternehmensstruktur/-situation wird durch sich verändernde Unternehmenskennzahlen reflektiert, was einen Einfluss fundamentaler Kennzahlen auf das Beta erwarten lässt.[316]

---

[308] Vgl. *Hinich/Roll* (1981), S. 3.

[309] Vgl. *Kryzanowski/To* (1984), S. 3-5. Bei gleichgewichteten Indices kann dieser Effekt nicht auftreten.

[310] Vgl. *Bey* (1983b), S. 278-279. Empirisch konnte allerdings kein Unterschied zwischen der Stabilität der Betafaktoren des Standard- und des Marktmodells nachgewiesen werden. Siehe *Bey* (1983b), S. 281.

[311] Vgl. *Schneeweiß* (1990), S. 118.

[312] Ein Beispiel hierfür wird von *Ibbotson Associates* (2005) mit den Veränderungen im Personenluftverkehr nach dem 11. September 2001 gegeben, da sich die meisten Unternehmen Restrukturierungsmaßnahmen als Folge sinkender Fluggastzahlen und veränderter Sicherheitsbedingungen gegenübersahen. Die Bedingungen vor und nach dem 11. September waren nicht mehr die gleichen, weshalb auch das systematische Risiko dieser Unternehmen sich verändert haben musste. In diesem Fall wäre es für die Berechnungen des Beta-Schätzers inkonsistent, auch die Periode vor dem 11. September einzubeziehen, da die Informationen als irrelevant für die veränderte neue Struktur dieser Unternehmen anzusehen wären.

[313] Vgl. *Robichek/Cohn* (1974), S. 441; *Chen* (1982), S. 67-68.

[314] Vgl. *Rosenberg/Guy* (1976a), S. 62-65; *Harrington* (1987), S. 102; *Chen* (1982).

[315] Vgl. *Zimmermann* (1997), S. 213.

[316] Vgl. hierzu Kapitel 4.3 und Kapitel 6.3.

3.2.3.2 *Empirische Untersuchungen zur Stabilität des Betafaktors*

Bisherige empirische Untersuchungen brachten unterschiedliche Ergebnisse hinsichtlich der Stabilität von Betafaktoren hervor.[317] Diese widersprechen sich zum Teil und sind oft nicht direkt miteinander vergleichbar. Allen Arbeiten ist jedoch die Erkenntnis gemein, dass die Beta-Werte einzelner Aktien grundsätzlich nicht stabil sind.[318] Darüber hinaus konnten folgende Erkenntnisse aus empirischen Untersuchungen gewonnen werden:

- Betas sehr großer Portfolios sind relativ stabil. Sie lassen sich sehr gut als Surrogate für zukünftige Betas bei sehr großen Portfolios, weniger gut bei mittleren Portfolios und überhaupt nicht bei einzelnen Aktien verwenden.
- Betas unter Berücksichtigung langer Schätzperioden sind stabiler als diejenigen kurzer Schätzperioden.[319]
- Wenngleich die Stabilität der Betafaktoren bei langen Betrachtungszeiträumen tendenziell zunimmt, ist die relative Steigerung bei großen Portfolios geringer.
- Hinsichtlich der Stabilität von Betas in verschiedenen Marktphasen (Hausse und Baisse) konnten keine signifikanten Unterschiede festgestellt werden.[320]

Wie bereits angesprochen, sind die Ergebnisse der empirischen Untersuchungen nicht einheitlich. Insbesondere zu der Aussage, dass die Betas einzelner Aktien nahezu überhaupt nicht stabil sind, liegen auch gegenteilige Befunde vor,[321] wenngleich im Rahmen dieser Untersuchungen aber die Ergebnisse immer auch durch zunehmende Portfeuillegröße verbessert werden konnten.[322] Wieder eine andere Untersuchung gelangt genau zu dem gegenteiligen Ergebnis, dass zunehmende Portfeuillegrößen nicht zu einer Stabilitätsverbesserung führen, sondern vielmehr die *Methode* der Portfeuillebildung einen Einfluss auf die zeitliche Stabilität ausübt. Danach seien die Betas vollkommen unabhängig von der Größe des Portfeuilles, solange die Risikoklassen nur zufällig zusammengestellt wurden.[323] Zu bedeutenden Erkenntnissen gelangte auch *Baesel* (1974), der feststellte, dass extreme Betafaktoren von Portfolios stabiler sind als Betafaktoren, die nahe bei eins liegen.[324] *Eubank/Zumwalt* (1979) sind der Ansicht, dass dies von der angewandten Portfoliobildungsmethode abhängt.[325] Ordnet man die einzelnen Unternehmen nämlich in Gruppen nach ihrem Rang, wodurch man eine gleich

[317] Ein Überblick empirischer Untersuchungen zur Stabilität des Betafaktors findet sich in Anhang 2 und 3.
[318] Von großer Bedeutung ist in diesem Zusammenhang auch die Relevanz der bereits in Kapitel 3.2.2.3 dargestellten Renditeintervalllängen und der in Kapitel 3.2.2.1 behandelten Portfoliogrößen.
[319] Vgl. *Eubank/Zumwalt* (1981), S. 321-325.
[320] Vgl. *Fabozzi/Francis* (1977), S. 1093-1099.
[321] Vgl. *Brenner/Smidt* (1977), S. 1081-1092.
[322] Vgl. *Sharpe/Cooper* (1972), S. 318-322.
[323] Vgl. *Porter/Ezzel*, (1975), S. 368.
[324] Vgl. *Baesel* (1974), S. 1493.
[325] Vgl. *Eubank/Zumwalt* (1979), S. 26.

große Anzahl von Unternehmen für jedes Portfeuille erhält, so kommt man zu den gleichen Ergebnissen wie *Baesel* (1974). Sofern man eine andere Portfoliobildungsmethode anwendet, ergibt sich ein anderes Ergebnis.

3.2.4 Adjusted Beta vs. Raw Beta

Bei dem Beta, das nach dem oben dargestellten OLS-Verfahren geschätzt wird, handelt es sich um ein sog. Raw Beta, da keinerlei Anpassungen (Adjustments) stattgefunden haben. Die Schätzung des historischen Betafaktors im Rahmen des CAPM unter Verwendung der OLS-Schätzung basiert auf der Annahme, dass aus den Daten der Vergangenheit ein zuverlässiger Schätzwert für die Zukunft ermittelt werden kann. Dass der unterstellte lineare Zusammenhang nicht so stabil ist, wie von den Begründern des CAPM gerne postuliert, wurde im vorangegangenen Kapitel 3.2.3 deutlich. Als Konsequenz daraus muss bei der Schätzung des zukunftsorientierten Marktrisikos eine Anpassung des Raw Betas hin zum sog. Adjusted Beta erfolgen, was sich aus der Berechnungssystematik des Betas herleiten lässt. Während die in der ferneren Vergangenheit liegenden fundamentalen Veränderungen (Gewinn, Leverage, Bilanzsumme etc.) des Unternehmens bereits im Rahmen der Beta-Schätzung ex post durch die Vielzahl der einbezogenen Renditedatenpunkte in ausreichendem Maße (Gewicht) berücksichtigt wurden, sind die aus den jüngsten fundamentalen Veränderungen resultierenden Risiken nur unzureichend berücksichtigt (gewichtet).[326] Alle Ereignisse, die wesentliche Auswirkungen auf die Zukunft des Unternehmens haben und tendenziell eher am Ende des Beta-Schätzzeitraums aufgetreten sind, genießen im traditionellen CAPM eine geringere Gewichtung, da sie durch eine vergleichsweise kleine Anzahl von Datenpunkten repräsentiert werden. Der größere Anteil der in das Regressionsmodell einbezogenen Datenpunkte bezieht sich auf vergangene Ereignisse, deren Auswirkungen auf die Zukunft des Unternehmens aber gegenüber den jüngeren Ereignissen von untergeordneter Bedeutung sind. Daraus folgt, dass jüngere fundamentale Veränderungen sowie die damit einhergehenden zukünftigen Risiken im klassischen CAPM nicht ausreichend berücksichtigt werden, wodurch Anpassungen für ein zuverlässiges in die Zukunft gerichtetes Beta notwendig sind. Da die oben beschriebenen Ereignisse unter Berücksichtigung der Normalverteilungsannahme von Aktienrenditen sowohl als positive als auch als negative Ereignisse auftreten, erscheint eine Anpassung des Raw Beta hin zum Marktdurchschnitt (Wert 1) als sog. Adjusted Beta gerechtfertigt.[327] Unterstrichen wird dies durch die Tatsache, dass die verwendeten Daten vergangenheitsorientiert sind, wodurch die eigentliche Zukunftsorientierung (ex-ante-Sichtweise) des Modells nicht

---

[326] Vgl. *Rosenberg/Guy* (1976), S. 63.

[327] Siehe zu den einzelnen Anpassungsverfahren auch Kapitel 3.2.4.1 und Kapitel 3.2.4.2.

berücksichtigt wird. Das Adjusted Beta hat demzufolge u. a. die Aufgabe, Anpassungen im Hinblick auf eine adäquate Zukunftsorientierung vorzunehmen und stellt im Finanzbereich die am häufigsten genutzte Beta-Definition dar. Es handelt sich um ein sog. Levered Beta, also um das Beta mit Verschuldung, das auch durch eine Reihe von Finanzmarktdatenanbietern (z. B. Bloomberg, Barra etc.) veröffentlicht wird. Dabei haben sich in diesem Zusammenhang zwei bekannte Methoden zur Anpassung von Betafaktoren in Theorie und Praxis gleichberechtigt durchgesetzt. Es handelt sich hierbei um das Blume-Verfahren und das Verfahren nach Vasicek, die nachfolgend erläutert werden sollen.

3.2.4.1 Das Verfahren nach Blume

Eine der ersten Untersuchungen, die sich mit der Anpassung historisch beobachteter Betafaktoren als zukünftige Schätzer für das systematische Risiko von Unternehmen befasst hat, wurde von *Blume* (1971) durchgeführt.[328] Der Autor fand heraus, dass sich die Betas von Wertpapieren im Zeitablauf zum Marktdurchschnitt, also zum Wert 1 hin bewegen. Das bedeutet, dass historisch beobachtete hohe Betas (> 1) dazu tendieren, das zukünftige Beta zu überschätzen, und historisch niedrige Betas dazu tendieren, das zukünftige Beta zu unterschätzen.[329] Die Blume-Regressionsgleichung, die auch für die nachfolgenden empirischen Untersuchungen in Kapitel 7 von Bedeutung ist, schätzte die Betas der einen Periode mit den Betas der vorangegangenen Periode, wobei die konvergente Tendenz über folgenden Formalismus zum Ausdruck kommt:

$$\beta_1 = 0.371 \times \beta_0 + 0.635$$

mit: β_0 = (Raw) Beta-Koeffizient *vor* Anpassung
β_1 = (Adjusted (Blume-)) Beta-Koeffizient *nach* Anpassung

Die oben stehende Formel beschreibt (in Form einer linearen Regressionsbeziehung) die Tendenz des Betafaktors, sich zum Marktdurchschnitt 1 hin zu bewegen. Aus praktischer Sicht werden bei Anwendung der Blume-Formel hohe historische Betas verringert und niedrige historische Betas erhöht. Es handelt sich um eine Lineartransformation der naiven Prognose, wodurch die Rangordnung der Betas nicht verändert wird.[330] Daher hat Blume vorgeschlagen, dass alle Beta-Schätzmethoden auf der Basis historischer Verfahren den beschriebenen Ansatz zur Anpassung ihrer Betafaktoren nutzen sollten. Oftmals wird das auf der Blumeschen

[328] Vgl. *Blume* (1971), S. 1-10.
[329] Vgl. *Ibbotson Associates* (2005), S. 113.
[330] Vgl. *Hawini/Vora* (1983), S. 24.

Theorie basierende Anpassungsverfahren in der Praxis durch folgenden formalen Ausdruck der Einfachheit halber approximiert und als sog. 1/3-2/3-Verfahren bezeichnet:[331]

$$Adjusted(Blume)Beta = 0{,}67 \times Raw(OLS)Beta + 0{,}33 \times 1$$

Durch die autoregressive Anpassung kann die Bandbreite der Streuung der Betafaktoren verringert werden.[332] Obwohl Fehler durch Über- oder Unterschätzungen des Betafaktors durch die Adjustierung deutlich reduziert werden können, ist es darüber hinaus sinnvoll, weitere statistische Gütemaße für die qualitative Beurteilung des Betas heranzuziehen.[333]

3.2.4.2 Das Verfahren nach Vasicek

Von *Vasicek* (1973) wurde ein anderes in Theorie und Praxis gleichermaßen gewürdigtes Verfahren zur Anpassung historisch geschätzter Betafaktoren entwickelt.[334] Das Vasicek-Verfahren scheint der Blume-Methode dahingehend überlegen, dass nicht die gleiche Anpassung für jedes Wertpapier vorgenommen wird, sondern eine, in Abhängigkeit der statistischen Qualität der Regression, wertpapierspezifische Modifikation erfolgt.[335] Die Methode setzt an der statistischen Qualität der Regression an und berücksichtigt die Tatsache, dass der Standardfehler umso größer ist, je niedriger auch die statistische Signifikanz des Beta-Koeffizienten ist. Im Sinne der Vasicek-Methode sollte bei einem Unternehmen mit hohem Standardfehler beim Beta auch eine stärkere Anpassung vorgenommen werden als bei einem Unternehmen mit niedrigem Standardfehler:

$$\beta_{s1} = \frac{\sigma^2_{\beta s0}}{\sigma^2_{\beta 0} + \sigma^2_{\beta s0}} \beta_0 + \frac{\sigma^2_{\beta 0}}{\sigma^2_{\beta 0} + \sigma^2_{\beta s0}} \beta_{s0}$$

mit:
β_{s1} = nach Vasicek angepasstes Beta des Unternehmens s
β_{s0} = historisch geschätztes Beta des Unternehmens s
β_0 = Beta des Marktes, der Branche oder einer bestimmten Peer Group
$\sigma^2_{\beta 0}$ = Varianz des Betas des Marktes, der Branche oder der Peer Group
$\sigma^2_{\beta s0}$ = quadrierter Standardfehler des historischen Betas des Unternehmens s

---

331 Vgl. *Sharpe/Alexander/Bailey* (1995); *Statman* (1981), S. 42, hingegen ermittelt im Rahmen einer Lineartransformation die Werte 0.33743 und 0.6625. Vgl. darüber hinaus auch *Hawawini/Vora* (1983), S. 26, Fn. 2 und 3; *Reilly/Wright* (1988), S. 65. Siehe auch *Klemkosky/Martin* (1975), S. 1126. Insbesondere auch die Investmentbank Merril Lynch verwendet das 1/3-2/3-Verfahren, das oft auch als MLPFS (für Merril Lynch, Pierce, Fenner & Smith Inc.) bezeichnet wird.

332 Vgl. *Zimmermann* (1997), S. 247.

333 Siehe zu den einzelnen Gütemaßen auch Kapitel 7.

334 Vgl. *Vasicek* (1973), S. 1233-1239.

335 Vgl. *Ibbotson Associates* (2005), S. 114.

In der Formel von *Vasicek* (1973) wird deutlich, dass sich der adjustierte Schätzer des Betafaktors als der gewichtete Durchschnitt des historischen Unternehmens-Betas und des Betas des Marktes, der Branche oder einer bestimmten Peer Group ergibt. Aufgrund der Tatsache, dass das Beta nicht nur gegen den Markt, sondern auch gegen den Branchendurchschnitt oder eine spezifische Peer Group angepasst werden kann, besitzt diese Methode einen wesentlichen Vorteil gegenüber der Blume-Anpassung. Dies wird intuitiv klar, wenn man beispielsweise die Betas von Alkoholproduzenten betrachtet, die für gewöhnlich deutlich niedriger als 1 (Marktdurchschnitt) liegen. Eine Anpassung an den Marktdurchschnitt wäre in diesem Zusammenhang weitaus weniger empfehlenswert als an den Branchendurchschnitt, da das Unternehmen ansonsten weit entfernt von seiner Peer bewertet würde.[336]

3.3 Modifizierte Capital-Asset-Pricing-Modelle

Seit seiner Entwicklung in den 1960er Jahren konnte sich das CAPM trotz vielfältiger Kritik zumindest in Theorie und Praxis als das bedeutendste Modell zur Erklärung von Kapitalmarktrenditen und zur Bestimmung adäquater Eigenkapitalkosten durchsetzen.[337] Aufgrund empirischer Erkenntnisse zur Validität sowie der o. g. Probleme bei der Stabilität gab es in den letzten Jahren immer wieder Bestrebungen, das CAPM zu modifizieren und zu verbessern, wobei im Folgenden zwei wichtige Errungenschaften – die auch für das in Kapitel 6 entwickelte fundamentale Beta-Prognosemodell von grundlegender Bedeutung sind – dargestellt werden sollen.

3.3.1 Das „Size"-Effect-CAPM

Eine der bedeutendsten Kapitalmarktanomalien im Zusammenhang mit den empirischen Untersuchungen zum CAPM ist der sog. Einfluss des „Size"-Effects auf die Rendite der Unternehmen. Dieses nicht durch das CAPM erklärbare Phänomen besagt, dass kleine Unternehmen große in ihren durchschnittlichen am Markt realisierten Renditen übertreffen.[338] Dabei charakterisieren *Bishop et al.* (2000) kleine Unternehmen als Wachstumsunternehmen mit überdurchschnittlich hohen Wachstumsraten und einer damit einhergehenden dramatischen Veränderung ihres eigenen Risikoniveaus. Die Unternehmen werden auch als volatiler angesehen und sollten über ein hohes unsystematisches (unternehmensspezifisches) Risiko verfügen, da sie sich durch eine geringe bzw. gar keine Diversifikation auszeichnen.[339] Durch das mangelnde Vermögen des CAPM, diesen Einfluss zu erfassen, der bei kleinen Unternehmen

336 Vgl. *Ibbotson Associates* (2005), S. 115.
337 Vgl. *Graham/Harvey* (2001), S. 187-243.
338 Vgl. *Banz* (1981), S. 233 f.
339 Vgl. *Bishop et al.* (2000).

durchschnittlich schwerer wiegt als bei großen Unternehmen, kommt es zu einer Unterbewertung der Betas und somit auch zu einer Unterbewertung der Kapitalkosten.[340] Um diesem Phänomen bei der Bestimmung der Kapitalkosten Rechnung zu tragen, wurde das klassische CAPM durch das „Size"-Effect-CAPM modifiziert. Mit der empirisch nachgewiesenen, höheren Rendite kleiner Unternehmen geht implizit auch ein höheres systematisches Risiko einher. Dies führt dazu, dass kleine Unternehmen zwar tendenziell höhere Betas als große Unternehmen aufweisen, aber dennoch nicht alle Risiken vollständig im Beta internalisieren, weshalb die Eigenkapitalgeber nach einer zusätzlichen (Risiko-)Prämie (SP_i)verlangen:

$$R_i = R_f + (\beta_i \cdot ERP_m) + SP_i$$

mit: SP_i = Prämie für die Unternehmensgröße (Size Premium)

Die Klassifizierung des Unternehmens in klein, mittel oder groß (woraus sich die Höhe der Prämie bestimmt), wird nach der Marktkapitalisierung vorgenommen.[341] Die eigentliche Prämie der Unternehmensgröße (SP_i) berechnet sich dann aus der Differenz zwischen den durchschnittlichen Langzeit-Renditen großer Unternehmen (z. B. DAX) und kleiner Unternehmen (z. B. SDAX).[342]

[340] Vgl. *Ibbotson/Kaplan* (1997), S. 104-111.

[341] Genau diese Klassifizierung ist indessen nicht ganz unproblematisch, da die Größe eines Unternehmens über die Marktkapitalisierung auch nach anderen Kriterien, wie z. B. dem Umsatz, Gewinn, etc. bestimmt werden könnte.

[342] Üblicherweise wird analog hierzu in den USA der S&P 500 (Rendite Großunternehmen) und das Dimensional Fund Advisors U.S. Micro Cap Portfolio bzw. der Dow Jones 200 Small-Index (Rendite Kleinunternehmen) verwendet. Vgl. *Ibbotson Associates* (2005), S. 100.

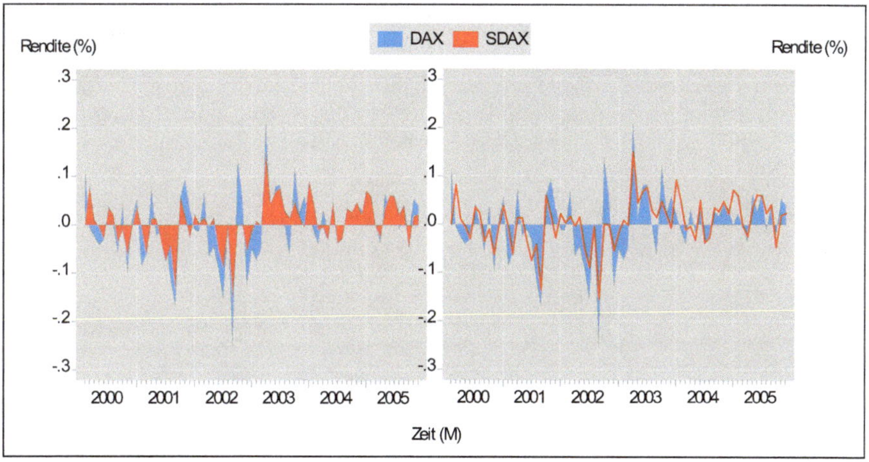

Abbildung 15: Entwicklung der Rendite bei großen und kleinen Unternehmen in Deutschland[343]

Für den deutschen Markt konnte der „Size"-Effect bislang nicht eindeutig nachgewiesen werden. In einer eigenen Analyse der monatlichen Renditen[344] des DAX als Proxy für große Unternehmen und des SDAX als Proxy für kleine Unternehmen im Zeitraum zwischen 2000-2005 liegt die durchschnittliche monatliche Überrendite des SDAX ggü. dem DAX bei 0.62 %[345], wodurch der Beweis für die oben formulierte Hypothese erbracht wurde.[346] Diese Aussage wird auch anhand der graphischen Analyse in Abbildung 15 unterstrichen, in der der DAX durch die blaue Kurve und der SDAX durch die rote Kurve dargestellt ist. Insbesondere in Zeiten, in denen der Aktienmarkt allgemeinen Kursverlusten ausgesetzt war, haben sich diese Kursverluste beim SDAX geringer ausgewirkt als beim DAX.

---

[343] Eigene Berechnung und Erstellung auf der Datenbasis von Bloomberg.

[344] Monatliche Renditen sind stabiler als tägliche oder wöchentliche. Außerdem entsprechen sie eher der Normalverteilungsannahme, und Messfehler, die durch illiquiden Handel und NOISE entstehen, werden verringert. Vgl. *Zimmermann* (1997), S. 99.

[345] Werden positive und negative Ausreißer > 10 % monatliche Rendite exkludiert, steigt die durchschnittliche monatliche Überrendite des SDAX auf 0.8 %.

[346] Es wurden sog. Performance-Kurse, also um Dividenden und Kapitalveränderungen bereinigte Quotierungen, verwendet.

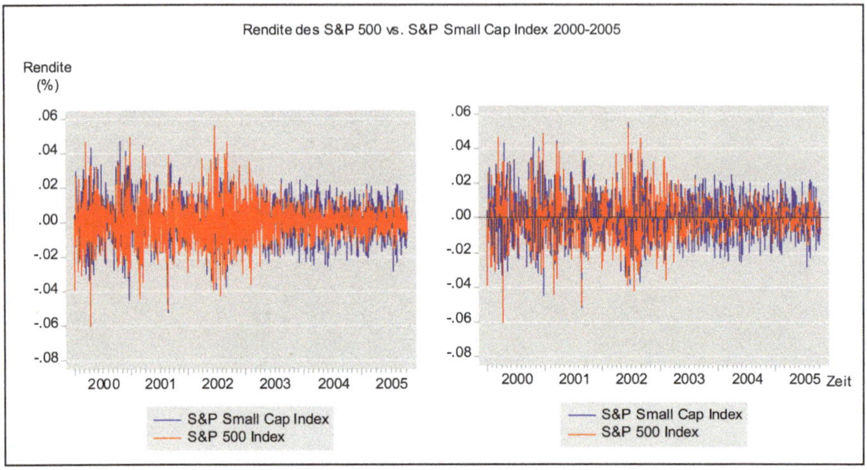

Abbildung 16: Entwicklung der Rendite bei großen und kleinen Unternehmen in den USA[347]

Im Unterschied zu den bisherigen Beobachtungen am deutschen Markt konnte der „Size“-Effect am amerikanischen Kapitalmarkt schon frühzeitig im Rahmen zahlreicher internationaler Veröffentlichungen bestätigt werden.[348] In einer weiteren eigenen Analyse (vgl. Abbildung 16) konnte der Effekt am amerikanischen Kapitalmarkt sogar unter Verwendung täglicher Renditen nachgewiesen werden. Vor dem Hintergrund der Analyse der täglichen Renditen des S&P 500 (Proxy für große Unternehmen) und des S&P Small Cap-Index (Proxy für kleine Unternehmen) im Zeitraum zwischen 2000 und 2005 konnte eine durchschnittliche tägliche Überrendite i. H. v. 0.05 %[349] zugunsten kleiner Unternehmen bestätigt werden.[350]

3.3.2 Das Fama/French-Three-Factor-Modell

Eine weitere Modifikation des klassischen CAPM stellt das von *Fama/French* (1994, 1996) entwickelte Three Factor Model[351] dar. Die Grundlage hierfür bildeten die Erkenntnisse von *Banz* (1981), *Stattmann* (1980) und anderen Wissenschaftlern, die in bedeutenden Studien

---

[347] Eigene Berechnung und Erstellung auf der Datenbasis von Bloomberg.

[348] *Fama/French* (1998), S. 1975-1999 haben den „Size“-Effect ebenfalls für zwölf verschiedene europäische, australische und Emerging-Markets-Länder getestet. Für den japanischen Markt vgl. *Bauer/Derwall/Molenaar* (2004), S. 503-523. Zu weiteren Emerging-Markets-Untersuchungen siehe *Drew/Veeraraghavan,* (2000), S. 337-351

[349] Bei entpsrechender Allokation ergibt sich auf monatlicher Basis eine Überrendite von ca. 1 % zugunsten kleiner Unternehmen.

[350] Zu dem gleichen Ergebnis kommt man auch bei Analyse wöchentlicher und monatlicher Renditen der jeweiligen Indices am amerikanischen Kapitalmarkt.

[351] Vgl. *Fama/French* (1994); *ders.* (1996), S. 55-84.

(jedoch unabhängig voneinander) herausgefunden haben, dass das Beta nicht die einzige Einflussgröße (Faktor) der Aktienrenditen darstellt.[352] Bei einem weiteren, von den o.g. Autoren entdeckten Faktor handelt es sich – neben dem bereits oben dargestellten „Size“-Effect – um das Buch-/Marktwertverhältnis (M/B-Ratio), für das ein bedeutender Einfluss auf die Querschnittsrenditen der Unternehmen nachgewiesen werden konnte.[353] Die Tatsache des Vorhandenseins dieses Einflusses kann nicht durch das CAPM erklärt werden, tritt aber unabhängig von der Größe des Unternehmens auf.[354] In empirischen Untersuchungen war der Einfluss bei kleinen Unternehmen jedoch stets ausgeprägter als bei großen Unternehmen.[355] Dabei war für die höheren Renditen der kleinen Unternehmen eben gerade nicht das höhere Beta[356] in vollem Umfang verantwortlich – was das CAPM implizit zu unterstellen versucht –, sondern ein mit der Unternehmensgröße („Size“-Effect) bzw. dem Buchwert-/Marktwertverhältnis (M/B-Ratio) zusammenhängender Einfluss. Dabei konnte für den „Size“-Effect ein negativer und für das Buch-/Marktwertverhältnis ein positiver Zusammenhang mit den beobachteten Aktienrenditen festgestellt werden.[357] Auf der Grundlage dieser Erkenntnisse haben *Fama/French* (1992) das klassische CAPM als praktisch unakzeptable Lösung zur Schätzung von Marktrenditen kritisiert. Sie konnten im Rahmen einer empirischen Untersuchung feststellen, dass für den Zeitraum von 1963 bis 1990 kein und von 1941 bis 1990 nur ein schwacher Zusammenhang zwischen dem Aktien-Beta und den beobachteten Renditen für US-börsennotierte Unternehmen bestand.[358] Ausgehend von der ursprünglichen Formulierung des CAPM haben *Fama/French* (1994) daraufhin eine Modellerweiterung konstruiert, in der sich der grundlegende lineare Zusammenhang zwischen erwarteter Rendite und Risiko durch die Erweiterungskomponenten des „Size“-Effects und des Buch-/Marktwertverhältnisses ergibt:[359]

---

[352] Vgl. *Banz* (1981), S. 3-18. Zum Buch-/Marktwert-Verhältnis siehe *Stattmann* (1980), S. 25-45; *Rosenberg/Reid/Lanstein* (1985), S. 9-17.

[353] Die Kennzahl berechnet sich als der Buchwert des Eigenkapitals, dividiert durch den Marktwert des Eigenkapitals.

[354] Man spricht hier auch von den Kapitalmarktanomalien, da die beobachteten Kapitalmarkteinflüsse nicht durch theoretische Modelle, wie z. B. das CAPM oder die APT, erklärt werden können. Vgl. *Fama/French* (1996), S. 55.

[355] Vgl. *Pratt* (2002), S. 75.

[356] Generell konnten bei kleinen Unternehmen höhere Renditen als bei großen Unternehmen festgestellt werden, wobei dieser Zusammenhang jedoch historisch nicht als konstant anzusehen ist. Vgl. hierzu auch die Ausführungen zur Beta-Berechnung in Kapitel 3.2.1.

[357] Vgl. *Fama/French* (1995), S. 131-155.

[358] Vgl. *Fama/French* (1992), S. 427-465.

[359] Vgl. *Fama/French* (1993), S. 3-56; ders. (1994).

$$(R_i - R_f) = \beta_{i_m} \cdot ERP_m + \beta_{i_s} \cdot ERP_s + \beta_{i_{B/M}} \cdot ERP_{B/M} + \varepsilon_i$$

mit:

ERP_m	=	Marktrisikoprämie des Eigenkapitals (Equity Risk Premium [R_m-R_f])
β_{im}	=	Koeffizient des systematischen Risikos (Beta) des Unternehmens i
ERP_s	=	Risikoprämie für die Unternehmensgröße
β_{is}	=	Größen-Koeffizient im Fama/French-Modell
$ERP_{B/M}$	=	Risikoprämie (in Abhängigkeit des Buch-/Marktwertverhältnisses) für die Finanzlage der Unternehmung
$\beta_{iB/M}$	=	Finanzlage-Koeffizient im Fama/French-Modell

Bis auf RP_s, die Risikoprämie für die Unternehmensgröße auf Basis der Marktkapitalisierung[360], und RP_v, die Risikoprämie für die Finanzlage der Unternehmung (Buch-/Marktwertverhältnis), sowie den dazugehörigen Koeffizienten sind alle übrigen Variablen und Koeffizienten aus dem klassischen CAPM bekannt. Die Modellerweiterung beruht auf dem Grundgedanken, dass Investoren kleine Unternehmen als risikoreicher im Vergleich zu großen Unternehmen einschätzen und deshalb eine zusätzliche Risikoprämie (RP_s) einfordern. Unternehmen mit einem hohen Buch-/Marktwertverhältnis (B/M-Ratio) werden von den Investoren aufgrund der mit der Kennzahl assoziierten erhöhten Finanzausfallwahrscheinlichkeit als risikoreicher angesehen und verlangen daher ebenso nach einer Extra-Risikoprämie ($RP_{B/M}$).[361] Dabei errechnet sich die Risikoprämie für den „Size"-Effect (RP_s) aus der Differenz zwischen den Langzeitrenditen eines Portfolios kleiner und großer Unternehmen.[362] Entsprechend ergibt sich die Risikoprämie für die Finanzlage des Unternehmens (Buch-/Marktwertverhältnisses ($RP_{B/M}$)) aus der Differenz der Renditen eines Portfolios mit hohem Buch-/Marktwert und einem Portfolio mit niedrigem Buch-/Marktwertverhältnis. Die Koeffizienten stellen die unternehmensindividuellen Steigungen in der Zeitreihenregression dar.

Hinsichtlich der oben angesprochenen Problematik der Portfoliobildung sei angemerkt, dass die Abbildung des Einflusses der Unternehmensgröße („Size-Effect") auf die Rendite grundsätzlich auch über andere Kennzahlen, wie z. B. Umsatz, Gewinn, Marktanteile etc., und nicht nur über die Marktkapitalisierung vorstellbar ist.[363] Sofern aber Marktgrößen vorhanden sind, sollten diese aufgrund ihrer objektivierenden Eigenschaften auch Verwendung finden.[364] Darüber hinaus impliziert die tägliche Ermittlung der Marktkapitalisierung an den Börsen einen grundlegenden Vorteil gegenüber anderen Kennzahlen (Umsatz, Gewinn etc.), die nur perio-

---

360 Im angelsächsichen Sprachgebrauch auch als „Size Risk Premium" bezeichnet.

361 Unternehmen mit einem hohen Buch-/Marktwertverhältnis werden deshalb als risikoreicher angesehen, weil sie über niedrigere Abschreibungen verfügen, was die Annahme niedrigerer Investitionen unterstellt. Das wiederum würde eine Ausfallgefahr zukünftiger und nachhaltiger Erträge implizieren. Vgl. *Fama/French* (1995), S. 131-155.

362 Vgl. Kapitel 3.3.1

363 Größenkennzahlen als Faktoren im Fundamental Beta werden in Kapitel 5.3.2.3 dargestellt.

364 Wobei man hier nicht dem Trugschluss erliegen darf, dass eine größere Marktkapitalisierung auch zu höheren Renditen führt, denn genau das Gegenteil wird ja durch den „Size"-Effect belegt.

disch (jährlich, quartalsweise) bekanntgegeben werden.[365] Es ist deshalb zu jedem Zeitpunkt möglich, ein börsennotiertes Unternehmen als großes, mittleres oder kleines Unternehmen zu qualifizieren.[366] Durch ihre Untersuchungen haben die o. g. Autoren der wissenschaftlichen Forschung sowohl für die Prognose von Aktienrenditen als auch für die Modellierung fundamentaler Modelle[367] zur Beta-Approximation wegweisende Ansätze für zuverlässigere Schätzungen geliefert.

3.4 Zusammenfassung und kritische Reflexion des aktuellen Forschungsstandes

Fasst man die Erkenntnisse aus den kapitalmarkttheoretischen Untersuchungen im Zusammenhang mit dem CAPM zusammen, so wird mehr als alles andere deutlich, dass begründete Kritik existiert, diese aber nicht wie von einigen wenigen Autoren postuliert, zwangsläufig das Ende des CAPM bedeuten muss.[368] Die kritischen Äußerungen gründen hauptsächlich auf den zum Teil unrealistischen Annahmen und einer eher geringen empirischen Validität.[369] Neben den homogenen Erwartungen der Marktteilnehmer über die zukünftige Renditeentwicklung wird auch die Zusammensetzung bzw. Existenz eines realen Marktportfolios kritisiert.[370,371] Darüber hinaus vertreten *Frankel/Lee* (1998), *Dechow/Hutton/Sloan* (1999), *Piotroski* (2000) und andere die Auffassung, dass an den Kapitalmärkten willkürliche Preise beobachtet werden, die nicht ohne die Berücksichtigung investorverhaltensspezifischer Parameter in den traditionellen Modellen erklärt werden können (sog. „Behavioral Finance Theory").[372]

Das CAPM basiert grundsätzlich auf einem stabilen linearen Zusammenhang zwischen der erwarteten Rendite der Investoren und dem Betafaktor. Dass dieser stabile Zusammenhang allerdings in der Realität nicht grundsätzlich in der Form, wie vom Modell postuliert, auftritt, wurde ausführlich in Kapitel 3.2.3 erläutert und auf verschiedene Ursachen zurückgeführt.[373]

---

365 Bei einem Fehlen von Marktwerten (z. B. bei nicht börsennotierten Unternehmen(steilen) sollten dann allerdings alternative aus dem Rechnungswesen abgeleitete Kennzahlen als Surrogat für die Unternehmensgröße herangezogen werden. Vgl. hierzu auch Kapitel 5.3.2.3.

366 Darüber hinaus besteht die Möglichkeit, die Einteilung über Dezile vorzunehmen oder, wie von PricewaterhouseCoopers postuliert, eine Subkategorisierung in 25 Gruppen anzuwenden. Vgl. *Barad* (k. A.), veröffentlicht unter URL: http://www.ibbotson.com, abgerufen am 12.09.2005.

367 Siehe hierzu auch Kapitel 4.3.

368 So z. B. *Black* (1993), S. 8 f.

369 Vgl. *Seppelfricke* (2003), S. 69.

370 Vgl. hierzu Kapitel 3.1.2.1 und Kapitel 3.2.2.1.

371 Vgl. *Hachmeister* (1995); *Richter* (1996), S. 46-49; *Ballwieser* (1998), S. 83; *Schneider* (1998), S. 1477 f.; *IDW*, WP-Handbuch 1998, S. 65 f., 174-179; *Sieben* (1995), S. 726-728; *Bischoff* (1994), S. 116-120.

372 Aufgrund des anders ausgerichteten Fokus dieser Arbeit werden diese Ansätze nicht weiter ausgeführt. Zum Studium sei auf die o. g. weiterführende Literatur verwiesen.

373 Für die praktische Prognose des Betas haben die Instabilitätsgründe eine ganz grundsätzliche Bedeutung, z. B. hinsichtlich der Länge des Gesamtbetrachtungszeitraums oder des Renditeintervalls.

Weiter haben empirische Untersuchungen nachweisen können, dass für Unternehmen mit großen Betafaktoren zu hohe und für Unternehmen mit kleinen Betafaktoren zu niedrige Kapitalkosten (relativ zur durchschnittlichen historischen Rendite) ermittelt wurden.[374] Es besteht heute weitestgehend Einigkeit darüber, dass ein einziger Risikofaktor (klass. CAPM) nicht ausreicht, um die beobachteten Renditen an den Aktienmärkten zu erklären.[375] Diesem Mangel versucht man in der wissenschaftlichen Forschung durch fundamentale und/oder bilanzielle (Accounting-) Größen zu begegnen.[376] In der jüngeren Vergangenheit haben zum Teil ambitionierte Forschungsvorhaben innovative Ansätze mit neuen Erklärungsbeiträgen geliefert. Insbesondere die modifizierten CAPMs bzw. die sog. Analysemodelle[377] können einen wichtigen Beitrag dazu leisten, die postulierten Modellgleichgewichte empirisch zu validieren und damit Theorie und Praxis wieder zu versöhnen.

[374] Vgl. *Banz* (1981), S. 3-18.

[375] Siehe zu den bedeutendsten Beiträgen *Banz* (1981), *Basu* (1983), *Black* (1993), *Black et al.* (1972), *Blume/Friend* (1973), *Daniel/Titman* (1997), *Daniel et al.* (2001), *Davis et al.* (2000), *Fama/French* (1992, 1993, 1995, 1996, 1998), *Fama/MacBeth* (1973), *Haugen* (1995), *Jagannathan/Wang* (1996), *Kandel/Stambaugh* (1996), *Kothari et al.* (1995), *Liew/Vassalou* (2000), *MacKinlay* (1995), *Malkiel/Xu* (1997, 2000), *Merton* (1973), *Narasimham/Titman* (1993), *Pastor/Stambaugh* (2000), Roll (1977), *Ross* (1976) und *Rosenberg et al.* (1985).

[376] Vgl. z. B. *Beaver/Kettler/Scholes* (1970), S. 654-682; *Gonedes* (1973), S. 407-443.

[377] Siehe hierzu Kapitel 4.3.

4 Verfahren zur Ermittlung des Betafaktors bei nicht börsennotierten Unternehmen(steilen)

Die nachfolgend dargestellten Methoden zur Bestimmung des Betafaktors bzw. der Kapitalkosten für nicht börsennotierte Unternehmen unterteilt man in Analogie-Verfahren (Kapitel 4.1), Praktiker-Verfahren (Kapitel 4.2) und Analyse-Verfahren (Kap. 4.3). Die erst- und letztgenannten Verfahren haben zumindest ihre Wurzeln in den bekannten kapitalmarkttheoretischen Modellen, wie z.B. dem CAPM (vgl. Kapitel. 1). Während das CAPM aber vordergründig für die Bestimmung des Betas bei börsennotierten Unternehmen dient, liegt der Zweck der nachfolgend dargestellten Verfahren allerdings in der Bestimmung der des Betas bzw. der Kapitalkosten für nicht börsennotierte Unternehmen(steile). Dabei wird über analoge bzw. analytische Transformation vom Kapitalmarkt auf die Sphäre der nicht börsennotierten Unternehmen(steile) geschlossen. Einen weitestgehend vom Kapitalmarkt losgelösten Ansatz stellen die Praktiker-Verfahren dar, die in stärkerem Maße auf einer subjektiven und pragmatischen Perspektive aufbauen.

4.1 Analogie-Verfahren

Analogieansätze lassen eine sog. indirekte Bestimmung des Betafaktors zu. Für jedes nicht börsennotierte Unternehmen(steil) können in Abhängigkeit bestimmter mit dem jeweiligen Verfahren assoziierter Klassifizierungskriterien vergleichbare börsennotierte Referenzunternehmen zusammengestellt werden. Aus dieser Referenzgruppe von Betafaktoren kann dann ein Mittelwert als Proxy für das Beta des Zielunternehmens ermittelt werden. In Anlehnung an die unterschiedliche methodische Ausgestaltung unterscheidet man zwischen folgenden Verfahren zur Bestimmung des Betas nicht börsennotierter Unternehmen:

- dem Peer Group Beta
- dem Pure Play Beta und
- dem Branchen(Industry) Beta

Allen drei Verfahren ist gemeinsam, dass das Beta des nicht börsennotierten Zielunternehmens über das am Aktienmarkt beobachtbare Beta eines börsennotierten Vergleichsunternehmens bzw. einer Gruppe von Vergleichsunternehmen bestimmt werden soll. Es sei jedoch schon an dieser Stelle darauf hingewiesen, dass ein nicht börsennotiertes Unternehmen nicht zwangsläufig den objektiv gleichen (wertbeeinflussenden) Risiken wie die börsennotierten Vergleichsunternehmen (sortiert nach Branche, Peer Group oder Pure Play) unterliegen muss, auch wenn das Unternehmen hinsichtlich seiner Produktions-, Finanz- und Ertragsstrukturen durchaus als vergleichbar bezeichnet werden darf. Die Rendite und insofern auch das Beta börsennotierter Unternehmen wird insbesondere auch durch vermeintlich irrationale Einflüsse, wie z. B. Spekulationsverhalten, allgemeine Börsentendenz, psychologische Momente, Börsenanomalien etc. beeinflusst, wodurch der objektive (innere) Wert[378] einer Aktie nicht mehr zwingend mit seinem Marktwert übereinstimmen muss.[379] Aufgrund dieser empirisch beobachtbaren Ineffizienzen und Anomalien[380] dürfen kapitalmarktinduzierte Betas *nicht* ohne genaue Prüfung bzw. nicht ohne Adjustierungen auf den nicht börsennotierten Bereich übertragen werden. Dies führt allerdings im Sinne eines heuristischen Vorgehens zur Ausdehnung subjektiver Entscheidungsparameter bei den Bewertungskalkülen, wie die nachfolgenden Ausführungen zu den einzelnen Verfahren zeigen werden.

4.1.1 Das Peer Group Beta

Das Peer-Group-Beta-Verfahren versucht zunächst eine möglichst große Anzahl börsennotierter Unternehmen (Referenzunternehmen) auszuwählen, die mit dem betrachteten Zielobjekt (nicht börsennotiertes Unternehmen(steil)) unter Berücksichtigung vorher festzulegender Kriterien vergleichbar sind. Über einen gewichteten durchschnittlichen Beta-Wert der ausgewählten Referenzunternehmen gelangt man so zum Beta-Wert des Zielobjektes.[381] Die Auswahl der Unternehmen kann sowohl nach objektiven als auch nach subjektiven Kriterien erfolgen, wobei sichergestellt sein sollte, dass die wirtschaftlichen Aktivitäten und Märkte mit dem jeweiligen Zielobjekt übereinstimmen. Es ist jedoch nicht zwingend notwendig, dass die Referenzunternehmen alle der gleichen Branche wie das Zielobjekt angehören.[382] Die Klassifizierung nach der Branche stellt nur eine von vielen Möglichkeiten dar. Von Bedeutung ist aber, dass das betrachtete Zielobjekt in allen entscheidungsrelevanten Bereichen gut durch die Referenzunternehmen approximiert wird und dass sämtliche Risikoquellen und Geschäftsbereiche gründlich anhand der Äquivalente der Referenzunternehmen geprüft werden.[383] Als Auswahlkriterien können gemeinsame betriebliche Merkmale, wie bspw. Absatzmärkte, Er-

---

378 Unter dem inneren Wert versteht man den Wert, den man einem Wertpapier unter objektiven Bewertungsmaßstäben beimisst. Dabei kann sich der innere Wert häufig vom Marktwert (an der Börse festgesetzter Wert) unterscheiden. Dies ist in der Realität häufig der Fall, da der Preis von Wertpapieren an den Börsen wesentlich durch Angebot und Nachfrage determiniert wird.

379 Vgl. *Ibbotson Associates* (2005), S. 88 ff.; *Ruhwedel/Schultze* (2002), S. 602; *Krings/Diehn* (2001), S. 1133; *Günther/Landrock/Muche* (2000), S. 69. Dies sollte unter Berücksichtigung des Modellcharakters des CAPM und auf der Grundlage informationseffizienter und vollkommener Kapitalmärkte nicht auftreten.

380 Eine übersichtliche und detaillierte Darstellung der am amerikanischen Kapitalmarkt auftretenden Anomalien und Kursphänomene findet sich bei *Singal* (2004), S. 23-55.

381 Die (Marktwert-)Gewichtungen werden mit dem Verweis auf die Analogie bei der CAPM-Beta-Berechnung begründet. Insbesondere, wenn die Marktkapitalisierungen zwischen den einzelnen Referenz-unternehmen der Peergroup stark voneinander abweichen, ist eine Gewichtung notwendig, da ansonsten Verzerrungen auftreten können.

382 Die Auswahl nach der Branche stellt nur *eine* Klassifizierungsmöglichkeit dar, die aber nicht zwingend ist. Bei dem unten dargestellten Industry-Beta-Ansatz ist die Branche allerdings notwendige Grundvoraussetzung. Vgl. *Burger/Ulbrich*, a. a. O, S. 553.

383 Vgl. Arbeitskreis „Finanzierung" der Schmalenbach-Gesellschaft (1996), S. 552.

trags- und Kostenstrukturen, Umsatzvolumen, Marktanteile, Vertriebsnetz, Geschäftsstrategien etc., dienen. Grundsätzlich sollte die Auswahl der Kriterien von einem erfahrenen Management/Analyst, das über die Wettbewerbersituation im jeweiligen Marktsegment bestens informiert sein sollte, getroffen werden.[384] Durch Plausibilitätskontrollen kann in diesem Zusammenhang einem opportunistischen Verhalten des Managements/Analysts vorgebeugt werden. Bei der Berechnung des Peer Group Betas gilt es allerdings zu beachten, dass die Aktien-Betas der Referenzunternehmen durch den individuellen Verschuldungsgrad (Leverage) der Unternehmen beeinflusst sind. Es handelt sich also um das Beta eines verschuldeten Unternehmens. Dass der Verschuldungsgrad (Leverage) des Unternehmens einen wesentlichen Einfluss auf die Höhe des Betas hat, wurde bereits in Kapitel 3.2.3.2 aufgezeigt. Insbesondere wenn der Verschuldungsgrad im Zeitablauf starken Schwankungen unterliegt und man diese Effekte nicht bereinigen würde, dann wäre auch das Beta mit Verschuldung (Levered Beta) verzerrt und würde nicht das tatsächliche Marktrisiko widerspiegeln.[385] Deshalb wird das Beta der einzelnen Referenzunternehmen um die Auswirkung der Fremdfinanzierung zum sog. Unlevered Beta (Beta ohne Verschuldung) bereinigt:

$$\beta_{\text{Unlevered}} = \frac{\beta_{\text{Levered}}}{[1+(1-s)\cdot D/E]}$$

mit:

$\beta_{\text{Unlevered}}$ = Beta ohne Verschuldung
β_{Levered} = Beta mit Verschuldung
D/E = Leverage (Fremdkapital/Eigenkapital)
s = Steuersatz des zu bewertenden Unternehmens

Dieses Beta kann als eine Art unternehmensindividuelles Raw Beta einer unverschuldeten Unternehmung verstanden werden, auf dessen Grundlage das Raw Beta der Peer Group berechnet wird. Über die Adjustierung des Raw Betas der Peer Group mit der Zielkapitalstruktur des Unternehmens gelangt man schließlich zum Beta der Peer Group. Dieses ergibt sich aus dem zu Marktwerten gebildeten Durchschnittswert (arithmetischem Mittel) aller Referenzunternehmen. Zur Berechnung des Peer Group Betas kommt neben dem arithmetischen Mittel auch der Einsatz des Medians als wichtigstem Lageparameter ordinalskalierter Verteilungen in Betracht. Dadurch kann, anders als beim arithmetischen Mittel, der Einfluss von Ausreißern in der Peer Group deutlich reduziert werden.[386] Um die Gefahr der Übergewichtung von Ausreißern einzuschränken, empfiehlt es sich, eine möglichst große Peer Group von übli-

384 Vgl. *Meier* (2001), S. 168; *Copeland/Koller/Murrin* (2002), S. 371.
385 Vgl. *Copeland/Koller/Murrin* (2002), S. 283.
386 Der Median ist dadurch charakterisiert, dass mindestens die Hälfte aller Merkmalsausprägungen kleiner oder gleich X (Median) und die andere Hälfte aller Merkmalausprägungen größer oder gleich X (Median) ist. Zu einer detaillierten Darstellung der Bedeutung des Medians in der Statistik vgl. *Bamberg/Baur* (1996), S. 17, 119 ff.

cherweise 12-15 Vergleichsunternehmen zusammenzustellen, was allerdings immer von den verfügbaren Daten abhängt. Da das so berechnete Beta des Zielunternehmens noch nicht den Einfluss der Kapitalstruktur des Zielunternehmens berücksichtigt, müssen diesbezüglich weitere Anpassungen erfolgen. Der Anstieg bspw. des Leverage eines Unternehmens begründet implizit den Anstieg des Finanzrisikos, das die Eigenkapitalgeber zu tragen haben und muss insofern auch in einem höheren „Levered Beta" resultieren. Die Modifikation des Betas um den Verschuldungsgrad (Re-Levern) erfolgt analog dem Prinzip des Un-Levern und wird in der nachfolgenden Formel dargestellt:

$$\beta_{relevered} = \beta_{unlevered} * [1+(1-s) * (D/E)]$$

Das größte Problem dieses Verfahrens bildet wohl die Zusammensstellung einer geeigneten Peer-Group, die ein hohes Maß an Branchenkenntnis verlangt und in der Praxis die häufigste Fehlerquelle im Rahmen der Anwendung von Peer Group Betas darstellt.

4.1.2 Das Pure Play Beta

Sofern nur ein einziges kapitalmarktnotiertes Unternehmen als Vergleichsunternehmen herangezogen werden kann, spricht man von der sog. Pure Play Technique.[387] Die Pure Play Technique wurde von *Fuller/Kerr* (1981) im Rahmen einer ihrer Untersuchungen weiterentwickelt und dabei erstmalig auch empirisch validiert. Sie wird daher - nicht ganz zu Recht - auch häufig den genanten Autoren zugeschrieben.[388] Die Auswahl des Referenzunternehmens kann dabei nach objektiven (Branche, Unternehmensgröße, Ertrag etc.) oder auch subjektiven Kriterien (Einschätzungen des Managements über Wettbewerbssituation, Märkte etc.) erfolgen, wobei eine Vergleichbarkeit mit dem Zielobjekt in allen relevanten Ausgestaltungsmerkmalen analog den Kriterien beim Peer Group Beta erforderlich ist.[389] Hinsichtlich der Auswahlkriterien gilt es (zusätzlich) auch die rechnungslegungsbezogenen Größen (wie z. B. Umsatz, Leverage, P/E-Ratio) zu beachten, für die im Rahmen empirischer Untersuchungen statistisch relevante Einflüsse auf das Aktien-Beta festgestellt wurden. Bei signifikanten Abweichungen des Referenzunternehmens von dem Zielunternehmen hinsichtlich einer dieser Faktoren muss mit Verzerrungen gerechnet werden, weshalb die Größenordnungen der Faktoren in diesem Zusammenhang eine wichtige Rolle spielen.[390] Darüber hinaus wird in Theorie und Praxis gleichermaßen gefordert, dass von einem als „Pure Player" ausgewählten Unternehmen mindestens 75 % des Umsatzes in der entsprechenden Branche des Zielobjektes er-

---

[387] Vgl. *Van Horne* (1977), S. 214 f.; *Brigham* (1977), S. 884-893.
[388] Vgl. *Fuller/Kerr* (1981), S. 997-1009.
[389] Vgl. Arbeitskreis „Finanzierung" der Schmalenbach-Gesellschaft (1996), S. 552.
[390] Vgl. *Hamada (*1969), S. 13-61; *Conine* (1985), S. 54 f.

zielt werden.[391] Das börsennotierte Referenzunternehmen sollte daher nach Möglichkeit in nur einem einzigen möglichst homogenen, mit dem zu bewertenden Zielobjekt vergleichbaren (im Idealfall identischen) Geschäftsfeld tätig sein. Dies ist indessen bei der Mehrzahl der börsennotierten Unternehmen nicht der Fall, weshalb dem Pure-Play-Ansatz in seiner praktischen Relevanz gegenüber dem Peer Group sowie dem Industry Beta (vgl. Kapitel 4.1.3) eher eine untergeordnete Bedeutung zukommt.[392] Zielführend kann der Pure-Play-Ansatz immer dann sein, wenn nicht nur ein Unternehmensbereich, sondern ein komplettes Unternehmen mit diversifiziertem Produktportfolio und heterogenen Geschäftsfeldern bewertet werden soll. In einem solchen Fall gestaltet sich die Suche nach einem entsprechenden börsennotierten Vergleichsunternehmen unter Umständen einfacher und kann überdies auch international erfolgen.[393] Ganz allgemein gleicht die Suche nach einem ganz bestimmten diversifizierten börsennotierten Unternehmen aber wohl eher der sprichwörtlichen Suche nach der „Stecknadel im Heuhaufen“. Die Berechnungsweise lehnt sich grundsätzlich an der des Peer Group Betas an; insbesondere muss das Beta auch hinsichtlich der Kapitalstruktur des Zielunternehmens angepasst werden.

4.1.3 Das Industry Beta

Das Industry Beta (Branchen-Beta) ähnelt in seiner grundsätzlichen Methodik dem Peer Group Beta, wobei die Auswahl der Referenzunternehmen einzig auf dem Kriterium der Branchenzugehörigkeit basiert. Die Zusammenstellung des Vergleichsportfolios nach Branchenzugehörigkeit sollte sich an einer standardisierten Klassifizierungsmethodik orientieren. Bei dem Standard Industrial Classification Code (SIC), dessen Einteilung in den USA durch das Department of Commerce vorgenommen wird, handelt es sich bspw. um eine solche objektive Klassifizierung. Die Einteilung in Branchen erfolgt dabei in Anlehnung an die Homogenität der Produktionsstoffe und -prozesse.[394] Einige Autoren vertreten die Auffassung, die Branchenklassifizierung könne auch nach dem subjektiven Ermessen des Bewerters erfolgen und müsse nicht zwangsläufig an Standards gebunden sein.[395] Darin besteht allerdings die Gefahr der erweiterten subjektiven Einflussnahme, weil Ergebnisse vorweggenommen bzw. manipuliert werden könnten. Die Branchenklassifizierung nach SIC ist im Detaillierungsgrad

---

[391] Vgl. *Ibbotson Associates* (2005), S. 121.

[392] Eine Lösung für das Problem der Pure-Play-Schätzung bei diversifizierten Geschäftsbereichen kann das weiter unten erläuterte „Full Information Beta“ bieten.

[393] Vgl. *Arbeitskreis „Finanzierung“ der Schmalenbach-Gesellschaft* (1996), S. 552. Es kann allerdings auch der gegenteilige Effekt eintreten, dass das Unternehmen derart stark diversifiziert ist, dass kein entsprechendes börsennotiertes Referenzunternehmen mit vergleichbaren Geschäftsbereichen gefunden werden kann.

[394] Vgl. *Foster* (1986), S. 176-177.

[395] Vgl. Arbeitskreis „Finanzierung“ der Schmalenbach-Gesellschaft (1996), S. 552.

(Ebenen der Untergliederung) um ein Vielfaches höher als üblicherweise bei deutschen Branchenklassifizierungen der Fall.[396]

Der Grundgedanke hinter dem Industry Betas liegt darin, dass das Marktrisiko (Beta) eines Unternehmens(teils) vornehmlich über die Branchenzugehörigkeit determiniert wird.[397] Unter dieser Annahme kann das spezifische Beta eines nicht börsennotierten Unternehmens(teils) dann über die gewichtete Durchschnittsbildung der Betafaktoren eines der gleichen Branche zugehörigen Portfolios von börsennotierten Referenzunternehmen ermittelt werden. Dies lässt sich auch intuitiv an einem Beispiel nachvollziehen. Lebensmittel- und Getränkeunternehmen (Consumer & Beverages) haben generell eher ein niedriges Beta und sind somit weniger sensitiv in Bezug auf Veränderungen des Gesamtmarktes als die meisten Unternehmen anderer Branchen.[398] Dies erscheint logisch, wenn man sich vor Augen hält, dass Nahrungsmittel über das ganze Jahr gleichmäßig und unabhängig von der gesamtwirtschaftlichen Entwicklung konsumiert werden (müssen), während z. B. der Automobilabsatz insbesondere durch verstärktes Wirtschaftswachstum und das Ansteigen der Konsumentenkaufkraft beeinflusst wird. Insofern wären theoretisch auch negative Betafaktoren, z. B. bei Alkoholherstellern, vorstellbar (antizyklische Reaktion). Geht man davon aus, dass der Konsum von Alkohol in Zeiten einer Rezession steigt und in Boomphasen sinkt, sollte das Beta dieser Unternehmen zumindest deutlich niedriger als das Beta des Marktes sein.[399] Der große Vorteil des Industry Betas gegenüber den anderen o. g. Verfahren liegt darin, dass Unternehmen einer Branche aufgrund ähnlicher Strukturen (Produktionsprozess, Ertrags-und Kostenstruktur, Humankapital, Absatzmärkte, Endprodukte etc.) auch über ein ähnliches systematisches Risiko verfügen dürften.[400] Dieser Vermutung trägt das Industry Beta Rechnung; darüber hinaus können bei einer hinreichend großen Zahl an Referenzunternehmen Einflüsse von Ausreißern in der Industry

---

[396] Von der Deutschen Börse AG werden Beta-Werte für 18 verschiedene Branchen des Prime All Share-Index, unter Berücksichtigung einer Subindizierung in weitere 62 Industriegruppen (Industry Groups), berechnet. Vgl. hierzu Deutsche Börse AG, elektronisch veröffentlicht unter URL: http://deutsche-boerse.com/dbag/dispatch/de/kir/gdb_navigation/information_services/30_Indices_Index_Licensing/30_Equity_Indices/98_Branchenindices, abgerufen am 20.01.2006.

[397] Vgl. *Meier* (2001), S. 168.

[398] Lebensmittel- und Getränkeunternehmen gelten allgemein als weniger konjunkturabhängig, da die entsprechenden Ausgaben der Konsumenten im Laufe eines Jahres weitestgehend konstant sind.

[399] Annahmegemäß soll unterstellt werden, dass der durchschnittliche Konsument dazu neigt, seinen persönlichen Alkoholkonsum an seiner wirtschaftlichen Situation auszurichten. Je besser es ihm geht, desto weniger Alkohol wird konsumiert und vice versa. Dabei wird unterstellt, dass die persönliche Situation über die gesamtwirtschaftlichen Verhältnisse beeinflusst wird. Für die Branche Food & Beverages der Deutschen Börse AG wurde der Betafaktor im Jahr 2004 mit 0.12 angegeben. Dabei impliziert die Branchenklassifizierung Food & Beverages neben Nahrungsmittelunternehmen sowohl Soft- als auch Alkohol-Getränkehersteller, wobei das Beta reiner Alkohol-Getränkehersteller deutlich niedriger bzw. negativ ausgefallen sein dürfte, denn Alkohol wird stark antizyklisch konsumiert. In der Realität mögen freilich auch entgegengesetzte Verhaltensmuster existieren, die hier aufgrund der modellhaften Betrachtung jedoch außer Acht gelassen werden.

[400] Dabei kann eine Branche über die genannten Kriterien explizit definiert werden. Vgl. *Foster* (1986), S. 187.

Peer Group reduziert und Schätzfehler vermieden werden. Es ist davon auszugehen, dass die so ermittelten Schätzwerte zuverlässiger und stabiler als die Betas einzelner Aktien (Pure Play) sind und dass die Branche relativ konstante Betawerte aufweist.[401] Branchen-Betas können auch über eine weitere Methode bestimmt werden, die mit der oben beschriebenen Methode der gewichteten Durchschnitts-Betas von Unternehmen einer Branche theoretisch konsistent ist. Dabei wird die Rendite eines Subindex (Branchenindex) analog der in Kapitel 3.2.1 dargestellten klassischen OLS-Beta-Schätzung gegen die Rendite des Marktindex regressiert.[402] Es sei angemerkt, dass beide Verfahren jedoch nur dann zu identischen Ergebnissen führen, wenn gleiche Gewichte (bzw. Gewichtungsverfahren) angewandt wurden. Dies hat zur Folge, dass faktisch nur bei einer Gleichgewichtung beide Verfahren zu identischen Betas führen.[403]

4.2 Praktiker-Verfahren

Praktiker- oder auch sog. pragmatische Verfahren zur Bestimmung der Kapitalkosten unterscheiden sich in zweierlei Hinsicht von den kapitalmarktbasierten Methoden. Zum einen wird nicht der die Eigenkapitalkosten risikoadjustierende Betafaktor, sondern die durch bereichsspezifische Anpassungen korrigierten Gesamtkapitalkosten ermittelt. Zum anderen erfolgen die Anpassungen der Gesamtkapitalkosten nicht über objektive durch den Kapitalmarkt fundierte Risikoindikatoren, sondern über für (subjektiv) maßgeblich erachtete unternehmensspezifische Risikoeinflussfaktoren. Während das CAPM und die Analogie-Verfahren durch eine kapitalmarkttheoretische Perspektive geprägt sind, basieren die Praktiker-Verfahren fast ausschließlich auf der subjektiven Einschätzung des Managements, was, wie die Auswirkungen der aktuellen Finanzmarktkrise verdeutlichen, ein erhöhtes Risiko impliziert.[404] Durch Befragung des Managements der einzelnen Unternehmensbereiche hinsichtlich des Geschäftsrisikos soll eine allgemeine (relative) Positionierung des Bewertungsobjekts gegenüber verschiedenen Vergleichsobjekten erzielt werden. Dies soll nachfolgend anhand zweier in Theorie und Praxis häufig diskutierter Ansätze erläutert werden.

4.2.1 Der Ansatz der Fuqua Industries Inc.

Von Fuqua Industries Inc., einem breit diversifizierten börsennotierten US-Unternehmen mit 22 Geschäftsbereichen, stammt ein mehrstufiges Verfahren, bei dem das Management des

---

401 Vgl. *Ibbotson Associates* (2005), S. 13.

402 Ein Überblick über die Schätzergebnisse mittels Subindex geschätzter Branchen-Betas findet sich bei *Zimmermann* (1997), S. 322 ff.

403 Vgl. *Zimmermann* (1997), S. 320.

404 Vgl. *Bufka/Schiereck/Zinn* (1999), S. 118.

jeweiligen Geschäftsbereichs zu verschiedenen, für die Kapitalkosten als maßgeblich erachteten Einflussgrößen, befragt wird.[405] Ausgehend von den Gesamtkapitalkosten des Unternehmens, die aus den Kapitalmarktdaten des CAPM abgeleitet werden, erfolgt über zwei Risikomaße („Objective Risk“ und „Subjective Risk“) sowie einem Risikoindex eine Anpassung der divisionalen Kapitalkosten.[406] Das sog. Objective Risk wird in diesem Zusammenhang als die gewichtete Kombination der Varianz des Betriebsergebnisses (Net Operating Profit [NOPAT]) des Vorjahres und der Varianz der Planzahlen des laufenden Geschäftsjahres definiert. Für die Berechnung der Varianz des Betriebsergebnisses wird zumeist ein 5-Jahres-Durchschnitt verwendet, damit außergewöhnliche Einflüsse (z. B. außerordentliche Effekte) eliminiert, zumindest aber diese Einflüsse gering gehalten werden können. Dabei wird die Vorjahres-Varianz des Betriebsergebnisses mit 25 % und die Varianz des laufenden Plan-Ergebnisses mit 75 % gewichtet. Die Festlegung einer derart ausgestalteten Gewichtungsannahme impliziert, dass dem Erreichen von Planzahlen für das laufende Geschäftsjahr eine größere Bedeutung hinsichtlich des Unternehmensrisikos beigemessen wird als den historischen Abweichungen. Da das gegenwärtige bzw. zukunftsorientierte Risikoprofil des Unternehmens ermittelt werden soll, erscheint eine solche Gewichtungsverteilung insbesondere vor dem Hintergrund der Zukunftsorientierung des Kapitalkostenkalküls zielführend. Das gesamte Objective Risk berechnet sich dann aus der gewichteten Zusammensetzung der beiden Varianzklassen.[407] Allerdings ist auch anzumerken, dass schon in dieser frühen Phase der subjektive Charakter des Modells, der sich in der Einflussmöglichkeit des Managements bezüglich der Gewichtungsannahme äußert zum Vorschein kommt und sich einem späteren Stadium des Modells (Subjective Risk) noch verstärkend fortsetzt. Der zweite Faktor des Modells, das Subjective Risk, wird als Management-Befragung des Geschäftsbereichs durchgeführt, wobei mittels eines 14-Punkte-Kriterienrasters und der Einordnung des Geschäftsbereichs in eine von fünf Risikoklassen eine relative Positionierung erzielt wird.

Das in Tabelle 10 veranschaulichte Kriterienraster zeichnet sich durch eine (anhand der Risikokriterien) relative Positionierung des jeweiligen Geschäftsbereichs im Vergleich zum Gesamtunternehmen aus. Dabei wird für das Gesamtunternehmen der durchschnittliche Risiko-Referenzwert 3 (mittlere Risikoklasse) angenommen, relativ zu dem der zu bewertende Geschäftsbereich beurteilt wird. Eine Klassifizierung des Geschäftsbereichs wird entsprechend der Einschätzung des Managements von einem gegenüber dem Gesamtunternehmen relativ hohen Risiko (Wert 1) bis zu einem relativ niedrigen Risiko (Wert 5) vorgenommen. Der Ri-

405 Eine ausführliche Darstellung der Ermittlung der divisionalen Kapitalkosten bei Fuqua Industries Inc. findet sich bei *Gup/Norwood* (1982), S. 20 ff.
406 Vgl. *Bufka/Schiereck/Zinn* (1999), S. 118.
407 Vgl. *Gup/Norwood* (1982), S. 21.

sikobeitrag eines einzelnen Geschäftsbereichs kann jetzt über die Durchschnittsbildung der Summe aller Eintragungen des Kriterienrasters in Tabelle 10 gebildet werden. Dieser Wert, ins Verhältnis zum Risiko-Referenzwert gesetzt, positioniert den Geschäftsbereich in Bezug auf seinen Risikobeitrag anhand der 14 Kriterien relativ zum Gesamtunternehmen.

Risikokriterien	**Keine Aussage**	**Risikoklasse**						
			1	**2**	**3**	**4**	**5**	
Kundenstruktur		Viele kleine						Wenige große
Operative Flexibilität		Hoch						Niedrig
Wertverlust der Aktiva		Gering						Hoch
Geschäftsverlauf		Nicht zyklisch						Zyklisch
Geschäftsverlauf		Nicht saisonal						Saisonal
Staatlicher Einfluss/Regulierungen		Niedrig						Hoch
Technologische Veränderungen		Selten						Häufig
Marktstellung		Gut						Schlecht
Managementqualität		Hoch						Niedrig
Markenbekanntheit		Hoch						Niedrig
Gewerkschaftseinfluss		Niedrig						Hoch
Umweltbelastung		Niedrig						Hoch
Verfügbarkeit von Ressourcen		Hoch						Niedrig
Auftragsbestand		Hoch						Niedrig

Tabelle 10: Kriterienraster der Fuqua Industries Inc.[408]

Durch die Zusammenfassung und Durchschnittsbildung von Objective und Subjective Risk erhält man einen Wert für das Gesamtrisiko des Geschäftsbereichs, die sog. Risikoklasse, deren originärer Wert allerdings erst in einen Risikoindex (Risk Index) umgewandelt und anschließend auf die Gesamtunternehmenskapitalkosten angewandt werden kann. Die Modellierung und Implementierung des Risikoindex stellt den Versuch des Managements dar, die Kapitalkosten von Unternehmen verschiedener Branchen mit den Kapitalkosten des eigenen Unternehmens zu vergleichen. Dabei ergibt sich der Risikoindex als ein relativer Skalierungs-Faktor (Multiplikator) der Kapitalkosten des Gesamtunternehmens. In Anlehnung an die Einteilung der Risikoklassen von 1 (niedrig) bis 5 (hoch) reichen die Risikoindex-Werte von 0.9 bis 1.2 und werden für Zwecke der divisionalen Bestimmung der Kapitalkosten mit den Gesamtkapitalkosten des Unternehmens multipliziert.[409]

Aufgrund der Verwendung von unternehmensbezogenen Kapitalmarktdaten (CAPM) als Ausgangsbasis eignet sich dieses Verfahren grundsätzlich nicht für die Ermittlung der Kapitalkosten von *nicht* börsennotierten Unternehmen, sondern nur für die divisionale Aufteilung

408 In Anlehnung an *Bufka/Schiereck/Zinn* (1999), S. 120.

409 Eine genaue Herleitung des Risikoindex ist für das grundlegende Verständnis nicht von Bedeutung, weshalb im Rahmen dieser Arbeit von einer Darstellung abgesehen wird. Eine übersichtliche Darstellung findet sich aber im Anhang bei *Gup/Norwood* (1982), S. 24.

der Kapitalkosten eines börsennotierten Unternehmens. Prinzipiell bestünde zwar die Möglichkeit eines Vergleichs-Betas (s. o.) für die Bestimmung der Gesamtkapitalkosten des nicht börsennotierten Unternehmens in der Ausgangssituation. Ob aber die Verbindung eines Analogie-Verfahrens mit einer pragmatischen Methode weiterhin Objektivität und Konsistenz gewährleistet, ist zumindest kritisch zu hinterfragen.

4.2.2 Der Ansatz der Boston Consulting Group (BCG)

Ein dem Fuqua-Industries-Ansatz vergleichbares Konzept wurde zu einem späteren Zeitpunkt von dem Beratungsunternehmen Boston Consulting Group (BCG) entwickelt.[410] Dieser Ansatz dient in erster Linie der Unterstützung des dem Beratungsunternehmen eigenen „Wertorientierten Management-Konzepts" und reiht sich insofern in einen ganzheitlichen Unternehmenssteuerungsansatz ein.[411] Ähnlich dem Vorgehen der Fuqua Industries Inc. findet zunächst eine Management-Befragung auf Ebene des Geschäftsbereichs statt, in der durch Abfrage eines spezifischen Kriterienrasters (vgl. Tabelle 11) die Bestimmung der Eigenkapitalkosten des Geschäftsbereiches relativ zum Gesamtunternehmen erfolgt.[412] In Anlehnung an das Kriterienraster bei Fuqua Industries Inc. wird auch bei BCG ausgehend von einem mittleren Risiko-Referenzwert (Wert 3) des Gesamtunternehmens der jeweilige Geschäftsbereich relativ hierzu klassifiziert. Je höher der zugewiesene Kriteriumswert, desto riskanter verhält sich der Geschäftsbereich gegenüber dem Gesamtunternehmen und desto höher sind auch die Kapitalkosten.

Kriterium	**Ausprägung**						
	Geringes Risiko	**1**	**2**	**3**	**4**	**5**	**Hohes Risiko**
Kontrolle	Viele kleine						Wenige große
Markt	Hoch						Niedrig
Wettbewerber	Gering						Hoch
Produkte/Konzepte	Nicht zyklisch						Zyklisch
Markteintrittsbarrieren	Nicht saisonal						Saisonal
Kostenstruktur	Niedrig						Hoch

Tabelle 11: Kriterienraster der Boston Consulting Group (BCG)[413]

Der BCG-Ansatz eignet sich – wie die Methode der Fuqua Industries Inc. – grundsätzlich nicht zur Bestimmung der Kapitalkosten nicht börsennotierter Unternehmen, sondern nur zur Ermittlung der Kapitalkosten einzelner Geschäftsbereiche eines börsennotierten Unternehmens, da in der Ausgangssituation die Gesamtkapitalkosten des Unternehmens schon bekannt

[410] Vgl. *Lewis* (1994), S. 85-87.
[411] Vgl. *Stelter* (1996), S. 27.
[412] Vgl. *Bufka/Schiereck/Zinn* (1999), S. 118.
[413] Vgl. *Bufka/Schiereck/Zinn* (1999), S. 118.

sein müssen.[414] Aufgrund der mangelnden empirischen und theoretischen Fundierung der pragmatischen Verfahren kommen *Burger/Ulbrich* (2005) zu dem Schluss, dass hier eine objektivierte Bewertung einer Konsens-Lösung geopfert wird.[415]

4.3 Analyse-Verfahren zur Prognose von Beta-Werten

Weil sowohl Analogie- als auch Praktiker-Verfahren Schwächen aufweisen, wurden Beta-Prgnose-Verfahren entwickelt, die das systematische Risiko aus wesentlichen ökonomischen Bestimmungsfaktoren abzuleiten versuchen.[416] Diese sog. *Analyse-Verfahren* unterstellen einen Zusammenhang zwischen fundamentale Daten des Rechnungswesen bzw. der Branche oder der Volkswirtschaft und dem systematischen Risiko des Unternehmens. Dabei lässt sich je nach Art der verwendeten Daten in Anlehnung an *Morin* (1984) zwischen einem „Earnings", „Fundamental" oder „Accounting Beta" unterscheiden.[417] Die begriffliche Differenzierung erfolgt in Abhängigkeit der verwendeten Informationen/ Kennzahlen:[418]

- *Fundamental Beta:* Prognose des Betafaktors durch rechnungslegungsbezogene Informationen und/oder Brancheninformationen bzw. anderen externen Informationen (z. B. volkswirtschaftliche Daten).
- *Accounting Beta:* Prognose durch rechnungslegungsbezogene Informationen.
- *Earnings Beta:* Accounting Beta unter Verwendung einer Ertragsgröße.

Grundlage der o. g. Verfahren bildet die Hypothese, dass über Informationen aus Jahres- oder Quartalsabschlüssen bzw. sonstigen fundamentalen Informationen die relative Risikoposition des Unternehmens analog zu den kapitalmarkttheoretischen Verfahren (z. B. CAPM) abgebildet werden kann. Die zumeist statistischen und auf der Basis fundamentaler Unternehmensinformationen entwickelten Kennzahlen (Risikomaßzahlen)[419] bezeichnet man häufig als „Accounting Risk Measures", „Risiko-Indikatoren" oder als „Determinanten des systematischen Risikos".[420] Der vordergründige Zweck dieser Ansätze liegt in der Bestimmung des Betafaktors für nicht börsennotierte Unternehmen oder Unternehmensbereiche. Darüber hin-

---

414 Zu Ausnahmen siehe Kapitel 4.2.1.
415 Vgl. *Burger/Ulbrich*, a. a. O, S. 558.
416 Vgl. *Freygang* (1993), S. 274.
417 Vgl. Morin (1984), S. 53 ff; Day/Fahey (1988), S. 48; Arbeitskreis „Finanzierung" der Schmalenbach-Gesellschaft (1996), S. 555 f.
418 Vgl. *Morin* (1984), S. 53.
419 Beispiele für solche Kennzahlen finden sich in Kapitel 6.3.
420 In der Literatur finden sich diese und weitere synonyme Bezeichnungen. Vgl. exemplarisch *Beaver/Kettler/Scholes* (1970), S. 655; *Belkaoui* (1978), S. 3; *Hill/Stone* (1980), S. 595; *Elgers/Murray* (1982), S. 363; *Gahlon/Gentry* (1982), S. 16; *Möller* (1986), S. 113; *Mensah* (1992), S. 187. *Ben-Zion/Shalit* (1975) weisen explizit darauf hin, dass die Trennung zwischen den Bezeichnungen Maßzahlen, Determinanten und Kennzahlen des Risikos in der Literatur sehr verschwommen ist.

aus kann mittels dieser Verfahren dem in Kapitel 3.1 angesprochenen Problem mangelhafter „Zukunftsorientierung" des klassischen CAPM durch die Integration von fundamentalen Plangrößen Abhilfe geschaffen werden. Diese Art der Berechnung lehnt sich direkt an diejenige zur Ermittlung des Aktien-Betas an, wobei die Rendite des Unternehmens (R_i)und die Marktrendite (R_m) durch die jeweilige fundamentale Erfolgsgröße des Unternehmens und des Marktes ersetzt werden. Da sich die Ermittlung der fundamentalen Erfolgsgröße des Marktes in der Praxis oftmals als schwierig erweist, kann alternativ auch eine unabhängige Indexrendite als unabhängige Variable in der Regression zur Bestimmung des Accounting Betas verwendet werden.[421]

Schon kurze Zeit nach den Veröffentlichungen von *Sharpe* (1964)*, Lintner* (1965) *und Mossin* (1966) zum CAPM hat es zu Beginn der 70er Jahre Untersuchungen, hauptsächlich am amerikanischen Aktienmarkt, zu den Einflüssen rechnungslegungsbezogener Kennzahlen auf das Aktien-Beta gegeben.[422] Damit wurde der Grundstein für die Herleitung fundamentaler Beta-Werte gesetzt. Auch in Deutschland wurden, allerdings erst einige Zeit später – Ende der 80er bis Ende der 90er Jahre –, einige wenige Untersuchungen in diesem Zusammenhang gemacht. Dabei konnten aber – anders als bei den internationalen Untersuchungen – keine eindeutigen Beweise für das Vorhandensein stabiler und signifikanter Einflüsse fundamentaler Kennzahlen auf das Beta gefunden werden.[423]

4.3.1 Internationale Veröffentlichungen

Die Autoren *Beaver/Kettler/Scholes* (1970) haben sich als Pioniere schon Anfang der 70er Jahre mit den Einflüssen von sieben aus dem Jahresabschluss von 307 Unternehmen ermittelten Kennzahlen in Bezug auf das Aktien-Beta befasst.[424] Bei den ausgewählten US-amerikanischen Unternehmen wurde über einen Zeitraum von 19 Jahren (1947-1965), unter Berücksichtigung zweier Subperioden, der Zusammenhang zwischen dem Aktien-Beta und den Jahresabschlusskennzahlen untersucht.[425] Auf Basis einer jahresweisen OLS-

---

[421] Siehe zur Berechnung des Accounting Betas auch Kapitel 5.3.1.1.

[422] Siehe hierzu Tabelle 13.

[423] Zu den bedeutendsten Untersuchungen am deutschen Markt zählen die von *Möller* (1986), *Bühner* (1988), *Müller* (1992), *Bauer* (1992) und *Zimmermann* (1997).

[424] Vgl. *Beaver/Kettler/Scholes* (1970), S. 654-682.

[425] Die Untersuchungen basierten auf jährlichen Fundamentaldaten der 307 Unternehmen, bezogen über „Compustat Industrial Tape". Dividenden und Kursinformationen der Unternehmen wurden über das „Center of Research in Security Prices (CRSP) Tape" bezogen. Dabei wurden die Aktien-Betas auf Basis monatlicher Renditen berechnet.

Querschnittsanalyse konnten die Autoren für sieben Kennzahlen die in Tabelle 12 aufgeführten Korrelationen mit dem Aktien-Beta nachweisen.[426]

Kennzahl	**Betrachtungszeitraum I (1947-56)**		**Betrachtungszeitraum II (1957-65)**	
	Wertpapier-Ebene	Portfolio-Ebene	Wertpapier-Ebene	Portfolio-Ebene
Dividendenquote	-0.49 (-0.50)	-0.79 (-0.77)	-0.29 (-0.24)	-0.50 (-0.45)
Wachstum	0.27 (0.23)	0.56 (0.51)	0.01 (0.03)	0.02 (0.07)
Verschuldungsgrad	0.23 (0.23)	0.41 (0.45)	0.22 (0.25)	0.48 (0.56)
Liquidität	-0.13 (-0.13)	-0.35 (-0.44)	0.05 (-0.01)	-0.04 (-0.01)
Unternehmensgröße	-0.06 (-0.07)	-0.09 (-0.13)	-0.16 (-0.16)	-0.30 (-0.30)
Ertragsvariabilität	0.66 (0.58)	0.90 (0.77)	0.45 (0.36)	0.82 (0.62)
Gewinn-Beta[427]	0.44 (0.39)	0.68 (0.67)	0.23 (0.23)	0.46 (0.46)
*) der jeweils erste Wert entspricht dem Rang-Korrelationskoeffizienten, der zweite in Klammer gesetzte Wert ist der Bravais-Pearson-Korrelationskoeffizient[428]				

Tabelle 12: Aktien-Beta und fundamentale Risikomaße bei Beaver/Kettler/Scholes (1970)

Die Untersuchungen wurden zunächst noch auf Wertpapier-Ebene geführt, um in einem zweiten Schritt die Einflüsse auf Portfolio-Ebene zu untersuchen und etwaige daraus resultierende Unterschiede nachweisen zu können. Hierzu wurden 61 Portfolios à 5 Unternehmen gebildet, weil Investoren eher in Portfolios, statt in einzelne, risikoreiche Wertpapiere investieren. Die Portfolios wurden in Anlehnung an die Rangfolge der Unternehmen bezüglich ihrer fundamentalen Risikomaße gebildet. So wurde z. B. für alle 307 Unternehmen zunächst eine Rangfolge entsprechend der Untersuchungskennzahl „Dividendenquote" gebildet, um dann jeweils fünf im Rang aufeinanderfolgende Unternehmen zu einem Portfolio zusammenzufassen. Das Risikomaß des Portfolios ergab sich dabei wiederum aus dem arithmetischen Mittel der zuvor bestimmten unternehmensindividuellen Risikomaße.Unter Berücksichtigung einer einprozentigen Irrtumswahrscheinlichkeit konnten für die Größen „Earnings Beta", „Verschuldungsgrad", „Dividendenquote" und „Ertragsvariabilität" signifikante Einflüsse zum Aktien-Beta aufgezeigt werden. Dabei zeigte die Ertragsvariabilität auf Wertpapier-Ebene mit 0.66 (Periode I) und 0.45 (Periode II) den stärksten und die Unternehmensgröße mit -0.06 (Periode I) bzw. das Wachstum mit 0.01 (Periode II) den schwächsten Zusammenhang zum Aktien-Beta (vgl. Tabelle 12). Auf Portfolio-Ebene wurden die stärksten Zusammenhänge ebenfalls bei der Ertragsvariabilität mit einem Rang-Korrelationskoeffizienten von 0.90

426 Jede der sieben Kennzahlen wurde separat für beide Betrachtungsperioden mit dem Aktien-Beta β_i der betrachteten Unternehmen hinsichtlich der Korrelation untersucht.

427 In der Literatur wird für das Maß der Kovariabilität zwischen dem Gewinn der Unternehmung i und den Gewinnen des Marktes synonym auch der Begriff „Accounting Beta" verwendet. Vgl. z. B. *Beaver/Kettler/Scholes* (1970), S. 654-682.

428 Der Bravais-Pearson-Korrelationskoeffizient unterstellt zwingend das Vorliegen normalverteilter Zufallsvariablen, während der Rang-Korrelationskoeffizient weniger restriktiv nur das Vorliegen einer Rangfolge der Realisationen der Zufallsvariablen erfordert. Zu beiden Korrelationsgrößen vgl. ausführlich *Hartung* (1993), S. 546 ff.

(Periode I) und 0.82 (Periode II) beobachtet. Auffallend war insbesondere auch, dass die beobachteten Zusammenhänge in Periode I stärker als in Periode II ausgeprägt waren, wofür die Autoren jedoch keine Begründung liefern. Sie gelangen aufgrund der Ergebnisse jedoch zu dem Schluss, dass buchhalterische Kennzahlen einen wesentlichen Einfluss auf das Marktrisiko haben bzw. Ereignisse widerspiegeln, die für unterschiedliche Risiken der Unternehmen (Wertpapieren) verantwortlich sind, und dass diese Ereignisse bereits in den Marktpreisen (Kursnotierungen) der Unternehmen (Wertpapiere) enthalten sind.[429]

Darüber hinaus haben die Autoren auch die Prognosefähigkeit eines auf buchhalterischen Kennzahlen basierenden Beta-Schätzmodells untersucht. Hierzu wurden die Ergebnisse der fundamentalen Prognose mit den Ergebnissen eines in Kapitel 3.2.1 dargestellten naiven Prognosemodells verglichen. Bei der naiven Prognose erfolgte die Schätzung des zukunftsorientierten Betas ($\hat{\beta}_i$) [Beta der Periode II] auf der Grundlage der für die erste Subperiode beobachteten Betafaktoren. Für Zwecke der fundamentalen Prognose haben *Beaver/Kettler/Scholes* (1970) den sog. „Instrumental Variables Approach“ gewählt, um damit Schätzfehler, die bei der standardmäßigen (naiven) Prognose der Betafaktoren auftreten, zu reduzieren.[430] Zielsetzung dieses Ansatzes ist, die nicht unmittelbar beobachtbaren Beta-Werte durch eine bestimmte Anzahl beobachtbarer Instrumental-Variablen ($z_1, \ldots, z_n$) zu bestimmen. Nachdem zunächst alle sieben o. g. buchhalterischen Kennzahlen verwendet wurden, verblieben letztlich, auch zur Vermeidung von Multikollinearitäten, die Dividendenquote, das Wachstum und die Ertragsvariabilität als Instrumental-Variablen des Prognoseansatzes. Die Autoren kamen schließlich für den gesamten Untersuchungszeitraum zu dem Ergebnis, dass auf buchhalterischen Daten basierende Modelle das Aktien-Beta besser prognostizieren können als rein naive Prognosemodelle.[431] In den vergangenen Jahren gab es in diesem Zusammenhang eine Reihe internationaler Veröffentlichungen, von denen die bedeutendsten und ihre wichtigste Ergebnisse in Tabelle 13 dargestellt seien.

---

[429] Vgl. *Beaver/Kettler/Scholes* (1970), S. 654-682.

[430] Eine der grundlegenden von *Beaver/Kettler/Scholes* bei der Schätzung des Betas nach dem naiven Prognosemodell vermuteten Fehlerquellen lag in der Verwendung ex post gerichteter Renditen im Gegensatz zu den im CAPM geforderten Ex-ante-Variablen.

[431] Vgl. *Beaver/Kettler/Scholes* (1970), S. 680.

Autor (Erscheinungs-jahr)	**Berech-nungs-methode**	**Datenbasis**	**Schätzung der Betafakto-ren/Periode (Monat, Tag, Jahr)**	**Anzahl der Kenn-zahlen**	**Ergebnis**
Ball/Brown (1969)	Korrela-tion	1946-1966 261 Aktien	20 Jahre	3	Kovarianz des Operating Income erklärt 35-40 % des β.
Beaver/ Kettler/ Scholes (1970)	Korrela-tion	1947-1965 307 Aktien	9 bzw. 10 Jahre	7	Signifikant sind Payout-Ratio, Financial-Ratio, Accounting-β, Earnings Variability. Nicht signi-fikant sind Größe, Liquidität und Wachstum.
Hamada (1972)	Regression	1948-1967 304 Aktien	20 Jahre jährl. Renditen	1	Kapitalstruktur erklärt 21-24 % des β.
Logue/Merville (1972)	Multiple Regression	1966-1970 287 Aktien	5 Jahre	7	Unternehmensgröße und Aus-schüttungen verringern β, Ver-schuldung und Liquidität erhöhen β.
Breen/Lerner (1973)	Multiple Regression	1965-1970 1400 Aktien	2 bzw. 3 Jahre mtl. Renditen	7	Unternehmensgröße und Aus-schüttungen senken β. Wachstum erhöht β.
Gonedes (1973)	Korrela-tion	1946-1967 220 Aktien	7-8 Jahre	4	Accounting-β hat keinen Einfluss auf β.
Rosen-berg/McKibben (1973)	Multiple Regression	1950-1971 578 Aktien	13 Jahre	25	Accounting-β und Ertragsverände-rung erhöht β. Größe und Divi-dende vermindert β.
Lev (1974)	Regression	1949-1968 260 Aktien	12 bzw. 20. Jahre mtl. Renditen	12	Operating Leverage erhöht ß.
Gordon/Halpern (1974)	Regression	1958-1968 49 Aktien	10 Jahre mtl. Renditen	1	Gewinnwachstumsrate pro Aktie ist signifikant.
Melicher (1974)	Multiple Regres-sion; Faktor-analyse	1962-1971 77 Aktien	5 Jahre rollie-rend mtl. Ren-diten	28	Größe erhöht ß. Ausschüttungen senken ß. Finanzieller Leverage ist nicht signifikant.
Melicher/Rush (1974)	Multiple Regres-sion; Faktor-analyse	1962-1971 71 Aktien	5 Jahre rollie-rend mtl. Ren-diten	71	Zeitlich variierende ß-Werte kön-nen nur zu 25 % erklärt werden.
Peterson (1974)	Portfolio	1952-1971 425 Aktien	- -	9	Ausschüttungsverhalten beeinflusst ß.
Beaver/ Manegold (1975)	Korrela-tion	1951-1969 307 Aktien	9, 10 bzw. 19 Jahre	3	Accounting-ß erklärt 20 % von ß.
Ben-Zion/Shalit (1975)	Regression	1962-1968 1000 Aktien	6 Jahre mtl. Renditen	3	Verschuldung, Größe und Divi-denden sind signifikant.
Bildersee (1975)	Multiple Regression	1956-1966 98 Aktien	10 Jahre mtl. Renditen	14	Verschuldung, Rentabilität und Branche sind signifikant, Größe dagegen nicht.
Gonedes (1975)	Regression	1946-1968 220 Aktien	7-8 Jahre	4	Accounting-ß hat geringeren Ein-fluss auf ß.
Hughes/Logue/ Sweeny (1975)	Regression	1970-1973 149 Aktien	4 Jahre mtl. Renditen	- -	Niedrigere ß-Werte bei multinati-onalen Unternehmen.

Thompson (1976)	Korrelation; Multiple Regression	1949-1968 290 Aktien	9 Jahre	43	Accounting-ß (Jahresüberschuss, Dividende) erklärt ß am besten.
Weirich (1976)	Multiple Regression	1962-1974 144 Aktien	5 Jahre	21	Branche und Jahresabschlussvariablen besitzen Erklärungskraft.
Belkaoui (1978)	Multiple Regression; Faktor-analyse	1971-1974 55 kanad. Aktien	1, 2, 3 bzw. 4 Jahre 14-tägig	15	Ausschüttungen, Rentabilität, Aktivität senken ß. Liquidität und Verschuldung erhöhen ß.
Bowman (1979)	Multiple Regression	1968-1973 92 Aktien	5 Jahre mtl. Renditen	5	Verschuldung, Accounting-ß, Leasing und Branchenzugehörigkeit erklären ß.
Hill/Stone (1980)	Korrelation	1947-1974 324 Aktien	14 Jahre jährl./mtl. Renditen	3	Zeitliche Veränderung von Verschuldung und operatives Risiko erklären ß.
Chance (1982)	Regression	1971-1978 257 Aktien	5 Jahre mtl. Renditen	2	Verschuldung erhöht ß.
Hochman (1983)	Regression	1963-1974 203 Aktien	5 Jahre mtl. Renditen	3	Verschuldung, operatives Risiko und Dividendenrendite erklären ß
Mandelker/Rhee (1984)	Multiple Regression	1957-1976 255 Aktien	20 Jahre mtl. Renditen	2	Operativer und finanzieller Leverage erklären 38-48 % des ß.
DeJong/Collins (1985)	Risikoklassen	1962-1980 736 Aktien	9 Jahre tägl. Renditen	1	Hoher Verschuldungsgrad führt zu hohen ß-Schwankungen.
Dyl/ Hoffmeister (1986)	Regression	1979 1114 Aktien	1 Jahr	1	Niedrige Ausschüttungen führen zu hohem ß.
Blann/ Balachandran (1988)	Korrelation	1962-1974 192 Aktien	2-4 Jahre mtl. Renditen	6	Accounting-ß (Jahresüberschuss) ist hoch signifikant; Accounting-ß (Cash Flow, Working Capital) ist signifikant.
Chung (1989)	Multiple Regression	1965-1983 355 Aktien	18 Jahre mtl. Renditen	4	Operatives Risiko und Konjunkturabhängigkeit erhöhen ß. Geringer Zusammenhang bei finanziellem Risiko.
Ismail/Kim (1989)	Multiple Regression	1967-1985 272 Aktien	9, 10 bzw. 19 Jahre mtl. Renditen	4	Cash-Flow-Risikomaße erklären ß besser als ertragsbezogene Risikomaße.
Bühner (1983)	Korrelation	1966-1981 40 dt. Aktien	4 Jahre rollierend mtl. Renditen	- -	Diversifikation ist nicht signifikant.
Möller (1986)	Korrelation	1961-1979 233 dt. Aktien	1 Jahr rollierend wöchentl. Renditen	52	Beste Kennzahl ist der Deckungsgrad des gebundenen Vermögens.
Bühner (1988)	Korrelation	1966-1981 40 dt. Aktien	4 Jahre rollierend mtl. Renditen	- -	Technologiestrategie hat keinen Einfluss.
Müller (1992)	Multiple Regression; Faktor-analyse	1972-1985 120 dt. Aktien	7 Jahre wöchentl. Renditen	37	Höchste Korrelation mit Kennzahlen Accounting-ß, Bilanzsumme, CashFlow und Ertragsvariabilität.

Bauer (1992)	Multiple Regression; Faktoranalyse	1966-1986 198 dt. Aktien	1 Jahr rollierend wöchentl. Renditen	80	Unternehmensgröße ist ein bestimmender Faktor für das systematische Risiko; Umsatz-Beta besitzt größtes durchschnittliches Bestimmtheitsmaß unter den Konjunkturabhängigkeitsmaßen.
Zimmermann (1997)	Multiple Regression	1968-1991 160 dt. Aktien	wöchent. Renditen; jahresweise Fundamentaldaten	30	Es bestehen keine ökonomisch begründbaren und stabilen Zusammenhänge zwischen Beta und fundamentalen Kennzahlen.

Tabelle 13: Übersicht empirischer Untersuchungen zum Fundamental Beta[432]

4.3.2 Veröffentlichungen im deutschen Sprachraum

Für den deutschen Markt haben sich bisher nur wenige Publikationen mit dem Einfluss bilanzieller bzw. fundamentaler Kennzahlen auf das Marktrisiko befasst, wodurch die vorliegende Arbeit eine besondere Motivation fand. Eine entscheidende Ursache hierfür liegt sicher in der – wegen der relativ spät entwickelten Publikationsanforderungen an deutschen Kapitalmärkten – unzureichenden historischen Verfügbarkeit fundamentaler Unternehmensdaten.[433] Von den bekannten wissenschaftlichen Arbeiten sollen nachfolgend *Müller* (1992), *Bauer* (1992) und *Zimmermann* (1997) dargestellt werden, da diese den inhaltlich stärksten Bezug zur vorliegenden Arbeit aufweisen.[434]

4.3.2.1 Die Untersuchung von Müller

Die Arbeit von *Müller* (1992) basiert auf einer Untersuchung von 120 deutschen Unternehmen (Aktiengesellschaften) über den Zeitraum von 1972 bis 1985, wobei eine Unterteilung in zwei Subperioden P1 (1972-1979) und P2 (1979-1985) vorgenommen wurde. Neben der empirischen Überprüfung eines linearen Zusammenhangs zwischen Bilanzinformationen und beobachtetem Marktrisiko (sowie der mittleren Rendite, der Standardabweichung der Rendite und dem unsystematischen Risiko) wird in einem weiteren Schritt getestet, ob der ermittelte

---

432 In Anlehnung an *Freygang* (1993), S. 279.

433 Insbesondere die Quartalsberichterstattung hat sich erst zu Beginn des neuen Jahrtausends und im Rahmen eines Wandels hin zur internationalen Rechnungslegung als Anforderung einiger Börsensegmente durchsetzen können.

434 Neben den genannten und hier erläuterten Untersuchungen gab es darüber hinaus auch Veröffentlichungen von *Möller* (1986), der als erster mit einer empirischen Untersuchung und einer Stichprobe von 233 deutschen Unternehmen (Aktiengesellschaften) einen linearen Zusammenhang zwischen Bilanzkennzahlen und Marktrisiko mittels Zeitreihenanalyse nachweisen konnte (wenngleich das Ergebnis nicht über die gesamte Zeit und Unternehmensstichprobe stabil war), und *Bühner* (1988), S. 1323-1339.

Zusammenhang sich dazu eignet, hypothetische Marktrisiken für Unternehmen zu bestimmen, die zuvor nicht Bestandteil der Zusammenhangsanalyse waren (sog. Analogisierung).[435]

	Korrelation mit Beta (β_i)			
Bilanzkennzahl	**P1 Einzelunternemen**	**P2 Portfolio**	**P1 Einzelunternehmen**	**P2 Portfolio**
Accounting Beta	0.3012	0.5191	0.4008	0.5175
Ertragsvariabilität	0.3488	0.5142	0.5303	0.5877
Unternehmensgröße (Bilanzsumme)	0.3745	0.5424	0.3977	0.5775
Cash Flow	0.3775	0.5230	0.4129	0.6043
Dividendenquote (Payout-Ratio)	0.2008	0.2873	-0.1408	0.3942
Wachstumsrate	0.0878	0.2108	-0.0294	-0.0885
Intensität des Umlaufvermögens	0.1843	0.1821	-0.0153	0.1929
Intensität des Anlagevermögens	-0.1823	-0.2138	-0.1584	-0.2571
Deskriptive Statistik				
R	0.508	0.675	0.605	0.743
R^2 (adj.)	0.255	0.475	0.337	0.485
F-Wert	7.918***	5.690***	12.811***	8.367***
SQRT (MSE)	0.2823	0.255	0.285	0.257
Koeffizienten				
Dividendenquote	0.329***	0.458***	-0.015**	. 0.573***
Wachstum	-0.006	-0.003	-1.125	0.153
Ertragsvariabilität	1.7E-6***	4.3E-6***	1.9E-6***	2.5E-6***
Intensität des UV	0.331***	0.337	0.290**	0.488*
Intensität des AV	-8.5E-5	-1.2E-3	-0.044*	0.063
Signifikanzniveau:	*: α=0.1 **: α=0.05 ***: α=0.01			

Tabelle 14: Regressionsergebnisse der Analyse von *Müller* (1992)

Wie bei *Beaver/Kettler/Scholes* (1970) lag ein weiterer Schwerpunkt von *Müller* (1992) auf der Überprüfung der Prognosefähigkeit bilanzieller Kennzahlen (Bilanzinformationen) in Bezug auf das zukünftige Beta der Unternehmung. Für die 120 börsennotierten deutschen Unternehmen wurden wöchentliche (um Kapitalerhöhungen und Dividendenausschüttungen) bereinigte Renditen zwischen 1972 und 1985 verwendet. Für das Marktportfolio wurde die Rendite des Index der Frankfurter Wertpapierbörse verwendet.[436] Die 37 bilanzgestützten Kennzahlen wurden aus den Jahresabschlüssen der Unternehmen ermittelt. Im Rahmen einer Querschnittsanalyse wurden zunächst für die Zeiträume P1 und P2 die Korrelationen zwischen dem Marktrisiko (Aktien-Beta) und den Bilanzkennzahlen für jedes einzelne Unternehmen und für je drei in Portfolios zusammengefasste Unternehmen berechnet. Die stärksten

---

[435] Die Übertragung bezieht sich auf nicht börsennotierte Unternehmen, deren Marktrisiko nicht direkt beobachtet werden kann.

[436] Der DAX, also der Index der 30 (hinsichtlich der Marktkapitalisierung) größten deutschen börsennotierten Unternehmen, wurde erst im Dezember 1987 aufgelegt.

positiven Korrelationen konnten beim Accounting Beta (Sensitivität des finanziellen Überschusses [Cash Flow] der Unternehmung zur Variabilität der finanziellen Überschüsse aller Unternehmen am Markt), der Ertragsvariabilität, der Bilanzsumme und des Cash Flows (Cash-Flow-Volatilität) nachgewiesen werden, für die auch theoretisch fundierte Zusammenhänge hergeleitet werden können.

Die Bildung von Portfolios konnte in diesem Zusammenhang dazu beitragen, Messfehler zu reduzieren. Die beobachteten Korrelationsergebnisse zwischen dem Marktrisiko und den o. g. Bilanzkennzahlen werden in Tabelle 14 veranschaulicht. Neben den von *Beaver/Kettler/Scholes* (1970) untersuchten Bilanzkennzahlen „Ertragsvariabilität", „Wachstum" und „Dividendenquote" hat Müller zusätzlich die Kennzahlen „Intensität des Anlagevermögens" und „Intensität des Umlaufvermögens" als exogene Variablen bestimmt und die Gesamtheit der Bilanzkennzahlen zu einem Modell folgender multipler Form zusammengefasst:

$$\hat{\hat{\beta}}_i = \hat{a}_0 + \sum_j^l \hat{a}_j \hat{\beta}_{i,j}$$

Im Untersuchungszeitraum P2 konnten die Bilanzkennzahlen ca. 33.7 % (Adj. R^2) der Varianz des systematischen Risikos der Einzelunternehmen erklären. Alle Koeffizienten der Bilanzkennzahlen waren zumindest auf dem Niveau 10 %-Konfidenzintervall signifikant. Für die nach dem Kriterium der Höhe des Aktien-Betas gebildeten Portfolios konnte sogar ein Bestimmtheitsmaß von 48.5 % (P2, Portfolio) beobachtet werden. Allerdings waren hier nur die Koeffizienten der „Ertragsvariabilität", der „Dividendenquote" und der „Anlagenintensität" signifikant. Für die nach anderen Kriterien gebildeten Portfolios konnten ähnlich positive Ergebnisse erzielt werden, wobei die Ertragsvariabilität über alle Portfolios hinweg die höchste Signifikanz aufgezeigt hat. Müller kommt im Rahmen seiner Untersuchung zu dem Ergebnis, dass sich grundsätzlich mehrere Kennzahlen eignen können, um das systematische Risiko abzubilden, ohne dabei redundante Informationen zu enthalten

In einem zweiten Schritt wurde die Prognosefähigkeit des Betas mittels bilanzieller Kennzahlen getestet. Dabei wurde analog zu *Beaver/Kettler/Scholes* (1970) versucht, über Bilanz- und Marktdaten des Untersuchungszeitraums P1 das Marktrisiko des Untersuchungszeitraums P2 zu bestimmen. Kritisch zu sehen ist die Tatsache, dass die durchschnittlichen Betafaktoren von 0.915 in P1 auf nur 0.791 in P2 sinken, was auf eine mögliche Verzerrung (Bias) bei der Auswahl des Untersuchungssamples, also den einbezogenen Unternehmen zurückzuführen wäre.[437] Im Ergebnis enthielten die bilanziellen Daten aus P1 auch nicht mehr Informationen zur Bestimmung des Marktrisikos in P2 als die beobachteten Marktrisiken in P1 selbst. Zwar war der quadratische Fehler (MSE) des bilanzgestützten Modells geringfügig größer als beim naiven Prognosemodell, dafür aber war die erklärte Varianz nur halb so groß. *Müller* (1992) hat deshalb die Vorteilhaftigkeit des bilanzgestützten Prognosemodells zumindest für deutsche Aktienmärkte in Zweifel gezogen.[438] Allerdings bot auch diese Untersuchung Anlass zu Kritik. Schon *Freygang* (1993) zieht das methodische Vorgehen in Zweifel. Während *Müller* (1992) bei seiner Prognose der Aktien-Betas in P2 die beobachteten Ausprägungen der Bilanzkennzahlen zugrunde legt, hätten, theoretisch sinnvoller, die für den Prognosezeitraum P2 geschätzten Kennzahlenwerte zugrunde gelegt werden müssen.[439] Darüber hinaus basierte die Untersuchung auf den von *Beaver/Kettler/Scholes* (1970) ausgewählten o. g. Kennzahlen und war daher hinsichtlich zu erwartender neuer Erkenntnisse von vornherein eingeschränkt. Zwar lassen sich die Ergebnisse aufgrund ihrer Vergleichbarkeit hinsichtlich der verwendeten Kennzahlen besser interpretieren. Allerdings hätten andere Kennzahlenkombinationen unter Umständen auch zu besseren Ergebnissen geführt, wenn zusätzliche Bilanzkategorien abgedeckt worden wären. Da sowohl *Beaver/Kettler/Scholes* (1970) als auch *Müller* (1992) die ursprüngliche Auswahl von Kennzahlen unter der Prämisse einer möglichst breiten Abdeckung aller Bilanzinformationskategorien trafen, ließ sich nicht vermeiden, dass die Kennzahlen entweder komplementär oder substitutiär in anderen Kennzahlen enthalten waren. Für die multiplen Regressionsanalysen mussten also solche Kennzahlen, die redundante Informationen enthielten, eliminiert werden, wodurch allerdings auch solche Informationen verloren gegangen waren, die einen zusätzlichen Beitrag zur Erklärung der Marktrisiken hätten liefern können. Deshalb hat *Müller* (1992) die Kennzahlen zu je neun Gruppen in beiden Perioden zusammengefasst, die jeweils durch einen von den übrigen Faktoren linear unabhängigen Faktor repräsentiert wurden.[440] Die Zusammenhangsmessung zum Marktrisiko ergab für Faktoren auf Portfolioebene über beide Perioden mit ca. 75 % einen deutlich höheren Erklärungsgehalt als bei der Verwendung von einfachen Bilanzkennzahlen. Für die Ebene der Einzelunternehmen wurden allerdings gegensätzliche Ergebnisse erzielt; insbesondere in P1 waren die Zusammenhänge der Faktoren zum Marktrisiko niedriger als die der Bilanzkennzahlen:

---

437 Eine Überprüfung der in die Untersuchung einbezogenen Unternehmen konnte diesen Verdacht grundsätzlich jedoch nicht bestätigen.

438 Weitere denkbare Gründe für die „schlechten" Resultate des Prognosemodells nennt *Müller* (1992), S. 176 f.

439 Vgl. *Freygang* (1993), S. 302 f.

440 Im Rahmen der Faktoranalyse wird versucht, das breite Spektrum an Unternehmensinformationen auf der Grundlage des Jahresabschlusses bzw. bilanzanalytischer Kennzahlen durch eine möglichst geringe Anzahl von Faktoren zu erklären und die Faktorladungen zu ermitteln, um die Zusammenhänge zu den (Bilanz-)Kennzahlen aufzeigen zu können. Vgl. zur Faktorzusammenhangsuntersuchung ausführlich *Müller* (1992), S. 53 ff.

Bilanzfaktoren			vs.	Bilanzkennzahlen		
P1:	R^2 (Adj.):	0.195	vs.		R^2 (Adj.):	0.255
P2:	R^2 (Adj.):	0.333	vs.		R^2 (Adj.):	0.337

Aufgrund dieser Feststellungen gelangte *Müller* (1992) richtigerweise zu der Schlussfolgerung, dass die empirischen Ergebnisse der Portfolioebene nicht *einfach* auf die Ebene der Einzelunternehmen übertragen werden dürfen und vice versa.[441] Einen weiteren, mit der zentralen Fragestellung dieser Arbeit eng verbundenen Abschnitt widmete *Müller* der Übertragung seiner Untersuchungsergebnisse (die auf einem Sample börsennotierter Unternehmen beruhen) auf nicht börsennotierte Unternehmen (sog. Analogieschluss). Hierzu wurde ein Teil (2/3) der Untersuchungsunternehmen in ein „Kalibrierungssample" zur Schätzung der Modellparameter $\hat{a}_0^K$ eingestellt, während der andere Teil als sog. „Validierungssample" zur Beurteilung der Güte des Schätzmodells diente:

$$\hat{\hat{\beta}}_i^V = \hat{a}_0^K + \sum_{j=1}^{l} \hat{a}_j^K \hat{x}_{i,j}^V$$

mit: $\hat{\hat{\beta}}_i^V$ = hypothetische Beta-Werte (Validierungssample)

$\hat{a}_0^K$ = geschätzte Konstante des Kalibrierungssamples

$\hat{a}_j^K$ = geschätzter Zusammenhangskoeffizient des Kalibierungssamples

$\hat{x}_{i,j}^V$ = Ausprägung der j'ten Bilanzkennziffer

Damit das Modell brauchbare Ergebnisse zum systematischen Risiko nicht börsennotierter Unternehmen liefert, müssen die am Kapitalmarkt beobachteten Betas $\hat{\beta}_i^V$ hinreichend genau durch die mittels Bilanzinformationen geschätzten Beta-Werte $\hat{\hat{\beta}}_i^V$ approximiert werden. *Müller* (1992) hat hierzu ein lineares Regressionsmodell der Form

$$\hat{\beta}_i^V = \gamma_0 + \gamma_1 \hat{\hat{\beta}}_{i,j}^V + \varepsilon_i$$

genutzt, um sicherzustellen, dass $\hat{\beta}_i^V \approx \hat{\hat{\beta}}_i^V$ entspricht. Dies ist genau dann der Fall, wenn die Bedingungen $\gamma_0 = 0$ und $\gamma_1 = 1$ als erfüllt gelten bzw. je eher man sich diesen Werten annähert.

[441] Vgl. *Müller* (1992), S. 185.

	P1 Einzelunternehmen	P2 Portfolio	P1 Einzelunternehmen	P2 Portfolio
Kalibrierung				
R	0.482	0.688	0.575	0.727
R^2 (adj.)	0.181	0.349	0.284	0.416
F-Wert[a]	4.484***	3.786***	7.118***	4.718***
SORT (MSE)	0.292	0.267	0.297	0.283
Validierung				
γ_0[b]	0.840***	0.206	-0.319	-0.051
γ_1c	0.002***	0.763	1.420	1.098
R	0.257	0.594	0.675	0.705
R^2 (adj.)	0.041	0.295	0.441	0.451
SQRT (MSE)	0.314	0.267	0.261	0.257

[a]) Signifikanzniveau *: α=0.1 **: α=0.05 ***: α=0.01; [b]) Geschätzter Wert für γ_0 (Nullhypothese H_0: γ_0=0); [c]) Geschätzter Wert für γ_1 (Nullhypothese H_0: γ_1=1)

Tabelle 15: Ergebnisse des Analogiemodells[442]

In Tabelle 15 wird deutlich, dass im Kalibrierungsmodell alle Untersuchungssamples über beide Perioden signifikante Zusammenhänge zwischen Markt-Beta und Bilanzkennzahlen aufzeigen. Dabei war die Güte des Zusammenhangs, ausgedrückt durch das Bestimmtheitsmaß (R^2), auf Portfolioebene deutlich stärker als auf Ebene des einzelnen Unternehmens. Differenzierter gilt es die Ergebnisse des Validierungssamples zu beurteilen. Während in P1 zumindest auf Ebene der Einzelunternehmen statistisch signifikante Zusammenhänge der einzelnen Koeffizienten beobachtet wurden, konnte dergleichen in P2 nicht einheitlich bestätigt werden. Lediglich für γ_1 wurde auf dem Signifikanzniveau $\alpha = 0.1$ ein statistisch validierbarer Zusammenhang nachgewiesen. Auf Portfolioebene konnte weder in P1 noch in P2 ein signifikanter Zusammenhang zwischen dem Markt-Beta und dem hypothetischen, auf der Grundlage der Bilanzinformationen geschätzten, Beta festgestellt werden. Müller kommt dennoch zu der Einschätzung, dass das nicht am Markt beobachtbare hypothetische systematische Risiko eines nicht börsennotierten Unternehmens über spezifische Analogiemodelle geschätzt werden kann.[443]

4.3.2.2 Die Untersuchung von Bauer

Etwa zum gleichen Zeitpunkt wie *Müller* (1992) hat *Bauer* (1992) eine Untersuchung des Zusammenhangs zwischen fundamentalen[444] Jahresabschlussinformationen und dem Marktrisiko (Aktien-Beta bzw. systematisches Risiko) bei 198 deutschen Aktiengesellschaften vor-

---

[442] In Anlehnung an *Müller* (1992), S. 185, und *Freygang* (1993), S. 304.

[443] Vgl. *Müller* (1992), S. 193.

[444] *Bauer* spricht von „fundamentalen" Betafaktoren. Dieser Begriff kann synonym zu dem hier verwendeten Begriff des Accounting Betas aufgefasst werden, da die von *Bauer* ermittelten Betafaktoren ausschließlich auf buchhalterischen Kennzahlen basieren.

genommen.[445] Der Methodik einer einfachen Querschnittsregressionsanalyse folgend, wurden zunächst Zusammenhänge zwischen dem beobachteten Marktrisiko (Aktien-Beta) der Unternehmen und 80 aus Jahresabschlussdaten ermittelten Kennzahlen untersucht. Die Kennzahlenauswahl traf Bauer sowohl nach theoretischen Gesichtspunkten als auch nach deren Relevanz in bisherigen Untersuchungen und ging damit gegenüber Müller weitaus systematischer vor.[446] Die Kennzahlen wurden dabei in Teilgruppen wie Finanzielle Risikomaße (KF), Leistungswirtschaftliche Risikomaße (KL), (Bilanzielle) Marktrisikomaße (KM), Ausschüttungsverhalten (KA), Unternehmensgröße (KG), Unternehmenswachstum (KW) und umfassende/kombinierten Kennzahlen (KK) eingeteilt. Die tendenziell höchste Erklärungskraft beobachtete *Bauer* (1992) für die Gruppe der von ihm irreführenderweise als Marktrisikomaße bezeichneten Kennzahlen.[447] Das durchschnittliche Bestimmtheitsmaß lag hier zwischen 17 % und 28 %, wohingegen traditionelle Jahresabschlusskennzahlen aus den übrigen o. g. Kennzahlengruppen deutlich geringere Erklärungsbeiträge für das Beta lieferten. Für die Kennzahlen der Unternehmensgröße (KG) wurden die relativ besten Ergebnisse mit einem R^2 zwischen 6 % und 8 % bzw. 9 % und 14 % beobachtet. Wie bereits in anderen Untersuchungen wurde auch bei Bauer deutlich, dass keine einzige Kennzahl über den gesamten Untersuchungszeitraum in der Lage ist, eindeutig hohe und vor allem signifikante Erklärungsbeiträge zu liefern. In einzelnen Jahren wurden die Ergebnisse immer wieder durch nicht signifikante Beobachtungen unterbrochen, wodurch die Annahme eines für Prognosezwecke stabilen Zusammenhangs eher fraglich erscheint.[448] Analog zu *Müller* (1992) konnte auch *Bauer* (1992) durch Portfoliobildung eine Verbesserung der Ergebnisse erzielen. Im zweiten Teil seiner Untersuchung führte er multiple Regressionsanalysen durch, die sich aber, anders als bei *Müller* (1992), nicht auf eine einzige Kennzahlenkombination beschränkten, sondern über verschiedene Auswahlverfahren versucht haben, die am besten geeignete Kennzahlenkombination zu ermitteln.[449] Hierzu wurden verschiedene Verfahren getestet, die sowohl in verschiedenen Jahren des Untersuchungszeitraums als auch untereinander zu unterschiedlichen Ergeb-

---

[445] Vgl. *Bauer* (1992). Etwa zeitgleich veröffentlichten *Steiner/Bauer* (1992) eine vergleichbare Arbeit, auf deren Darstellung aufgrund der Kongruenz mit den Ergebnissen der erstgenannten Arbeit verzichtet wird.

[446] Aufgrund der großen Anzahl zu untersuchender Kennzahlen wurden diese in sieben Kennzahlengruppen unterteilt. Für die Kennzahlengruppen „Finanzielle Risikomaße (KF)“, „Leistungswirtschaftliche Risikomaße (KL)“ und „Marktrisikomaße (KM)“ konnte auf eine theoretische Fundierung des hypothetischen Zusammenhangs mit dem systematischen Risiko (Aktien-Beta) zurückgegriffen werden, während bei den Kennzahlengruppen „Ausschüttungsverhalten“, „Unternehmenswachstum“ und „kombinierte Kennzahlen“ all diejenigen Kennzahlen Berücksichtigung fanden, die keiner der erstgenanten drei Gruppen zugeordnet werden konnten, aber dennoch nach empirischen Untersuchungen signifikante Zusammenhänge aufwiesen.

[447] Die eigentliche Bedeutung dieser Kennzahlengruppe hervorhebend, scheint der Begriff „Bilanzielle Marktrisikomaße“ treffender.

[448] Vgl. *Bauer* (1992), S. 167.

[449] Dabei war die Auswahl der Kennzahlen neben einem möglichst hohen Erklärungsbeitrag auch durch die Vermeidung von Multikollinearitäten und die Eignung für Prognosezwecke begründet.

nissen führten und in einfache Gruppierungsverfahren bzw. standardisierte statistische Verfahren untergliedert werden können.[450] Als äußerst positiv hat sich dabei das Verfahren der schrittweisen (stufenweisen) Regression erwiesen,[451] das in der Lage war, in einigen Jahren bis zu 68 % der Unterschiede der Betafaktoren zu erklären. Auf der anderen Seite konnten mit demselben Verfahren in anderen Jahren gar keine signifikanten Zusammenhänge beobachtet werden. Das Verfahren „aller möglichen Einfachregressionen" wurde aufgrund nicht vermeidbarer interdependenter Wirkungen der Kennzahlen untereinander und der immensen Rechenanforderungen von vornherein ausgeschlossen. Auch die Verfahren der Rückwärtselimination[452] und der Vorwärtsauswahl[453] wurden ausgeschlossen, da Multikollinearitäten hier ebenfalls nicht angepasst (adjustiert) werden können.[454] Das vierte der getesteten Verfahren, die Heuristik, hat bei den marktgängigen Aktien in den meisten Jahren zum höchsten Erklärungsbeitrag geführt (bis zu 54 %). Neben diesen genannten Verfahren wurden außerdem die Faktorenanalyse und die Methode der „vier festen Kennzahlen" getestet, wobei im Vergleich jedoch keine eindeutige Vorteilhaftigkeit zugunsten eines der beiden Verfahren festgestellt werden konnte.[455]

Jahr	Schrittweise Regression		Heuristik			Faktorenanalyse			4 feste Kennzahlen			4 feste Kennzahlen (Ln)		
	N	Adj R^2	N	M	Adj. R^2	N	M	Adj R^2	N	M	Adj. R^2	N	M	Adj. R^2
1968	3	0.2493***	6	1	0.1934**	8	2	0.1611**	4	1	0.1098*	4	1	0.1514**
1969	5	0.3858***	6	4	0.3154**	8	2	0.1356*	4	1	0.1714***	4	2	0.2785***
1970	3	0.2397***	6	2	0.2561**	8	3	0.0888	4	0	-0.0207	4	1	0.1159*
1971	6	0.6802***	6	6	0.5415***	9	3	0.3300***	4	2	0.2174***	4	2	0.1906***
1972	4	0.4162***	6	1	0.2324***	8	2	0.1330*	4	1	0.1301**	4	2	0.2964***
1973	3	0.1981***	6	1	0.1340**	8	0	0.0055	4	1	0.1277**	4	3	0.1366**
1974	5	0.3849***	6	4	0.3118***	8	1	0.0781	4	2	0.1966***	4	1	0.2412***
1975	3	0.1726***	6	2	0.1571***	9	3	0.0764	4	1	0.0643*	4	2	0.1541***
1976	0	n.a.	6	2	0.1893***	8	2	0.1215**	4	1	0.0792**	4	1	0.1908***
1977	0	n.a.	6	4	0.2753***	9	2	0.1334**	4	3	0.1238**	4	1	0.0923**
1978	1	0.1922*	6	0	-0.4615	7	0	-0.3418	4	0	0.0131	4	1	0.0707*
1979	0	n.a.	6	3	0.0945*	9	0	-0.0478	4	0	-0.0068	4	1	0.0461
1980	0	n.a.	6	1	0.1187**	9	0	0.0243	4	1	0.0122	4	1	0.0336
1981	0	n.a.	6	4	0.1924***	9	5	0.1089**	4	1	0.0262	4	1	0.0801*
1982	0	n.a.	6	2	0.1192***	9	2	0.0616	4	0	0.0373	4	1	0.0768*
1983	5	0.3349***	6	5	0.2861***	9	2	0.1445**	4	2	0.1503***	4	3	0.3967***

[450] Vgl. *Backhaus u. a.* (1987), S. 22, S. 67 ff.; *Bleymüller* (1989), Kapitel 3; *Überla* (1977), S. 123 ff. Darüber hinaus existieren weitere Methoden, wie z. B. das „Ridge Regression"-Verfahren. Vgl. *Draper/Smith* (1981), S. 324.

[451] Zur genauen Vorgehensweise bei der stufenweisen Regression siehe *Backhaus u. a.* (1994), S. 45-47, und *Schneeweiß* (1990), S. 153-155. Danach wird eine Variable in die Gleichung aufgenommen, wenn der F-Wert des partiellen Korrelationskoeffizienten den Wert 4 überschreitet, und eine Variable wird ausgeschlossen, wenn der F-Wert den kritischen Wert von 3.5 unterschreitet.

[452] Zur Rückwärtselimination siehe *Draper/Smith* (1981), S. 305; *Kleinbaum/Kupper* (1978), S. 229.

[453] Vgl. *Gülicher* (1991), S. 4-40; *Kleinbaum/Kupper* (1978), S. 229.

[454] *Bauer* führt darüber hinaus weitere Gründe für den Ausschluss an. Vgl. *Bauer* (1992), S. 191.

[455] Allerdings ist die Faktorenanalyse wesentlich aufwändiger.

1984	3	0.2733***	6	4	0.2781***	8	0	-0.0397	4	1	0.0520	4	0	-0.0146
1985	4	0.2882***	6	2	0.2485***	8	2	0.0919*	4	3	0.2150***	4	1	0.1055**
1986	5	0.3179***	6	3	0.2492***	9	3	0.1449**	4	2	0.1698***	4	3	0.2433***

N: Anzahl einbezogener Variablen bei der schrittweisen Regression, signifikant bei PIN 0.1 und POUT 0.15;
Adj. R^2: * = signifikant auf dem 10 %-Niveau (** = 5%; *** = 1%) (F-Test)
Anzahl auf dem 10 %-Niveau signifikanter Variablen (partieller T-Test)

Tabelle 16: Ergebnisse der multiplen Regressionen marktgängiger Aktien bei Bauer (1992)[456]

Bauer (1992) beurteilt seine in Tabelle 16 dargestellten Ergebnisse sowohl durch das adjustierte Bestimmtheitsmaß als auch durch den F- und partiellen T-Test. Das adjustierte Bestimmtheitsmaß hat bei der multivariaten Regression gegenüber dem einfachen Bestimmtheitsmaß den Vorteil, dass der Wert nicht zwingend mit der Anzahl der einbezogenen Variablen ansteigt, sondern nur den zusätzlichen Erklärungsbeitrag erfasst. Bei dem „Verfahren der vier festen Kennzahlen" wurde wiederum für die Kennzahlen der Unternehmensgröße der relativ höchste Erklärungsbeitrag gemessen. Ebenfalls signifikante Einflüsse konnten für die „Dividendenrendite" und die „Maschinenquote" beobachtet werden. Für den „Verschuldungsgrad" (Leverage) wurde entgegen der theoretischen Fundierung kein signifikanter Zusammenhang festgestellt. In 2/3 aller untersuchten Jahre konnte über Logarithmierung ein besseres Ergebnis erzielt werden. Dies lässt darauf schließen, dass einzelne Kennzahlen über einen multiplikativen Zusammenhang auf das Beta wirken.[457] Zusammenfassend ist festzuhalten, dass die vier getesteten Verfahren der Kennzahlenauswahl bei marktgängigen Aktien sowohl untereinander als auch in den verschiedenen Untersuchungszeiträumen zu unterschiedlichen Ergebnissen führen, aber insgesamt in den Jahren von 1968 bis 1974 recht gut (mit bis zu 70 %) die Unterschiede der Betafaktoren erklären können. Ab dem Untersuchungszeitraum 1975 nimmt die Erklärungskraft allerdings stetig ab und von 1977 bis 1980 sind die Verfahren nur noch in der Lage, einen geringen oder gar keinen Anteil an den Unterschieden der Betafaktoren zu erklären.[458] Obwohl die Erklärungskraft ab 1981 wieder ansteigt und in den Jahren 1983, 1985 und 1986 sehr groß ist, sind die Beobachtungen über den gesamten Betrachtungszeitraum eher ernüchternd. Aufgrund der Feststellungen konnte nicht von stabilen intertemporalen Zusammenhängen ausgegangen werden.[459] Neben den einfachen und multiplen Zusammenhangsmessungen hat *Bauer* (1992) auch die Prognosefähigkeit seines Modells getestet und mit Verfahren der naiven und der korrigierten naiven Prognose verglichen. Dabei hat der Autor die naive Prognose definiert als:

456 In Anlehnung an *Bauer* (1992), S. 208.
457 Vgl. *Bauer* (1992), S. 211, 214 und 241.
458 Vgl. *Bauer* (1992), S. 208 f.
459 Diese Vermutung wird insbesondere durch die Tatsache gestützt, dass in einzelnen Jahren gar keine signifikanten Zusammenhänge festgestellt wurden.

1. *Annahme stationärer Betafaktoren (STAT) und*
2. *die die Prognose über den durchschnittlichen Mittelwert des Betafaktors (MW)*

Sowohl naive als auch korrigiert naive Prognosen nutzen lediglich historische Beta-Informationen, um das zukünftige Beta eines bestimmten Unternehmens schätzen zu können. Darüber hinaus wurden auch Verfahren überprüft, die die empirisch beobachteten autoregressiven Tendenzen der Betafaktoren berücksichtigen.[460] Als beste Anpassungsmethode erwies sich in diesem Zusammenhang das Verfahren von *Blume* (1991), welches einen linearen Zusammenhang zwischen den Betafaktoren zweier aufeinander folgender Perioden unterstellt.[461] Bei den Prognoseverfahren wurden die besten Ergebnisse mit den Verfahren der vier festen (logarithmierten) Kennzahlen, „Bilanzsumme" (Maß für die Unternehmensgröße), „Dividendenrendite" (Maß für das Ausschüttungsverhalten), „Marktwertverschuldungsgrad" (finanzielles Risikomaß) und „Maschinenquote" (Maß für das leistungswirtschaftliche Risiko) erzielt.[462] Über die gleichgewichtete Kombination mit dem Blume-Verfahren konnten die Resultate für marktgängige Aktien sogar noch verbessert werden.[463] Insgesamt zeigten die bilanzgestützten Prognosen im Durchschnitt bessere Ergebnisse als die naiven Prognosen. Diese Ergebnisse stehen im Einklang mit der Mehrzahl amerikanischer Untersuchungen,[464] aber im Gegensatz zu den empirischen Beobachtungen von *Müller* (1992). Dies könnte darin begründet sein, dass die Kennzahlenauswahl bei Müller von vornherein auf die von *Beaver/Kettler/Scholes* (1970) verwendeten Kennzahlen beschränkt war.[465] Die Prognosen auf der Basis von Faktoranalysen schneiden aber auch bei *Bauer* (1992) sehr schlecht ab und decken sich insofern mit den Ergebnissen von *Müller* (1992). Aufschlussreich waren Prognosen über mehrjährige Zeiträume, die überraschend positive Erkenntnisse geliefert haben.[466] Mit Ausnahme des Jahres 1979 waren die Prognosefehler bei allen Schätzungen niedriger als bei Annahme stationärer Betafaktoren.[467] Aufgrund der Tatsache, dass die Prognosefehler bei mehrjährigen Schätzungen zumeist höher lagen als bei jährlichen Anpassungen, erschien es

---

[460] Vgl. zum autoregressiven Verhalten von Betafaktoren ausführlich *Bauer* (1992), S. 152 ff.

[461] Vgl. *Blume* (1971), S. 8.

[462] Zur theoretischen Fundierung dieser Kennzahlen als Maßzahlen des systematischen Risikos siehe die Ausführungen in Kapitel 5.3.1.

[463] Bei *Bauer* (1992) als sog. KOMB-Verfahren bezeichnet.

[464] Vgl. z. B. *Beaver/Kettler/Scholes* (1970), S. 654 ff.; *Weirich* (1976); *Belkaoui* (1978), S. 3-10. Eine umfassendere Übersicht hierzu bietet auch Tabelle 13.

[465] *Müller* gelangte etwa zur gleichen Zeit zu der Auffassung, dass bilanzgestützte Prognosemodelle nicht helfen, die Prognosequalität bei der Schätzung des Betafaktors zu verbessern.

[466] Dabei wurden die o. g. vier Kennzahlen über die Zeiträume 1967-1971, 1972-1975 und 1976-1982 untersucht. Dies unterstreicht die Forderung nach der Verwendung eines Untersuchungsdesigns, welches – wie das im Rahmen dieser Arbeit konzipierte panelanalytische Modell – in der Lage ist, Zusammenhänge im Rahmen einer Gesamtzeitraumsbetrachtung zu analysieren.

[467] Siehe hierzu *Bauer* (1992), S. 222, Tabelle E.38.

„günstiger, die Regressionsfunktion jährlich neu zu schätzen“[468]. Abschließend wurde das sog. „Holdout“-Verfahren untersucht, bei dem für zwei getrennte Gruppen marktgängiger Aktien die mehrjährigen Regressionsfunktionen in drei verschiedenen Untersuchungszeiträumen (U1: 1967-1971, U2: 1972-1975, U3: 1976-1982) getrennt geschätzt wurden, um so die zukünftigen Betafaktoren der jeweils anderen Gruppe zu schätzen.[469] Im Ergebnis war die bilanzgestützte Prognose, mit Ausnahme des Jahres 1979 (bei beiden Zufallsgruppen) und des Jahres 1981 (bei einer Zufallsgruppe), in den Zeiträumen U1 und U2 immer besser als die Annahme stationärer Betafaktoren. Auf der Basis des Untersuchungszeitraums 1976-1982 konnte nur für das Prognosejahr 1983 eine gutee Erklärungswert erzielt werden, während für die nachfolgenden Jahre die Prognosekraft deutlich absank.[470] Auch *Bauer* (1992) kommt zu dem Schluss, dass durch die „Holdout“-Verfahren, die vier Kennzahlen „Bilanzsumme“, „Dividendenrendite“, „Verschuldungsgrad“ und „Maschinenquote“ für die bilanzgestützte Prognose der zukünftigen Betafaktoren als relevante Faktoren bestätigt werden können.[471]

4.3.2.3 Die Untersuchung von Zimmermann

In einer anderen Arbeit hat *Zimmermann* (1997) sowohl die Zusammenhänge zwischen bilanziellen Kennzahlen und Betafaktoren als auch die Prognosekraft dieser Kennzahlen in Bezug auf das zukünftige Beta getestet.[472] Dabei wurden die Einzelabschlüsse von 160 Aktiengesellschaften[473] im Zeitraum 1968-1991 untersucht.[474] Die Kennzahlen wurden auf Basis von Jahresdaten gebildet, während zur Berechnung des Aktien-Betas wöchentliche Renditen herangezogen wurden. Das methodische Vorgehen in Form jährlicher Querschnittsanalysen lehnt sich stark an frühere o.g. Untersuchungen an. Die Schätzperiode des Betas wurde für alle untersuchten Unternehmen identisch gewählt.[475] Zunächst wurde das Ende des Berichtsjahres als gemeinsamer Stichtag für das Ende der Beta-Schätzperiode festgelegt (keine Zeitverschie-

---

[468] Vgl. *Bauer* (1992), S. 222.

[469] Die Methodik dieser Untersuchung ist vergleichbar mit den Kalibrierungs- und Validierungsuntersuchungen von *Müller* (1992), vgl. Kapitel 4.3.2.1. Dabei werden die „Holdout“-Analysen nur für die nicht logarithmierten mehrjährigen Regressionsfunktionen durchgeführt.

[470] Einen Grund hierfür sieht *Bauer* (1992) in den schwachen Zusammenhängen der fundamentalen Jahresabschlusskennzahlen und der Betafaktoren. Vgl. *Bauer* (1992), S. 224, sowie Tabelle E.39, S. 223.

[471] Vgl. *Bauer* (1992), S. 224.

[472] Vgl. *Zimmermann* (1997), S. 259 ff.

[473] *Zimmermann* (1997) hat außerdem die Gesamt-Stichprobe der Unternehmen nach einer Stichprobe mit Holdinggesellschaften (Umsatz = 0) und einer Stichprobe ohne Unternehmen mit Fehlbetrag und ohne Holdinggesellschaften differenziert, um von vornherein strukturelle Auswirkungen zu vermeiden.

[474] Die Daten wurden von der Jahresabschlussdatenbank der Deutschen Finanzdatenbank am Lehrstuhl für Betriebswirtschaftslehre, insbesondere Unternehmensrechnung und Finanzierung, Rheinisch Westfälische Technische Hochschule Aachen, bezogen. Aus Verfügbarkeitsgründen wurden lediglich Einzelabschlüsse und keine Konzernabschlüsse berücksichtigt, was Informationsverluste, insbesondere bei konzernverbundenen Unternehmen, zur Folge hatte.

[475] *Bauer* (1992), S. 123-124, verwendete hingegen das Geschäftsjahr des untersuchten Unternehmens.

bung).[476] Später wurde aus verschiedenen Gründen eine Zeitverschiebung mit Lags von 6, 12 und 18 Monaten eingebaut.[477] Die Untersuchungskennzahlen wurden sowohl nach theoretischen Gesichtspunkten als auch nach der empirischen Relevanz ausgewählt, wobei im Rahmen der einfachen jahresweisen Querschnittsanalyse die in Tabelle 17 veranschaulichten Ergebnisse erzielt wurden.

Kennzahl	**R^2**		**Anzahl der Vorzeichen**			
			gesamt		**signifikant**	
	Ø	**max.**	**pos.**	**neg.**	**pos.**	**neg.**
Buchwert-Anpassungskoeffizient	.009	.037	10	8	2	0
Marktwert-Anpassungskoeffizient	.016	.055	15	3	4	0
Buchwert-Verschuldungsgrad	.009	.033	7	11	1	1
Marktwert-Verschuldungsgrad	.011	.048	14	4	3	0
Fremdkapitalzinslast	.014	.066	12	6	3	0
Maschinenquote	.032	.118	1	17	0	8
Anlagenquote	.012	.052	1	17	0	2
Vermögensstruktur	.014	.050	1	17	0	2
Sachanlagen zu Umsatz	.015	.040	1	17	0	2
Umschlagshäufigkeit des AV	.018	.061	2	16	0	4
Umschlagshäufigkeit des UV	.028	.060	1	17	0	10
Materialintensität	.012	.053	15	3	2	0
Personalintensität	.013	.050	14	4	2	0
Ausschüttungsquote	.009	.065	9	9	1	0
Dividendenrendite	.012	.037	14	4	2	0
Log (Marktwert des Eigenkapitals)	.167	.332	18	0	18	0
Log (Eigenkapital)	.187	.329	18	0	18	0
Log (Grundkapital)	.207	.362	18	0	18	0
Log (Bilanzsumme)	.177	.310	18	0	18	0
Wachstum der Bilanzsumme	.013	.060	9	9	2	1
Wachstum des Marktwertes des EK	.069	.308	11	7	6	2
P/E-Ratio	.017	.058	2	16	1	4
M/B-Ratio	.027	.131	3	15	0	7
Bilanzkurs	.018	.090	12	6	4	0
Cash-Flow-Rendite	.020	.064	2	16	0	6
Ergebnisstruktur	.018	.085	10	8	4	0
Jahresultimo-Kurs	.033	.107	2	16	0	11
Prozentsatz der Handelskurse (enge Definition)	.390	.551	18	0	18	0
Prozentsatz der Handelskurse (weite Definition)	.349	.461	18	0	18	0
Prozentsatz der Nicht-Nullrenditen	.473	.615	18	0	18	0

Tabelle 17: Fundamentale Kennzahlenzusammenhänge zum Beta bei *Zimmermann* (1997)[478]

Einige in der Literatur theoretisch formulierte oder empirisch beobachtete Zusammenhänge konnte *Zimmermann* (1997) in seiner Untersuchung am deutschen Markt ebenfalls bestätigen.

---

476 Eine zeitliche Verschiebung wird in der Literatur oft auch als sog. „Lag" bezeichnet.

477 Einer der Gründe ist beispielsweise, dass der Stichtag der Berichte zumeist der 31. Dezember eines Jahres ist, die Veröffentlichung des Berichtes aber erst einige Wochen später stattfindet und im Allgemeinen auch erst dann (vollständig) in den Aktienkursen verarbeitet ist. Vgl. dazu auch *Zimmermann* (1997), S. 300.

478 In Anlehnung an *Zimmermann* (1997), S. 295 ff.

Die höchsten Bestimmtheitsmaße wurden in diesen Zusammenhang für den „Prozentsatz der Nicht-Nullrenditen“ und der „Handelskurse“ sowie für den logarithmierten Werte des „Marktwerts des Eigenkapitals“, des „bilanziellen Eigenkapitals“, des „Grundkapitals“ und der „Bilanzsumme“ festgestellt. Obwohl die Zusammenhänge meistens signifikanter Natur waren, widersprachen sie weitestgehend der in amerikanischen Untersuchungen beobachteten Richtung der Vorzeichen.[479] Vergleichbare Resultate wurden auch bei Anwendung von anderen als wöchentlichen Renditeintervallen beobachtet.[480] Bei mehrjährigen Schätzperioden der Betafaktoren mittels monatlichen Renditeintervalls und Durchschnittsbildung der Bilanzkennzahlen über einen mehrjährigen Zeitraum konnten ebenfalls keine über alle Perioden signifikanten und stabilen Zusammenhänge zum Aktien-Beta festgestellt werden. Die Illiquidität einzelner Aktien wird weitläufig unter der Problematik des Intervalling-Effekts subsumiert und wirkt sich direkt auf die Schätzer des Aktien-Betas aus. Zimmermann hat deshalb den Einfluss der Illiquidität auf die Zusammenhänge zwischen Aktien-Beta und Bilanzkennzahlen untersucht, wobei die Unternehmen nach vier verschiedenen Liquiditätsklassen eingestuft wurden.[481] Weil die Stichprobengröße in den einzelnen Gruppen deutlich geringer war, ist auch die Anzahl der signifikanten Zusammenhänge über alle Gruppen gesunken.[482] Die durchschnittlichen Bestimmtheitsmaße der „Unternehmensgröße“ und der „Handelshäufigkeit“ waren innerhalb der verschiedenen Liquiditätsgruppen von geringerer Bedeutung, während die Erklärungsbeiträge der übrigen Kennzahlen tendenziell höher als in der Gesamtstichprobe waren. Auch bei den liquiden Aktien, die nicht durch den Intervalling-Effekt beeinträchtigt waren, konnten die theoretisch vermuteten Zusammenhänge nicht bestätigt werden.

In einer weiteren Untersuchung von Zimmermann wurde getestet, ob sich die Unternehmensinformationen (Bilanzkennzahlen) eventuell verzögert auf das Aktien-Beta auswirken. Da der Stichtag der Bilanzkennzahl in der Ausgangsuntersuchung mit dem Stichtag der Beta-Berechnung übereinstimmt (Lag = 0), die Berichte aber grundsätzlich erst zu einem späteren Zeitpunkt den Kapitalmarktteilnehmern zur Verfügung stehen (Veröffentlichungszeitpunkt), hat Zimmermann sein Grundmodell derart modifiziert, dass verzögerte Einflüsse in Form von Lags verschiedener Längen erfasst wurden.[483] Unter Verwendung von Lags mit 0, 6, 12, und 18 Monaten ließen die Kennzahlen keine signifikanten Veränderungen der Erklärungsbeiträge zugunsten einer ganz bestimmten Zeitverschiebung erkennen. Lediglich für die Kennzahlen

[479] Zu den Untersuchungen am amerikanischen Kapitalmarkt siehe Kapitel 4.3.1.

[480] Neben wöchentlichen Renditeintervallen wurden auch tägliche und wöchentliche (Basistag Mittwoch) Betafaktoren berechnet. Vgl. *Zimmermann* (1997), S. 295 f., Tabelle 6.4.

[481] Die Einteilung erfolgte nach der Höhe des Prozentsatzes der Nullrenditen in vier gleich große Gruppen.

[482] So *Zimmermann* (1997), S. 298.

[483] Die wird dadurch begründet, dass zum Prognosezeitpunkt des Betas nicht alle Informationen über das Unternehmen vollständig in den Kursen verarbeitet sind bzw. die Informationen bzgl. eines abgelaufenen Geschäftsjahres oder Quartals erst mit einer gewissen Zeitverzögerung öffentlich verfügbar sind.

der Handelshäufigkeit trat mit wachsender Zeitverschiebung ein niedrigeres Bestimmtheitsmaß auf.[484] In Anlehnung an die Vorgehensweise früherer empirischer Untersuchungen wurde versucht, das Beta mit Hilfe multivariater fundamentaler Modelle zu prognostizieren. Dabei wurde unterstellt, dass die einzelnen Kennzahlen in Form additiver Zusammenhänge wirken.[485] Das häufig auftretende Problem von (Multi-)Kollinearitäten bei multiplen Modellen konnte durch ein Toleranzniveau[486] von 0.9 als Mindestanforderung für jede aufzunehmende unabhängige Variable ausgeschlossen werden. Im Rahmen der stufenweisen multiplen Regression wurden dann die Bestimmtheitsmaße unter Berücksichtigung von drei bis fünf Kennzahlen – je nach Periode – und einem Lag von 6 Monaten ermittelt.[487] Im Verlauf der Untersuchung hatte sich gezeigt, dass die „Size"-Kennzahl als Approximation für die Unternehmensgröße in jeder Untersuchungsperiode in das Multifaktor-Modell aufgenommen werden konnte. Darüber hinaus fanden die Kennzahlen „Maschinenquote" und „Wachstum des Eigenkapitals" relativ häufig Verwendung, wenngleich bei der letztgenannten Kennzahl wechselnde Vorzeichen beobachtet wurden, die eine Instabilität des Zusammenhangs vermuten lassen. Im Ergebnis konnte bei den multivariaten Analysen ein Erklärungsgrad zwischen 19 % und 57 % erzielt werden.[488] Um jedoch zuverlässige Prognosen für das Aktien-Beta gewährleisten zu können, muss eine feste Kennzahlenkombination über den gesamten Untersuchungszeitraum allen anderen Kombinationen überlegen sein. Eine solche Kombination konnte Zimmermann nicht finden, weshalb er abschließend – auch unter Berücksichtigung der Ergebnisse früherer empirischer Untersuchungen – zu der Feststellung kommt, dass am deutschen Markt weder ökonomisch begründbare noch stabile Zusammenhänge zwischen dem Aktien-Beta und Bilanzkennzahlen existieren.[489]

4.3.2.4 Kritische Auseinandersetzung mit bisherigen Untersuchungen

Der Begründung neuer wissenschaftlicher Modelle und/oder Untersuchungsmethoden sollte neben einer fundierten theoretischen Herleitung immer auch eine detaillierte Analyse des bis-

---

[484] Vgl. *Zimmermann* (1997), S. 302.

[485] In der Literatur wurden in diesem Zusammenhang allerdings auch geschlossene Modelle multiplikativer Form diskutiert. Vgl. hierzu *Gahon/Gentry* (1982), S. 17-18; *Mandelker/Rhee* (1984), S. 48-49; *Chung* (1989), S. 345-347; *Mensah* (1992), S. 188-190.

[486] Das Toleranzniveau der unabhängigen Variablen berechnet sich in diesem Zusammenhang als 1 minus das Bestimmtheitsmaß der jeweiligen Variable gegenüber den übrigen Variablen des multiplen Modells. Ein bestimmter Grenzwert für das Toleranzniveau, ab dem Multikollinearität vorliegt, existiert nicht. Sofern der Toleranzwert jedoch sehr niedrig ist, spricht dies für das Vorliegen von Multikollinearitäten. Vgl. *Backhaus u .a.* (1994), S. 41-42; *Eskew* (1979), S. 113, Fn. 9.

[487] In jeder Untersuchungsperiode war immer auch mindestens eine „Size"-Kennzahl enthalten.

[488] Ähnliche Ergebnisse wurden auch bei anderen Schätzmethoden und anderen Lags beobachtet. Vgl. *Zimmermann* (1997), S. 303.

[489] Vgl. *Zimmermann* (1997), S. 293.

herigen Forschungsstands vorausgehen. Will man eine Validierung des bisherigen Forschungsstands auf dem Gebiet der analytischen Beta-Modelle vornehmen, so bietet sich die schon oben gewählte Unterscheidung zwischen deutschen und US-amerikanischen/ internationalen Arbeiten an. Für eine solche differenzierte Betrachtung spricht vor allem, dass sich die Strukturen und der Grad der Entwicklung der Kapitalmärkte in Deutschland und den USA wesentlich unterscheiden. Während der US-amerikanische Kapitalmarkt allgemein als hochentwickelt, transparent und informationseffizient gilt, wurde dies für den deutschen Markt in der Vergangenheit häufig in Frage gestellt.[490] Allen empirischen Arbeiten im Kontext der analytischen Bestimmung eines Fundamental Beta ist jedoch – unabhängig vom regionalen Fokus – eine gewisse Ähnlichkeit der methodischen Vorgehensweise gemein. Die vorangegangenen Ausführungen haben deutlich gemacht, dass die Mehrzahl aller Untersuchungen auf jahresweisen Querschnittsregressionsmodellen bzw. Faktormodellen basiert. Dabei wurden die fundamentalen Daten auf Jahresbasis erhoben und anschließend auf einfache oder multivariate Zusammenhänge hin überprüft. Der überwiegende Teil der hiesigen Literatur kommt für den amerikanischen Kapitalmarkt und teilweise auch für internationale Kapitalmärkte zu dem Ergebnis, dass statistisch signifikante Zusammenhänge zwischen einzelnen als relevant erachteten Kennzahlen und dem Aktien-Beta bestehen und dass kennzahlengestützte Prognosemodelle gegenüber der naiven Prognose[491], teilweise sogar gegenüber der Bayes-Prognose[492] vorteilhafter sind.[493] Kritisch ist dieses Ergebnis in Bezug auf zwei das methodische Vorgehen betreffende Aspekte zu sehen:

- Durch die notwendigerweise langen Zeiträume bei der Acccounting-Beta-Schätzung können Strukturbrüche und somit Verzerrungen des Beta-Schätzers auftreten.
- Signifikante zeitliche Zusammenhänge werden durch nicht signifikante Jahre unterbrochen, was die Bewertung des Gesamtergebnisses erschwert.

Der lange Betrachtungszeitraum (20 und mehr Jahre) der mittels OLS-Zeitreihenregression geschätzten Accounting Betas resultiert aus der statistischen Notwendigkeit einer Mindestanzahl an Datenpunkten und der bisher allgemein anzutreffenden Verwendung bilanzieller Jah-

[490] Darüber hinaus existieren unterschiedliche Publizitätsanforderungen an den verschiedenen Börsen und unterschiedliche Rechnungslegungsstandards.

[491] Vgl. *Beaver/Kettler/Scholes* (1970), S. 677; *Rosenberg/Marathe* (1975), S. 132-139; *Rosenberg* (1985), S. 8; *Young u. a.* (1987), S. 75, bzw. mit den gleichen *Daten Young* u. a. (1991), S. 563.

[492] Vgl. *Rosenberg/McKibben* (1973), S. 328-330; *Eskew* (1979), S. 115-116; *Hochman* (1983), S. 141-147; *Lee* u. a. (1986), S. 60.

[493] Anders sieht dies für den deutschen Markt z. B. *Müller* (1992), S. 172-180, und am amerikanischen Markt *Elgers* (1980), S. 400; *Elgers/Murray* (1982), S. 366; *Buttars* (1988), S. 55-56.

resdaten.[494] Dass innerhalb eines solch langen Betrachtungszeitraums strukturelle Veränderungen der Unternehmen mit Auswirkung auf das Beta auftreten können, liegt nahe. Eine Lösung dieser Problematik könnte in der Verwendung von Quartalsdaten liegen. Diese Daten sind jedoch häufig mit einer deutlich höheren Volatilität durch Saisonalitäten verbunden. was die Berechnung des Fundamental- oder Accounting Betas unter Umständen erschwert.[495] Vor diesem Hintergrund erscheint ein Betrachtungszeitraum von fünf Jahren zweckmäßig, der einerseits lang genug ist, um für die Zeitreihenregression repräsentative Daten hervorzubringen, andererseits aber das Risiko struktureller Verzerrungen deutlich verringert.

Während in den USA für die von *Beaver/Kettler/Scholes* (1970) ursprünglich ausgewählten Kennzahlen zahlreiche Wiederholungsbeweise vorliegen, konnten für andere Kennzahlen (insbesondere am deutschen Kapitalmarkt) keine durchgängig signifikanten Zusammenhänge entdeckt werden. Die Ursache hierfür könnte im methodischen Vorgehen der Untersuchungen liegen, die nachfolgend näher zu betrachten sein wird. Grundsätzlich wurden die Zusammenhänge zwischen Beta und bilanziellen Kennzahlen bislang zumeist im Rahmen jahresweiser Querschnittsanalysen untersucht. Es wurde also für jedes Jahr des Betrachtungszeitraums eine Regressionsgleichung geschätzt. Dann wurde ein Durchschnitt der Gütemaße über den Gesamtbetrachtungszeitraum ausgewiesen. Nicht unproblematisch ist hierbei die Tatsache, dass signifikant ausgewiesene Gesamtperioden durch einzelne nicht signifikante Jahre unterbrochen werden bzw. dass sich die Vorzeichen einzelner Kennzahlen innerhalb des Untersuchungszeitraums vertauscht haben. Beide Phänomene lassen die Annahme stabiler Zusammenhänge wenig plausibel erscheinen. Diese Probleme traten dabei am deutschen Markt in noch stärkerem Maße als etwa am amerikanischen auf. Infolgedessen konnte in Deutschland keine Bestätigung für einen allgemeingültigen signifikanten Zusammenhang zwischen bilanziellen Kennzahlen und dem Beta gefunden werden; nicht einmal für die ursprünglich verwendeten und durch empirische Studien in den USA immer wieder untermauerten Kennzahlen von *Beaver/Kettler/Scholes* (1970). *Zimmermann* (1997) folgert daher richtigerweise, dass am deutschen Markt – unter Verwendung bisheriger herkömmlicher Forschungsdesigns – keine Einflüsse rechnungslegungsbezogener Kennzahlen auf das Marktrisiko über längere Betrachtungszeiträume nachgewiesen werden können.[496]

---

494 Vgl. Kapitel 3.2.2.2.

495 Spezifische Glättungsverfahren können in diesem Zusammenhang für besssere Ergebnisse sorgen.

496 Obwohl es in einzelnen Jahren teilweise stark signifikante Zusammenhänge zu geben scheint.

4.4 Ein eigener Ansatz zur Bestimmung des Fundamental Betas

Die vorliegende Arbeit hat zum Ziel, das hypothetisch systematische Risiko für nicht börsennotierte Unternehmen(steile) im Rahmen eines fundamentalen Ansatzes aus den Erkenntnissen der modernen Kapitalmarkttheorie und den Analyseansätzen zu bestimmen.[497] Weil die in Kapitel 1, Kapitel 4.1 und Kapitel 4.2 dargestellten Verfahren bei der Bestimmung des Betafaktors für nicht börsennotierte Unternehmen(steile) vielfach zu Verzerrungen beim Schätzer des Betas führen oder es ihnen an theoretischer und/oder empirischer Validität[498] fehlt, wird im Folgenden ein Fundamental-Beta-Modell entwickelt, dessen Grundlage eine ganzheitliche Betrachtung von Unternehmenssteuerung, Kapitalkosten und Beta bildet. Aufbauend auf diesem grundlegenden Verständnis wird das ökonometrische Beta-Modell in Kapitel 6 dargestellt.

4.4.1 Gründe für einen neuen Ansatz

In den vorangegangenen Kapiteln wurde eine Vielzahl möglicher Schätzverfahren erläutert, die für die Ermittlung des Betafaktors nicht börsennotierter Unternehmen(steile) grundsätzlich einsetzbar sind. Sowohl aus theoretischen als auch aus praktischen Überlegungen stellt die Anwendung des CAPM-Betas in Verbindung mit den Analogieansätzen eine oftmals präferierte Variante zur Bestimmung des systematischen Risikos bei nicht börsennotierten Unternehmen(steilen) dar. Die mit diesem Verfahren verbundenen Probleme der Über- oder Unterbewertung (selbst bei Anwendung von Adjustierungsmaßnahmen) sind jedoch derart groß, dass der innere (fundamentale) Wert einer Unternehmung wieder zunehmend an Bedeutung gewinnt.[499] Ein vielfach beobachtetes Problem stellt in diesem Zusammenhang beispielsweise die Verzerrung des Beta-Schätzers aufgrund von Kapitalmarktanomalien wie z. B. Kursblasen (sog. Bubbles) dar, die gegenwärtig insbesondere auch vor dem Hintergrund der Finanzmarktkrise beobachtbar sind.[500] Diese Kursblasen führen zu völlig irrationalen Renditen am Aktienmarkt und somit zum Auseinanderfallen von Marktwert und innerem (fundamentalem)

---

[497] Obwohl der verfolgte normative Ansatz sich in erster Linie auf *nicht börsennotierte Unternehmen(steile)* bezieht, kann ein Einsatz über die reine Plausibilitätsprüfung hinaus auch für börsennotierte Unternehmen sinnvoll erscheinen, wenn ein begründeter Verdacht für das Vorhandensein eines unfairen Aktienkurses vorliegt oder die Prognosegüte des Beta-Schätzers verbessert werden kann.

[498] In Bezug auf die meisten bilanziellen Kennzahlen bestehen für den deutschen Kapitalmarkt einzelne empirische Untersuchungen (unter Anwendung herkömmlicher, traditioneller Untersuchungsmodelle, meist einfache Querschnittsmodelle), in denen keine statistisch signifikanten Zusammenhänge mit dem Marktrisiko nachgewiesen werden konnten. Vgl. hierzu auch Kapitel 4.3.2.

[499] Vgl. *Rappaport* (1998), S. 3.

[500] So wurden bspw. am Deutschen Aktienindex (DAX) am 24.10.2008 unter dem Einfluss der andauernden Finanzmarktkrise zeitweise Kursverluste von bis zu 12 % an nur einem Tag beobachtet.

Wert einer Unternehmung.[501] Schon *Aders/Hebertinger/Wiedemann* (2003)[502] haben auf diese Problematik des Auseinanderfallens von Marktwert und innerem Wert (sog. Wertlücke) eines Unternehmens hingewiesen.[503] In einem 2003 veröffentlichten Artikel haben die genannten Autoren gefordert, stärker fundamentale Daten der Unternehmung als zentrale Treiber zu identifizieren und diese sowohl in die Unternehmensbewertung als auch die wertorientierte Unternehmenssteuerung einfließen zu lassen. Wenn die Erfolgsgröße (Free Cash Flow) der Unternehmung am Kapitalmarkt (bzw. in den theoretischen Bewertungsmodellen) richtig antizipiert wird, kann der für die Wertlücke zwischen innerem Wert und Marktwert verantwortliche Parameter nur in den Kapitalkosten (als relevanter Diskontierungsfaktor) liegen. Diese Wertlücke entsteht dann durch die oben beschriebenen Effekte der Über- oder Unterbewertung der Kapitalkosten, deren Vermeidung fundamentale Ermittlungsmethoden zum Ziel haben. An diesem Punkt setzt das hier entwickelte Fundamental-Beta-Modell an, in dem die zentralen Werttreiber des im Unternehmen angewandten, wertorientierten Unternehmenssteuerungsansatzes zunächst hinsichtlich risikodeterminierender Eigenschaften überprüft werden. Bei positiver Evaluierung erfolgt in einem zweiten Schritt die Transformation dieser Werttreiber in das Fundamental-Beta-Modell. Ein regelmäßig hierbei auftretendes Problem liegt in der Identifikation geeigneter fundamentaler Maßzahlen, die sowohl den Wertbeitrag im Unternehmenssteuerungsansatz als auch die damit in Zusammenhang stehenden Informationen hinsichtlich des hypothetischen systematischen Risikos reflektieren.[504] Dieser Problematik gilt es im Folgenden besondere Beachtung zu schenken, denn gerade aus der interdependenten Beziehungen zwischen Unternehmenssteuerung und Kapitalkosten (bzw. Beta) ergibt sich die Forderung, beides nicht losgelöst voneinander zu betrachten, sondern in einem integrativen fundamentalen Modell miteinander zu verbinden.

4.4.2 Methodische Grundlagen

Auf der konzeptionellen Basis der in Kapitel 2.3 dargestellten wertorientierter Unternehmenssteuerungsansätze und dem darin instrumentalisierten Kapitalkostenkalkül beruht die Forderung nach einer konsistenten Verbindung beider Elemente in einem ganzheitlichen Ansatz. Dabei ist von Bedeutung, dass der Ansatz eine fundamentale Wertermittlung im Zusammen-

---

[501] Vgl. *Shiller* (2000); *Perez* (2002).

[502] Vgl. *Aders/Hebertinger/Wiedemann* (2003), S. 356 ff. Auf die Bedeutung des fundamentalen inneren Wertes haben ebenso *Malkiel* (1996), S. 110, *Ackermann* (2002), S. 11, und *Kames* (2000), S. 138, hingewiesen.

[503] Allerdings in einem vom hier beschriebenen Sachverhalt verschiedenen Kontext.

[504] Daneben existiert eine Reihe weiterer rein steuerungsspezifischer Problembereiche, die für die Implementierung des Fundamental-Beta-Modells jedoch von sekundärer Relevanz sind. Vgl. hierzu *Bärtl* (2001), S. 41 ff., 45 ff.

hang mit dem Unternehmenswert gewährleistet (vgl.Abbildung 17).[505] Methodisch gilt es in diesem Sinne zunächst die zentralen Werttreiber („value driver" bzw. Wertgeneratoren) des Unternehmenssteuerungsansatzes zu identifizieren (Stufe I) und diese in einem zweiten Schritt hinsichtlich ihrer Risikodetermination in Bezug auf das Beta zu überprüfen (Stufe II). Sofern die Überprüfung der identifizierten Werttreiber theoretische oder intuitiv positive risikodeterministische Eigenschaften belegen konnte, erfolgt im Rahmen eines Transformationsprozesses eine Integration der Werttreiber des Unternehmenssteuerungsansatzes als Risikofaktoren des Fundamental-Beta-Modells (Stufe III).[506]

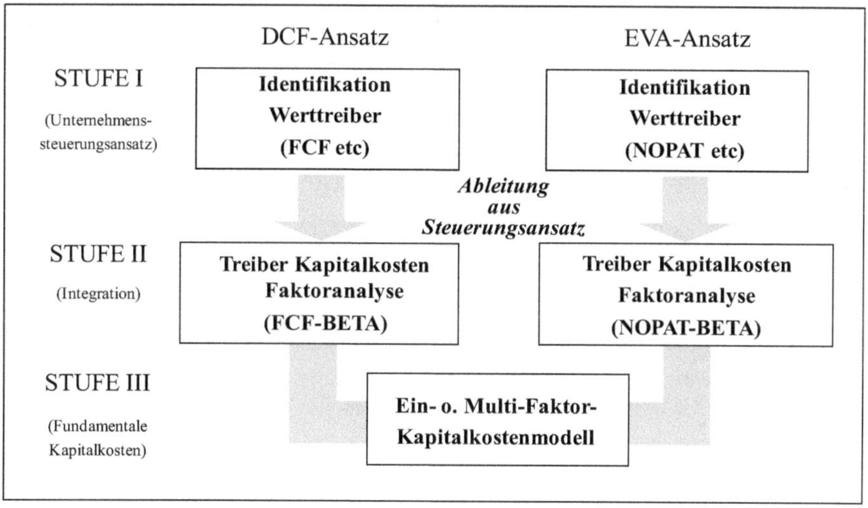

Abbildung 17: Integrationssystematik der Werttreiber im Fundamental-Beta-Modell

Als Transformationsprozess wird die Aggregation einer spezifischen (bilanziellen) Kennzahl in eine Risikomaßzahl (Faktor) des Fundamental-Beta-Modells verstanden.[507] In Anlehnung an *Rappaport* (1986) werden als Werttreiber Einflussgrößen des Shareholder Value bezeichnet, die entweder im objektiven Handlungsbereich des Managements liegen oder extern, wie z. B. Steuern, fest vorgegeben sind. Unterschieden wird außerdem zwischen sog. Makro- und

[505] Eine isolierte Bestimmung der Kapitalkosten ohne Berücksichtigung der Werttreiber des Unternehmenssteuerungsansatzes als potentielle Risikodeterminanten sollte daher vermieden werden.

[506] Der Begriff des Faktors ist hier nicht im Sinne des bei der APT verwendeten Faktor-Begriffs zu verstehen. Im Folgenden wird darunter jeweils eine in das Modell aufgenommene (bilanzielle) fundamentale Kennzahl verstanden.

[507] Als Risikomaße kommen Absolutzahlen, Differenzen, Variabilitäten, Sensitivitäten oder Accounting Betas in Betracht. Siehe hierzu auch ausführlich Kapitel 5.2.

Mikro-Treibern, da für eine Vielzahl von operativen Entscheidungen ein Herunterbrechen der Werttreiber auf niedrigere (Mikro-) Ebenen zwingend notwendig erscheint.[508] Auf einer der Mikro-/Makro-Stufe übergeordneten Ebene werden einzelne Werttreiber dann zur sog. Wertdeterminante zusammengefasst. Dieses Grundverständnis werttheoretischer Überlegungen wird nachfolgend geteilt, wobei vom Begriff der „Wertdeterminante“ Abstand genommen und stattdessen der Begriff des globalen Werttreibers eingeführt werden soll, der aber konzeptionell der „Wertdeterminante“ *Rappaports* (1986) entspricht und dessen Aufgabe in der Aggregation der Informationen von Werttreibern niedrigerer Stufen (Mikro- oder Makrotreibern) besteht. Bei der Implementierung dieses Modells ist von Bedeutung, dass die objektiven Einflussfaktoren des Unternehmenswertes im Rahmen eines wertorientierten Steuerungsansatzes bereits operationalisiert und instrumentalisiert wurden und insofern die Beeinflussung des Unternehmenswertes über diese Treiber unter Berücksichtigung objektiver Maßstäbe sichergestellt ist. Die oben dargestellten und heute vorherrschenden Verfahren der wertorientierten Unternehmenssteuerung (vgl. Kapitel 1) gewährleisten diese Voraussetzung[509] und haben gemeinsam, alle auf der Kapitalwertmethode zu basieren.[510]

Für die weitere Implementierung des Fundamental Betas gilt es, die Werttreiber des Unternehmenssteuerungsansatzes in geeignete statistische Maßzahlen des systematischen Risikos zu transformieren (vgl. Abbildung 18). Konkret bedeutet das für die Schätzung des Betas, dass im Rahmen eines Top-Down-Ansatzes die globalen Werttreiber (z. B. FCF, NOPAT etc.) bzw. die Makro-/Mikro-Werttreiber (Umsatz, Fixkosten, branchenspezifische Kennzahl etc.) des jeweiligen Unternehmenssteuerungsverfahrens identifiziert und anschließend hinsichtlich ihrer risikodeterministischen Eigenschaften für das Fundamental-Beta-Modell überprüft werden müssen (1. Ebene).

[508] Mikro- und Makrowerttreiber werden hier im Sinne unterschiedlicher operativer Aggregationsebenen innerhalb der Unternehmung verstanden.

[509] Die Grundlage von DCF und EVA stellen übergeordnete Werttreiber dar, die aus einer Erfolgs- und der dazugehörigen Diskontierungsgröße (den Kapitalkosten) bestehen. *Rappaport* (1998) nennt zusätzlich als dritte Komponente die „betriebsnotwendigen Investitionen“. Diese können allerdings schon in der Erfolgsgröße integriert sein (z. B. FCF). Vgl. hierzu auch *Rappaport* (1998), S. 172.

[510] Auch das EVA-Verfahren als Residualgewinnkonzept basiert grundsätzlich auf der Kapitalwertmethode. Vgl. *Bärtl* (2001), S. 53.

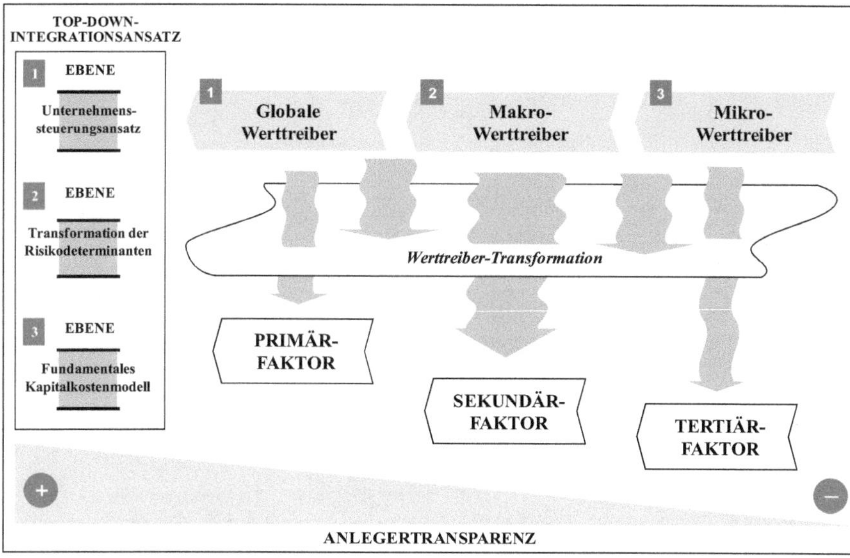

Abbildung 18: Werttreibersystematik im Top-Down-Integrationsansatz

Über die Transformation und Adaption der zuvor ausgewählten Treiber in Faktoren des Fundamental-Beta-Modells (2. Ebene) wird der Forderung nach einem ganzheitlichen Ansatz auf der Basis einer stärker an fundamentalen Daten ausgerichteten Wertermittlung entsprochen.[511] Von Bedeutung ist, dass die Verwendung nur eines einzigen fundamentalen Faktors[512] unter Umständen nicht ausreicht, um das hypothetische Marktrisiko zuverlässig und effizient schätzen zu können.[513] Sofern weitere Makro- oder Mikro-Treiber als wert- und somit risikorelevant identifiziert werden und diese über nicht redundante Informationen verfügen, muss das Fundamental-Beta-Modell durch Sekundär- oder Tertiär-Faktoren als multiples Modell erweitert werden (3. Ebene).[514] Während bei Verwendung nur eines einzigen Primär-Faktors von einem hohen Maß an Anlegertransparenz ausgegangen werden kann, sei an dieser Stelle allerdings auch auf die Wirkung multipler Faktoren bei den Rezeptoren hingewiesen werden. Je

[511] Vgl. Aders/Hebertinger/Wiedemann (2003), S. 356.

[512] Z. B. im Sinne eines Accounting Betas.

[513] Da beispielsweise nicht alle für das systematische Risiko einer Unternehmung relevanten Informationen in diesem einen fundamentalen Faktor enthalten sind. Dies konnte bereits durch *Fama/French* (1993) weitestgehend unstrittig bewiesen werden. Vgl. hierzu auch die Kritik am klassischen CAPM in Kapitel 3.1.3.

[514] Bevor ein Faktor dem Modell hinzugefügt werden kann, bedarf es zunächst allerdings statistischer Tests hinsichtlich Missspezifikationen oder Redundanzen der hinzuzufügenden Faktoren. Tests, die den Erklärungsgehalt und die Spezifikation des Modells (bzw. der hinzugefügten Variablen) überprüfen, sind z. B. der F-Test oder der Lagrange-Multiplier (LM-)Test der Nullhypothese. Siehe hierzu auch Kapitel 7.2.

größer die Anzahl der Faktoren im Modell und je niedriger die Faktorstufe (Aggregationsmaß), desto größer ist auch die Komplexität des Modells und die Wahrscheinlichkeit, dass Fehlinterpretationen vorgenommen werden.[515]

4.4.3 Anforderungen an das Fundamental-Beta-Modell

Da die Bestimmung des Fundamental Betas im Rahmen eines ganzheitlichen integrativen Ansatzes erfolgen soll, müssen neben den allgemeinen ökonometrischen[516] und kapitalmarkttheoretischen Annahmen (vgl. Kapitel 3.1.1) auch bestimmte Anforderungen erfüllt werden, die aus den Prämissen der wertorientierten Unternehmenssteuerungsansätze bzw. der Zweckbindung dieses Ansatzes abgeleitet werden.

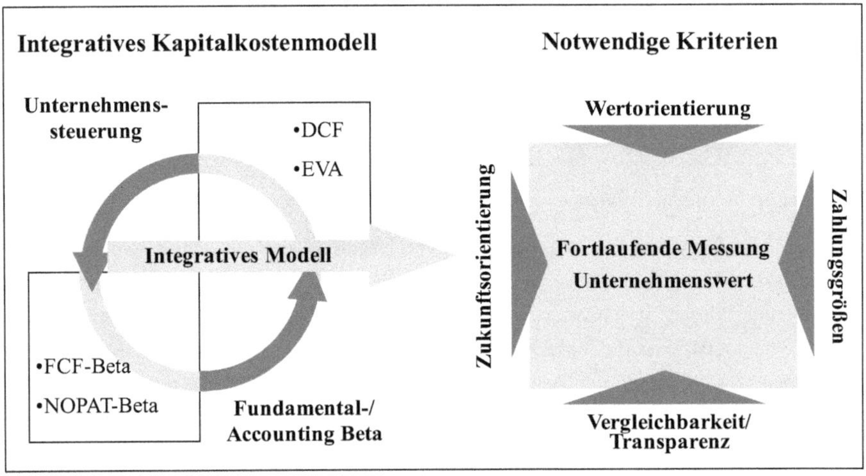

Abbildung 19: Anforderungen an das integrative Kapitalkostenmodell

Wie aus Abbildung 19 ersichtlich ist, müssen für die Anwendung des Fundamental Betas eine Reihe von Voraussetzungen erfüllt sein. Im Einzelnen handelt es sich hierbei um die Erfüllung der (i) Wert-, (ii) Zukunfts- und (iii) Zahlungsorientierung der Modellvariablen sowie der (iv) Multiperiodizität und (v) Vergleichbarkeit/Transparenz des Modells. Die Erfüllung

---

515 Unter Umständen können spezifische Marktdaten nur über spezielle Finanzinformationsdienstleister (z. B. BARRA) bezogen werden und stehen daher nicht für alle Marktteilnehmer zur Verfügung. Darüber hinaus werden die tatsächlich vermuteten Kennzahlenzusammenhänge (finale Modellstruktur) zum Marktrisiko von den wenigen Anbietern fundamentaler Beta-Prognosen, wie z. B. *BARRA* oder *Ibbotson Associates*, aus Wettbewerbsgründen nur (wenn überhaupt) unvollständig veröffentlicht.

516 Zu den statistischen Voraussetzungen und Voruntersuchungen siehe ausführlich Kapitel 7.2.

dieser Voraussetzungen ist eine notwendige Bedingung, die an den jeweiligen Unternehmenssteuerungsansatz zu stellen ist und im Folgenden überprüft werden soll:[517]

Anforderungsüberprüfung beim DCF-Verfahren:

Die Wertorientierung des DCF-Verfahrens ist durch die Ermittlung des Barwertes der zukünftig und nachhaltig in einem Unternehmen erwarteten finanziellen Überschüsse (Free Cash Flows) sichergestellt. Diese Sichtweise impliziert eine an den Eigenkapitalgebern orientierte und auf zukünftige Wertschaffung ausgerichtete Unternehmenssteuerungsstrategie (SHV-Kalkül). Es wird als die genaueste Approximation des Marktwertes der Eigenkapitalanteile angesehen.[518] Darüber hinaus stellt der DCF-Ansatz ein zukunftsorientiertes, mehrperiodiges Verfahren dar, wobei zur Berechnungsvereinfachung zwischen dem Detailprognosezeitraum und dem Fortführungszeitraum unterschieden wird. Der Verwendung von zahlungsorientierten Größen wird mit dem „Free Cash Flow" bzw. dem „Total Free Cash Flow to Firm" Rechnung getragen.[519] Diese Größen implizieren neben dem hohen Grad an Wertorientierung auch eine niedrigere Manipulationsanfälligkeit als traditionelle bilanzielle Gewinngrößen. Die Vergleichbarkeit/Transparenz gegenüber den Rezeptoren (z. B. Anlegern) ist relativ groß, da der Cash Flow als zentraler Treiber aus den Informationen des Jahresabschlusses berechnet werden kann und somit für Dritte zur nachvollziehbaren Größe wird.

Anforderungsüberprüfung beim EVA-Ansatz:

Der EVA-Ansatz verbindet die traditionelle Performancemessung mit den modernen unternehmenswertorientierten Ansätzen der Unternehmenssteuerung.[520] Der Anforderung der Wertorientierung wird dadurch entsprochen, dass sowohl eine Leistungsbeurteilung vergangener Perioden als auch, über den MVA bzw. die Prognose des EVA, zukünftiger Perioden der Unternehmensgesamtwert über die Totalperiode ermittelt werden kann.[521] Obwohl der EVA auf einer auf Buchwerten basierenden Kapitalgröße beruht und insofern eine Marktwertorientierung zunächst vermissen lässt, kann mittels Modifikation eine Transformation zum auf Marktwerten basierenden Refined Economic Value Added (REVA)[522] vorgenommen

---

517 Siehe hierzu auch die Gegenüberstellung der Anforderungsüberprüfung in Tabelle 18.

518 Vgl. *Meier* (2001), S. 297, 315; derselbe verweist jedoch auf das zwingende Erfordernis vollkommener Kapitalmärkte.

519 Zur den einzelnen Cash-Flow-Definitionen siehe Kapitel 2.3.1.1.

520 Vgl. *Keller/Plack* (2001), S. 349.

521 Vgl. *Schmidbauer* (2003), S. 1414.

522 Hierbei kommt nicht das eingesetzte Kapital, sondern der Unternehmensgesamtwert zum Ansatz. Vgl. hierzu auch *Bacidore/Boquist/Milborn/Thakor* (1997), S. 15; *Richter* (1999), S. 207 ff.

werden.[523] Für den in der Praxis vorherrschenden Fall, dass Buch- und Marktwert des Eigenkapitals deutlich divergieren, ist die Kritik an der Buchwertbetrachtung eindeutig gerechtfertigt, kann allerdings auch dadurch entkräftet werden, dass eine hohe Korrelation der EVA-Werte mit den Börsenwerten beobachtet wurde.[524] Der EVA ist vom Grundsatz her eine einperiodisch statische Kennzahl, weshalb unter theoretischen Gesichtspunkten der Bezug zur Kapitalwertmethode insofern regelmäßig verletzt wird.[525] Durch die Konversion zum MVA und die Totalperiodenbetrachtung kann der periodische EVA jedoch in ein zukunftsorientiertes Mehrperiodenmodell transformiert werden. Ausgehend von einer zunächst bilanziellen Erfolgsgröße, dem Ergebnis der gewöhnlichen Geschäftstätigkeit, wird der NOPAT[526] durch Modifikation der Ausgangsgröße als eine dem Cash Flow angelehnte Ergebnisgröße ermittelt. Somit kann der NOPAT als zahlungsorientierte Ergebnisgröße angesehen werden; dadurch ist inbesondere auch der Bezug zur Kapitalwertmethode wiederhergestellt und die o. g. normative Voraussetzung der Zahlungsorientierung erfüllt. Durch die zahlreichen Konversionen bei der NOPAT-Ermittlung wird einerseits versucht, die Nachhaltigkeit der Größe zu gewährleisten und buchhalterische Verzerrungen zu berichtigen,[527] andererseits wird die Vergleichbarkeit/Transparenz für Anleger aufgrund der Vielzahl von Anpassungsmöglichkeiten deutlich reduziert.[528] Der EVA kann grundsätzlich eine geeignete Kennzahl darstellen, um den Wertbeitrag eines Unternehmens wiederzugeben, sofern alle Modifikationen ausreichend kommuniziert werden.[529]

---

523 Vgl. *Klien* (1995), S. 19; *Lewis* (1995), S. 125; *Küpper* (1998), S. 517 ff.; *Schmidbauer* (1999), S. 375.

524 *Busse von Colbe* weist darauf hin, dass der Marktwert des Eigenkapitals im Durchschnitt fast doppelt so groß ist wie der korrespondierende Buchwert. Vgl. *Busse von Colbe* (1993), S. 21, wohingegen *Meier* (2001), S. 323, auf die starke Korrelation von EVA-Werten und Börsenwerten hinweist.

525 Vgl. *Lorson* (1999), S. 1335.

526 In der praktischen Anwendung häufig auch durch die vergleichsweise einfach zu ermittelnden EBIT substituiert. Vgl. hierzu auch Kapitel 2.3.2.

527 Vgl. *Stern/Shiely/Ross* (2002), S. 41; *Burger/Buchhart* (2002), S. 83

528 Selbst wenn ein Unternehmen als internen Steuerungsansatz das EVA-Verfahren verfolgt, resultiert hieraus noch keine Verpflichtung zur Publizität des NOPAT, der vorgenommenen Konversionen oder der dazugehörigen Kapitalgröße aufgrund nationaler oder internationaler Rechnungslegungsvorschriften.

529 Ein hohes Maß an Vergleichbarkeit bzw. Anlegertransparenz kann insbesondere durch die Verwendung von EVA/Capital-Ratios, wie dem ROCE bzw. dem MVA, herbeigeführt werden.

Anforderungen \ Modell	DCF		EVA	
	Erfüllung	**Werttreiber**	**Erfüllung**	**Werttreiber**
Marktwertorientierung	✓	Firm Value Equity Value	O**	Capital Employed
Zukunftsorientierung	✓	Residualwert	✓*	Residualwert
Zahlungsorientierte Größen	✓	FCF, TFCF	O	NOPAT, EBIT
Vergleichbarkeit und Transparenz	✓	FCF Yield	✓	ROCE
Überprüfbarkeit des Unternehmensgesamtwertes	✓	EV, FV	✓	MVA

✓ Kriterium erfüllt   O eingeschränkt erfüllt oder neutral   – nicht erfüllt
* nur im Rahmen der Konversion als MVA ** wg. Verwendung des Buchwerts des Kapitals nur eingeschränkt, aber Modifikation hin zu Marktwerten über sog. REVA möglich

Tabelle 18: Anforderungen und Werttreiber des integrativen Kapitalkostenmodells

Somit bleibt festzuhalten, dass das DCF-Verfahren die oben genannten Anforderungen aus der SHV-Prämisse ausnahmslos erfüllt (vgl. Tabelle 18). Der EVA-Ansatz erfordert eine differenziertere Sichtweise. Im Vergleich zu dem auf Marktwerten basierenden DCF-Ansatz beruhen die Kapitalgrößen des EVA-Ansatzes auf Buchwerten, können aber über Modifikationen in Marktgrößen überführt werden. Im DCF-Ansatz wird die Wertorientierung generell durch die Marktwertbetrachtung aller Einflussgrößen sichergestellt, was beim EVA nur über die Transformation zum REFA gewährleistet werden kann. Die in der Wertorientierung immanent enthaltene Forderung nach einer Mehrperiodengestaltung wird beim EVA über die Konversion zum MVA erfüllt. Über die Verwendung von Renditekennzahlen (Verhältniskennzahlen) wie FCF Yield oder ROCE fundamentale Einflussgrößen des Beta kann ein hohes Maß an Vergleichbarkeit und Transparenz sichergestellt werden. Trotz der erläuterten Einschränkungen eignet sich der EVA-Ansatz grundsätzlich auch für die Modellierung eines Fundamental-Beta-Modells.

4.5 Zusammenfassung und Beurteilung der Verfahren

In den vorangegangenen Kapiteln wurde aufgezeigt, dass die Bestimmung des Betafaktors eines nicht börsennotierten Unternehmens grundsätzlich nach drei konzeptionell unterschiedlichen Ansätzen erfolgen kann. Hierbei handelt es sich um die auf dem CAPM basierenden Analogieverfahren (Kapitel 4.1), den Praktikerverfahren (Kapitel 4.2) sowie den Analyseverfahren (Kapitel 4.3), die die Grundlage eines eigenständigen normativen Ansatzes bilden (Kapitel 4.4). Die unterschiedlichen Verfahren haben dabei oftmals auch zu unterschiedlichen Ergebnissen bei den Schätzern des Betas geführt.[530] Während die Analogieverfahren sich auf

[530] Das Beta nicht börsennotierter Unternehmen kann auch als sog. hypothetisches systematisches Risiko verstanden werden, da der tatsächliche Wert des Parameters nicht bekannt ist.

der einen Seite durch ihre konzeptionelle Einfachheit und Praktikerfreundlichkeit auszeichnen, weisen sie auf der anderen Seite ein erhöhtes Risiko für verzerrte Beta-Schätzer durch Fehler bei der Zusammenstellung der Peer Group oder durch verzerrte Renditen beim Auftreten von Kapitalmarktanomalien (Kursblasen wie in der gegenwärtigen Finanzmarktkrise), auf.[531] Die Praktiker-Verfahren erlauben dem Management/den Analysten sehr viel (subjektive) Einflussnahme bei der Beurteilung der relativen Risikoposition eines Unternehmens bzw. Unternehmensbereichs. Im Umkehrschluss resultiert hieraus aber auch ein erhöhtes Manipulationspotenzial mit der Konsequenz, dass eine objektivierte Bewertung oftmals einer Konsens-Lösung zum Opfer fällt. Vielfach wird darüber hinaus die mangelnde empirische und theoretische Fundierung der Ansätze kritisiert.[532]

Aufgrund nicht zu vernachlässigender Probleme der beiden erstgenannten Verfahren gewinnen die auf den kapitalmarkttheoretischen Verfahren basierenden Analysemethoden zunehmend an Bedeutung.[533] So haben *Fama/French* (1993, 1996) schon früh mit ihrem 3-Faktor-Modell die Überlegenheit eines aus traditionellem CAPM *und* fundamentalen Faktoren kombinierten Modells für die Erklärung von Aktienrenditen aufzeigen können.[534] Wenngleich die Anwendung des Modells von *Fama/French* (1993, 1996) bei nicht börsennotierten Unternehmen aufgrund der Verwendung von Marktfaktoren stark eingeschränkt ist, lassen die bisherigen Forschungsergebnisse in diesem Zusammenhang und die Ergebnisse dieser Arbeit erwarten, dass den Analysemethoden eine ganz neue Bedeutung zukommen kann, wenn es gelingt, die entscheidenden fundamentalen Einflussgrößen für die Erklärung von Renditen bzw. von Betafaktoren abschließend zu ermitteln. Der hier dargestellte eigene normative Ansatz zur Bestimmung des Betafaktors versucht, auf der Grundlage eines analytischen Verfahrens genau diesen Weg zur Identifikation der Einflussgrößen des hypothetischen Marktrisikos zu gehen.[535]

---

[531] Dies kann einzelne Unternehmen und/oder Branchen betreffen. Eines der bekanntesten Beispiele für das Auftreten und anschließende Platzen einer Kursblase (Bubble) ist der Technology-Boom zu Anfang des Jahrtausends gewesen.

[532] Vgl. *Burger/Ulbrich*, a. a. O, S. 558.

[533] Insbesondere auch durch das im Laufe der Finanzmarktkrise vielfach beobachtete Phänomen des Auseinanderklaffens von innerem und am Markt offiziell festgestelltem Preis eines Wertpapiers.

[534] Vgl. Kapitel 3.3.2.

[535] In Kapitel 6 erfolgt die quantitative Formulierung des Fundamental-Beta-Modells.

5 Fundamentale Kennzahlen und Beta

Da das Beta unter Berücksichtigung fundamentaler Daten auf der Grundlage der oben dargestellten wertorientierten Unternehmenssteuerungsansätze ermittelt werden soll, gilt es für die dort identifizierten Werttreiber Kennzahlen bzw. Risikomaßzahlen zu entwickeln, um eine fundierte und konsistente Parameterspezifikation bei der Modellkonzeption zu gewährleisten. Im Folgenden wird ein Grundlagenverständnis bzgl. der Bildung von Kennzahlen(systemen) vermittelt, bevor die Zusammenhänge zwischen einzelnen Jahresabschlussgrößen und dem systematischen Risiko theoretisch und/oder empirisch fundiert werden. Abschließend wird der für die empirische Untersuchung relevante Kennzahlenkatalog festgelegt.

5.1 Der Zusammenhang zwischen Beta und ökonometrischen Risikomaßen

Das Risiko im Verständnis einer (unternehmens-)wertorientierten Sichtweise lässt sich nach *Pratt et al.* (2000) als der Grad der Unsicherheit in Bezug auf die zukünftig und nachhaltig erzielbaren Einnahmenüberschüsse einer Unternehmung auffassen.[536] Diese Sichtweise impliziert sowohl ein Risiko für das Unternehmen selbst als auch für die Eigen- und Fremdkapitalgeber, die über die jeweiligen kapitalrechtlichen Beziehungen direkt an den Einnahmenüberschüssen beteiligt sind. Unter den Prämissen des CAPM in Verbindung mit dem WACC-Ansatz ist Beta die einzige relevante Größe für die anlegerorientierte Risikoadjustierung des Eigenkapitals.[537] Beta bildet insofern für alle Kapitalmarktteilnehmer die relevante Maßzahl einer wert- und risikoorientierten Kapitalallokation. Unter den in Kapitel 3 dargestellten Annahmen des CAPM lässt sich das von *Modigliani/Miller* (1958) entwickelte Irrelevanztheorem der Kapitalstruktur für den Marktwert des Unternehmens herleiten.[538] Die Modellwelt dieser neoklassischen Finanzierungstheorie gewährleistet, dass die Investitionsentscheidungen von den Finanzierungsentscheidungen unabhängig sind und daher das Risiko des Eigenkapitals abhängig vom Finanzierungsrisiko (Financial Risk) und vom Geschäftsrisiko (Business oder Operating Risk) der Unternehmung ist.[539] Im Falle verschuldeter Unternehmen erhöht die Existenz risikobehafteten Fremdkapitals dabei das systematische (Aktionärs-)Risiko.[540] Das erscheint insofern durchaus plausibel, als das Geschäftsrisiko nicht mehr alleine durch die Eigenkapitalgeber, sondern fortan auch durch den Fremdkapitalgeber getra-

---

[536] Vgl. *Pratt/Reilly/Schweihs* (2000), S. 44.

[537] Bei angenommener Diversifikation wird davon ausgegangen, dass das unsystematische Risiko eliminiert werden kann. Vgl. hierzu auch Kapitel 2 und Kapitel 3.1.

[538] Vgl. *Hamada* (1969), S. 18; *Rudolph* (1979), S. 149-150 und S. 158-169.

[539] Vgl. *Bowman* (1979), S. 622; *Hill/Stone* (1980), S. 600; *Franke/Hax* (1990), S. 436-437; *Schmidt/Terberger* (1996), S. 238-241.

[540] Vgl. *Bauer* (1992), S. 63.

gen wird.[541] Allerdings ist dabei das Finanzierungsrisiko nicht durch den ursprünglich von *Hamada* (1969) unterstellten multiplikativen Zusammenhang, sondern durch einen additiven Zusammenhang mit dem Geschäftsrisiko verbunden (vgl. Abbildung 20). Grundsätzlich sind verschiedene Wirkungsweisen der o. g. Komponenten auf das systematische Risiko feststellbar. Zum einen bewirkt die Aufnahme von Fremdkapital eine Erhöhung des Leverage, wodurch in der Folge auch das systematische Risiko ansteigt. Auf der anderen Seite wird durch die Aufnahme zusätzlichen Fremdkapitals ein Teil des Geschäftsrisikos substituiert.

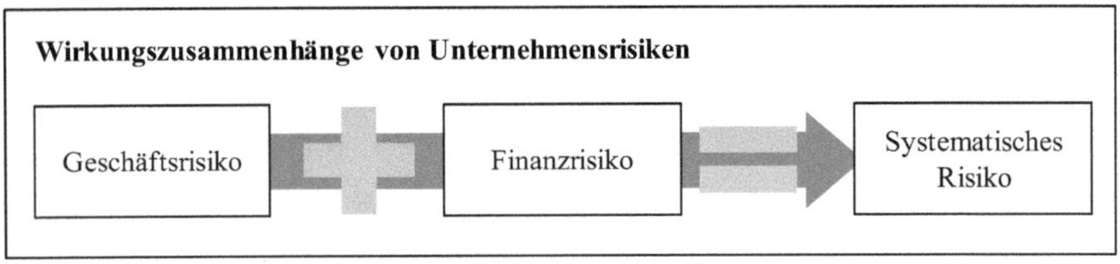

Abbildung 20: Die Aufspaltung des systematischen Risikos

Je größer also das Finanzierungsrisiko und je stärker der Leverage steigt, desto mehr Risiko wird auch durch die Fremdkapitalgeber übernommen. Insgesamt steigt aber das Risiko der Eigenkapitalgeber durch jede zusätzliche Erhöhung der Verschuldung an, da das vom Fremdkapital getragene Risiko kleiner ist als das Geschäftsrisiko der Unternehmung.[542] Aus Abbildung 20 geht hervor, dass die Wirkungsweise und Aufspaltung des systematischen Risikos in die beiden o. g. Teilkomponenten für die Identifikation und Auswahl der relevanten fundamentalen Risikodeterminanten (Kennzahlen) von grundlegender Bedeutung ist. Um mittels Finanz- und Rechnungslegungsinformationen das Marktrisiko über einen fundamentalen analytischen Ansatz ableiten zu können, gilt es zunächst die potentiellen Kennzahlen (Risikomaßzahlen) zu identifizieren, die als Erklärungsvariablen für das systematische Risiko in Betracht kommen. Die Frage, um welche ökonomischen Größen es sich dabei handelt und in welcher Anzahl sie auftreten, gilt dabei jedoch als nicht eindeutig geklärt. Bevor in Kapitel 5.3 die für die nachfolgende empirische Untersuchung relevanten Kennzahlen dargestellt

541 Vgl. *Conine* (1980), S. 1035; *Rubinstein* (1973), S. 177. Im Wege der Finanzmarktkrise 2007 hat dies eine ganz neue Bedeutung gewonnen. Insbeondere auch bei Leveraged-Buyout-Finanzierungen, bei denen die Unternehmen in operative Schwierigkeiten geraten waren, wurde ein massiver Preisverfall für das Fremdkapital am Sekundärmarkt beobachtet.

542 Vgl. *Bauer* (1992), S. 63 f.

werden, muss zuvor der Wirkungszusammenhang zwischen dem Marktrisiko und den möglichen Formen von Risikomaßzahlen eruiert werden.[543]

Erfolgs- und Zahlungsgrößen-Variabilität:

Alle Daten des Jahresabschlusses können im Prinzip als Zufallsvariablen (Random Walk) aufgefasst werden und die tatsächlichen Werte des Jahresabschlusses als Realisationen dieser Zufallsvariablen.[544] Unterstellt man die Stabilität der Veränderungsraten (Wachstumsraten) dieser Variablen und ist es möglich, die Verteilung solcher Zufallsvariablen durch die Standardverteilungen zu approximieren, so kann man analog dem CAPM das systematische Risiko mittels fundamentaler Erfolgs- oder Zahlungsgrößen-Variablen als „Accounting Beta" im Rahmen einer Zeitreihenregression bestimmen. Dies resultiert aus der Tatsache, dass die Varianz einer Erfolgsgröße als Indiz für das Gesamtrisiko der Unternehmung verstanden werden kann.[545] Auch für die einfache Variabilität kann bei einer angenommenen Korrelation der unternehmensspezifischen Erfolgs- oder Zahlungsgröße (G_i) mit der entsprechenden Marktgröße (G_m) ein indirekter Zusammenhang zum systematischen Risiko hergestellt werden.[546]

Erfolgs- und Zahlungsgrößen-Elastizität:

Die Elastizität drückt die Sensitivität einer Erfolgs- oder Zahlungsgröße gegenüber einer diese Größe beeinflussenden Variablen aus. Elastizitäten werden vornehmlich in geschlossenen Modellen eingesetzt, genießen aber in der praktischen Anwendung eine eher geringe Bedeutung.

Kennzahlen der Bilanzanalyse:

Eine weit verbreitete Vorgehensweise bei der Auswahl von Risikokennziffern in fundamentalen Modellen besteht in der Verwendung von Kennzahlen, die im Rahmen der Bilanzanalyse bereits eingesetzt werden und für die gegebenenfalls eine theoretisch fundierte Beziehung zum systematischen Risiko der Unternehmung aus dem CAPM abgeleitet werden kann. In empirischen Untersuchungen haben sich ganze „Kennzahlenkataloge" mit signifikanten Zu-

---

543 Die funktionale Zusammenhangsüberprüfung erfolgt in Anlehnung an die Vorgehensweise von *Möller* (1986) und ist über die nachfolgend dargestellten ökonometrischen Risikomaße möglich. Vgl. *Möller* (1986), S. 117-127

544 Vgl. *Bowman* (1979), S. 619.

545 Dabei sind in die auf Jahres- oder Quartalsdaten beruhende Regressionsanalyse mindestens 20 bis 30 Datenpunkte einzubeziehen. Vgl. hierzu *Zimmermann* (1997), S. 260. Bei Jahreswerten ist der unterstellte stabile Zusammenhang der Erwartungswerte im Allgemeinen eher kritisch zu betrachten, weshalb hier zur Verwendung von Quartalsdaten geraten wird, die aber gegebenenfalls um Saisonalitäten und außerordentliche Effekte bereinigt werden müssen. Zur Stabilität der Verteilung von Quartalsabschlussdaten und zur Prognose des „Accounting Betas" siehe Kapitel 3.2.3.

546 Vgl. *Bowman* (1979), S. 624-625; *Bowman* (1981), S. 749; *Zimmermann* (1997), S. 260 und S. 270. Zu den Variabilitätsrisikomaßen vgl. auch Kapitel 5.3.1.1.

sammenhängen durchgesetzt, die zwar teilweise nicht theoretisch fundiert wurden, für die aber durchaus intuitive Begründungen oder alternative Erklärungsansätze zu finden sind.[547] Der Kritik *Möllers* (1986), wonach die so erfolgende Kennzahlenauswahl ein bloßes Zusammenwürfeln darstelle und unsystematisch sei, kann durch modelltheoretisch konsistente und in einem kausalen Zusammenhang stehende Kennzahlenkombinationen entgegengewirkt werden.[548]

Erfolgs- oder Zahlungsgrößenaufspaltung:

Der Grundgedanke dieses aus der Bilanzanalyse hervorgegangenen Ansatzes besteht darin, die Erträge und Aufwendungen eines Unternehmens in sichere und unsichere Komponenten und somit in unterschiedliche Risikoprofile zu unterteilen. Die regelmäßig anfallenden Erfolgskomponenten werden weiter in betriebszugehörige und betriebsfremde Ergebniskategorien unterteilt.[549] Die Zielsetzung der Erfolgs- oder Zahlungsgrößenaufspaltung[550] liegt in der Ermittlung des nachhaltig (regelmäßig) erzielbaren Betriebsergebnisses.[551] Als regelmäßig anfallende Komponenten können exemplarisch das ordentliche Betriebsergebnis und das ordentliche betriebsfremde Ergebnis (Finanzergebnis) angesehen werden, während das außerordentliche Ergebnis[552] durch unregelmäßig auftretende und außergewöhnliche, in hohem Maße ungewöhnliche Vorgänge charakterisiert wird.[553] Sofern sich der Anteil der außerordentlichen Positionen am Gesamterfolg eindeutig[554] bestimmen lässt, kann dieser mit einem hohen Maß an Unsicherheit behaftete Anteil als Indikator für das Risiko der Unternehmung interpretiert werden.[555]

---

547 Die Untersuchungen dieser Arbeit beruhen ebenfalls auf einem Kennzahlenkatalog, der aber weder aus historischen empirischen Arbeiten noch durch theoretische CAPM-Zusammenhänge fundiert wurde. Siehe zur abschließenden Kennzahlenauswahl Kapitel 5.3.4.

548 Siehe hierzu insbesondere die normative Modellkonzeption in Kapitel 4.4. Zur Kritik an der bilanzanalytischen Kennzahlenauswahl vgl. *Möller* (1986), S. 127.

549 Vgl. *Coenenberg* (1984), S. 454.

550 Unter dem Begriff werden sowohl rein bilanzielle Gewinngrößen als auch zahlungsorientierte Größen wie der Cash Flow o. ä. subsumiert.

551 Vgl. *Küting/Weber* (1994), S. 215-265, die den Erfolg neben dem Gesichtspunkt der „Regelmäßigkeit" in weitere Kriterien aufgliedern.

552 Der Begriff „außerordentlich" ist nach herrschender Meinung eng abzugrenzen, wenngleich eine gesetzliche Präzisierung bisher unterblieben ist. Der Regierungsbegründung nach wird lediglich klargestellt, dass aperiodische Erfolgsbestandteile nicht (notwendigerweise) zu den außerordentlichen Aufwendungen und Erträgen zählen. Vgl. auch *BT-Drucksache 10/317*, S. 86.

553 Vgl. *Baetge/Fischer* (1987), S. 181-189; *Ballwieser* (1987), S. 61-63; *Küting/Weber* (1994), S. 225-227.

554 Einige Autoren bemängeln die Tatsache, dass bestimmte Erträge und Aufwendungen nicht immer eindeutig zuzuordnen sind, zeigen aber auch Vorschläge für entsprechende Lösungswege auf. Vgl. *Coenenberg* (1984), S. 454, sowie die dort angegebene Literatur.

555 Vgl. *Möller* (1986), S. 121.

5.2 Methoden der Kennzahlenbildung

Da das systematische Risiko unter Berücksichtigung fundamentaler Daten auf der Grundlage der oben dargestellten wertorientierten Unternehmenssteuerungsansätze ermittelt werden soll, gilt es für die dort identifizierten Werttreiber Kennzahlen bzw. Risikomaßzahlen zu entwickeln, um eine fundierte und konsistente Parameterspezifikation bei der Modellkonzeption zu gewährleisten. Im Folgenden wird ein Grundlagenverständnis bzgl. der Bildung von Kennzahlen(systemen) vermittelt, bevor die Zusammenhänge zwischen einzelnen Jahresabschlussgrößen und Beta theoretisch und/oder empirisch fundiert werden können. Abschließend wird der für die empirische Untersuchung relevante Kennzahlenkatalog festgelegt. Als Kennzahlen werden hochverdichtete Maßgrößen[556] verstanden, die in Verhältnis- oder als Absolutzahlen[557] ausgedrückt, transparent und aggregiert in konzentrierter Form über einen bestimmten quantifizierbaren betrieblichen Sachverhalt berichten.[558] Dabei erfolgt der Ausdruck über Größen, die einen betrieblichen Vorgang, einen Prozess oder komplexe Unternehmensstrukturen ex post beschreiben bzw. ex ante bestimmen sollen.[559] Lange Zeit wurde darüber diskutiert, inwieweit eine absolute Größe (Absolutzahl) überhaupt die Anforderungen, die an Kennzahlen gestellt werden, erfüllen kann. Letztlich kam die hiesige Literatur zu dem Schluss, dass absolute Größen, wie bspw. „Cash Flow", „Umsatzerlöse" oder „Bilanzsumme" ebenfalls wichtige, betriebswirtschaftlich bedeutsame Informationen darstellen, die insoweit auch über einen plakativen Erkenntniswert verfügen und deshalb heute zu den Kennzahlen zu zählen sind.[560]

5.2.1 Arten von Kennzahlen

Wie aus Abbildung 21 ersichtlich, können Absolutzahlen in Einzelzahlen, Summen, Differenzen und Mittelwerte eingeteilt werden, wobei die Aussagekraft einer Absolutzahl dadurch verbessert werden kann, dass sie zu einer anderen (absoluten) Größe in Beziehung gesetzt wird.[561] Hierdurch entsteht eine neue, als Verhältniszahl bezeichnete Kennzahlengröße.[562] Die

---

556 Auf die Verdichtungs- und Konkretisierungsmethoden von Kennzahlen für Zwecke der Bilanzanalyse soll im Rahmen dieser Arbeit nicht näher eingegangen werden. Übersichtliche Darstellungen und weiterführende Literatur finden sich bei *Coenenberg* (2003), S. 936 ff., und *Baetge* (1998), S. 141 ff.

557 Zur Brauchbarkeit absoluter Kennzahlen aus dem Jahresabschluss siehe ausführlich die Darstellungen bei *Groll* (1988), S. 12; *Lachnit* (1979), S. 16 f.

558 Vgl. *Burger* (1995), S. 25; *Küting/Weber* (2004), S. 23.

559 Vgl. *Merkle* (1982), S. 325.

560 Vgl. *Hofmann* (1977).

561 Die folgenden Ausführungen beschränken sich auf eine Grundlagen-Reflexion der verschiedenen Kennzahlenformen, um ein methodisches Verständnis für die Kennzahlenauswahl zu gewährleisten. Für ausführliche detaillierte Erläuterungen bzgl. spezieller Teilbereiche sei auf die weiterführende Literatur verwiesen.

562 Vgl. *Burger* (1995), S. 26.

Verhältniszahlen (auch relative Zahlen genannt) haben gegenüber absoluten Größen den Vorteil, dass sie die Vergleichbarkeit von Unternehmen unterschiedlicher Größe und Kapitalstruktur gewährleisten.[563] Ein weiterer Vorteil besteht darin, dass von einer Verhältniszahl nicht ohne weiteres auf die absoluten Größen geschlossen werden kann, was immer dann von Bedeutung ist, wenn aus bestimmten Gründen eine Bekanntgabe der Absolutzahlen untersagt ist, aber dennoch ein Vergleich stattfinden soll.[564]

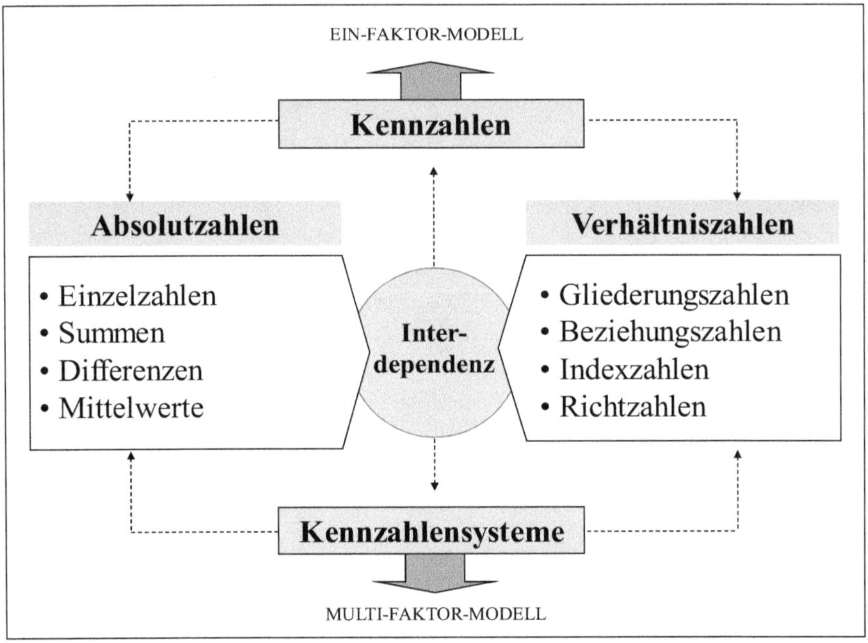

Abbildung 21: Kennzahleneinteilung und Untergruppen von Kennzahlen

Im Zusammenhang mit der Bildung von aussagekräftigen Verhältnis-Kennzahlen gilt es in Bezug auf das Fundamental-Beta-Modell das Entsprechungsprinzip zu beachten, wonach Zähler und Nenner einer Kennzahl in einer betriebswirtschaftlich fundierten und sinnvollen inneren Beziehung zueinander stehen müssen.[565] Dies ist insbesondere für die ökonomische Fundierung der Kennzahlen in Bezug auf die Risikorelevanz im dargestellten Modell von

---

563 Allerdings gilt es die Größenunterschiede von Unternehmen auch bei der Interpretation relativer Kennzahlen zu berücksichtigen. Vgl. hierzu *Jerschensky* (1998), S. 231-236.

564 Vgl. *März* (1983), S. 12.

565 Vgl. *Coenenberg* (2003), S. 935.

grundlegender Bedeutung. Während die Verwendung einer für sich alleine genommenen Kennzahl als Ein-Faktor-Modell formuliert wird, kann über additive bzw. multiplikative Verknüpfung von einzelnen Kennzahlen zu sog. Kennzahlensystemen ein Multi-Faktor-Modell zur Bestimmung des fundamentalen Betafaktors gebildet werden.[566] Innerhalb der Verhältniszahlen kann nach vier weiteren Untergruppen von relativen Zahlen unterschieden werden, die durch Kombination innerhalb der Gruppe bzw. mit den Absolutzahlen auch zu sog. Kennzahlensystemen ausgebaut werden können. Man unterscheidet zwischen Gliederungszahlen, Beziehungszahlen, Indexzahlen und Richtzahlen.[567]

Gliederungszahlen:

Gliederungszahlen sind dadurch charakterisiert, dass eine Teilmenge in Beziehung zur zugehörigen Gesamtmenge gesetzt wird. Dies bedeutet, dass die Größe im Zähler des Quotienten einen spezifischen Anteil des Nenners darstellt und insofern Vergleiche unterschiedlich großer Unternehmen erleichtert.[568] Gliederungszahlen bilden Größenordnungen und strukturelle Zusammenhänge demonstrativ ab und werden prozentual ausgedrückt. Von Bedeutung ist, dass dieselbe Größe im Zusammenhang mit der Bildung einer Gliederungszahl sowohl einmal Teil- als auch ein anderes Mal Gesamtmenge sein kann. Dieser Sachverhalt lässt sich am Beispiel des Eigenkapitals veranschaulichen, welches zum einen Teilmenge des Gesamtkapitals ist und zum anderen aber die Gesamtmenge gegenüber dem gezeichneten Kapital darstellt.[569]

Beziehungszahlen:

Beziehungszahlen setzen verschiedenartige absolute Größen (Absolutzahlen) in einen ökonomisch sinnvollen Zusammenhang.[570] Dabei kann der ökonomisch sinnvolle „innere" Zusammenhang zwischen den einander gegenübergestellten Größen z. B. in Form einer Mittel-Zweck- oder Ursache-Wirkungs-Beziehung bestehen.[571] Die Gesamtkapitalrentabilität stellt bspw. eine solche Beziehungszahl dar, bei der das Gesamtkapital als die verursachende Größe und der Gewinn als die verursachte Größe verstanden wird. Zu beachten gilt hierbei allerdings das Entsprechungsprinzip, wonach im vorliegenden Fall die Fremdkapitalzinsen dem Gewinn wieder hinzugefügt werden müssen, da sich das Gesamtkapital im Nenner sowohl aus Eigen- als auch aus Fremdkapital zusammensetzt.[572]

---

[566] Vgl. Kapitel 6.
[567] Vgl. *Burger* (1995), S. 26 f.
[568] Für die weitergehende Interpretation dieser Gliederungszahlen müssen jedoch auch absolute, die Größe eines Unternehmens beschreibende, Zahlen herangezogen werden.Vgl. *Coenenberg* (2003), S. 935.
[569] Vgl. *Küting/Weber* (2004), S. 25.
[570] Vgl. *Coenenberg* (2003), S. 935 f.
[571] Vgl. *Hauschildt* (1971), S. 340-342.
[572] Vgl. *Coenenberg* (1997), S. 91 f.

Indexzahlen:

Indexzahlen (auch Messzahlen genannt) zeichnen sich dadurch aus, dass sie zeitliche Veränderungen bzw. Entwicklungen einer Größe auf der Grundlage eines Anfangs-, Mittel- oder Endwertes einer Reihe, relativ aufbereiten.[573] Alle Werte der verschiedenen Zeitpunkte werden am Basiswert (Indexanfangswert) ausgerichtet und zu diesem im Verhältnis gemessen. Mit einer Indexzahl wird zum Ausdruck gebracht, inwiefern sich die betrachtete Größe im Analysezeitraum prozentual zum Basiszeitpunkt verändert hat.[574] Beispiele für Indexzahlen stellen die in der späteren empirischen Untersuchung verwendeten Kapitalmarktindices wie DAX oder Prime All Share dar, in denen börsennotierte Unternehmen nach spezifischen Segmentierungskriterien kapitalgewichtet zusammengefasst werden.

Richtzahlen:

Richtzahlen ermöglichen die Beurteilung einer Absolut- oder Verhältniszahl, indem diese Größen an der Richtzahl gemessen werden. Sie dienen dazu, einen Vergleichsmaßstab zu finden, wodurch die ermittelte Kennzahl leichter und ökonomisch fundierter interpretierbar ist. Wenn man die Eigenkapitalrentabilität zu Marktwerten (Total Return) eines Unternehmens mit der durchschnittlichen Aktienrendite eines Index (z. B. DAX 30) vergleicht oder den Anteil des Anlagevermögens am Gesamtvermögen einem zuvor ermittelten Branchendurchschnitt gegenüberstellt, so handelt es sich hierbei um Vergleichsmaßstäbe in Form von Richtzahlen.[575]

Kennzahlensysteme:

Kennzahlensysteme sind in der betriebswirtschaftlichen Praxis weit verbreitet und werden auch als „Kennzahlenkombinationen" (KK)[576] bezeichnet.[577] Sie kommen als Instrument der Unternehmensführung im Rahmen von Planung, Steuerung und Kontrolle in Großunternehmen genauso zum Einsatz wie für Zwecke der internen und externen Unternehmensbewertung.[578] Ein Kennzahlensystem kann als logisch-deduktive Zusammenstellung von einzelnen Kennzahlen aufgefasst werden, mittels derer betriebswirtschaftliche Aussagen über Unternehmen bzw. Unternehmensteile getroffen werden können.[579] Durch die Kombinierung bislang einzelner, beziehungslos zueinander stehenden Kennzahlen zu einer Gesamtheit abhän-

---

573 Vgl. *Küting/Weber* (2004), S. 26.
574 Vgl. *Burger* (1995), S. 27.
575 Vgl. *Burger* (1995), S. 28.
576 Aus didaktischen Gründen wird bei der Verwendung von Kennzahlensystemen vom Begriff der Kennzahlenkombination Gebrauch gemacht.
577 Vgl. *Buchner* (1985), S 36.
578 Vgl. *Küting/Weber* (2004), S. 27.
579 Vgl. *Reichmann* (2001), S. 22 ff.

giger bzw. sich ergänzender Kennzahlen können auf diese Art und Weise betriebswirtschaftliche Interdependenzen von Einzelaussagen deutlich gemacht und die Qualität einer Gesamtaussage erhöht werden.[580] Die untereinander bestehenden logischen Beziehungen der so hierarchisch geordneten Kennzahlen können systematischer, mathematischer oder empirischer Natur sein.[581] Der unten dargestellte Ansatz eines Multifaktor-Beta-Modells ist ein Beispiel, wie logisch deduktive Zusammenhänge einzelner Kennzahlen eines Unternehmenssteuerungsansatzes im Rahmen eines Kennzahlensystems für Zwecke der Beta-Bestimmung eingesetztwerden können.

5.2.2 Funktionen von Kennzahlen und Kennzahlensystemen

Eine der grundlegenden Funktionen von Kennzahlen(-systemen) besteht in der Analyse[582] und Informationsdarstellung komplexer betrieblicher Sachverhalte, Prozesse und Strukturen, um Analysten und Entscheidungsträgern im Unternehmen einen möglichst schnellen und umfassenden Überblick zu ermöglichen.[583] Kennzahlen können als rechentechnische Größen aufgefasst werden, die dabei helfen, Lösungen für Entscheidungsprobleme verschiedenster Art zu finden und Informationen zu quantifizieren, aber auch zu qualifizieren.[584] Dabei sollen sowohl Chancen als auch Risiken im Unternehmen frühzeitig erkennbar werden. Die Verdichtung komplexer ökonomischer Sachverhalte zu einer einzigen Kennzahl stellt einen wesentlichen funktionalen Vorteil in Form einer plakativen Botschaft dar. Allerdings können durch die Komprimierung auch wichtige Informationen verloren gehen oder bedeutsame Zusammenhänge zerrissen werden.[585] Durch die Instrumentalisierung der o. g. Funktionen übernehmen Kennzahlen im Rahmen der analytischen Beta-Prognose die Aufgabe einer Risikodeterminante des systematischen Risikos. Dabei können die meisten Kennzahlen, abhängig vom jeweiligen Untersuchungszweck, auf Basis von Geschäftsjahren oder Quartalen ermittelt werden, wobei die abgebildeten betrieblichen Sachverhalte sich vom Stichtag bis zum Zeitpunkt der Analyse bereits geändert haben können.

---

580 Vgl. *Staehle* (1975), S. 317.

581 Vgl. *Burger/Buchhart* (2002), S. 248, und *Reichmann* (2001), S. 22 ff.

582 Aufgrund eines anders gelagerten Fokus der Arbeit soll jedoch auf die Bilanzanalyse-Funktion von Kennzahlen bzw. Kennzahlensystemen nicht näher eingegangen werden. Vgl. hierzu ausführlich *Baetge* (1998), S. 140 ff; *Burger* (1995), S. 25; *Coenenberg* (2003), S. 934 ff; *Küting/Weber* (2004), S. 23.

583 Vgl. *Küting/Weber* (2004), S. 23.

584 Vgl. *Eberle* (2001), S. 167-172; *Heinen* (1976), S. 147.

585 Vgl. *Burger* (1995), S. 25. Redundanzen bei Verwendung multipler Kennzahlen sind allerdings genauso zu vermeiden.

5.2.3 Anforderungen an Kennzahlen im Fundamental-Beta-Modell

Die Auswahl einer an der Zielsetzung des Fundamental-Beta-Modells entsprechenden Kennzahl ist an die Erfüllung spezieller Anforderungen geknüpft. Dabei sollen diese Anforderungen als grundlegende, einem allgemeinen Gebot folgende Regeln in einem Zielsystem verstanden werden.[586] Die in der Endauswahl des Beta-Modells verwendeten Kennzahlen sollten einer Ordnungsmäßigkeit folgen.[587] Sie müssen nach einer bestimmten Systematik gebildet worden sein und in einem funktionalen Zusammenhang zum Anwendungsbereich stehen.[588] Wichtig für die Interpretation ist die Objektivität[589] einer Kennzahl,[590] welche explizit Willkürfreiheit und Richtigkeit beinhaltet. Sofern eine Kennzahl aus den Daten testierter Jahresabschlüsse gebildet wird, kann das implizit aufgrund der Beachtung der Grundsätze ordnungsmäßiger Buchführung und Bilanzierung (GoB)[591] und der Grundsätze ordnungsmäßiger Konsolidierung (GoK)[592] unterstellt werden. Bei einer aus der Bilanz gewonnenen Kennzahl spricht man von sog. Bestandsgrößen, während es sich bei Größen der Gewinn- und Verlustrechnung (GuV) und der Kapitalflussrechnung um sog. Stromgrößen handelt. Wurde die Kennzahl sowohl aus der Bilanz als auch aus der GuV- bzw. Kapitalflussrechnung ermittelt, so handelt es sich um eine bestands- und stromgrößenorientierte Kennzahl. Dabei sind die unterschiedlichen Größen auch in unterschiedlichem Maße von den Möglichkeiten „gestalterischer" (mitunter manipulativer) Eingriffe (z. B. die Höhe der Abschreibungen etc.) des Managements betroffen. Deshalb gilt es bei vergleichenden Betrachtungen mehrerer Unternehmen die Verwendung möglichst homogener Ermittlungsmethoden zu beachten. Für die Bestimmung des fundamentalen Betas impliziert dies, dass die Gruppe der untersuchten Unternehmen möglichst einem einheitlichen Rechnungslegungssystem angehören sollte bzw. dass entsprechende Unterschiede im Vorfeld antizipiert und ggf. korrigiert werden müssen.[593]

[586] Auf die modellimmanenten Anforderungen des SHV-Ansatzes wird hier nicht mehr explizit eingegangen, da deren Erfüllung vorausgesetzt wird.
[587] Vgl. *Baetge/Fey* in: *Küting/Weber* [Hrsg.] (1987), S. 402.
[588] Vordergründig dienen die hier entwickelten Kennzahlen der Ermittlung des systematischen Risikos als Accounting Beta, z. B. für Zwecke der Unternehmensbewertung oder Unternehmenssteuerung. Daneben kommen als traditionelle Anwendungsbereiche natürlich auch Bilanz- oder Erfolgsanalysen in Betracht.
[589] Vgl. hierzu die bei *Niehaus* (1979), S. 221-225, angegebene Literatur.
[590] Vgl. *Baetge,* (1986), Beilage Nr. 26, S. 1-15.
[591] Vgl. *Leffson* (1987) sowie die dort angegebene weiterführende Literatur.
[592] Eine ausführliche Darstellung findet sich bei *Küting* (1981).
[593] Zu einer Übersicht der angewandten Rechnungslegungsvorschriften der einzelnen Untersuchungsunternehmen siehe Anhang 1.

5.3 Kennzahlenauswahl

Über eine heuristische Vorgehensweise lassen sich die Untersuchungskennzahlen für das Fundamental-Beta-Modell nach theoretischen (vgl. Kapitel 5.3.1) und empirischen (vgl. Kapitel 5.3.2) Gesichtspunkten ermitteln. Im Vordergrund steht dabei insbesondere auch die Fundierung intuitiver - soweit bekannt - bisher nicht untersuchter Kennzahlen (vgl. Kapitel 5.3.3).

5.3.1 Theoretisch fundierte Kennzahlenzusammenhänge

Der Zusammenhang bestimmter, das systematische Risiko eines Unternehmens beschreibender Erklärungsvariablen sollte (grundsätzlich) nicht willkürlich festgelegt werden, sondern bedarf eines fundierten theoretischen Erklärungsmodells. Im Rahmen einer solchen modellhaften Betrachtung lässt sich ein kausaler Zusammenhang zwischen Unternehmens- und Marktdaten herstellen, der anschließend empirisch verifiziert werden muss.[594] Aufbauend auf dem CAPM kann mittels unterstelltem linearen Zusammenhang von fundamentalen (Unternehmens-)Kennzahlen und Aktienrenditen eine Modellierung für das systematische Risiko vorgenommen werden.[595] Ein solches Vorgehen trägt insbesondere der Kritik von *Hamada* (1972) Rechnung, der die Überprüfung von Zusammenhängen willkürlich ausgewählter Kennzahlen zum Beta angeprangert hatte. Zum damaligen Zeitpunkt (Beginn der 1970er Jahre) gab es keine theoretischen Begründungen für die Auswahl bestimmter (fundamentaler) Erklärungsvariablen bzw. für einen Mix aus Erklärungsvariablen, und darüber hinaus konnten auch keine Aussagen darüber getroffen werden, ob es sich um lineare, exponentiale, multiplikative oder kurvenlineare funktionale Zusammenhänge zum Beta handelte.[596] Diese Kritik wurde zwischenzeitlich jedoch durch einige Autoren entkräftet, wobei als wesentliche Ergebnisse dieser Arbeiten neben dem *Accounting Beta*, z. B. auch der *Financial Leverage*, der *Degree of Financial Leverage*, der *Operating Leverage*, der *Degree of Operating Leverage*, die *Cash-Flow-Variabilität*, das *Absatzrisiko*, das *Produktionskostenrisiko* und das *Preisrisiko* als die bedeutendsten theoretisch fundierten Erklärungsvariablen für Beta identifiziert werden konnten.[597]

5.3.1.1 Accounting Beta und Erfolgsgrößen-Variabilität

Das Accounting Beta stellt ein bilanzielles Marktrisikomaß im Sinne einer ökonometrischen Erfolgs- bzw. Zahlungsgrößen-Variabilität (vgl. Kapitel 5.1) dar. Analog zum Aktien-Beta

---

[594] Vgl. *Müller* (1992), S. 129.

[595] Vgl. *Beaver/Kettler/Scholes* (1970), S. 672; *Rosenberg/McKibben* (1973), S. 319; *Eskew* (1979), S. 112; *Lee et al.* (1986), S. 58.

[596] Vgl. *Hamada* (1972), S. 437.

[597] Vgl. hierzu zusammenfassend *Freygang* (1993), S. 275-276, m. w. N.

beschreibt das Accounting Beta die Sensitivität der finanziellen Überschüsse der Unternehmung gegenüber der Variabilität der finanziellen Überschüsse des Marktes und kann als Steigungskoeffizient einer Zeitreihenregression aufgefasst werden. In Anlehnung an die oben getroffenen Annahmen der Separierbarkeit von Investitions- und Finanzierungsentscheidungen und der Identität zwischen der unternehmensbezogenen Rendite und der Rendite der Aktionäre kann das Aktien-Beta unter Verwendung bilanzieller Erfolgsgrößen folgendermaßen dargestellt werden:

$$\beta_i = \beta_{Acc} = \frac{Cov(G_i, G_m)}{Var(G_m)}$$

mit: β_i = Beta aus dem Marktmodell (Aktien-Beta)
G_i = finanzielle Erfolgsgröße der Unternehmung i
G_m = (gewichtete) finanzielle Erfolgsgröße des Marktes m

Als Erfolgsgröße (G) wurde in empirischen Untersuchungen der *Jahresüberschuss*, das *ordentliche Betriebsergebnis*, die *Dividenden*, der *Value Added*, die *E/P-Ratio* oder auch eine zahlungsorientierte Größe wie der *Cash Flow* herangezogen.[598] Dabei wird das Accounting Beta lediglich aus einer einzigen Erfolgsgröße bestimmt, die entweder in Form absoluter Werte bzw. erster Differenzen oder absoluter Werte, die mit einer Kapitalgröße ins Verhältnis gesetzt werden (Renditen), vorliegt.[599] Der Zusammenhang des Accounting Betas zum Marktrisiko lässt sich nun sehr einfach konstruieren. Unter der modellhaften Annahme, dass die Unternehmung über kein Fremdkapital verfügt, lässt sich die Marktrendite des klassichen CAPM folgendermaßen ausdrücken:

$$R_{mt} = \frac{\sum_{i=1}^{j} G_{it}}{\sum_{i=1}^{j} MEK_{it}} = \frac{G_{mt}}{MEK_{mt}} = \text{Marktrendite}$$

mit: $R_i = \frac{G_i}{MEK_i}$ = unternehmensindividuelle Rendite

598 Vgl. *Ball/Brown* (1969), S. 318; *Beaver/Kettler/Scholes* (1970), S. 666; *Gonedes* (1973), S. 410-411; *Beaver/Manegold* (1975), S. 245-247; *Thompson* (1976), S. 177-178; *Hill/Stone* (1980), S. 609; *Hochmann* (1983), S. 132; *Ismail/Kim* (1989), S. 128; *Bauer* (1992), S. 130; *Zimmermann* (1997), S. 284.

599 Vgl. *Möller* (1986), S. 147; *Zimmermann* (1997), S. 269 f.

Die Marktrendite ergibt sich als die Summe der Erfolgsgrößen (z. B. Cash Flow) aller Unternehmen im Marktportfolio $\sum_{i=1}^{j} G_{it}$ zum Zeitpunkt t geteilt durch die Summe der Marktkapitalisierungen $\sum_{i=1}^{j} MEK_{it}$. Wenn man die unternehmensindividuelle Rendite, die Marktrendite und die klassiche Kovarianzformel des CAPM ineinander überführt, so ergibt sich das systematische Risiko einer Unternehmung als das mit der Marktkapitalisierung des spezifischen Unternehmens gewichtete Accounting Beta, q. e. d.:

$$\beta_i = \frac{1}{MEK_i \, MEK_m Var(G_m)} Cov(G_i, G_m) = \frac{MEK_m}{MEK_i} \cdot \frac{Cov(G_i, G_m)}{Var(G_m)}$$

bzw: $\beta_i = \frac{MEK_m}{MEK_i} \cdot \beta_{Acc}$

In Anlehnung an die Ausführungen in Kapitel 4.4, wo die normative Herleitung des Fundamental Betas auf der Prämisse eines ganzheitlichen Ansatzes unter Berücksichtigung wertorientierter Kennzahlen erfolgte, sollen nachfolgend, im Gegensatz zu bisherigen empirischen Untersuchungen, die aus den wertorientierten Steuerungsansätzen abgeleiteten globalen Werttreiber, wie FCF und NOPAT, als Erfolgsgrößen des Accounting Betas herangezogen werden.[600] Die Verwendung solcher Kennzahlen im Rahmen eines Accounting Beta leitet sich aus dem normativen Charakter des Ansatzes ab (vgl. Kapitel 4.4). Um es in einer Kernaussage zusammenzufassen, basieren die am Shareholder Value angelehnten und hier verwendeten Accounting-Beta-Konzepte nicht auf dem Gewinn der Unternehmung, sondern auf einer an den Eigen- und/oder Fremdkapitalgebern orientierten Zahlungsstromgröße. Neben absoluten Werttreibern können auch daraus abgeleitete Rentabilitätskennzahlen, wie FCF- bzw. TFCF-Yield oder ROCE, verwendet werden,[601] um evtl. aus Größeneffekten resultierende verzerrende Einflüsse zu vermeiden (vgl. Tabelle 19).[602]

600 Dem Autor ist lediglich die Untersuchung von *Ismail/Kim* (1989), S. 128, bekannt, in der mehrere cashfloworientierte Kennzahlen untersucht werden. Eine explizite Berücksichtigung wertorientierter Kennzahlen, z. B. mittels FCF oder NOPAT, findet jedoch nicht statt. *Karpik/Belkaoui* (1989), S. 259-276, hier 267, verwenden mit dem „Value Added" eine Wertschöpfungskennzahl und können positive signifikante Zusammenhänge mit dem Marktbeta bestätigen.

601 Aus Konsistenzgründen immer jedoch in Abhängigkeit des unterstellten (angewandten) Unternehmenssteuerungsansatzes des Bewertungsobjektes.

602 Allerdings konnte für Kapitalrentabilitäten und Cash-Flow-Renditen bisher kein signifikanter Zusammenhang mit dem systematischen Risiko festgestellt werden, wenngleich eine empirische Überprüfung der hier genannten wertorientierten Kennzahlen nicht bekannt ist. Zu den empirischen Untersuchungen vgl. *Rosenberg/Marathe* (1975), S. 106; *Thompson* (1976), S. 184; *Bauer* (1992), S. 168-171, 176; *Müller* (1992), S. 168-171; *Zimmermann* (1994), S. 17-19. Wenn die Approximation (bzw. Identität) der Unternehmensrendite, z. B. hier als FCF-Yield, mit der Aktionärsrendite unterstellt werden kann, so kann ein theoretischer Zusammenhang zum Marktrisiko hergestellt werden.

Modell / Faktor	DCF	EVA
	Erfolgsgröße	**Erfolgsgröße**
Absolute Werttreiber	FCF, TFCF	NOPAT, EBIT
Rentabilitätskennzahl	FCF-/TFCF- Yield	ROCE

Tabelle 19: Accounting Beta mit Werttreiber aus den Unternehmenssteuerungsansätzen

Alternativ zum Accounting Beta könnte das Geschäftsrisiko auch über die einfache Variabilität der Erfolgs- oder Zahlungsgröße (G_i) erfasst werden. Dieser Zusammenhang zum systematischen Risko kann allerdings nur indirekt aufgespannt werden und existiert darüber hinaus nur, wenn die Erfolgsgröße des Unternehmens (G_i) positiv mit der durchschnittlichen Erfolgsgröße des Marktes G_m korreliert ist.[603] Empirische Untersuchungen haben einen solchen statistisch signifikanten Zusammenhang zwischen der Erfolgsgrößen-Variabilität und Beta nachweisen können.[604] Die bereits dargestellten Probleme hinsichtlich eines ausreichend großen Stichprobenumfangs und der Stabilität des stochastischen Prozesses gelten auch für Variabilitätsmaße, weshalb die Variabilität (Varianzmaß) nur unter Berücksichtigung eines adäquaten Untersuchungszeitraumes und einer geeigneten Periodizität angewandt werden sollte.[605]

5.3.1.2 Operating Leverage (Business Risk)

Der Einfluss des Operating Leverage (OL)[606] auf das systematische Risiko wurde erstmals durch *Lev* (1974) nachgewiesen und bringt das Verhältnis von fixen zu variablen Kosten einer Unternehmung ($OL = k_f/k_v$) zum Ausdruck.[607] Dabei impliziert ein hoher OL, dass das Unternehmen durch hohe Fixkosten belastet wird und somit unflexibler auf Beschäftigungsschwankungen reagiert. Rein intuitiv müsste eine höhere Unflexibilität mit einem höheren Unternehmensrisiko einhergehen, weshalb ein positiver Zusammenhang zwischen dem OL und dem systematischen Risiko erwartet werden kann, der theoretisch über eine formale Beziehung zwischen der bilanziellen Unternehmensrendite und der Rendite der Eigenkapitalgeber (Aktionärsrendite)[608] hergeleitet werden kann. Unter der Annahme, dass die unternehmensbe-

---

[603] Zur Herleitung dieser Beziehung siehe *Bowman* (1979), S. 624-625; vgl. auch *Bowman* (1981), S. 749.

[604] Vgl. *Beaver/Kettler/Scholes* (1979), S. 662 f. und 669.

[605] Nur bei Quartalsdaten ist sowohl die Erfüllung einer hinreichend großen Stichprobe als auch die Forderung nach der Stabilität des stochastischen Prozesses erfüllt, da der historische Betrachtungszeitraum deutlich kürzer als bei Verwendung jährlicher Daten gewählt werden kann. Vgl. zur empirischen Untersuchung des Accounting Betas und der Variabilitätsmaße Kapitel 7.3.5.

[606] Im angelsächsischen Sprachraum oft auch als „Business Risk" bezeichnet.

[607] Vgl. *Lev* (1974), S. 629.

[608] Um begriffliche Verwirrungen zu vermeiden, soll hier noch einmal ausdrücklich darauf hingewiesen werden, dass es sich bei der Rendite der Eigenkapitalgeber nicht um den „Return on Equity" (RoE) handelt, da dieser

zogene Rendite (R_{ot}) mit der Rendite der Eigenkapitalgeber (R_{it}) bei einem unverschuldeten Unternehmen übereinstimmt, lässt sich die Rendite im Beta-Modell auch mittels Erfolgsgröße (G_{it}) des Unternehmens in einer Periode im Verhältnis zum eingesetzten Kapital (MGK_{it}) ausdrücken, das bei einem unverschuldeten Unternehmen dem Marktwert des Eigenkapitals (MEK_{it}) entspricht:[609]

$$R_{ot} = \frac{G_{it}}{MGK_{it-1}} = \frac{G_{it}}{MEK_{it-1}} = R_{it} = \text{Operative Rendite eines unverschuldeten Unternehmens}$$

wenn: $G_{it} = (p-k_v)\cdot X - k_f = U - k_v - k_f$

Der Gewinn in der Formel oben lässt sich im Einperiodenfall und bei einem Ein-Produkt-Unternehmen als der mit der Absatzmenge[610] X multiplizierte Stück-Deckungsbeitrag DB = ($p-K_v$) = (Stückpreis – variable Stückkosten) abzüglich der fixen Kosten K_f und Unternehmenssteuern beschreiben.[611] Bei der Gewinngröße sollte im Fall der unverschuldeten Unternehmung der Cash Flow oder zumindest eine cashfloworientierte Größe nach Steuern, wie z. B. der NOPAT oder die Earnings Before Taxes Depreciation and Amortization (EBTDA), verwendet werden, da hierdurch der den Eigenkapitalgebern tatsächlich zur Verfügung stehende Auszahlungsbetrag besser approximiert werden kann, als dies bei einer rein bilanziellen Gewinngröße der Fall ist. Ersetzt man die Rendite des CAPM (R_i) durch die oben hergeleitete Rendite der unverschuldeten Unternehmung (R_o), so ergibt sich für das systematische Risiko, das bei einer unverschuldeten Unternehmung auch Operating Beta (β_o) genannt wird, der nachfolgende Zusammenhang:

$$\beta_o = \frac{Cov(R_o;R_m)}{Var(R_m)} = \frac{Cov[(((p-k_v)\cdot X - K_f)/MEKi_{t-1});R_{im}]}{Var(R_{im})}$$

bzw. weiter umgeformt als:

$$\beta_o = \frac{1}{MEK_i}\cdot[E(X)\cdot\beta_{DB} + E(p-k_v)\cdot\beta_X]$$

auf Buchwerten des Eigenkapitals basiert und die Rendite der Eigenkapitalgeber zu Marktwerten gemessen wird. Vgl. zu einer Abgrenzung von Aktionärsrendite, RoE, KGV und anderen finanziellen Renditekennzahlen *Spremann* (2002), S. 120 ff.

609 Vgl. *Bowman* (1979), S. 619.

610 Da die Absatzmenge im Jahresabschluss nicht explizit ausgewiesen wird, kann als Approximation hierfür auch der Umsatz herangezogen werden.

611 Vgl. *Conine* (1982), S. 200 und S. 202-203.

mit: $$\beta_{DB} = \frac{Cov(p - k_v, R_m)}{Var(R_m)}$$

$$\beta_X = \frac{Cov(X_i, R_m)}{Var(R_m)}$$

Die Umformungen machen deutlich, dass das Geschäftsrisiko (Operating Beta) im Wesentlichen von den Erwartungswerten des Stück-Deckungsbeitrags und der Absatzmenge sowie dem Deckungsbeitrags-Beta (β_{DB}) und dem Absatz- und Nachfrage-Beta (β_X) abhängt. D. h., das Operating Beta steigt linear mit der Höhe des Stück-Deckungsbeitrages. Ein hoher Stück-Deckungsbeitrag lässt tendenziell einen höheren Fixkostenanteil (bei geringen unterstellten variablen Kosten) vermuten, der in einem höheren OL resultiert, welcher wiederum zu einem Anstieg des Operating Betas führt.

Die in den o. g. Formeln verwendeten Größen sind aus dem Jahresabschluss nicht direkt extrahierbar, da dort keine explizite Trennung der Variablen von den fixen Aufwendungen vorgenommen wird.[612] Weil für einen externen Rezipienten die Messung des Operating Betas bzw. des Operating Leverages sehr schwierig durchführbar ist, werden in der Literatur verschiedene Kennzahlen zur approximativen Berechnung vorgeschlagen.[613] Vorstellbar ist in diesem Zusammenhang, dass man die fixen Kosten über die GuV aus Personalaufwand, den Abschreibungen auf Vermögensgegenstände und den sonstigen betrieblichen Aufwendungen substituiert, während die variablen Kosten durch den Materialaufwand erfasst werden könnten.[614] Obwohl der Zusammenhang zwischen OL und Aktien-Beta theoretisch fundiert werden kann, genießt die Kennzahl in empirischen Untersuchungen, nicht zuletzt aufgrund der häufig beobachteten nicht signifikanten Zusammenhänge, nur eine untergeordnete Bedeutung.[615] Gerade in Untersuchungen am deutschen Markt finden Kennzahlen, die auf einen unterschiedlich hohen Fixkostenanteil (und nicht auf das Verhältnis von fixen zu variablen Kosten) als erklärende Variable für das Beta der Unternehmung schließen lassen, stärkeren Zuspruch.[616] Häufig werden auch Kennzahlen, die den Anteil des Anlagevermögens im Verhältnis zu einer aus dem Jahresabschluss bezogenen relativierenden Größe, ausgedrückt z. B.

---

612 Vgl. *Lev* (1974a), S. 633.

613 Vgl. *Zimmermann* (1997), S. 267.

614 Vgl. *Küting/Weber* (1994), S. 330.

615 Vgl. *Rosenberg/McKibben* (1973), S. 324. Die Autoren verwenden als OL-Kennzahl *Fixkosten/Betriebsergebnis* und können signifikant positive Zusammenhänge in ihrer Untersuchung belegen. *Rosenberg/Marathe* (1975), S. 196, nutzen dieselbe Definition des OL zwar auch in einer Voruntersuchung, berücksichtigen die Kennzahl aber in der eigentlichen Untersuchung nicht. *Elgers* (1980), S. 407, gibt in seiner Untersuchung keine Definition der von ihm eingesetzten Kennzahlen. *Zimmermann* (1997), S. 267, m. w. N. exkludiert den OL aus seiner Untersuchung.

616 Vgl. *Möller* (1986), S. 129; *Müller* (1992), S. 48; *Bauer* (1992), S. 129; *Pfennig* (1993), S. 56. *Melicher* (1974) verwendet derartige Kennzahlen auch für Untersuchungen am amerikanischen Markt.

als „Anlagenquote", „Anlagenintensität" oder „Maschinenquote", bei empirischen Untersuchungen eingesetzt. Dabei deuten hohe Werte auf tendenziell hohe Fixkostenanteile und somit auch auf ein hohes Beta hin, was damit begründet werden kann, dass Unternehmen mit einem für ihre Größe überdurchschnittlich hohen Anlagevermögen relativ unflexibel auf sich wandelnde Marktverhältnisse reagieren können. Das gilt insbesondere für Sachanlagen und Maschinen, da diese meist auf die spezifischen Bedürfnisse der Unternehmung zugeschnitten sind und sich deshalb nur schwer veräußern oder auf eine neue Produktplattform umstellen lassen.[617]

5.3.1.3 Financial Leverage (Financial Risk)

Der Financial Leverage ist das Pendant zum OL und beschreibt den Einfluss des Verschuldungsgrades als sog. Finanzierungsrisiko (Financial Risk) auf das Aktien-Beta.[618] In Anlehnung an die Ausführungen zum „Levered Beta" (vgl. Kapitel 3.2.4) wird der Verschuldungsgrad als Verhältnis von Marktwert des Fremdkapitals zu Marktwert des Eigenkapitals (engl.: Debt to Equity) einer Unternehmung definiert.[619] Wichtig ist in diesem Zusammenhang die Abgrenzung zum sog. „Gearing", der im angelsächsischen Raum das Verhältnis von Fremdkapital zu Gesamtkapital in Marktwerten darstellt, was auch als Fremdkapitalquote bezeichnet wird:[620]

$$l = \frac{MFK}{MEK} = \text{Leverage} \qquad \text{vs.} \qquad L = \frac{MFK}{MGK} = \text{Gearing}$$

Beide Verschuldungskennzahlen hängen jedoch auf einfache Art und Weise zusammen:

$$L = \frac{l}{1+l} \qquad \text{und} \qquad l = \frac{L}{1-L}$$

In der nachfolgend dargestellten Formel entspricht das Operating Beta dem Geschäftsrisiko und bei einem unverschuldeten Unternehmen auch dem systematischen Risiko der Unternehmung:

$$\beta_{it}^{u} = \frac{Cov(R_{it}, R_{mt})}{Var(R_{mt})}$$

617 Vgl. *Möller* (1986), S. 140.
618 Vgl. *Bowman*, (1979), S. 617 ff.
619 Darüber hinaus existieren inbesondere in der jüngeren Bewertungspraxis und im Zusammenhang mit Leveraged Transactions zunehmend hiervon abweichende Definitionen, die das Eigenkapital durch den EBITDA substituieren.
620 Vgl. *Spremann* (2002), S. 94.

$$= \frac{\mathrm{Cov}((G_{it} / MEK^{u}_{it-1}), R_{mt})}{\mathrm{Var}(R_{mt})}$$

$$= \frac{1}{MEK^{u}_{it-1}} \cdot \frac{\mathrm{Cov}(G_{it}; R_{mt})}{\mathrm{Var}(R_{mt})}$$

Wenn man realistischerweise von der Verschuldung einer Unternehmung ausgeht, dann muss die Gewinngröße (hier: Cash Flow) um die Zahlungen an die Fremdkapitalgeber angepasst und die Kapitalgröße reduziert werden. Für die Rendite der Eigenkapitalgeber der verschuldeten Unternehmung gilt dann:

$$R^{l}_{it} = \frac{\left[GbT_{it} - \left[(1-s) \cdot R_F \cdot MFK_{it}\right]\right] \cdot (1-s)}{MEK^{l}_{it-1}} - 1 = \frac{GaT_{it}}{MEK^{l}_{it-1}} - 1$$

mit:

	GbT_{it}	=	Cash Flow vor Unternehmenssteuern und Zinszahlungen
	R_F	=	Zinssatz des Fremdkapitals
	MFK_{it}	=	Wert des Fremdkapitals der verschuldeten Unternehmung
	MEK^{l}_{it-1}	=	Wert des Eigenkapitals der verschuldeten Unternehmung
	GaT_{it}	=	Cash Flow nach Unternehmenssteuern und Zinszahlungen
	s	=	effektive Unternehmenssteuerquote

Als Gewinngröße werden zahlungsorientierte Größen (Cash Flows) definiert, die bereits oben hergeleitet wurden, wenngleich historische Arbeiten zumeist bilanzielle Gewinngrößen an dieser Stelle verwendet haben. Von Bedeutung ist hierbei zudem, dass mit den Zahlungen an die Fremdkapitalgeber ein Effekt verbunden ist, der als sog. Tax Shield bezeichnet wird. Dieser Effekt entfaltet, wie bereits in Kapitel 2.2 aufgezeigt, zweierlei Wirkungen: Zum einen entsteht eine Minderung der Gesamt-Unternehmensteuerlast i. H. v. [$s*R_F*MFK_{i,t}$], da die Zinszahlungen eines Unternehmens im deutschen Steuerrecht grundsätzlich abzugsfähig sind,[621] während die Dividendenzahlungen keinerlei steuerliche Auswirkungen (Abzugsfähigkeit) auf Unternehmensebene entfalten. Wenn sich die Unternehmenssteuerlast vermindert, muss sich, damit einhergehend, die auszahlungsfähige Gewinngröße der Kapitalgeber (GaT_{it}) um genau diesen Betrag erhöhen. Auf der anderen Seite wird dadurch auch die Diskontierungsgröße des Fremdkapitals im WACC direkt i. H. v. (1-s)*(MFK/MGK) beeinflusst, was wiederum Auswirkungen auf die Höhe der Gesamtkapitalkosten (WACC) impliziert.[622] Wenn die oben hergeleitete Rendite der Eigenkapitalgeber einer verschuldeten Unternehmung nun

[621] Der Einfluss durch die Einführung der Zinsschranke mit der Limitierung der Abzugsfähigkeit auf 30 % des EBITDA der Unternehmung soll hier modelltheoretisch ausgeklammert werden.

[622] Vgl. hierzu auch Kapitel 2.2.

in die klassische Formel des CAPM eingesetzt wird, ergibt sich folgender Zusammenhang für das Aktien-Beta:

$$\beta_{it}^{l} = \frac{1}{MEK_{it-1}} \cdot \frac{Cov(GaT_{it}; R_{mt})}{Var(R_{mt})}$$

Unter der Annahme, dass MEK_{it}^{u} und MEK_{it}^{l} konstant seien, folgt durch Einsetzen der Formeln oben:

$$\beta_{i}^{l} = \beta_{it}^{u} \frac{MEK_{it}^{u}}{MEK_{it}^{l}} = \beta_{it}^{u} \cdot (1 + \frac{MFK_{it}}{MEK_{it}^{l}}) = \beta_{it}^{u} \cdot (1 + l)$$

Dabei bezeichnet (l) den oben dargestellten wertmäßigen Verschuldungsgrad. Wenn der Verschuldungsgrad steigt, dann muss konkludent auch das Finanzierungsrisiko und somit auch das systematische Risiko der Unternehmung ansteigen, da das Ausfallrisiko steigt und die Fremdkapitalgeber eine höhere Risikoprämie fordern werden. Dabei wächst das Finanzierungsrisiko linear mit dem Verschuldungsgrad (l). Das systematische Risiko der Unternehmung setzt sich demzufolge aus dem Risiko der unverschuldeten Unternehmung β_{i}^{u} und dem aus dem Grad der Verschuldung resultierenden finanziellen Risiko ($\beta_{i}^{u} \cdot l$) der Unternehmung zusammen.

In Anlehnung an *Bowman* (1979) können bei diesem Ansatz die Marktwerte von Fremd- und Eigenkapital bei identisch zu erwartenden Ergebnissen durch Buchwerte substituiert werden, wodurch sich der Financial Leverage dann auch zur Abbildung des Finanzierungsrisikos nicht börsennotierter Unternehmen(steile) eignen würde.[623] In empirischen Untersuchungen konnte der erwartete positive Zusammenhang des Leverage zum Beta für amerikanische Aktien größtenteils bestätigt werden. Am deutschen Markt wurde hingegen kein signifikanter Einfluss auf das Beta bzw. eine nicht erwartete Wirkungsrichtung beobachtet.[624] *Hamada* (1972) konnte im Rahmen einer empirischen Untersuchung zeigen, dass der Erklärungsgehalt des Financial Leverage bei nur ca. 21-24 % des am Aktienmarkt beobachtbaren systematischen Risikos

[623] Vgl. *Bowman* (1980), S. 253.

[624] Für amerikanische Aktien vgl. *Beaver/Kettler/Scholes* (1970), S. 669; *Hamada* (1972), S. 441-442; *Rosenberg/McKibben* (1973), S. 326; *Ben-Zion/Shalit* (1975), S. 1022; *Bildersee* (1975), S. 89-90; *Belkaoui* (1978), S. 9. Für kanadische Aktien vgl. *Bowman* (1980), S. 249-252; *Elgers* (1980), S. 406; *Elgers/Murray* (1982), S. 364; *Curley/Hexter/Choi* (1982), S. 522; *Hochmann* (1983), S. 134, 136-138; *Lee* u. a. (1986), S. 59. Für deutsche Aktien vgl. *Bauer* (1992), S. 168, 171, 202-203, 211, 213; *Müller* (1992), S. 168-172; *Steiner/Bauer* (1992), S. 360-363; *Pfennig* (1993), S. 63, 67, 70-71, 73; *Zimmermann* (1994), S. 17-19; *Zimmermann* (1997), S. 290-298.

liegt.[625] Dies lässt darauf schließen, dass der Financial Leverage nur einer von mehreren (fundamentalen) Faktoren zur Erklärung des systematischen Risikos ist.

5.3.1.4 Degree of Operating and Financial Leverage

Neben dem Operating und Financial Leverage, die auf absoluten Größen basieren, wurde von *Gahlon/Gentry* (1992) und *Mandelker/Rhee* (1984) ein auf Elastizitäten basierendes geschlossenes Modell zur Erklärung des Zusammenhangs von Finanz- und Geschäftsrisiko auf das Beta hergeleitet.[626] Wie im vorangegangenen Abschnitt aufgezeigt wurde, lässt sich die Wertpapierrendite (R_i) auch über die Unternehmensrendite (R_o) mittels Gewinn oder Cash Flow im Accounting Beta (β_{Acc}) approximieren als:

$$\beta_i = \beta_{Acc} = \frac{Cov(\frac{G_{it}}{MEK_{t-1}}; R_{mt})}{Var(R_{mt})}$$

Wenn man jetzt die relative Veränderung des Cash Flows *nach* Zinsen und Steuern (GaT_{it}) ins Verhältnis zur relativen Veränderung des Cash Flows *vor* Zinsen und Steuern (GbT_{it}) setzt, so erhält man den Degree of Financial Leverage (DFL) als Maßzahl für das Finanzrisiko:

$$DFL_i = \frac{(GaT_{it} / GaT_{it-1}) - 1}{(GbT_{it} / GbT_{it-1}) - 1}$$

Im Sinne einer Elastizitätskennzahl gibt der Degree of Financial Leverage an, um wie viel Prozent sich der Cash Flow nach Zinsen und Steuern ändert, wenn der Cash Flow vor Zinsen und Steuern sich um ein Prozent ändert. Analog diesem Vorgehen kann der Degree of Operating Leverage (DOL) als die relative Veränderung des Cash Flows vor Zinsen und Steuern im Verhältnis zur relativen Veränderung der abgesetzten bzw. produzierten Menge angesehen werden:[627]

$$DOL_i = \frac{(GbT_t / GbT_{t-1}) - 1}{(X_t / X_{t-1}) - 1}$$

---

[625] Vgl. *Hamada* (1972), S.442.

[626] Vgl. *Gahlon/Gentry* (1982), S. 15-23.

[627] Analog zur Interpretation des DFL gibt der DOL an, um wie viel Prozent sich der Cash Flow nach Zinsen und Steuern ändert, wenn sich die Absatzmenge um ein Prozent ändert. In Anlehnung an die Ausführungen zum Operating Leverage kann auch hier aus Praktikabilitätsgründen die Absatzmenge (X_i)durch den Umsatz (U_i)substituiert werden.

Während in Untersuchungen amerikanischer Aktien für den DOL signifikant positive Zusammenhänge mit dem Aktien-Beta festgestellt werden konnten, besitzt die Kennzahl am deutschen Markt – bei zumeist unerwartet negativen Vorzeichen – im Allgemeinen keinen signifikanten Erklärungsgehalt.[628] Erweitert man den Quotienten im Kovarianzterm mit (GaT_{it-1} GbT_{it-1}), so lässt sich der Ausdruck für das obige Beta umformen zu:

$$\beta_{it}^{l} = DOL_{it} \cdot DFL_{it} \cdot \frac{Cov((X_{it} / MEK_{it-1}) \cdot (GaT_{it-1} / X_{it-1}))}{Var(R_{mt})}$$

Wenn die Absatzmenge (X) mit dem Absatzpreis (p) multipliziert wird, dann erhält man den Umsatz (U_{it}). Dadurch kann das systematische Risiko der verschuldeten Unternehmung β_i^l dargestellt werden als:

$$\beta_{it}^{l} = DOL_{it} \cdot DFL_{it} \cdot \beta_{it}^{U}$$

mit: $$\beta_{it}^{U} = \frac{Cov[((U_{it} / MEK_{it-1}) \cdot (G_{it-1} / U_{it-1})); R_{mt}]}{Var(R_{mt})}$$

Dabei stellt β_i^U ein auf der Umschlagshäufigkeit und der Umsatzrentabilität basierendes inneres Unternehmensrisiko dar, welches multiplikativ mit dem DOL und dem DFL zum systematischen Risiko der Unternehmung verknüpft wird.[629] *Bauer* (1992) hat in seiner Untersuchung für ein geschlossenes Modell auf der Basis multiplikativer Zusammenhänge zwischen „Marktwert-Verschuldungsgrad", „Bilanzsumme", „Maschinenquote" und „Dividendenrendite" (mit logarithmierten Variablen) über die Mehrzahl der Perioden einen höheren Erklärungsgehalt als mit einzelnen additiv verbundenen Accounting-Kennzahlen erzielen können.[630]

5.3.1.5 Absatz-, Preis- und Produktionskostenrisiko

In einer anderen Arbeit zur theoretischen Fundierung bilanzieller Risikomaßzahlen konnte *Conine* (1982) die „Preisschwankung", die „Umsatz-Volatilität" und die unsicheren „variablen Produktionskosten" als Determinanten des systematischen Risikos bei einer unverschulde-

628 Vgl. *Mandelker/Rhee* (1984), S. 50-55; *Chung* (1989), S. 346; *Mensah* (1992), S. 196-197. Die Autoren konnten für amerikanische Aktien die vermuteten Zusammenhänge weitestgehend bestätigen, wobei der Einfluss des DFL als gering und teilweise nicht signifikant einzustufen war. Zum deutschen Markt vgl. *Bauer* (1992), S. 200-206; *Pfennig* (1993), S. 66-67, 73. Teilweise wurden in den Untersuchungen für den DOL und den DFL auch alternative Definitionen verwandt. Dabei konnten für den Gesamtzusammenhang sogar signifikante aber nicht mit Theorie in Einklang stehende Wirkungsrichtungen bei den deutschen Aktien bestätigt werden.

629 Vgl. *Mandelker/Rhee* (1984), S. 50.

630 Vgl. *Bauer* (1992), S. 208-220.

ten Unternehmung fundieren.[631] Wenn man diese drei Faktoren in Anlehnung an *Rappaport* (1986) als Treiber des Unternehmenswerts begreift, so lässt sich ausgehend von einem Ein-Produkt-Unternehmen die Unternehmensrendite (R_{ot})über Multiplikation von X Leistungseinheiten sowie dem Preis (p) bei variablen Stückkosten (k_v) und fixen Produktionskosten (k_f) formulieren als:[632]

$$R_{ot} = \frac{((p_{it} - k_{vit}) \times X_{it} - k_{fit}) \times (1 - s)}{MEK_{it-1}} - 1 = R_{it}$$

und das systematische Risiko als:

$$\beta_{it} = \frac{Cov \frac{((p_{it} - k_{vit}) \times X_{it} - k_{fit}) \times (1 - s)}{MEK_{it-1}}}{Var(R_{mt})}$$

bzw. umgeformt und den *nach* Steuer-Stückdeckungsbeitrag (p-k_v) durch die Bezeichnung DB ersetzt:

$$\beta_{it} = \frac{1}{MEK_{it-1}} \frac{1}{Var(R_{mt})} \cdot Cov((DB \times X_{it}); R_{mt})$$

sofern DB durch ΔDB + E(DB) und analog auch X_i und R_m ersetzt werden, folgt für die Kovarianz (DB·X; R_m):

$$Cov(DB \cdot X; R_{m,t}) = E(DB) Cov(X; R_{mt}) + E(X) Cov(DB; R_{mt})$$
$$+E\left[(DB - E(DB)) \cdot (X - E(X)) \cdot (R_{mt} - E(R_{mt}))\right]$$

Geht man annahmegemäß davon aus, dass DB, X und R_m multivariat normalverteilt sind, so sind ihre dritten Momente null, weshalb der letzte Term in der Formel oben eliminiert werden kann.[633] Setzt man jetzt wieder (p–k_v) für den Stückdeckungsbeitrag DB ein, folgt für das Beta der Unternehmung:

$$\beta_{it} = \frac{1}{MEK_{it-1}} \frac{1}{Var(R_{mt})} \cdot \left[E(p - k_v) \cdot Cov(X_{it}; R_{mt}) + E(X_{it}) \cdot Cov((p - k_v); R_{mt})\right]$$

---

[631] Vgl. *Conine* (1982), S. 199-205.

[632] Unter der Annahme, dass die Unternehmensrendite (R_{ot}) der unverschuldeten Unternehmung der Rendite der Eigenkapitalgeber (R_{it}) entspricht. Die Fixkosten seien konstant und Absatz und Produktion seien identisch. DB soll den Netto-Stückdeckungsbeitrag darstellen, also nach Abzug von Unternehmenssteuern.

[633] Vgl. *Anderson* (1958), S. 39.

mit: $\beta_{it}^{X} = \frac{Cov(X_{it}; R_{mt})}{Var(R_{mt})}$ = systematisches Absatzrisiko

$\beta_{it}^{P} = \frac{Cov(p; R_{mt})}{Var(R_{mt})}$ = systematisches Preisrisiko

$\beta_{it}^{V} = \frac{Cov(k_{v}; R_{mt})}{Var(R_{mt})}$ = systematisches Produktionskostenrisiko

Das systematische Risiko der unverschuldeten Unternehmung lässt sich also, wie gezeigt wurde, über einen linearen additiven Zusammenhang zwischen dem systematischen Absatzrisiko, dem systematischen Preisrisiko und dem systematischen Produktionskostenrisiko beschreiben:

$$\beta_{it} = \frac{1}{MEK_{it-1}}\left[E(p-k_{v})\cdot\beta_{it}^{X} + E(X_{it})\cdot\beta_{it}^{P} + E(X)\beta_{it}^{V}\right]$$

Der unter modelltheoretischen Gesichtspunkten hergeleitete Zusammenhang unterliegt hinsichtlich der praktischen Anwendung einigen Einschränkungen. In der Realität dürfte die unverschuldete Unternehmung eher eine Ausnahme darstellen, weshalb – entsprechend den Ausführungen zum Financial Leverage bzw. dem Accounting Beta - beim Vorhandensein von Fremdkapitalgebern Anpassungen der Überschuss- und Kapitalgrößen vorgenommen werden müssten.

5.3.2 Empirisch fundierte Kennzahlenzusammenhänge

Neben den theoretisch fundierten Zusammenhängen zwischen rechnungslegungsbezogenen Größen und dem Aktien-Beta konnten in empirischen Untersuchungen einzelne, nicht aus dem CAPM begründbare Zusammenhänge, nachgewiesen werden. Signifikante Zusammenhänge konnten zumindest am US-amerikanischen Kapitalmarkt für (i) die Dividendenpolitik, (ii) das Unternehmenswachstum, (iii) die Unternehmensgröße und (iv) das Marktwert-Buchwertverhältnis festgestellt werden.[634] Die hypothetisch unterstellten Zusammenhänge wurden im Rahmen empirischer Untersuchungen zumeist auf Grundlage linearer Regressionsmodelle mittels einfacher Querschnittsanalysen validiert. Dabei wurde in Kauf genommen, dass die Annahmen des CAPM zum Teil aufgegeben werden und/oder zusätzliche dem CAPM widersprechende Annahmen getroffen werden mussten.[635]

---

[634] Die nachfolgenden Ausführungen basieren auf der Auswertung von 37 der in Tabelle 13, Kapitel 4.3.1 dargestellten empirischen Untersuchungen.

[635] Vgl. *Zimmermann* (1997), S. 271.

5.3.2.1 Die Dividendenpolitik

Unter den Voraussetzungen und Annahmen des CAPM ist die Dividendenpolitik irrelevant für den Marktwert eines Unternehmens, da die Anleger indifferent zwischen Thesaurierung und Ausschüttung sein dürften, denn beide Maßnahmen führen zu identischen Einkommensströmen.[636] Dies gilt zweifellos nur unter einem vollkommenen Kapitalmarkt mit gleicher steuerlicher Behandlung von Thesaurierung und Ausschüttung. Für den deutschen Markt traf dies bisweilen nicht zu, da Kursgewinne (sofern die einjährige Haltefrist erfüllt wurde) grundsätzlich von der Einkommensbesteuerung freigestellt sind, für die Dividenden aber das Halbeinkünfteverfahren mit der Besteuerung der Hälfte der Dividenden unter dem persönlichen Steuersatz des Anteilseigners zur Anwendung kommt.[637] Wenn wir aber in modelltheoretischer Logik von der Erfüllung der Indifferenz-Voraussetzung ausgehen, so hat die Höhe der Ausschüttungen unter Berücksichtigung der Annahmen des CAPM keinerlei Auswirkungen auf das Marktrisiko der Unternehmung.[638] Vorausgesetzt, dass Unternehmen Dividendenkontinuität anstreben, und bei asymmetrischer Informationsverteilung lässt sich zumindest intuitiv ein Zusammenhang zum Marktrisiko herleiten. Die Höhe der Dividenden bzw. das Verhältnis der Dividenden zum Jahresüberschuss („Payout-Ratio") kann als Hinweis darauf gewertet werden, wie das Management die (Varianz der) zukünftigen Gewinne einschätzt. Demzufolge lässt ein niedriges Payout-Ratio auf eine eher negative Bewertung künftiger Ertragsaussichten schließen, während eine hohe Ausschüttungsquote optimistische Zukunftserwartungen vermuten lässt. Wenn die Höhe der Dividenden ein Indiz für zukünftige Ertragsaussichten des Unternehmens darstellt und die Varianz der Gewinne das Geschäftsrisiko (Businesss Risk) beeinflusst (vgl. Kapitel 5.3.1.2), dann kann implizit ein Zusammenhang mit dem Marktrisiko hergestellt werden, sofern aus einer niedrigen Ausschüttungsquote auf ein höheres Risiko für eine zumindest zeitweilige Dividendenkürzung geschlossen werden kann.[639] Anders ausgedrückt, könnte eine hohe Ausschüttungsquote bzw. eine hohe Dividendenrendite („Dividend Yield" = Ausschüttungsbetrag/MEK_i)[640] zu einem niedrigen Beta-Wert

---

[636] Dies gilt unter der Bedingung, dass das Modigliani/Miller-Theorem erfüllt ist, vgl. hierzu *Modigliani/Miller* (1966), S. 333-391.

[637] Dies ändert sich allerdings insofern, als mit Veranlagungszeitraum 2009 grundsätzlich eine Abgeltungssteuer für mit Zinsen, Dividenden und Kursgewinnen in Zusammenhang stehende Einkünfte zur Anwendung kommt.

[638] Vgl. *Bowmann* (1979), S. 624-628.

[639] Vgl. *Beaver/Kettler/Scholes* (1970), S. 660; *Ben-Zion/Shalit* (1975), S. 1018-1019.

[640] Obwohl empirische Arbeiten zumeist den Marktwert des Eigenkapitals verwenden, kann andererseits bei nicht börsennotierten Unternehmen auch der Kaufpreis der Anteile bzw. eine adäquate, das investierte Kapital der Eigenkapitalgeber reflektierende Kapitalgröße herangezogen werden.

führen, da die zukünftigen Gewinne der Unternehmung als stabil erachtet werden.[641] Entsprechend sollten hohe, thesaurierte Gewinne („Retained Earnings“) dann mit einer niedrigen erwarteten Dividendenausschüttung und einem höheren Marktrisiko einhergehen. Während in amerikanischen Untersuchungen in der Regel der zu erwartende negative Zusammenhang zwischen dem Payout-Ratio und dem Betafaktor empirisch nachgewiesen werden konnte, wurde bei deutschen Aktien kein statistisch signifikanter Zusammenhang bzw. keine über die gesamte Untersuchungsperiode einheitliche Richtung der Vorzeichen beobachtet.[642]

5.3.2.2 Das Unternehmenswachstum

Der Einfluss des Wachstums auf das systematische Risiko ist auch intuitiv nicht ganz einfach herzuleiten und besteht offensichtlich aus miteinander verflochtenen, nicht immer getrennt voneinander zu betrachtenden Wirkungsweisen. Dies liegt auch daran, dass Wachstum auf unterschiedliche Art und Weise definiert werden kann. Unabhängig davon, welcher der nachfolgenden Kategorien eine Wachstumskennzahl zuzuordnen ist, wird das Wachstum im Folgenden immer als die relative Veränderung einer Absolutzahl bzw. Verhältniszahl gegenüber dem äquivalenten Wert der Vorperiode angesehen:

a. Größenwachstum:

Wachstum als Veränderung einer die Unternehmensgröße beschreibenden Absolutzahl. Beispiele hiefür sind die (positive) Veränderung der Bilanzsumme („Total Assets-growth“), der Gewinne pro Aktie („EPS-growth“), der Cash Flows („Cash Flow growth“) oder des Umsatzes („Sales growth“).

b. Profitabilitätswachstum:

Der Anstieg der Erträge im Verhältnis zu einer spezifischen dazugehörigen Kapitalgröße. Beispiele hierfür sind das Wachstum der „Return on Equity“ (RoE), der „Return on Assets“ (RoA) oder der „Return on Capital“ (RoC).

c. Wertwachstum:

Diese Form von Wachstum liegt vor, wenn das Unternehmen profitable Investitionsmöglichkeiten nutzt, deren Kapitalwerte positiv sind. Definiert man die aus dem Investitionsobjekt erzielbaren Einnahmenüberschüsse in Anlehnung an die in Kapitel 2.3 hergeleiteten wertorientierten Zahlungsströme (z.B. Free Cash Flow und NOPAT), so kann das Wert-

---

[641] *Dyl/Hoffmeister* (1986), S. 108-110, begründen über den Einfluss der Duration der Aktien durch die Dividendenpolitik ebenfalls einen negativen Zusammenhang zwischen Beta und Ausschüttungsquote, wobei allerdings durch *Steele/Tessaromatis* (1989) gezeigt wird, dass dies nur unter sehr restriktiven Annahmen gilt.

[642] Vgl. zu den Ergebnissen der empirischen Untersuchung in diesem Zusammenhang Kapitel 7.3.

wachstum über das Wachstum des Marktwertes des Eigenkapitals, des EVA oder über die Verhältniskennzahlen Earnings/Price-Ratio (Gewinn je Aktie/Preis pro Aktie, [E/P-Ratio]) sowie Market to Book-Ratio (Marktwert Eigenkapital/Buchwert Eigenkapital) quantifiziert werden.[643]

Wachstum der ersten Definition liegt immer dann vor, wenn Akquisitionen oder neue Investitionsprojekte durchgeführt werden. Dabei ist unerheblich, ob es sich um profitables oder unprofitables Wachstum handelt. Das Unternehmen wächst in Form seiner Bilanzsumme, Aktiva, EPS etc. und zwischen diesem Wachstum und dem systematischen Risiko konnten auch signifikant statistische Zusammenhänge nachgewiesen werden.[644] Geht man aber gemäß den Annahmen des CAPM davon aus, dass die Größe eines Unternehmens keinen Einfluss auf das Beta hat, so sollte auch ein mit der Größe verbundenes Wachstum (wie in der ersten Definition beschrieben), keinerlei Einfluss auf das Beta haben.[645] Die Veränderung des Betas hängt nämlich nur davon ab, ob das neue Investitionsprojekt ein höheres oder niedrigeres Beta als das Unternehmen in seiner bisherigen Form besitzt.[646] Weil neue Investitionen mit einer größeren Prognoseunsicherheit hinsichtlich der Rückflüsse behaftet sind, wird ihnen wegen der unsicheren Rückführung des Kapitaleinsatzes häufig auch ein höheres Risiko unterstellt.[647] Demzufolge sollten sich Unternehmen mit größerem Wachstum auch einem größeren Risiko gegenübersehen. Dieser intuitiv hergeleitete positive Zusammenhang zwischen Wachstum und Beta kann über den oben bereits erläuterten Zusammenhang zwischen Beta und Ausschüttungsquote (Payout-Ratio) weiter untermauert werden. Wachstumsunternehmen haben aufgrund ihres Innenfinanzierungsbedarfs generell geringere Ausschüttungsquoten, was wie bereits gezeigt, mit einem höheren Beta korreliert.[648] Deshalb sollte zwischen dem Wachstum im Sinne der ersten Definition und Beta ein positiver Zusammenhang bestehen. Sofern die

---

643 Da die Kennzahlen auf Marktwerten basieren, ist deren Einsatz im Zusammenhang mit nicht börsennotierten Unternehmen(steilen) wenig zweckmäßig. Sinnvollerweise sollten Surrogate wie das Wachstum der FCF Yield, der ROCE, der CFROI (vgl. Kapitel 4.4.3) oder ähnlicher wertorientierter Kennzahlen Verwendung finden.

644 Vgl. *Beaver/Kettler/Scholes* (1970), S. 660-661 und 667 ff.; *Pettit/Westerfield* (1972), S. 1649-1668; *Rosenberg/McKibben* (1973), S. 317-333; *Melicher* (1974), S. 231-241; *Melicher/Rush* (1974), S. 537-544; *Bildersee* (1975), S. 81-89. Eine Übersicht empirischer Studien zum Wachstum der Bilanzsumme und ähnlicher Kennzahlen der ersten Definition findet sich bei *Hachmeister* (1995), S. 219-223. Für den deutschen Markt konnten bisher keine signifikanten Zusammenhänge beobachtet werden. Vgl. *Bauer* (1992), S. 130; *Müller* (1992), S. 166 ff.; *Zimmermann* (1997), S. 292 f.

645 Vgl. *Bowman* (1979), S. 627, der außerdem darauf hinweist, dass im einperiodigen CAPM grundsätzlich kein Wachstum abgebildet werden dürfte. Dem können jedoch die Erkenntnisse im Zusammenhang mit der Modifikation zum Intertemporalen CAPM entgegengestellt werden, wonach die Abbildung von Wachstum zulässig wäre.

646 Vgl. *Zimmermann* (1997), S. 275.

647 Vgl. *Beaver/Kettler/Scholes* (1970), S. 660-661; *Rosenberg/Marathe* (1975), S. 181-183; *Stewart* (1991), S. 452. Ein negativer Zusammenhang zwischen Wachstum und Beta wird allerdings von *Myers* (1977a), S. 73-75; *Turnbull* (1977), S. 1137, und *Myers/Turnbull* (1977), S. 322, hergeleitet.

648 Vgl. *Beaver/Kettler/Scholes* (1970), S. 661; *Gordon/Gould* (1978), S. 858; *Gordon/Gould* (1978), S. 858.

Kapitalwerte der getätigten Investitionsprojekte positiv sind, handelt es sich auch um profitable Investitionen, was eine interdependente Beziehung zwischen Wert- und Profitabilitätswachstum vermuten lässt. Die Interpretation dieser beiden Wachstumsdefinitionen in Bezug auf das Beta sollte daher in engem Kontext gesehen werden. Unternehmen mit profitablem Wachstum, wie z. B. wachsendem RoE, werden mittel- bis langfristig auch steigende Marktwerte des Eigenkapitals (3. Definition) realisieren. Steigende Marktwerte des Eigenkapitals gehen wiederum mit steigenden Renditen für die Anleger(R_i) einher, die gemäß CAPM auch zu einem höheren Beta führen müssen. Setzt man die Unternehmensrendite (R_o) mit der Rendite der Anleger gleich, lässt sich der positive Zusammenhang zwischen Wachstum und Beta zumindest in der zweiten und dritten Definition auch theoretisch mittels CAPM herleiten, was in der unten stehenden Formel verdeutlicht wird:

$$\beta_i = \frac{Cov(\Delta R_{oi}, \Delta R_{om})}{Var(R_{om})}$$

mit ΔR_{oi} = Wachstum der operativen Unternehmensrendite des Unternehmens i

ΔR_{om} = Wachstum der operativen durchschnittlichen Unternehmensrendite des Marktportfolios[649]

Die Kennzahlen des Wachstums der ersten Definition (Größenwachstum), wie sie in zahlreichen empirischen Untersuchungen auf Zusammenhänge mit dem Aktien-Beta getestet wurden, sind m. E. nicht zweckmäßig für die Beurteilung, ob „wahres" Wachstum einen Einfluss auf das Beta hat.[650] Nach der ersten Definition kann Wachstum auch erzielt werden, wenn Investitionen mit einem Kapitalwert von null bzw. einem negativen Kapitalwert durchgeführt werden. Es handelt sich dabei aber nur um ein reines Größenwachstum. Diese Investitionen können dann nicht mehr als profitables Wachstum im Sinne der zweiten Definition oder gar als wertsteigerndes Wachstum im Sinne der dritten Definition betrachtet werden.[651] In Anlehnung an die in Kapitel 4.4.3 aus dem SHV abgeleiteten normativen Modellprämissen sind vordergründig die aus dem wertsteigernden Wachstum resultierenden Effekte in Bezug auf das Beta von Bedeutung, da genau dieses Wachstum von den Eigenkapitalgebern und vom Management der Unternehmung angestrebt wird. Es bleibt festzuhalten, dass aus dem CAPM

---

649 Alternativ kann als Surrogat für das Wachstum der durchschnittlichen operativen Unternehmensrendite des Marktportfolios auch das Wachstum der Rendite des Marktportfolios (z. B. Wachstum der DAX-Rendite) verwendet werden.

650 Vgl. *Conine* (1983), S. 177. Es sei allerdings auch auf die zahlreich vorhandenen positiv beobachteten Zusammenhänge dieser Wachstumsdefinition mit dem systematischen Risiko hingewiesen. Eine Übersicht empirischer Studien zum Wachstum der Bilanzsumme und ähnlicher Kennzahlen der ersten Definition findet sich bei *Hachmeister* (1995), S. 219-223.

651 Vgl. *Chung/Charoenwong* (1991), S. 22, Fn. 3, die auf diese Problematik bei der Beurteilung von Unternehmenswachstum hinweisen.

ein positiver Zusammenhang zwischen dem Wachstum der zweiten und dritten Definition und dem Beta abgeleitet werden kann.

5.3.2.3 Die Unternehmensgröße

Unter den Annahmen des CAPM gilt das Wertadditivitätstheorem, wonach der Marktwert eines Unternehmens als Summe der einzelnen Investitionsprojekte des Unternehmens ausgedrückt werden kann.[652] Für das systematische Risiko des Unternehmens impliziert dies, dass sich das Operating Beta aus der gewichteten Summe der Operating Betas der einzelnen Investitionsprojekte (wie z. B. einzelne Assets, Unternehmensteile, Beteiligungen etc.) ermitteln lässt. Aufgrund der Gewichtungsprämisse der einzelnen Investitionsprojekte sollte die Größe also theoretisch keinen Einfluss auf die Höhe des Operating Betas und somit auch keinen Einfluss auf das systematische Risiko haben.[653] Unterstellt man jedoch, dass große Unternehmen zumeist einen höheren Diversifikationsgrad als kleine Unternehmen besitzen, sollten sie aufgrund portfoliotheoretischer Überlegungen auch ein geringeres Risiko aufweisen. Unter den Prämissen des CAPM entlohnt der Kapitalmarkt aber grundsätzlich keine Diversifikation im Unternehmen, da die Anleger ex post als diversifiziert gelten. Zunehmende Diversifikationsbestrebungen innerhalb der Unternehmung dürften dann auch keine Auswirkung auf das Beta der Unternehmung haben. Sofern die Unternehmensgröße (als „Size“-Effect), wie empirisch nachgewiesen wurde, doch einen Einfluss auf das Beta hat,[654] können dafür zweierlei Gründe verantwortlich sein. Zum einen kann dies ein Indiz für das Nicht-Vorhandensein eines vollkommenen Kapitalmarkts und die eingeschränkte Anwendung des CAPM sein, wonach das unsystematische Risiko eigentlich durch Diversifikation eliminiert werden sollte. Mit anderen Worten könnte ein beobachteter Einfluss der Größe auf Beta auch der Effekt eines nicht ausreichend eliminierten unsystematischen Risikos sein, da die Kapitalmärkte in der Realität nicht annähernd so vollkommen sind, wie modelltheoretisch angenommen wird.[655] Zum anderen, und das wäre nur die Weiterentwicklung des ersten Gedankens, bestünde die Möglichkeit, dass die Unternehmensgröße ein signifikanter Faktor in einem multiplen deterministischen Modell zur Erklärung der am Markt beobachtbaren Renditen ist. Daraus würde weiter folgen, dass das klassische CAPM weniger gute Beiträge zur Erklärung der beobachteten Ak-

---

652 Vgl. *Schall* (1972), S. 13-21; *Franke/Hax* (1994), S. 327-340.

653 Vgl. *Bowman* (1979), S. 626.

654 Vgl. Kapitel 3.3.1.

655 Die zahlreichen empirischen Untersuchungen, die das CAPM getestet haben, unterstützen diese These, da die uneingeschränkte Anwendung des CAPM bis heute als kritisch betrachtet wird. Als empirischer Beleg hierfür können die Ausführungen in Kapitel 3.3.1 gedeutet werden, wonach bei kleinen Unternehmen am amerikanischen Markt höhere Renditen als bei großen Unternehmen beobachtet wurden. Für den deutschen Markt ergibt sich jedoch kein einheitliches Bild.

tienrenditen liefert als ein Multifaktormodell. Will man die intuitive Herangehensweise in Bezug auf den unterstellten negativen Zusammenhang zwischen Unternehmensgröße und Marktrisiko fundieren, so müssen hierfür einige Voraussetzungen erfüllt sein:[656]

a. *Marktmacht:*

Ein größeres Unternehmen besitzt gegenüber seinen Kunden und Lieferanten möglicherweise eine stärkere Position als ein kleines Unternehmen derselben Branche und verfügt daher auch über mehr Verhandlungsmacht sowie größeres Potenzial, die Kosten zu beeinflussen.[657]

b. *Synergie:*

Größere Unternehmen haben gegenüber kleineren Unternehmen eher die Möglichkeit, Synergieeffekte und Economies of Scale wahrzunehmen, die möglicherweise das Geschäftsrisiko (Business Risk) senken.[658]

c. *Default Risk:*

Kleinere Unternehmen sehen sich in stärkerem Maße einem Insolvenz-Risiko ausgesetzt als größere Unternehmen.[659]

d. *Handels-Risiko:*

Die Liquidität im börslichen Handel großer gelisteter Unternehmen (Marktgängigkeit) ist größer als bei kleinen Unternehmen, wodurch für den Aktionär Transaktionskosten sowie das Risiko, eine Transaktion nicht durchführen zu können, deutlich gesenkt werden.[660]

e. *Unvollkommener Kapitalmarkt:*

Die Eliminierung des unsystematischen Risikos durch Diversifikation, wie im CAPM unterstellt, trifft auf den realen Kapitalmärkten wegen Marktzutrittsbarrieren und Teilbar-

---

656 Vgl. *Ben-Zion/Shalit* (1975), S. 1018; *Hachmeister* (1995), S. 218.

657 Vgl. *Sullivan* (1978), S. 216; *Subrahmanyam/Thomadakis* (1980), S. 447; *Moyer/Chatfield* (1983), S. 125-126. Allerdings konnte der vermutete Wirkungszusammenhang zwischen der Marktmacht eines Unternehmens und dem Beta nur teilweise bestätigt werden. Vgl. hierzu stellvertretend *Sullivan* (1978), S. 213, und *Sullivan* (1982), S. 524; *Moyer/Chatfield* (1983), S. 125-127. Ein Überblick empirischer Untersuchungen findet sich bei *Hachmeister* (1995), S. 225-226.

658 Vgl. *Zimmermann* (1997), S. 273.

659 *Ben-Zion/Shalit* (1975), S. 1018, untermauern diese These mit der Argumentation, dass ein Unternehmen schon eine gewisse Zeit existieren müsse, um als groß angesehen zu werden. Die Wahrscheinlichkeit von Insolvenzen wäre aber in der Regel in den ersten Existenzjahren eines Unternehmens größer, weshalb kleine Unternehmen insofern als risikoreicher angesehen werden müssten, denn „firm's size constitutes a measure of its past performance, and may be indicative for its future performance, hence, it's risk".

660 Die Argumentation unterstellt implizit, dass kein Intervalling-Effekt existiert, also die Liquidität keinen Einfluss auf die Zuverlässigkeit der Beta-Schätzung hat, was als nicht ganz unproblematisch angesehen werden muss. Vgl. *Zimmermann* (1997), S. 274.

keitsproblemen für Privatanleger und KMU's nicht zu. Wenn keine Diversifikation möglich ist, gilt das Wertadditivitätstheorem nicht mehr und Diversifikation innerhalb des Unternehmens muss am Kapitalmarkt über eine sog. „Size"-Premium661 vergütet werden.[662]

Während der unterstellte negative Zusammenhang zwischen Unternehmensgröße und Beta für den amerikanischen Markt mehrheitlich bestätigt werden konnte, wurden am deutschen Markt z. T. entgegengesetzte, signifikant positive Korrelationen beobachtet.[663] Als Ursache hierfür nennt *Zimmermann* (1997) den Intervalling-Effekt, der insbesondere bei kurzen Rendite-Intervallen und illiquiden Aktien zu sehr niedrigen Betas führte.[664] Der Einfluss der Unternehmensgröße auf das Beta wurde in bisherigen empirischen Untersuchungen zumeist über Kennzahlen wie den Marktwert des Eigenkapitals, den Umsatz oder die Bilanzsumme getestet. In den nachfolgenden Untersuchungen sollen zusätzlich auch das materielle Anlagevermögen („Tangible Assets"), das unbewegliche Anlagevermögen („Fixed Tangible Assets"), das Grundkapital, das gesamte Eigenkapital zu Buchwerten und das Gesamt-Kapital zu Buchwerten etc. auf einen Zusammenhang mit dem Beta untersucht werden.

5.3.2.4 Markt-/Buchwertverhältnis

Neben dem oben beschriebenen Zusammenhang der Unternehmensgröße konnten *Fama/French* (1995) auch den Einfluss des Markt-/Buchwertverhältnisses (M/B-Ratio) auf die Aktienrendite bzw. auf das systematische Risiko einer Unternehmung nachweisen.[665] Obwohl das CAPM keinerlei Erklärung für diesen Einfluss liefert, kann zumindest intuitiv ein negativer Zusammenhang zwischen der Höhe des M/B-Ratios und dem Beta nachvollzogen werden.

---

[661] Mit der „Size-Premium" handelt es sich um einen Zuschlag, der zusätzlich zur Marktrisikoprämie für die Größe des Unternehmens verlangt wird. Siehe hierzu auch ausführlich die Ausführungen in Kapitel 3.3.1.

[662] Empirische Untersuchungen erbrachten unterschiedliche Ergebnisse zum unterstellten Zusammenhang von Diversifikationsgrad und Beta-Wert. Es konnten sowohl positive als auch negative Zusammenhänge beobachtet werden. Ein Überblick hierzu findet sich bei *Hachmeister* (1995), S. 223-225. Erklärungsansätze für die beobachteten unterschiedlichen Zusammenhänge machen z. T. Probleme bei der Ermittlung des Diversifikationsgrades verantwortlich. Eine ausführliche Darstellung der Wirkung des Diversifikationsgrades auf das Beta findet sich bei *Spindler* (1985), S. 161-167, 184-195, m. w. N.

[663] Zu den Untersuchungen am amerikanischen Markt vgl. *Beaver/Kettler/Scholes* (1970), S. 669; *Ben-Zion/Shalit* (1975), S. 1022. *Rosenberg/Marathe* (1975) haben je nach Abhängigkeit der Periode und der „Size"-Kennzahl unterschiedliche Vorzeichen für die Zusammenhänge ermittelt. Eine Übersicht zu empirischen Untersuchungen der Unternehmensgröße findet sich bei *Hachmeister* (1995), S. 219-223. Zu den deutschen Untersuchungen vgl. *Bauer* (1992), S. 168, 170-171, 211-213; *Müller* (1992), S. 170-171; *Steiner/Bauer* (1992), S. 360-363; *Beiker* (1993), S. 371-383; *Pfennnig* (1993), S. 68; *Steiner/Beiker/Bauer* (1993), S. 117-122; *Oertmann* (1994a), S. 203; *ders.* (1994b), S. 243-244; *Sattler* (1994), S. 169; *Zimmermann* (1994), S. 17-19. Der entgegen den amerikanischen Untersuchungen und der theoretischen Fundierung beobachtete positive Zusammenhang konnte auch am britischen Aktienmarkt bestätigt werden. Vgl. *Dimson/Marsh* (1983), S. 771, m. w. N.

[664] Vgl. *Zimmermann* (1997), S. 274.

[665] Vgl. *Fama/French* (1995), S. 131-155. Siehe auch zum „Three Factor Model" Kapitel 3.3.1.

Eine plausible Begründung hierfür lässt sich herleiten, wenn man unterstellt, dass Unternehmen mit einem niedrigen M/B-Ratio sich in einer finanziell angespannten Lage befinden, weil es möglicherweise an überzeugenden Geschäftsplänen, Wissen oder Zukunftsaussichten fehlt.[666] Sinkt der Marktwert des Eigenkapitals im Vergleich zu seinem Buchwert, so erachten die Anleger das Unternehmen als risikoreicher und werden eine höhere Rendite verlangen, wodurch auch das Beta des Unternehmens steigen muss. Während diese Interpretation den Zusammenhang zwischen dem M/B-Ratio und dem Beta unter dem Gesichtspunkt des Finanzausfallrisikos zu erklären versucht, kann eine Begründung auch über eine differenzierte Perspektive hergeleitet werden. In Anlehnung an *Stewart* (1997), der die Differenz zwischen Marktwert und Buchwert als intellektuelles Kapital bezeichnet,[667] deutet ein hohes M/B-Ratio auch auf ein hohes Potenzial an (intellektuellem) „Know-how" im Unternehmen hin. Anleger erachten Unternehmen mit hohem Wissenskapital als weniger risikoreich, da diese flexibler auf die Anforderungen der Zukunft reagieren können und positive Erwartungen hinsichtlich der Realisierung zukünftiger Erträge hervorrufen. Diese Unternehmen sollten auch ein niedrigeres Beta besitzen. Infolgedessen sollten Unternehmen mit einem niedrigen M/B-Ratio und womöglich einem wenig zukunftsorientierten Geschäftsplan bzw. geringen Investitionen in intellektuelle, nicht bilanzierungsfähige Vermögenswerte auch vom Kapitalmarkt als risikoreicher eingestuft werden.

In jüngeren Untersuchungen wurde allerdings immer mehr von der Interpretation des M/B-Ratios als Indikator für im Unternehmen vorhandenes intellektuelles Kapital abgesehen. Die Interpretationen tendierten stärker dahin, ein hohes (niedriges) M/B-Ratio als Signal für steigende (fallende) Märkte bzw. gute (schlechte) Unternehmensperformance (was das Vorhandensein von intellektuellem Kapital allerdings auch nicht ausschließt) zu deuten.[668] Darüber hinaus ist das M/B-Ratio aufgrund seiner Marktgrößenbetrachtung jedenfalls nicht für den Einsatz bei nicht börsennotierten Unternehmen(steilen) geeignet, weshalb im Folgenden alternative Kennzahlen/Risikomaßzahlen für die Erfassung des Zusammenhangs von immateriellen Vermögensgegenständen (Intangible Assets) und systematischem Risiko entwickelt werden sollen.[669]

5.3.3 Alternative Kennzahlenzusammenhänge zum Beta

Während einige der wichtigsten Zusammenhänge von rechnungslegungsbezogenen Kennzahlen mit dem Marktrisiko entweder über theoretische Fundierung oder über empirische Vali-

---

666 Vgl. *Spremann* (2002), S. 101.
667 Vgl. *Stewart* (1997).
668 Vgl. *Hansson* (2004), S. 334, m. w. N.
669 Zu den Kennzahlen immaterieller Vermögensgegenstände siehe 5.3.3.1.

dierung aufgezeigt werden konnten, existiert noch immer kein allgemeingültiges und universal einsetzbares Modell zur fundamentalen Bestimmung des Betafaktors. Dies mag zum einen daran liegen, dass die Einflussfaktoren des systematischen Risikos bisher nicht abschließend identifiziert werden konnten, und zum anderen daran, dass diese Einflussfaktoren selbst einem dynamischen Wandel, aufgrund sich ändernder (nationaler) Rahmenbedingungen, unterliegen. Der dynamische Wandel wird dabei z. B. durch außerordentliche Einflüsse wie z. B. die Finanzkrise 2007, das politische Regime, die (nationale) Wirtschafts- und Steuerpolitik oder z. B. durch sich ändernde Rechnungslegungsvorschriften beeinflusst, die auch interdependent auftreten können.[670] Im Folgenden sollen daher alternative Kennzahlenzusammenhänge zum Marktrisiko aufgezeigt werden, die in empirischen Untersuchungen bisher nicht (oder nur unzureichend) betrachtet wurden. Dabei steht nicht die Würdigung der Kennzahl im bilanziellen Sinne, sondern deren theoretisch oder intuitiv erklärbare risikodeterministische Wirkungsweise zum Marktrisiko im Vordergrund.[671]

5.3.3.1 Immaterielle Werte

Eine immer größere Bedeutung im Zusammenhang mit der Wertentwicklung von Unternehmen und somit auch mit der sich daraus ergebenden impliziten Risikowirkung haben in den letzten Jahren immaterielle Vermögensgegenstände (IVG) erlangt. Während bei Industrieunternehmen traditionell der Anteil der immateriellen Werte an der Bilanzsumme (bzw. Anlagevermögen) eher von untergeordneter Bedeutung ist (Ø < 10 %),[672] spielt diese Assetklasse bei Unternehmen der „New Economy"[673] eine bedeutende Rolle. Sie stellen dort häufig den größten Teil des bilanziellen Anlagevermögens dar, wohingegen das Sachanlagevermögen meist nur aus einer IT-Ausstattung besteht.[674] Versucht man immaterielle Werte zu definieren, so wird deutlich, dass eine eindeutige Zuordnung in der Praxis mit Schwierigkeiten behaftet ist. Betrachtet man bspw. die Definition der immateriellen Werte nach den internationalen Standards wie etwa den IAS 38, so wird deutlich, dass der Ansatz von der Erfüllung mehrerer Kriterien abhängt. Nach IAS 38.8 ist ein immaterieller Vermögensgegenstand definiert als ein *identifizierbarer* und *nicht-monetärer* Vermögenswert. Um als ein solcher klassifiziert zu

---

670 Siehe zum empirischen Einfluss unterschiedlicher Rechnungslegungsregimes Kapitel 7.3.3.

671 Die Ausführungen zu bilanziellen Aspekten einzelner Kennzahlen sind als Hinweise zu verstehen. Für ein grundlegenderes Verständnis wird auf weiterführende Literatur verwiesen.

672 Vgl. hierzu die Zusammenfassung der Ergebnisse einer eigenen Untersuchung am deutschen Aktienmarkt in Abbildung 23 unten, in der 108 Unternehmen des Prime All Share-Index hinsichtlich ihres Anteils an immateriellen Vermögensgegenständen am Gesamtvermögen untersucht wurden. Siehe außerdem beispielhaft Geschäftsbericht EON AG (2005), S. 104, und Geschäftsbericht DaimlerChrysler AG (2003), S. 112 f.

673 Hierunter werden z. B. Unternehmen aus dem Technologie-, dem Biotechnologie-, oder dem Pharmabereich subsumiert.

674 Vgl. *Pellens/Fülbier* (2000), S. 35 ff.; *Küting* (2000a), S. 674.

werden, müssen die drei Bedingungen (i) Identifizierbarkeit, (ii) Verfügungsmacht des Unternehmens und (iii) künftiger wirtschaftlicher Nutzen erfüllt sein. In der Bilanz können immaterielle Vermögensgegenstände erst dann aktiviert werden, wenn neben den Definitionskriterien die abstrakten Ansatzbedingungen – die Wahrscheinlichkeit eines künftigen wirtschaftlichen Nutzens und die verlässliche Ermittelbarkeit der Anschaffungskosten – erfüllt sind. Nach IAS 38.63 besteht ein explizites Aktivierungsverbot für Markennamen, Drucktitel, Verlagsrechte, Kundenlisten sowie ähnliche Vermögenswerte, die von der Aktivierung explizit ausgeschlossen sind, da davon ausgegangen wird, dass die Entwicklungskosten nicht eindeutig von den sonstigen Aufwendungen getrennt werden können. Auch wenn die Bilanzierungsfähigkeit immaterieller Vermögenswerte häufig mit Schwierigkeiten behaftet und an die Erfüllung zahlreicher Kriterien geknüpft ist, kann sie doch von erheblicher Bedeutung für die zukünftige Wertentwicklung des Unternehmens sein. Aktivierte immaterielle Werte werden daher oft auch als Kapital („Capital") bezeichnet.[675] In Anlehnung an die Ausführungen des *Arbeitskreises „Immaterielle Werte im Rechnungswesen" der Schmalenbach-Gesellschaft* (2001) kann eine Kategorisierung dieser Vermögensgegenstände in „Human Capital", „Innovation Capital", „Location Capital", „Process Capital", „Investor Capital", „Supplier Capital" und „Customer Capital" vorgenommen werden (Abbildung 22).[676]

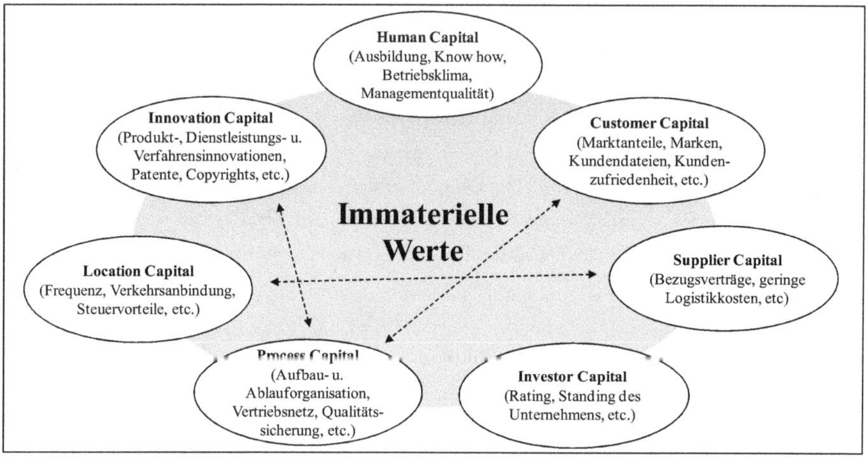

Abbildung 22: Kategorisierung immaterieller Vermögensgegenstände[677]

[675] Vgl. *Busse von Colbe* (2001), S. 990; *Ewert/Wagenhofer* (2004), S. 562.

[676] Vgl. *Busse von Colbe* (2001), S. 990 f. Weitere Vorschläge für mögliche Kategorisierungen finden sich bei *Mutze* (1960), S. 23; *Reuleaux* (1987), S. 48-50; *v. Rütte* (1995), S. 39-43.

[677] In Anlehnung an *Busse von Colbe* (2001), S. 990, und *Ewert/Wagenhofer* (2004), S. 562.

Diese Kategorisierung hat sich bisweilen noch nicht auf die formalen Erfordernisse der Bilanz ausgewirkt, so dass die bisher gültige Gliederung in immaterielle Vermögensgegenstände und Geschäfts- und Firmenwert (Goodwill) auch weiterhin besteht. Eine Subkategorisierung der immateriellen Werte würde m. E. auch unter dem Aspekt der Anlegertransparenz sinnvoll erscheinen.[678] Durch die genannten sieben Kategorien werden die immatriellen Werte so umfassend beschrieben, dass diese zumindest einer der Kategorien zugeordnet werden können, wobei eine solche Zuordnung nicht immer eindeutig ausfallen muss, sondern durchaus Überschneidungen aufweisen kann.

Immaterielle Werte lassen zumindest in zweierlei Hinsicht eine Wirkung auf das systematische Risiko eines Unternehmens vermuten. Einerseits resultiert aus der immanenten Erfolgskomponente dieser Werte ein positiver zukünftig zu erwartenden Wertbeitrag auf den Unternehmenswert. Auf der anderen Seite impliziert die mit den immateriellen Werten in Zusammenhang stehende Unsicherheit (mangelhafte Einzelveräußerbarkeit) einen potentiellen negativen Einfluss auf den Unternehmenswert. Beide Einflüsse sollten entgegengesetzt auf das Marktrisiko wirken. Will man den vermuteten Einfluss auf das Beta identifizieren und messen, so gilt es die strukturellen Besonderheiten der immateriellen Werte in Bezug auf den Unternehmenswert mittels finanzieller Kennzahlen aus dem Rechnungswesen adäquat zu erfassen und in ökonometrische Maßzahlen des systematischen Risikos zu transformieren. Dabei können die Kennzahlen sowohl quantitativer als auch qualitativer Natur sein, wenngleich qualitative Angaben erheblich schwerer mit den Anforderungen der Objektivität einer Kennzahl in Einklang zu bringen sind und zudem die notwendige Quantifizierung Schwierigkeiten bereitet.[679] Sofern die (software-)technischen Voraussetzungen für die aufwendigen Auswertungen qualitativer Jahresabschlussinformationen bestehen,[680] darf damit gerechnet werden, dass die Wirkungen qualitativer Jahresabschlussinfor-mationen auf Rendite und Risiko zunehmend in das Interesse der Anleger (und auch der Forschung) rücken werden.

678 In den nachfolgenden Abschnitten sollen diese Begriffsbezeichnungen daher auch fortgeführt werden.

679 Sofern Angaben bezüglich bestimmter qualitativer Merkmale eines Unternehmens (z. B. Erfahrung des Managements) unter Erfüllung der Objektivitätsanforderung aus dem Jahres- bzw. Quartalsbericht (z. B. aus dem Lagebericht) für die gesamte Marktbreite entnommen werden und über eine entsprechende Methode in kardinale Größen überführt werden könnten, stünde der Verwendung qualitativer Informationen grundsätzlich nichts im Wege. Wichtig ist dabei, dass die qualitativen Merkmale unter objektiven Gesichtpunkten und für unbeteiligte Dritte nachvollziehbar erfasst werden können.

680 Im Rahmen sog. Datamining-Anwendungen können qualitative Auswertungen von Jahresabschlussinformationen prinzipiell mit einem verhältnismäßigen Aufwand betrieben werden. Vgl. grundsätzlich zum Datamining auch *Berry/Linoff* (2000).

5.3.3.1.1 Das Risiko immaterieller Vermögensgegenstände (Hightech Risk)

Geht man davon aus, dass immaterielle Vermögensgegenstände zu einem großen Teil keine Beleihungsfähigkeit besitzen, obwohl sie bilanziert werden, so impliziert das unter dem Gesichtspunkt des Ausfallrisikos (Default Risk) in der Regel ein erhöhtes Unsicherheitspotenzial für die Kapitalgeber der Unternehmung.[681] Abhängig vom Betätigungsfeld der Unternehmung können immaterielle Vermögensgegenstände wie Software, Rechte, Patente und Lizenzen einen Großteil der Bilanzsumme ausmachen. Obgleich für den Ansatz eines Vermögensgegenstandes in der Bilanz desses Verwertbarkeit vorausgesetzt wird, unterliegt die Höhe des bilanziellen Ansatzes doch einem erheblich größeren Unsicherheitsgrad als bei Sachanlagevermögen.[682] Die immateriellen Vermögensgegenstände werden in der Bilanz sowohl nach den internationalen Rechnungslegungsstandards wie den IAS/IFRS und den US-GAAP als auch nach HGB zu Anschaffungskosten angesetzt. Die Folgebewertung erfolgt im HGB zu den fortgeführten Anschaffungskosten und wird bei bestimmter Nutzungsdauer planmäßig über die Nutzungsdauer abgeschrieben.[683] Bei dauerhafter Wertminderung besteht nach HGB eine Abschreibungspflicht. Als zulässige Abschreibungsmethode gilt nach HGB nur die lineare Abschreibung. Nach den internationalen Rechnungslegungsstandards besteht zusätzlich zur Folgebewertung zu fortgeführten Anschaffungskosten auch ein Wahlrecht, die immateriellen Vermögensgegenstände nach der Neubewertungsmethode zu bewerten.[684] Die Abschreibungsmethode hat unter den IAS nach der Realisierung des Nutzens zu erfolgen. Als Abschreibungsmethoden können die leistungsorientierte, die degressive sowie die lineare Abschreibungsmethode angewendet werden. Die Bilanzierung immaterieller Vermögensgegenstände unter US-GAAP entspricht im Wesentlichen den Regelungen nach IAS 38. Zwei entscheidende Unterschiede bestehen hier jedoch, die für die nachfolgende empirische Untersuchung von Bedeutung sind. Nach US-GAAP (SFAS 2) dürfen Forschungs- und Entwicklungskosten (F&E) nicht bilanziell angesetzt werden. Im Gegensatz dazu können Forschungs- und Entwicklungskosten nach IAS 38.57 angesetzt werden, sofern bestimmte Kriterien erfüllt

---

[681] Im Folgenden wird der Begriff immaterielle Vermögensgegenstände verwendet, unter dem alle bilanzierungsfähigen immateriellen Werte subsumiert werden, mit Ausnahme des selbständig bilanzierungsfähigen Geschäfts- und Firmenwerts (Goodwill). Zum Teil werden die immateriellen Vermögensgegenstände auch als „sonstige immaterielle Vermögensgegenstände" bezeichnet, wodurch die Abgrenzung zum Geschäfts- und Firmenwert zum Ausdruck kommen soll. Vgl. *Geschäftsbericht DaimlerChrysler AG* (2003), S. 112 f.

[682] Vgl. *Glade* (1991), S. 264.

[683] Nach HGB können nur entgeltlich erworbene immaterielle Vermögenswerte aktiviert werden; nach den internationen Rechnungslegungsstandards können auch selbst erstellte immaterielle Vermögenswerte angesetzt werden, so dass eine Folgebewertung zu fortgeführten Herstellungskosten zulässig ist.

[684] Die Folgewertung nach der Neubewertungsmethode ist jedoch nur zulässig, sofern die Voraussetzungen für einen aktiven Markt gegeben sind.

sind.[685] Ein weiterer Unterschied besteht bei der Folgebewertung. Nach US-GAAP gibt es keine ergebniswirksame Neubewertung, so dass eine Zuschreibung über die historischen Anschaffungskosten nicht zulässig ist.[686] Aufgrund des mit der Immaterialität verbundenen eigenen Charakters dieser Vermögensgegenstände kann der Liquidationswert erheblich unter dem bilanziellen Ansatz liegen, was sich aus dem geringeren Nutzen der Vermögensgegenstände für Dritte ergibt.[687] Eine Wirkung der immateriellen Vermögensgegenstände auf das Beta der Unternehmung lässt sich schon deshalb vermuten, da Unternehmen mit einem sehr hohen Anteil an immateriellen Vermögensgegenständen zumeist über ein nur geringes substanzielles Vermögen mit direkter Verwertbarkeit verfügen und vice versa. Ein verhältnismäßig hoher Anteil immaterieller Vermögensgegenstände am Gesamtvermögen sollte daher auch zu einem hohen Beta führen.[688] Diese Hypothese soll durch eine im Rahmen des Forschungsvorhabens durchgeführten Untersuchung validiert werden. Dabei wurde zunächst der Anteil der immateriellen Vermögensgegenstände („Intangible Assets") am Gesamtvermögen („Total Assets")[689] von 108 Unternehmen des Prime All Share-Index[690] mit 30 Unternehmen des TecDax im Zeitraum von 01/2000 bis 12/2005 verglichen.[691] In Abbildung 23 wird deutlich, dass die Unternehmen des Prime All Share einen durchschnittlichen Anteil von ca. 10.1 % (Ø-Median: 6.4 %) und die TecDax-Unternehmen einen Wert von ca. 15.5 % (Ø-Median: ca. 9 %) besitzen.[692] Im Gegensatz zu *Fülbier/Honold/Klar* (2000), die in einer Untersuchung von 17 Bio-

---

[685] Es gilt dabei die Aufwendungen zunächst in eine Entwicklungs- und eine Forschungsphase zu differenzieren. Grundsätzlich müssen die Aufwendungen der Entwicklungsphase bei Erfüllung bestimmter Bedingungen aktiviert werden, während für die Forschungsausgaben ein Aktivierungsverbot besteht. Siehe hierzu auch *Pellens/Fülbier/Gassen* (2006), S. 274.

[686] Eine übersichtliche Zusammenfassung der wesentlichen Unterschiede bei der bilanziellen Behandlung immaterieller Vermögensgegenstände unter IAS, US-GAAP und IAS/IFRS wird bei *Pellens/Fülbier/ Gassen* (2006), S. 288 ff., gegeben.

[687] Es kann auch der gegenteilige Fall auftreten, dass die immateriellen Vermögensgegenstände zu Konditionen weit über dem Bilanzansatz gehandelt werden (z. B. Kundenliste eines Wettbewerbers).

[688] Da im Falle einer Insolvenz zunächst Fremdkapitalgeber (abhängig von der Rangigkeit) aus der Insolvenzmasse bedient werden, impliziert ein hoher Anteil an immateriellen Vermögensgegenständen an einem relativ geringen Gesamtvermögen auch ein entsprechend höheres Risiko für die Eigenkapitalgeber.

[689] Synonym kann der Begriff des Gesamtvermögens durch die Bezeichnung „Bilanzsumme" ersetzt werden.

[690] Es handelt sich um das gleiche Untersuchungssample wie bei den empirischen Zusammenhangsuntersuchungen bilanzieller Kennzahlen mit dem Markt-Beta. Ca. 90 % der einbezogenen Unternehmen gehören dem Prime All Share-Index an, die übrigen Unternehmen werden im Geregelten Markt gehandelt und gehören einem DAX-Subindex an. Zur genauen Zusammensetzung der Untersuchungssamples siehe Anhang 1.

[691] Das Prime All Share-Auswahlsample repräsentiert dabei die Marktbreite der Unternehmen, während der TecDax für Unternehmen mit tendenziell hohen zu erwartenden immateriellen Vermögensgegenständen steht. In die Untersuchung wurden lediglich Unternehmen aufgenommen, die vollständige Daten für den gesamten Untersuchungszeitraum gewährleisten konnten. Beim Prime All Share-Untersuchungssample mussten 11 Unternehmen aufgrund fehlender bzw. fehlerhafter Daten aus der Stichprobe eliminiert werden, während beim TecDax-Sample 3 Unternehmen extrahiert wurden. Anpassungen wurden beim All Prime-Sample auch für 6 Firmen der Pharmabranche vorgenommen, die aufgrund traditionell hohen Anteils an immateriellem Vermögen aus der Stichprobe eliminiert wurden.

[692] Erwartungsgemäß finden sich die geringsten (Min) prozentualen Anteile bei den Unternehmen des All Prime, während die höchsten (Max) Anteile bei den Unternehmen des TecDax zu finden sind.

technologieunternehmen am NEMAX[693] nur drei Unternehmen identifizieren konnten, deren immaterielle Vermögensgegenstände mehr als 20 % des Gesamtvermögens („Total Assets") ausmachten, wurde im Rahmen dieser Untersuchung bei 32 % der TecDax-Unternehmen ein Anteil von mehr als 20 % beobachtet.[694]

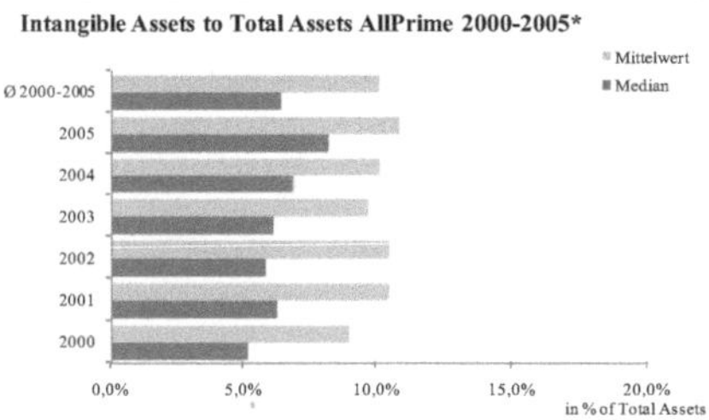

Untersuchungssample	AllPrime
Variable: *Intangible Assets to Total Assets*	
Included observations per Year: 97 — Sample Size (Companies):	108
Excluded obs. 11 — Adjustment for no available/missvalued Data:	5
Adjustment for BioTech/Pharma:	6

	Median	Mittelwert	Min	Max
2000	5,16%	8,94%	0,00027%	58,12%
2001	6,26%	10,44%	0,00073%	88,57%
2002	5,85%	10,45%	0,00073%	57,45%
2003	6,13%	9,66%	0,00051%	51,58%
2004	6,84%	10,10%	0,00026%	50,83%
2005	8,17%	10,82%	0,00051%	50,64%
Ø 2000-2005	6,40%	10,07%	0,00050%	59,53%

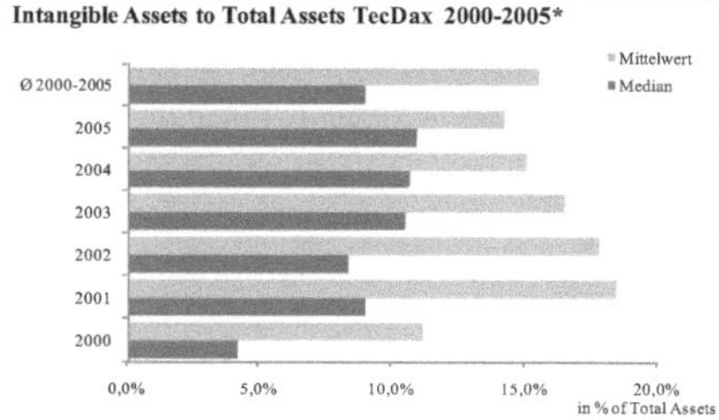

Untersuchungssample	TecDax
Variable: *Intangible Assets to Total Assets*	
Included observations per Year: 27 — Sample Size (Companies):	30
Excluded obs. 3 — Adjustment for no available/missvalued Data:	3

	Median	Mittelwert	Min	Max
2000	4,19%	11,17%	0,12%	75,03%
2001	8,95%	18,43%	0,69%	88,57%
2002	8,33%	17,73%	0,05%	85,06%
2003	10,49%	16,43%	0,04%	84,83%
2004	10,66%	15,03%	0,02%	70,51%
2005	10,95%	14,19%	0,12%	50,57%
Ø 2000-2005	8,93%	15,50%	0,17%	75,76%

Abbildung 23: Anteil immaterieller Vermögensgegenstände an der Bilanzsumme[695]

Dass sich die Gegensätzlichkeit der bilanziellen Vermögensstruktur zwischen den beiden Unternehmensgruppen nicht noch stärker herauskristallisiert hat, ist auf die Kapitalbasis (den Nenner) der o. g. Verhältniszahlen zurückzuführen. Da die immateriellen Vermögensgegenstände eine Teilkomponente des Gesamtvermögens darstellen, geben die beobachteten Verhältniszahlen nur die erwartete Tendenz der unterschiedlichen Vermögensstruktur der beiden

[693] Der neue Markt verzeichnete in den Jahren 1997 bis 2000 ein rasantes Wachstum. Auf dem Höhepunkt waren mehr als 300 Unternehmen in diesem Segment gelistet. Die Deutsche Börse führte zunächst für Technologiewerte den Neue Markt-Index (NEMAX) ein. Im Zuge der Euphorie um die „New Economy" und des explosionsartig scheinenden Wachstums vor allem im Bereich des Internets (Dotcom-Blase) stieg dieser zum 31. Dezember 1997 auf 1000 Punkte zurückgerechnete Nemax 50 am 10. März 2000 auf den historischen Höchststand von 9666 Punkten. Die völlig unrealistischen Renditen mit einer bis zu zwanzigfachen Wertentwicklung innerhalb weniger Jahre haben im März 2000 parallel zu den Entwicklungen an den internationalen Börsen zu starken Kursverlusten geführt. Der NEMAX erreichte am 9. Oktober 2002 einen Wert von nurmehr 318 Punkten und hatte somit in nur 31 Monaten über 96 Prozent seines fiktiven Wertes (über 200 Mrd. Euro) eingebüßt. Im Zuge der Neustrukturierung/Neusegmentierung wurde der NEMAX gelöscht und stattdessen der TecDax mit mehr als 30 Werten etabliert, elektronisch veröffentlicht unter URL: http://de.wikipedia.org/wiki/Neuer_Markt, abgerufen am 28.09.2006.

[694] Vgl. *Fülbier/Honold/Klar* (2000), S. 839 ff.

[695] Eigene Berechnung und Erstellung auf der Datenbasis von Bloomberg.

Untersuchungsgruppen wieder. Die Bedeutung der immateriellen Vermögensgegenstände als Teil des gesamten Unternehmenswertes und somit als Teil des systematischen Risikos lässt sich allerdings besser veranschaulichen, wenn man die unsicher verwertbaren immateriellen Vermögensgegenstände mit sicher (zumindest zum Liquidationswert) verwertbarem Vermögen der Bilanz vergleicht und in einen ökonomisch sinnvollen Kausalzusammenhang bringt. Es erscheint daher zweckmäßiger, die immateriellen Vermögensgegenstände mit Teilkomponenten des Gesamtvermögens in Beziehung zu setzen, die hinsichtlich der Verwertbarkeit einen größeren Sicherheitsgrad besitzen (vgl. Abbildung 24).

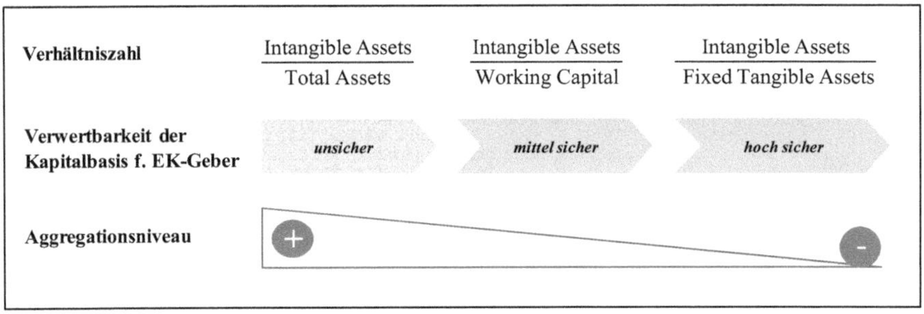

Abbildung 24: Kennzahlen immaterieller Vermögensgegenstände

Durch eine ins Verhältnis gesetzte Kapitalbasis, wie z. B. Working Capital (Umlaufvermögen)[696] und „Fixed Tangible Assets“ (unbewegliches materielles Anlagevermögen), kann der eigentliche Charakter der immateriellen Vermögensgegenstände und die implizite Wirkung auf die Vermögensstruktur veranschaulicht werden. Dabei kommt der Kausalzusammenhang zum Beta durch das Spannungsverhältnis von „sicher“ zu „unsicher“ verwertbarem Vermögen zum Ausdruck.[697] Als sicher verwertbare Kapitalbasis (substanzielles Anlagevermögen) ließen sich in diesem Zusammenhang z. B. „Fixed Tangible Assets“ verwenden, unter denen das Sachanlagevermögen und das langfristige Finanzanlagevermögen subsumiert werden (vgl. Abbildung 24 Führt man die oben dargestellte Untersuchung jetzt noch einmal beim gleichen Untersuchungssample durch, dann fällt auf, dass der Anteil der immateriellen Vermögensge-

[696] Das *Working Capital* wird hier in der Definition als kurzfristiges Umlaufvermögen (*Current Assets*) abzüglich kurzfristiger Verbindlichkeiten (*Current Liabilities*) verwendet. Zum Working Capital vgl. *Spremann* (2002), S. 104; *Küting/Weber* (2004), S. 39.

[697] Versteht man unter dem Working Capital die Differenz zwischen Umlaufvermögen und kurzfristigen Verbindlichkeiten und hält sich vor Augen, dass bei den meisten Unternehmen die Forderungen aus Lieferungen und Leistungen einen beträchtlichen Anteil am Gesamtvermögen bzw. Umlaufvermögen ausmachen und diese Vermögenspositionen aber in hohem Maße mit Unsicherheit behaftet sind, sollten nur sicher verwertbare Kapitalbasen Verwendung finden.

genstände am substanziellen Anlagevermögen („Intangible Assets to Fixed Tangible Assets“) bei den Unternehmen des Prime All Share-Index durchschnittlich bei ca. 48.8 % (Ø-Median: 20.77 %) liegt, während er bei den Unternehmen des TecDax bei ca. 292 % (Ø-Median: 67.96 %) liegt.[698] Erwartungsgemäß wurde der geringste Anteil (Min) mit durchschnittlich 0.019 % beim All Prime und der größte Anteil (Max) mit durchschnittlich ca. 2887 % beim TecDax festgestellt.

Intangible Assets to Fixed Tangible Assets AllPrime*

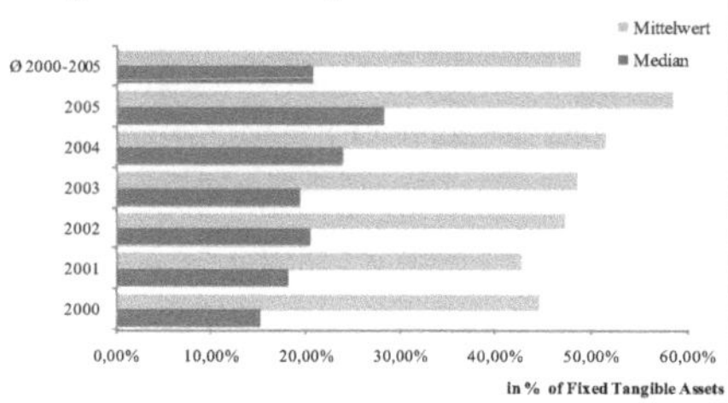

Untersuchungs-Sample **AllPrime-Auswahl**

Variable: *Intangible Assets to Total Assets*

Included observations per Year: 92 Sample Size (Companies): 108

Excluded obs. 16 Adjustment of no available/missvalued Data: 10

Adjustments for BioTech/ Pharma 6

	Median	Mittelwert	Min	Max
2000	15.13%	44,58%	0,0287%	512,85%
2001	18,02%	42,73%	0,0448%	439,08%
2002	20.30%	47,18%	0,0141%	407,79%
2003	19,24%	48,58%	0,0094%	389,27%
2004	23,83%	51,42%	0,0045%	394,63%
2005	28,08%	58,44%	0,0119%	458,69%
Ø 2000-2005	20,77%	48,82%	0,0189%	433,72%

Intangible Assets to Fixed Tangible Assets TecDax*

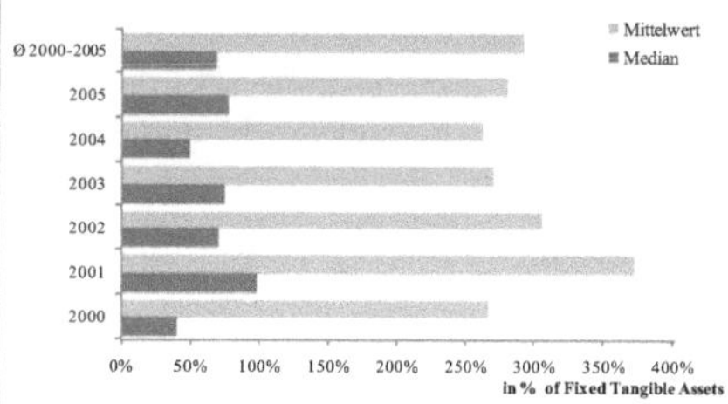

Untersuchungs-Sample **TecDax**

Variable: *Intangible Assets to Total Assets*

Included observations per Year: 27 Sample Size (Companies): 30

Excluded obs. 3 Adjustment of no available/missvalued Data: 3

	Median	Mittelwert	Min	Max
2000	40,44%	265,62%	0,0000%	3002,55%
2001	97,13%	371,40%	0,1119%	4123,86%
2002	69,84%	305,73%	0,1432%	2190,08%
2003	74,19%	268,72%	0,1226%	2611,79%
2004	49,68%	261,26%	0,0698%	2716,59%
2005	76,48%	279,04%	1,6704%	2679,70%
Ø 2000-2005	67,96%	291,96%	0,3530%	2887,43%

* *Eigene Erstellung/Berechnung; Quelle: Bloomberg*

Abbildung 25: Anteil immaterieller Vermögensgegenstände am Anlagevermögen

Die Ergebnisse der Untersuchung bestätigen die Vermutung hinsichtlich einer unterschiedlichen Vermögensstruktur von traditionellen und technologieorientierten Unternehmen.[699] Obwohl der Mittelwert in diesem Zusammenhang einer vorsichtigen Interpretation bedarf,[700] kann grundsätzlich davon ausgegangen werden, dass die immateriellen Vermögensgegenstän-

698 Die Untersuchungsdaten sind hinsichtlich Zeitraum und einbezogener Unternehmen identisch mit denen in Abbildung 23. Lediglich die Bezugsgröße (Nenner) wurde durch „Fixed Tangible Assets“ (Sachanlagevermögen und langfristiges Finanzanlagevermögen) ausgetauscht.

699 Repräsentiert durch das All Prime- und das TecDax-Untersuchungssample.

700 Da in der Untersuchung z. T. auch weit entfernte Beobachtungspunkte einbezogen wurden, bietet sich bei der Interpretation der Ergebnisse alternativ auch der Median an, da dieser hinsichtlich potentieller Ausreißer robuster ist.

de bei Technologie-Unternehmen ein Vielfaches des substanziellen Anlagevermögens (hier: „Fixed Tangible Assets“) ausmachen. Bei den traditionellen Unternehmen sind sie hingegen von untergeordneter Bedeutung (∅ nur ca. 49 %). Daraus lässt sich unter Berücksichtigung der Verwertbarkeitshypothese in Bezug auf unterschiedliche Vermögensklassen (vgl. Abbildung 23) annahmegemäß schlussfolgern, dass Unternehmen mit direkt veräußerbarem substanziellen Anlagevermögen (traditionelle Unternehmen) ein geringeres Risiko besitzen als Unternehmen mit einem entsprechend niedrigen Anteil an substanziellem Vermögen (Technologie-Unternehmen). Welche Konsequenzen das für etwaige Einflüsse auf das systematische Risiko hat, wird noch deutlicher, wenn man die oben dargestellten Ergebnisse zur Vermögensstruktur mit der Volatilität der beobachteten Renditen dieser Unternehmen in Verbindung bringt. Wie gezeigt wurde, repräsentiert der TecDax diejenigen Unternehmen mit einem tendenziell hohen Anteil an immateriellen Vermögensgegenständen, während das DAX-Untersuchungssample[701] für die Marktbreite traditioneller Unternehmen steht.[702]

	TECDAX	DAX
Mean	-0.005129	-0.000135
Median	0.000235	0.001371
Maximum	0.210922	0.137546
Minimum	-0.184301	-0.129937
Std. Dev.	0.057185	0.034380
Skewness	-0.065540	0.053608
Kurtosis	4.101126	4.510223
Jarque-Bera	15.98559	29.79950
Probability	0.000338	0.000000
Sum	-1.600390	-0.042078
Sum Sq. Dev.	1.017017	0.367604
Observations	312	312

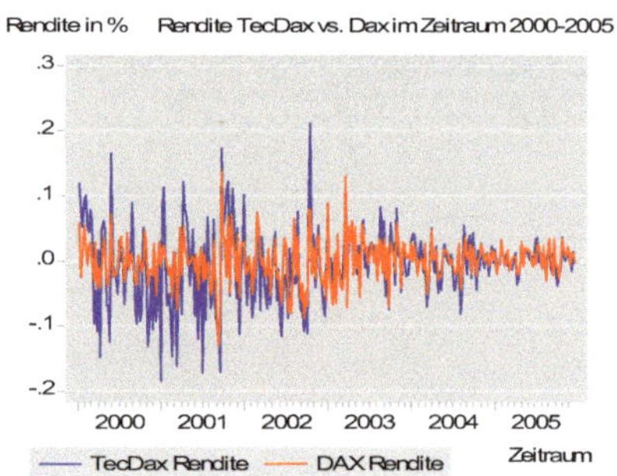

Abbildung 26: Rendite und Volatilität des TecDax vs. DAX von 2000-2005[703]

Aus Abbildung 26 wird deutlich, dass die Rendite des TecDax im Zeitraum von 01/2000 bis 12/2005 bei wöchentlichen Renditeintervallen und 312 Beobachtungspunkten deutlich volatiler ist als die Rendite des DAX.[704] Die Volatilität liegt beim TecDax bei 5.7 % und beim

701 Sowohl DAX als auch Prime All Share eignen sich als Surrogat für das Marktportfolio. Der Dax wird jedoch aufgrund der länger verfügbaren Kurshistorie (Renditen) bevorzugt und deshalb verwendet.

702 Grundsätzlich sollte der Prime All Share-Index Verwendung finden, da dieser aber erst seit 2003 existiert, wurde der DAX als Surrogat zur Abdeckung des entsprechenden Betrachtungszeitraumes herangezogen.

703 Eigene Erstellung/Berechnung auf der Datenbasis von Bloomberg.

704 Die Volatilität ist hier ausgedrückt durch die Standardabweichung.

DAX bei nur 3.4 %, wobei die größte (Maximum) und kleinste (Minimum) Rendite ebenfalls beim TecDax beobachtet wurden.[705] Die Unternehmen der „New Economy“ (TecDax) unterscheiden sich durch zwei wesentliche Merkmale von traditionellen Industrieunternehmen. Sie weisen einerseits einen überdurchschnittlich hohen Anteil an immateriellen Werten (Innovation Capital, HC, Patente, Forschung, Kunden etc.) auf, der Erwartungen an überdurchschnittlich hohe zukünftige Erträge schürt, verfügen aber andererseits nur über ein (im ökonomischen Sinne) eingeschränkt verwertbares Vermögen.[706] Wenn Unternehmen mit einem größeren Anteil an immateriellen Vermögensgegenständen auch volatilere Renditen besitzen, wie die Untersuchung gezeigt hat, dann sollten sie auch über ein höheres Beta verfügen. Diese Hypothese basiert auf dem in Kapitel 3 dargestellten Zusammenhang zwischen Rendite und Beta im CAPM. Aus der Formel unten wird deutlich, dass bei steigender Volatilität der Rendite eines Unternehmens $\Uparrow \sqrt{\mathrm{Var}(R_i)}$, bei konstant gehaltenen Marktrendite, auch der Kovarianzterm ansteigen muss, wodurch Beta steigt:

$$\beta_i = \frac{\mathrm{Cov}(R_i, R_m)}{\mathrm{Var}(R_m)}$$

mit: $\mathrm{Cov}\ (R_i; R_m) = \sqrt{\mathrm{Var}(R_i) \cdot \mathrm{Var}(R_m)} \cdot \rho(R_i; R_m)$

Wenn die oben dargestellten empirischen Untersuchungen als Beweis für eine höhere Volatilität der Renditen der „New Economy“-Unternehmen gegenüber den, den Markt repräsentierenden Unternehmen gewertet werden darf und diese Hightech-Unternehmen über einen größeren Anteil an immateriellen Vermögensgegenständen verfügen, so lässt sich daraus ein Zusammenhang zwischen der Höhe des immateriellen Anlagevermögens und dem systematischen Risiko der Unternehmung konstruieren.[707] Offensichtlich verfügen die „New Economy“-Unternehmen über mehr immaterielles Vermögen und haben volatiler Renditen, was zu einem größeren Beta führt, q.e.d. Dieser hier nachgewiesene fundamentale Einfluss wird im

---

705 Es wurden sog. Performance-Kursnotierungen, also „Total-Return Kurse“, berücksichtigt. Außerdem werden in Abbildung 26 der Median, der Mittelwert und das Jarque-Berra-Maß (JB) als Indiz für die Normalverteilung der Renditen dargestellt. Die Statistik-Übersicht zeigt, dass die Normalverteilungshypothese bei einem Testniveau von 1 % (kritischer Wert JB: 9.21) sowohl für den TecDax als auch für den Dax abgelehnt werden muss. Dies ist vor allem der größeren Kurtosis zuzuschreiben. Bei Finanzzeitreihen ist die Kurtosis häufig deutlich größer als 3, was durch das Auftreten von Ausreißern begründet ist. Auch treten häufiger ganz kleine Renditen auf, als bei der Normalverteilung zu erwarten wäre, weshalb man für die empirische Verteilung von Finanzzeitreihen von einer leptokurtischen Verteilung ausgeht. Vgl. hierzu auch *Franke/Härdle/Hafner* (2004), S. 148 f.

706 Das geringere substanziell verwertbare Vermögen dieser Unternehmen ergibt sich daraus, dass separat aktivierte immaterielle Vermögensgegenstände zwar zu Anschaffungskosten in der Bilanz aktiviert werden, aber für Dritte nicht zwingend den gleichen Nutzen erbringen. Software, Patente oder Lizenzen sind oftmals spezifisch auf das Unternehmen zugeschnitten und können daher nur unter Einbeziehung von Transformationskosten für einen Dritten „nutzbar“ gemacht werden.

707 Der direkte Einfluss des immateriellen Anlagevermögens zum Aktien-Beta wird in Kapitel 7.3 untersucht.

Folgenden als Hightech Risk bezeichnet, wobei eine additive Wirkung neben dem Business- und dem Financial Risk auf das Beta unterstellt wird.[708]

5.3.3.1.2 Human Capital

Mit dem Human Capital (HC) als einer anderen Kategorie der immateriellen Vermögensgegenstände („immaterielle Werte des Personalbereichs")[709] wird vielfach intellektuelles Kapital oder Wissenskapital assoziiert, das nicht selbständig bilanzierungsfähig ist, aber im Rahmen des sonstigen immateriellen Anlagevermögens neben den Marketingausgaben, den Lizenzen und z. B. den Markenrechten erfasst werden kann. Mit dem Humankapital sind spezifische Risiken (Motivation, Krankheit etc.) assoziiert, die sich als operatives Risiko (Operating Risk) auf die Rendite von Unternehmen auswirken.[710] Wenn ein Einfluss auf die Rendite des Unternehmens unterstellt werden kann, dann darf auch von einem Zusammenhang zum Beta ausgegangen werden. Welcher Art dieser Zusammenhang zum systematischen Risiko einer Unternehmung ist, konnte bislang weder theoretisch noch empirisch abschließend geklärt werden.[711] In diesem Zusammenhang konnte *Rosett* (2001) aufzeigen, dass die Erwartungen der Unternehmen in Bezug auf die zu zahlenden Löhne sowohl Informationen für das unsystematische als auch für das systematische Risiko beinhalten.[712] In einer an den in Kapitel 4.3 dargestellten analytischen Ansätzen angelehnten Sichtweise lässt sich der Faktor Arbeit im Rahmen des Accounting Betas mit einer (Ertrags-) Kennzahl folgendermaßen ausdrücken:[713]

$$\beta_{Acc} = \frac{Cov((FCF/E)_i, (FCF/E)_m)}{Var(FCF/E)_m} \text{ bzw. } = \frac{Cov((NOPAT/E)_i, (NOPAT/E)_m)}{Var(NOPAT/E)_m}$$

---

708 Der Beweis hierfür wird im Rahmen der empirischen Untersuchung in Kapitel 4.3 geführt.

709 Vgl. Abbildung 21.

710 Vgl. *Campbell* (1996), S. 298-345. *Polk* (1999) konnte belegen, dass bei „Old Economy"-Unternehmen (Value Firms) eine positive Beziehung zwischen Rendite und Wachstums-Schocks des aggregierten Arbeitseinkommens besteht. *Jagannathan/Wang* (1996), S. 3-53, haben aufgezeigt, dass Kennzahlen des Arbeitseinkommens nachweislich helfen, die Prognosefähigkeit des CAPM zu verbessern. Zu einer Untersuchung am schwedischen Markt siehe *Hansson* (2004), S. 334 f. m. w. N. Zur Bedeutung von Humankapital in Bezug auf das Risiko einer Unternehmung in Deutschland siehe auch *Rohde/Freese* (2005), Abschnitt VIII.2.

711 Zu Untersuchungen am amerikanischen Markt siehe *Jagannathan et al.* (1998), *Santos/Veronesi* (2000). Gerade am deutschen Markt wurde diese Thematik bisher eher vernachlässigt. Die bekannten Untersuchungen beschränken sich bei den mitarbeiterbezogenen Untersuchungskennzahlen auf die „Personalintensität", zusätzliche weiterführende Kennzahlen finden keine Berücksichtigung. Vgl. z. B. *Bauer*, (1992), S. 129; *Möller* (1986), S. 129.

712 Vgl. *Rosett* (2001), S. 337-364.

713 Damit die formalen Ausdrücke in der Formel theoretisch konsistent miteinander verbunden werden können und der NOPAT als Approximation des FCF gewertet werden darf, müsste der NOPAT allerdings noch um die Investitionen angepasst werden bzw. müssen die Investitionen gleich null sein; vgl. hierzu auch *Stewart* (1991), S. 308.

mit: FCF/E_i: Free Cash Flow pro Mitarbeiter der Unternehmung i
FCF/E_m: Free Cash Flow pro Mitarbeiter im Marktdurchschnitt m
$NOPAT/E_i$: NOPAT pro Mitarbeiter der Unternehmung i
$NOPAT/E_m$: NOPAT pro Mitarbeiter im Marktdurchschnitt m

Je nach angewandtem Unternehmenssteuerungsansatz wird entweder der FCF pro Mitarbeiter oder der NOPAT pro Mitarbeiter als bilanzielles Überschuss-Risikomaß modelliert.[714] Es muss allerdings auch darauf hingewiesen werden, dass ein Vergleich von mitarbeiterbezogenen Kennzahlen lediglich innerhalb einer Branche bzw. zwischen Unternehmen verschiedener Branchen, aber mit ähnlichen Produktionsstrukturen zulässig ist, da ansonsten die Gefahr von Fehlinterpretationen besteht.[715]

Modell / Parameter	Kennzahlenkategorie	DCF	EVA
Kapitalausstattung	Capital, Size	**EK/E**	**CE (NOA)/E**
Überschussgröße	Earnings	**FCF/E**	**NOPAT/E**
Kapitalrendite	Returns	**(FCF/EK)/E**	**ROCE/E**
Wertbeitrag (Unternehmensebene)	Value (wertorientiert)	**MEK/E**	**EVA/E**

Tabelle 20: Mitarbeiterbezogene Kennzahlen aus wertorientierten Steuerungsansätzen

Die in Tabelle 20 dargestellten Parametergruppen liefern je nach angewandtem Unternehmenssteuerungsansatz eine Kennzahl, die in eine Accounting-Beta-Maßzahl zur Bestimmung des systematischen Risikos transformiert werden kann. Dabei decken die unterschiedlichen Kennzahlenkategorien unterschiedliche Unternehmenssphären ab, die jedoch alle Auswirkungen auf den Wert (und somit auch auf das systematische Risiko) der Unternehmung implizieren sollten. Wenn der Faktor Arbeit in Anlehnung an die Ausführungen oben als Kapital verstanden wird, muss Arbeit demzufolge auch Wertschwankungen unterliegen können, die wiederum eine immanente Wirkung auf das systematische Risiko haben dürften.[716] Rein finanzielle Kennzahlen setzen zumeist nur an der monetären Größe an und messen die Wertschöpfung bzw. die Produktivität anhand dieser Ausgangsgröße, was unter Umständen bei den Unternehmen der „New Economy" nicht ausreicht, um alle fundamentalen Einflussfaktoren auf das Beta dieser Unternehmen vollständig zu erfassen.[717] Darüber hinaus ist es, unabhängig

---

[714] Während es sich bei den in Tabelle 20 dargestellten Überschussgrößen um (skalierte) Absolutzahlen handelt, kann aufgrund empirischer Erkenntnisse auch die Verwendung erster Differenzen sinnvoll erscheinen.

[715] Vergleicht man nämlich z. B. ein Unternehmen der personalintensiven Schwerindustrie mit einem High-Tech-Unternehmen in Bezug auf die Profitabilität pro Mitarbeiter, könnten hieraus sehr schnell Fehlinterpretationen zugunsten des weniger personalintensiven Unternehmens resultieren.

[716] Es wird angenommen, dass HC einen Wert besitzt – ob dieser nach objektiven Maßstäben quantifizierbar ist, wird zunächst außer Acht gelassen.

[717] Zur zunehmenden Bedeutung des Faktors Mensch und des Value Added per Employee (VAP) bei DAX-Unternehmen vgl. *o. V.*, „Das Maß aller Dinge – Wie Vorstände mit neuen Kennzahlen steuern können", elektronisch veröffentlicht unter URL: http://www.bcg.com/impact_expertise/publications/files/werttreiber.pdf, abgerufen am 12.07.2007.

vom jeweils angewandten Unternehmenssteuerungsansatz, denkbar, allgemeingültige Personalkennzahlen aus der Bilanzanalyse abzuleiten. Hierzu bieten sich Verhältniskennzahlen an, um verzerrende aus der Verwendung von Absolutzahlen resultierende Effekte zu vermeiden. Neben der in empirischen Untersuchungen häufig verwendeten Personalintensität sollte anhand der einfachen Variabilität der Ertrags- oder Zahlungsüberschussgröße pro Mitarbeiter,[718] der Mitarbeitereffizienz und der Arbeitsproduktivität zumindest ein intuitiver Einfluss des Humankapitals auf das Beta unterstellt werden können:

Überschuss/ProKopf-Variabilität:

$$\text{DCF: } s = \sqrt{\text{Var}\left[\frac{\Delta FCF_i}{\Delta E_i}\right]} \quad \text{bzw. } \text{EVA: } s = \sqrt{\text{Var}\left[\frac{\Delta NOPAT_i}{\Delta E_i}\right]}$$

Obwohl für die Variabilität einer mitarbeiterbezogenen Erfolgs- oder Zahlungsüberschussgröße kein direkter (theoretischer) Zusammenhang mit dem Aktien-Beta hergestellt werden kann, besteht die Möglichkeit, über ein heuristisches Vorgehen einen indirekten Zusammenhang zu formulieren. Wenn die mitarbeiterbezogene Erfolgsgröße der Unternehmung mit der äquivalenten Erfolgsgröße des Marktes korreliert, dann kann aufgrund der statistischen Eigenschaften der Variabilität auch ein Zusammenhang mit dem Beta unterstellt werden.[719]

5.3.3.2 Altman Z-Score als Indikator für das Finanzrisiko (Financial Risk)

Auf der Basis der Forschungsergebnisse von *Beaver* (1966),[720] der die Insolvenzwahrscheinlichkeit eines Unternehmens mit Hilfe verschiedener Finanzkennzahlen (bester Schätzer: „Cash Flow to Debt Ratio“) vorhersagen wollte, hat *Altman* (1968) sein *Z-Score-Modell* entwickelt, durch das die Insolvenzwahrscheinlichkeit eines Unternehmens innerhalb der auf den Bewertungszeitpunkt folgenden zwei Jahre geschätzt werden soll.[721] Über ein lineares Modell, basierend auf fundamentalen Unternehmensfaktoren, wird im Rahmen der Diskriminanzanalyse der ordinal skalierte Z-Score als Maßzahl der Insolvenzwahrscheinlichkeit unter Berücksichtigung folgender Formel berechnet:[722]

$$Z_t^i(Altman) = 1{,}2X_1 + 1{,}4X_2 + 3{,}3X_3 + 0{,}6X_4 + 0{,}99X_5$$

---

[718] Als Variabilität wird die Standardabweichung (s) der jeweiligen Kennzahl verstanden.

[719] Vgl. *Bowman* (1979), S. 624-625; *ders.* (1981), S. 749; *Zimmermann* (1997), S. 270.

[720] Vgl. *Beaver* (1966), S. 71-111.

[721] Vgl. *Altman* (1968), S. 589-609.

[722] Obwohl das Modell von Altman nicht alle Variablen mit den stärksten Signifikanzen in Einfachuntersuchungen enthält, hat es sich gegenüber Alternativen durchgesetzt und erzielt als Index-Score effiziente Ergebnisse.

Der grundlegende Gedanke des Z-Scores liegt darin, dem Investor eine Maßzahl als Indikator für das Finanz- bzw. Insolvenzrisiko (Default Risk) einer Anlage bereitzustellen[723]. Die im Folgenden beschriebenen Faktoren des linearen Modells wurden durch zahlreiche empirische Arbeiten überprüft und validiert:

- **X_1: Umlaufvermögen zu Gesamtvermögen** („Working Capital to Total Assets")
- Gemessen wird das netto liquide Vermögen im Verhältnis zum Gesamtvermögen. Die Ratio kann als ein gewichtiger Indikator für die Insolvenzgefahr interpretiert werden, da ein sinkender Wert auf stetige operative Verluste hindeutet.
- **X_2: Kumulierte thesaurierte Gewinne zu Gesamtvermögen** („Retained Earnings to Total Assets")
  Es handelt sich um die kumulierten, einbehaltenen Gewinne eines Unternehmens relativ zur Unternehmensgröße, ausgedrückt durch das Gesamtvermögen. Implizit wird dabei das Alter des Unternehmens berücksichtigt, da junge Unternehmen geringe Werte (Ratios) aufweisen sollten, und die Wahrscheinlichkeit der Insolvenz in den ersten Unternehmensjahren größer ist.
- **X_3: EBIT zu Gesamtvermögen** („EBIT to Total Assets")
  Zum Ausdruck kommt die Ertragskraft des Unternehmens (ohne Leverage-Faktoren) durch den Gewinn vor Steuern und Zinsen (EBIT) im Verhältnis zum eingesetzten Vermögen.
- **X_4: Marktwert des Eigenkapitals zu Verbindlichkeiten** („Market Equity to Total Debt")[724]
  Es handelt sich um den Kehrwert des Leverage.
- **X_5: Umsatz zu Bilanzsumme** („Sales to Total Assets")
  Ein Ausdruck für die die Umsatz-Kapazität (Effizienz) des Unternehmens. Je höher die Ratio, desto weniger Vermögen wird gebraucht, um einen bestimmten Umsatz zu erwirtschaften.

Diese Kennzahlen wurden mit den oben genannten Koeffizienten in Altman's Modell für Zwecke der Insolvenzprognose implementiert, wenngleich in neueren Untersuchungen zu den ursprünglichen Koeffizienten verschiedene Werte festgestellt wurden.[725] Obwohl ein theoreti-

---

[723] Vgl. *Kirchesch* (2005), S. 12.

[724] Bei den Verbindlichkeiten (Liabilities) handelt es sich um zinstragende Kreditverbindlichkeiten gegenüber Dritten; explizit ausgenommen sind Pensionsrückstellungen, die im Fremdkapital (Total Debt) berücksichtigt werden.

[725] In einer Untersuchung von *Begley/Ming/Watts* (1996), mit einem neueren Datensatz (Periode 1980-1989) als der von Altman verwendete, konnten indessen differenzierte Koeffizienten festgestellt werden. Im Vergleich zur Untersuchung Altmans gewannen die ersten drei Variablen deutlich an Bedeutung, während das Fremdkapital und der Umsatz weniger wichtig erschienen. Vgl. hierzu *Begley/Ming/Watts* (1996), S. 267-284.

scher Zusammenhang zum Aktien-Beta bzw. Finanzrisiko aus dem CAPM nicht ableitbar ist, können zumindest Aussagen über die Liquidität (X_1), die Innenfinanzierungskraft (X_2), die Ertragskraft (X_3), den Grad der Verschuldung (X_4) und die Umsatzkapazität (X_5) als Indiz für die Insolvenzwahrscheinlichkeit und somit auch für das Finanz-Risiko als Teilkomponente des systematischen Risikos getroffen werden. Dabei kann ein Unternehmen mit einem Z-Score > 2.99 als finanziell „gesund" (Safety-Zone) und ein Unternehmen mit einem Z-Score < 1.81 als finanziell angeschlagen (distressed zone) bezeichnet werden.

Im ursprünglichen Modell wird die Kennzahl X_4 aus dem Verhältnis von Marktwert des Eigenkapitals zu Fremdkapital berechnet. Dies impliziert, dass eine Anwendung des Modells aufgrund der Verwendung von Marktwerten bei nicht börsennotierten Unternehmen(steilen) ausgeschlossen ist. Durch einige Änderungen konnte diesem Mangel abgeholfen werden. *Altman* (2002) hat das Modell so modifiziert, dass die Kennzahl X_4 im neuen Ansatz aus Buchwerten bestimmt wird, und die Kennzahl 5 (Umsatz/Bilanzsumme)[726] vollständig aus dem Modell eliminiert wurde, so dass folgender formaler, linearer Zusammenhang im sog. *Double Prime Model* (AltDP) validiert werden konnte:[727]

$$Z_t^i(AltDP) = 6{,}56\,X_1 + 3{,}26X_2 + 6{,}72X_3 + 1{,}05X_4$$

Da es sich bei den Altman-Maßen um ordinal skalierte Größen handelt, sind diese nicht ohne weitere Transformationen in linearen Untersuchungsmodellen statistisch analysierbar. Ordinal skalierte Größen können aber unter Beachtung der Größer-Kleiner-Beziehung in beliebige (lineare) Werte transformiert werden.[728] Die in Anlehnung an Altman's Fomalismus berechneten Z-Score-(AltDP)-Werte werden in Kapitel 7.3 im Rahmen der empirischen Untersuchung auf Zusammenhänge mit dem Marktrisiko und in Kapitel 7.3.5 (über einen fixen Zeitraum ermittelte Accounting Beta- bzw. Variabilitätsmaße) auf quartalsweise Zusammenhänge untersucht. Dabei muss einschränkend angemerkt werden, dass der Z-Score (AltDP) grundsätzlich nicht auf der Basis einzelner Jahres- oder Quartalswerte, sondern immer im Zeitverlauf und zusammenhängend zu interpretieren ist.[729]

---

726 Ursprünglich wurde der englischsprachige Begriff „Sales to Total Assets" verwendet.

727 Vgl. *Altman* (2002), S. 201-214. Für dieses Modell existieren allerdings wiederum neue Abgrenzungspunkte. Unternehmen mit einem AltDP > 2.6 werden als finanzstark angesehen, während Unternehmen mit einem AltDP < 1.1 als finanzschwach und ausfallgefährdet angesehen werden.

728 Vgl. *Buchner* (1985), S. 248.

729 Diesem Umstand wird dadurch Rechnung getragen, dass die nachfolgenden empirischen Untersuchungen (Kapitel 7) – anders als bisherige Untersuchungen in diesem Bereich – auf der Grundlage eines auf einem mehrjährigen Untersuchungszeitraum basierenden panelanalytischen Modells erfolgen.

5.3.4 *Festlegung der Untersuchungskennzahlen*

Es ist nicht das Anliegen dieser Arbeit, einen abschließenden und vollständigen Kennzahlen-Katalog zu präsentieren, wohl aber sollen insbesondere im Rahmen der Kennzahlensysteme (Multifaktormodelle) vermutete bedeutende Zusammenhänge zum Beta unter Berücksichtigung normativer Prämissen aufgezeigt werden. Dabei rücken insbesondere die hier zum Teil erstmals formulierten Zusammenhänge der wert-, beteiligungs- und zahlungsorientierten Risikokennziffern in den Fokus.[730] Für die nachfolgenden empirischen Untersuchungen wird sowohl auf Kennzahlen der Bilanzanalyse (Absolutzahlen und Verhältniszahlen) als auch auf Erfolgsgrößen-Variabilitäten bzw. Accounting Betas zurückgegriffen. Dabei kommen neben den absoluten Größen auch differenzierte bzw. logarithmierte Werte der folgenden Einflussgrößen in Betracht.[731]

Untersuchungskennzahlen		
EARNINGS	**ASSETS**	**CAPITAL**
Cash Flow to Total Assets	Total Assets	Total Capital
Cash Flow to Interest Expense	Asset Current Liabilities (Current-Ratio)	Oper Income Total Capital
Cash Flow to Total Liabilities	Asset Reinvestment-Ratio	Capital Employed
Cash Flow to Net Income	Asset to Equity	Working Capital
Gross Profit	Asset Turnover	Working Capital Chng
Profit Margin	Net Fixed Assets	Currrent Liabilities
Retained Earnings	Goodwill	Oper Inc Total Debt
EBIT	Intangible Assets	LT+ST Debt
EBIT to Interest Expense (Net Coverage-Ratio)	Disclosed Intangibles	Total Debt to Economic Value
EBIT Margin	Intangibles to Tangible Fixed Assets	Market Equity
EBITDA	Tangible Book Value	Com. Equity Total Capital
EBITDA to Interest Expense (Coverage-Ratio)	Tangible Book Value to Tangible Assets	Com. Equity Total Assets
EBITDA Margin	Tangible Assets	Total Debt Com Equity
EBITDA Less Capital	Tangible Fixed Assets	Total Debt Market Equity
Cash Flow Operating		Total Debt Total Asset
Cash Flow Investing	**RETURNS**	Total Debt Tangible Book Value
Cash Flow Financing	Return on Equity	Current Liabilites Total Equity
Cash Flow to Firm	Return on Capital	LT Debt Com Equity
FCF (Beteiligungsdefinition)	Return on Working Capital	LT Debt Total Asset
FCF (Replacement Capex)	Return on Invested Capital	LT Debt Total Capital
FCF to Firm	Return on Capital Employed	Debt Ebitda
Excess Cash Flow	Return on Assets	
	3YAver Return on Equity	**FINANCIALS**

[730] Traditionelle, rein bilanzielle Gewinngrößen, die in bisherigen Untersuchungen oft verwendet wurden, kommen bei den nachfolgenden Untersuchungen nur vereinzelt zum Einsatz (und sind von sekundärer Relevanz), da die in Kapitel 4.4.3 formulierten Anforderungskriterien hinsichtlich der Wert- und Zahlungsorientierung als nicht erfüllt angesehen werden müssen.

[731] Vgl. hierzu auch *Möller* (1986), S. 147; *Zimmermann* (1997), S. 269 f.

GROWTH	3YAver Return on Capital	Quick-Ratio
Sustainable Growth Rate	3YAver Return on Assets	Payout-Ratio
Asset Growth	EBIT Yield	Cash-Ratio
Capital Growth	FCF Yield	M/B-Ratio
Working Capital Growth	RoA RoE	Price to Earnings-Ratio
Market Equity Growth		Price to Cash Flow-Ratio
Common Equity Growth	**SALES**	Price to EBITDA-Ratio
Book Value Share Growth	Sales	Price to Sales-Ratio
Oper Income Growth		Equity Dividend Yield
EBITDA Growth	**INVESTMENTS**	Income Tax Expense
Cash Flow Growth	Capital Expenditures (CAPEX)	Effective Tax Rate
FCF Growth	Capital Expenditures-Ratio (CAPER)	Altman Double Prime
Net Income Growth	Capital Expenditures to Sales (CAPES)	
EPS Growth	Capital Expenditures to Total Assets (CATAS)	**HUMAN CAPITAL**
Earnings to Com Equity Growth	Sharevolume	Employee Number
CF to Net Income Growth	VWAP Sharevolume	Net Income Employee
Net Worth Growth		Assets per Employee
Total Capital Expenditure Growth		Assets 1000 Employee
Sales Growth		Sales per Employee
Total Common Equity Growth		
Employee Growth		

Tabelle 21: Untersuchungskennzahlen der empirischen Analyse

Den mit den immateriellen Werten in Zusammenhang stehenden Kennzahlen kommt eine besondere Bedeutung zu, da hier am deutschen Kapitalmarkt ein bislang nicht bekannter fundamentaler Einfluss auf die Rendite von Aktien nachgewiesen werden konnte.[732] Dieses Phänomen hat nicht nur einen Einfluss auf die Rendite, sondern implizit auch auf die Beta und die Volatilität.[733] Bei den in Tabelle 21 aufgeführten Kennzahlen handelt es sich um den abschließend festgelegten Kennzahlenkatalog, der im Rahmen der empirischen Untersuchungen eingesetzt werden soll. Dabei erfolgte die Auswahl unter Berücksichtigung der für die Kennzahlenbildung in Kapitel 5.2.3 formulierten nachhaltigen Kriterien. Die Kennzahlen wurden in Anlehung an ihre bilanzielle Bedeutung einer der Katgorien Earnings, Assets, Capital, Financials, Returns, Investments und Human Capital zugeordnet.[734]

[732] Über den ökonometrischen Zusammenhang zwischen Rendite und Risiko darf insofern auch ein Einfluss auf Beta erwartet werden.

[733] Wie in Kapitel 5.3.3.1.1 bewiesen werden konnte, zeigen Unternehmen mit einem größeren Anteil an immateriellem Anlagevermögen auch eine größere Rendite. Dieses Phänomen gleicht aber nicht dem verwechslungsähnlichen M/B-Ratio, da der Marktwert des Unternehmens auch niedrig sein könnte, obwohl im Unternehmen erhebliches Potential an immateriellem Anlagevermögen gebunden ist. Der entdeckte Effekt ist aufgrund seines Erklärungsgehaltes ähnlich bedeutend wie der „Size"-Effekt zu werten.

[734] Aufgrund der in der Literatur vorherrschend angelsächsisch geprägten Terminologie in Bezug auf die Kennzahlenbezeichnung wurde diese Vorgehensweise im Folgenden beibehalten. Die Definitionen der Untersuchungskennzahlen finden in Anhang 6.

6 Das Fundamental-Beta-Prognosemodell

Das Fundamental-Beta-Modell basiert sowohl auf den Erkenntnissen der analytischen Verfahren in Kapitel 4.3 als auch auf dem in Kapitel 4.4 formulierten normativen Modellansatz. Nachfolgend wird der in Kapitel 3.1 dargestellte klassische Zusammenhang zwischen Rendite und Risiko im CAPM über einen fundamentalen Multifaktoransatz und unter Verwendung geeigneter rechnungslegungs- bzw. kapitalmarktbasierter Daten approximiert. Dazu werden bilanziellen Kennzahlen in einem ökonometrischen Zusammenhangsmodell auf einen potentiellen Einfluss auf Beta untersucht (Kapitel 6.1). Die so statistisch validierten Kennzahlen werden später in ein Modell zur Prognose künftiger Betafaktoren aufgenommen. Hierzu wird im Folgenden zwischen einem univariaten Grundmodell (Kapitel 6.2) und einer multivariaten Modellerweiterung unterschieden, die neben den erstmals eruierten Kennzahlenzusammenhängen auch weitere theoretisch und empirisch bereits fundierte Einflüsse berücksichtigt.

6.1 Das ökonometrische Zusammenhangsmodell

Die in Kapitel 7 dargestellten empirischen Analysen im Zusammenhang mit dem Fundamental Beta werden im Rahmen dieser Arbeit erstmals über ein sog. Panelschätzverfahren durchgeführt. In der Vergangenheit durchgeführte Untersuchungen, die den Zusammenhang zwischen Beta und einer (mehreren) bilanziellen Risikogröße(n) erfassen wollten, haben in der Mehrzahl der Fälle auf einer Querschnittsanalyse[735], einer Diskriminanzanalyse[736], einer Clusteranalyse[737], einer Zeitreihenanalyse[738] oder einer kanonischen Korrelationsanalyse aufgebaut und die jahresweisen Ergebnisse dann über den gesamten Untersuchungszeitraum im Rahmen von Durchschnittsbildungen aggregiert.[739] Von dieser Vorgehensweise wird hier jedoch Abstand genommen, da Panelanalysen wesentliche Vorteile gegenüber „einfachen" Querschnittsanalysen bzw. den anderen genannten Verfahren besitzen.

Für die empirische Validierung des in Kapitel 6.2 entwickelten univariaten und des in Kapitel 6.3 entwickelten multivariaten Prognosemodells kommen neben der panelanalytischen Regression auch einfache Zeitreihen- und Querschnittsanalysen unterstützend zur Anwendung. In einer ersten Stufe wird zunächst untersucht, ob zwischen Beta und den ausgewählten Kennzahlen ein Zusammenhang besteht. Dies erfolgt über eine Panelanalyse, bei der jedes einzelne Untersuchungsunternehmen eine Querschnittseinheit und jedes Untersuchungsjahr

---

735 Vgl. *Beaver/Kettler/Scholes* (1970), S. 667; *Zimmermann* (1997), S. 290, m. w. N.
736 Vgl. *Gonedes* (1974), S. 26-51.
737 Vgl. *Gupta/Huefner* (1972), S. 77-95.
738 Nur im Fall der Bestimmung des Accounting Beta. Vgl. hierzu auch Kapitel 5.3.1.1.
739 Mehrheitlich kam dabei das Verfahren der jahresweisen Querschnittsanalysen zur Anwendung, wobei die Ergebnisse über den Gesamtuntersuchungszeitraum aggregiert wurden.

eine Längsschnitteinheit darstellt. Die so erfolgreich identifizierten Kennzahlen werden in einem zweiten Schritt direkt auf ein univariates bzw. multivariates Modell zur Bestimmung des Fundamental Beta übertragen. Die Untersuchungen zum Accounting Beta finden in Form von Zeitreihenanalysen statt. Dabei ist eine Zeitreihenanalyse nicht ganz unproblematisch, weil nicht immer auf eine ausreichende Anzahl von Jahresabschlüssen für einen validen Stichprobenumfang zurückgegriffen werden kann. Darüber hinaus ist die Stabilität des Zusammenhangs eines auf der Basis von Jahresabschlussdaten geschätzten Accounting Beta zum Aktien-Beta als äußerst kritisch zu sehen, wie in Kapitel 4.3.2 aufgezeigt wurde.[740] Als Lösung für die angesprochenen Probleme kommen bei dem hier verwendeten Accounting Beta in Abhängigkeit der spezifischen Kennzahl Quartalsdaten zum Einsatz. Dies hat zur Folge, dass aufgrund des kurzen Betrachtungszeitraumes (hier: 5 Jahre) ein stabiler Zusammenhang unterstellt werden kann und auch ein hinreichend großer Stichprobenumfang vorliegt.[741]

6.1.1 Panelanalytisches Zusammenhangsmodell (Panelanalyse)

Einige der bekanntesten Vertreter der im Folgenden angewandten Panelanalysen sind *Hsiao* (1985, 1986), *Klevermarken* (1989) und *Solon* (1989), die die nachfolgend genannten positiven Eigenschaften dieser Untersuchungsansätze identifizieren konnten. Genau diese Eigenschaften und Besonderheiten sind maßgeblich dafür verantwortlich, dass das Forschungsdesign der Zusammenhangs- und Prognosemodelle sich hieran anlehnt:

- Die Panelanalyse berücksichtigt die Heterogenität einzelner Elemente wie Individuen, Firmen, Bundesstaaten, Länder etc. Die Querschnitts- oder Zeitreihenanalyse vermag dies nicht zu bewerkstelligen und läuft dadurch Gefahr, verzerrte Schätzer zu liefern.[742] Da es sich nachfolgend um branchenübergreifende Analysen handelt, muss für die Zusammensetzung der Stichprobe genau diese Heterogenität bei den einzelnen Unternehmen unterstellt werden.
- Aus der Kombination von Querschnitts- und Zeitreihenbetrachtung (in Form der Panelanalyse) können deutlich mehr Informationen verarbeitet werden, was die Effizienz der

---

[740] Vgl. *Möller* (1986) S. 119.

[741] Bisherige Untersuchungen basierten bei Zeitreihenanalysen nahezu ausschließlich auf Jahresdaten, weshalb trotz signifikanter beobachteter Einflüsse eine Verletzung der Stabilitätsvoraussetzung vorlag. Zu diesem Ergebnis kommt auch *Gonedes* (1975), S. 359. Zur Verwendung einer hinreichend großen Stichprobengröße siehe *Lorek/McKeown* (1978), S. 204 ff.; *Nelson* (1974), S. 139; *Gonedes/Roberts* (1976), S. 4.7, 4.9 und 6.3, die anmerken, dass die Qualität der Schätzung mit der Größe der Stichprobe zunimmt. Zur hier gewählten Stichprobengröße von 20 bzw. 24 Quartalen unter Verwendung der OLS-Methode siehe auch *Morel* (2003), S. 1349.

[742] Vgl. *Moulton* (1986), S. 385-397; *ders.* (1987), S. 275-282.

Parameterschätzung steigert. Außerdem existieren breitere Untersuchungsmöglichkeiten und mehr Freiheitsgrade.[743]

- Über Paneldaten lassen sich dynamische Anpassungsprozesse besser erkennen, während in vielen Querschnittsbetrachtungen bedeutende Veränderungen unerkannt bleiben. Insbesondere intertemporale Betrachtungen, wie z. B. die Fragestellung nach der Veränderung des Betas zwischen zwei (mehreren) Periode(n) in Abhängigkeit von der Veränderung der bilanziellen Risikomaße, sollten daher über Panelanalysen und nicht über einfache Querschnittsanalysen untersucht werden.[744]

Die nachfolgenden panelanalytischen Untersuchungen sollen im Rahmen der sog. „Common-Constant"-Methode[745] als neuartiger Ansatz[746] bei der Beurteilung interperiodischer Zusammenhänge zwischen fundamentalen Kennzahlen und dem Aktien-Beta erstmals durchgeführt werden. Die mit der Panelanalyse verbundenen positiven Eigenschaften zeigen deutliche Vorteile gegenüber der einfachen Querschnittsanalyse. Die Common-Constant-Methode impliziert für alle Querschnittseinheiten eine einheitliche Konstante. Dies bedeutet im ökonomischen Sinne, dass es keine großen (strukturellen) Differenzen zwischen den einzelnen Untersuchungseinheiten gibt bzw. dass man a priori Homogenität zwischen den einzelnen Querschnittseinheiten annehmen kann. Dies ist z. B. der Fall, wenn man nur Länder mit hohem Pro-Kopf-Einkommen analysiert oder wie im Untersuchungsfall nur Aktiengesellschaften eines bestimmten Marktsegments berücksichtigt (größte deutsche bzw. amerikanische Aktiengesellschaften). Nachdem die statistischen Voruntersuchungen die Homogenität der Unternehmensauswahl bestätigt haben, steht der Anwendung der Common-Constant-Methode aus ökonomischer Sicht nichts entgegen. Es sei allerdings auch angemerkt, dass diese Methode äußerst restriktiv ist und den Untersuchungen nicht annähernd so viel Freiheit wie z. B. die *Fixed-Effects-* oder *Random-Effects-Methode* bietet.[747] Dort werden nämlich für alle Querschnittseinheiten verschiedene Konstanten unterstellt. Diese können fest (Fixed-Effects-Methode) sein oder als Zufalls-Parameter (Random-Effects-Methode) auftreten. Der grundlegende Unterschied zwischen beiden Methoden ist, dass bei der ersten sich jede Querschnittseinheit in ihrem Achsenabschnitt differiert, während bei letzterer sich jede Querschnittseinheit in ihrem Fehlerterm unterscheidet. Um zu überprüfen, welche der Methoden sinnvollerweise bei den Untersuchungen angewandt werden sollte, muss neben rein ökonomisch-theoretischen Überlegungen außerdem eine Reihe von spezifischen, statistischen

---

[743] Vgl. *Baltagi* (1995), S. 4.

[744] Vgl. *Ashenfelter/Solon* (1982), S. 109-126.

[745] Die Common-Constant-Methode wird oft auch als „Pooled OLS Method" bezeichnet.

[746] Im Gegensatz zu der in empirischen Untersuchungen oft verwendeten, einfachen Querschnittsanalyse.

[747] Eine ausführliche Darstellung zur Fixed- und Random-Effects-Methode bei panelanalytischen Modellen findet sich bei *Hsiao* (1986), S. 29 ff., und *Asteriou* (2007), S. 345 ff.

Tests (F-Test auf Methode, Hausmann, Unit Root) durchgeführt werden. Ob die Common-Constant-Methode tatsächlich angewendet werden soll, lässt sich mittels eines standardisierten F-Tests überprüfen.[748] Danach besagt die Nullhypothese, dass alle Querschnittseinheiten die gleiche Konstante besitzen, wobei die zugehörige F-Statistik

$$F = \frac{(R^2_{FE} - R^2_{CC})/(N-1)}{(1-R^2_{FE})/(NT-N-k)} \text{»} F_{krit}(N-1, NT-N-k)$$

mit: R^2_{FE} = Bestimmtheitsmaß bei Anwendung der Fixed-Effects-Methode

R^2_{CC} = Bestimmtheitsmaß bei Anwendung der Common Constant Methode

geprüft werden muss.[749] Unter Berücksichtigung, dass die „Common-Constant"-Methode immer dann angewendet wird, wenn $F < F_{krit}$ ist (Formel oben), werden die Zusammenhangsuntersuchungen unter Berücksichtigung einer periodenspezifischen Konstante mittels des folgenden Modells durchgeführt:

$$Y_{it} = \begin{matrix} \alpha_1 \\ \vdots \\ \alpha_t \end{matrix} + \beta_1 \cdot X_{1it} + \beta_2 \cdot X_{2it} + \ldots + \beta_k \cdot X_{kt} + \varepsilon_{it}$$

mit: Y_{it} = unternehmensspezifisches Beta zum Zeitpunkt t
α_t = periodenspezifische Konstante
β_k = Zusammenhangskoeffizient der k'ten Untersuchungskennzahl
X_k = k'te Untersuchungskennzahl
ε_{it} = stochastischer Störterm

Das durch die Formel dargestellte panelanalytische Grundmodell findet in den empirischen Untersuchungen in Kapitel 7 gleich in zweifacher Weise Anwendung. Zunächst werden die historischen Zusammenhänge zwischen fundamentalen Kennzahlen und dem Aktien-Beta geschätzt und dann werden die daraus resultierenden Koeffizienten anschließend in das fundamentale Prognosemodell eingesetzt. Wenn sich die Koeffizienten β_1-β_k als statistisch signifikant erweisen, können die zugehörigen Faktoren in das finale Prognosemodell aufgenommen werden, womit dann die zukünftigen Betas geschätzt werden können. Dabei steht die endogene Variable Y_{it} für das prognostizierte (bzw. bei den Zusammenhangsuntersuchungen für das erklärte) Beta des Unternehmens i zum Zeitpunkt t. Die periodenspezifische Konstante

[748] Vgl. *Asteriou* (2007), S. 347.

[749] Es sei angemerkt, dass bei zahlreichen Untersuchungs-Kennzahlen der o.g. standardisierte F-Test grundsätzlich zur Anwendung der Fixed-Effects-Methode führt; diese wird jedoch im Folgenden aufgrund der schon beschriebenen methodischen Gründe im Zusammenhang mit dem Prognosemodell sowie der oben hergeleiteten ökonomischen Theorie bzgl. der Verwendung einer periodenspezifischen Konstante, nicht angewandt.

α erlaubt dem Modell mehr Flexibilität hinsichtlich struktureller Veränderungen des Zusammenhangs im Zeitverlauf. Wie in Kapitel 3.2.3 deutlich wurde, kann davon ausgegangen werden, dass viele Unternehmen von strukturellen Veränderungen betroffen sind, was im Rahmen dieser periodenspezifischen Konstante modelliert werden soll.[750] Damit die erzielten Untersuchungsergebnisse auch wissenschaftlich validiert werden können, müssen neben der Erfüllung statistischer Voraussetzungen (Stationarität, Keine Autokorrelation, Normalverteilung der Daten, etc.) in Bezug auf die erhobenen Daten weitere Kriterien für die Beurteilung der Ergebnisse herangezogen werden. Die Beurteilung der Ergebnisse erfolgt im Folgenden über das Bestimmtheitsmaß (R^2) und den t- und F-Test, mit den in den Sozial- und Wirtschaftswissenschaften üblichen Irrtumswahrscheinlichkeiten von 1 %, 5 % und 10 %.[751]

6.1.2 Querschnitts- vs. Zeitreihenanalyse

Neben den oben dargestellten panelanalytischen Regressionen werden auch einfache Zeitreihenregressionen („time series regressions") bzw. (optional) auch einfache Querschnittsanalysen („cross sectional regressions") angewandt. Die Zielsetzung eines solchen linearen Regressionsmodells besteht darin, den Zusammenhang zwischen einer abhängigen (zu erklärenden) Variable(n) (Regressand) und einer/mehreren unabhängigen (erklärenden) Variable(n) (Regressor(en)) aufzuzeigen. Im Rahmen der Querschnittsanalyse wird im Gegensatz zur Zeitreihenanalyse versucht, ein Untersuchungsmerkmal von verschiedenen Beobachtungsobjekten zu einem genau zu bestimmenden Zeitpunkt durch eine/mehrere Variable(n) zu erklären.[752] Dabei empfiehlt es sich, den Zeitreihenindex t durch den Index des i-ten Untersuchungsobjektes zu ersetzen. Der Zeitindex des Marktmodells (z. B. 250 Betrachtungszeitpunkte bei der Berechnung des jährlichen Betas auf Tagesrenditebasis) kann in unserem Fall durch „i = 1, ..., n" Anzahl der zu untersuchenden Unternehmen ersetzt werden, wenn man die Rendite der Unternehmen (oder auch das Aktien-Beta) durch eine bzw. mehrere Variablen (FCF, NOPAT etc.) an einem bestimmten Zeitpunkt zu erklären versucht.[753] *Beaver/Kettler/Scholes* (1970) und *Fama/MacBeth* (1973) waren die Ersten, die einen Ansatz zur Querschnittsregression entwickelt haben, wodurch es möglich wurde, neben dem Beta des klassischen CAPM weitere Risikofaktoren zur Erklärung von Aktienrenditen zu identifizie-

[750] Allerdings werden keine weiteren Effekte, wie bei der Fixed-Effects- oder der Random-Effects-Methode, weder im Querschnitt noch in der Zeitreihe, modelliert.

[751] Die Verwendung ist allerdings nur bei hinreichend großen Stichproben gerechtfertigt, da es ansonsten zur Überschätzung des beobachteten Zusammenhangs kommt. Vgl. *Cramer* (1987), S. 253 ff. Bei den hier verwendeten Untersuchungssamples kann die Voraussetzung als erfüllt angesehen werden. Zur Beschreibung des Untersuchungssamples siehe Kapitel 7.1.

[752] Es handelt sich hierbei z. B. um die in Kapitel 4.3.1 erläuterten jahresweisen Zusammenhangsuntersuchungen zwischen fundamentalen Kennzahlen und dem Aktien-Beta.

[753] Vgl. *Poddig/Dichtl/Petersmeier* (2003), S. 219 f.

ren.[754] Bei einer Zeitreihenanalyse wird, im Gegensatz zur Querschnittsanalyse, ein Untersuchungsmerkmal eines Beobachtungsobjektes (z. B. das Aktien-Beta) zu verschiedenen Zeitpunkten durch eine oder mehrere Variablen (z. B. Free Cash Flows etc.) ebenfalls zu den verschiedenen betrachteten Zeitpunkten erklärt.

6.2 Das univariate Prognosemodell

Das univariate fundamentale Beta-Modell stellt ein analytisches Modell im Sinne eines Accounting Betas dar.[755] In Anlehnung an die in Kapitel 4.4 dargestellte normative Modellkonzeption wird ein zahlungsgrößenorientiertes Accounting Beta [756] entwickelt. Dieses zeichnet sich insbesondere dadurch aus, dass keine willkürliche Auswahl einer unternehmensbezogenen Erfolgsgröße stattfindet, sondern die unter dem jeweiligen Unternehmenssteuerungsansatz identifizierte globale Werttreibergröße im Sinne einer risikodeterministischen Maßzahl Verwendung findet.[757] Aus den Rechnungslegungsdaten eines vorher festzulegenden Marktportfolios kann so mittels linearer Regression (Zeitreihenanalyse) das hypothetische, systematische Risiko analog dem Aktien-Beta bestimmt werden.[758] Als wertorientierte Erfolgsgrößen mit Zahlungsstromcharakter kommen die in Kapitel 2.3 aus dem DCF-Verfahren und dem EVA-Ansatz abgeleiteten Erfolgsgrößen in Betracht. Dabei ergibt sich das Accounting Beta in Anlehnung an das DCF-Verfahren und unter Verwendung des Free Cash Flows[759] als Kovarianz der prozentualen Veränderung des gewichteten FCFs des Wertpapiers i (ΔFCF_i) und der prozentualen Veränderung der durchschnittlichen Markt-FCF's (ΔFCF_m), dividiert durch die Varianz der prozentualen Veränderung des durchschnittlichen FCFs des Marktportfolios (ΔFCF_m):[760]

---

[754] Vgl. *Beaver/Kettler/Scholes* (1970), S. 654-682, und *Fama/MacBeth* (1973), S. 607-636.

[755] Siehe hierzu die Ausführungen in Kapitel 4.3 und 5.3.1.1.

[756] In der Literatur wird bezüglich der einzelnen analytischen Beta-Schätzmethoden häufig nur eine Unterteilung in Accounting Beta und/oder Fundamental Beta vorgenommen. Aufgrund der Methodik dieser Arbeit und der besseren Interpretationsmöglichkeit soll an der differenzierten Betrachtungsweise festgehalten werden.

[757] Diese muss insbesondere den in Kapitel 4.4.3 formulierten Anforderungen genügen.

[758] In Anlehnung an die in Kapitel 3.2.1 beschriebene Vorgehensweise bei der OLS-Regression.

[759] Denkbar ist alternativ auch eine der anderen oben genannten Kennzahlen wie NOPAT (EBIT) bzw. EBITDA als stärker zahlungsorientierte Kennzahl der EVA-Methode.

[760] Anstelle der schwieriger zu ermittelnden Volatilität der durchschnittlichen Veränderung der Free Cash Flows des Marktes kann als Approximation auch die Varianz der Marktrendite ($\sigma^2_{R_i}$) verwendet werden.

$$\beta_{Acc} = \frac{Cov(\Delta FCF_i, \Delta FCF_m)}{Var(\Delta FCF_m)} = \rho_{im} \frac{\sigma_i}{\sigma_m}$$

mit: $$Cov(\Delta FCF_i, \Delta FCF_m) = \frac{1}{n-1}\sum_{t=1}^{n}(\Delta FCF_{i,t} - \Delta FCF_{i,A}) \times (\Delta FCF_{m,t} - \Delta FCF_{m,A})$$

$$Var(\Delta FCF_m) = \frac{1}{n-1}\sum_{t=1}^{n}(\Delta FCF_{m,t} - \Delta FCF_{m,A})^2$$

β_{Acc}	= Accounting Beta des Unternehmens i
Cov (ΔFCF_i, ΔFCF_m)	= erwartete Kovarianz zwischen der prozentualen Veränderung der FCF's des Unternehmens i und der Veränderung der FCFs des Marktes
$\Delta FCF_{i,t}$	= prozentuale Veränderung der FCF's des Unternehmens i zum Zeitpunkt t ggü. der Vorperiode t-1
$\Delta FCF_{m,t}$	= prozentuale Veränderung der FCFs des Marktes zum Zeitpunkt t ggü. der Vorperiode t-1
$\Delta FCF_{m,A}$	= arithmetisches Mittel der Veränderung der FCF's des Marktes zum Zeitpunkt t
n	= Anzahl der betrachteten Perioden
VAR(ΔFCF_m)	= erwartete Varianz der Veränderung der FCF's des Marktes

Die Kovarianz gibt in diesem Zusammenhang an, inwiefern die Veränderung des FCF's des Unternehmens und die Veränderung des FCF's des Marktes zusammenlaufen. Eine positive Kovarianz impliziert insofern, dass sich die Variablen in dieselbe Richtung bewegen, wohingegen eine negative Ausprägung ein Auseinanderlaufen der Variablen unterstellt. Die Varianz misst die Abweichung der prozentualen Veränderung der jeweiligen Periode zur durchschnittlichen Abweichung.[761] Die Beziehung zwischen dem Accounting Beta und der Cash-Flow-Größe lässt sich durch folgenden formalen Ausdruck analog dem klassischen CAPM darstellen:

$$\Delta(FCF_i) = \alpha + \beta_{Acc} \cdot \Delta FCF_m + \varepsilon_i$$

mit:

α	=	Konstante bzw. Achsenabschnitt der Y-Achse
ε_i	=	unternehmensspezifischer Störterm

Alpha (α) bezeichnet den Achsenabschnitt der Y-Achse, der im CAPM als der risikolose Zinssatz R_f aufgefasst werden kann. Mit (ε_i) wird der nicht erklärte Teil der Varianz bzw. der unternehmensspezifische Störterm bezeichnet. Das Accounting Beta selbst stellt die Steigung der Geraden, also die relative Veränderung der FCFs des Unternehmens *i* gegenüber einer einprozentigen Veränderung der FCFs des Marktportfolios dar.[762] Alternativ zu dem hier dargestellten Ansatz mit relativen (differenzierten) Größen können auch Renditekennzahlen ver-

[761] Vgl. *Ibbotson Associates* (2005), S. 100.
[762] Deshalb wird das Beta oft auch als Steigungskoeffizient bezeichnet.

wendet werden, wodurch etwaige verzerrende Effekte aus Größenunterschieden und aus häufig beobachteter Autokorrelation absoluter Größen vermieden werden können.[763]

6.3 Das multivariate Prognosemodell

Aufbauend auf den theoretischen und empirischen Erkenntnissen der einfaktoriellen Zusammenhangsuntersuchung von rechnungslegungsbezogenen Kennzahlen auf das Beta soll nachfolgend die Konzeption eines multivariaten Modells zur Prognose fundamentaler Betafaktoren veranschaulicht werden. Die Zielsetzung besteht darin, die Prognosegüte durch Hinzufügen von Kennzahlen der beiden Unterkategorien des systematischen Risikos, des Geschäfts- (Business-) und des Finanzrisikos (Financial Risk), zu verbessern.[764] Dabei gilt es die Kennzahlen aus verschiedenen Kategorien in einem sachlogisch ökonomisch sinnvollen Kontext miteinander zu verbinden. Insbesondere durch bislang im univariaten Modell nicht abgedeckte Informationskategorien soll hierbei die Prognosegüte des Beta-Schätzers erhöht werden.[765] Die einzelnen im Wege der ökonometrischen Zusammenhangsüberprüfung[766] als relevant eruierten Kennzahlen können unter Berücksichtigung eines additiv linearen Zusammenhangs in folgendem multivariaten Prognosemodell sachlogisch miteinander verbunden werden:[767]

$$\beta_i = \alpha + \beta_{OR} \cdot OR + \beta_{FR} \cdot FR + \beta_{EMP} \cdot EMP + ... + \beta_{TR} \cdot TR + \varepsilon_i$$

mit:			
	β_i	=	Systematisches Risiko des Unternehmens i
	αi	=	periodenspezifische Konstante bzw. Achsenabschnitt der Y-Achse
	OR	=	Kennzahl des Operating Risk
	β_{OR}	=	Koeffizient für das Operating Risk
	FR	=	Kennzahl des Financial Risk (z. B. Leverage etc.)
	β_{FR}	=	Koeffizient des Financial Risk
	EMP	=	Empirisch validierte Kennzahl (z. B. Size, Payout-Ratio etc.)
	β_{EMP}	=	Koeffizient der empirisch validierten Kennzahl
	TR	=	Verhältnis der immateriellen Vermögenswerte zur Bilanzsumme als Kennzahl des Hightech Risk (Technologie-Prämie)
	β_{TR}	=	Koeffizient des Hightech Risk

763 Vgl. *Gonedes* (1975), S. 355-365. Prinzipiell eignen sich allerdings auch Absolutzahlen, sofern Autokorrelation ausgeschlossen werden kann.

764 Vgl. Kapitel 5.1.

765 Zusätzliche Variablen werden im Prognosemodell nur dann hinzugefügt, wenn dadurch die Prognosegüte tatsächlich verbessert werden kann und keine Redundanzen auftreten.

766 Die Zusammensetzung der einzelnen Kennzahlen im Prognosemodell variiert in Abhängigkeit des Anwendungshorizonts (welcher Markt und welche Unternehmen [börsennotiert bzw. nicht börsennotiert]) des Prognosemodells. Siehe hierzu im Detail die einzelnen Modellvarianten und den jeweiligen Erklärungsgrad in Kapitel 7.4.

767 Der additive Zusammenhang wird aus Vereinfachungsgründen und weil die tatsächlichen Zusammenhänge nicht bekannt sind, unterstellt. Vgl. auch *Beaver/Kettler/Scholes* (1970), S. 672; *Rosenberg/McKibben* (1973), S. 319; *Eskew* (1979), S. 112; *Lee u. a.* (1986), S. 58. Am deutschen Markt: *Zimmermann* (1997), S. 302. Siehe hierzu auch die Ausführungen zur theoretischen Zusammensetzung des systematischen Risikos in Kapitel 5.1.

Die Bedeutung der Konstante α sowie des unternehmensspezifischen Störterms ε_i wurde bereits oben hinreichend erläutert. Während die beiden ersten Faktoren für die Aufspaltung des Betas in Operating Risk (OR) und Financial Risk (FR) stehen, impliziert der letzte Faktor (TR) den am deutschen Markt beobachteten Einfluss der immateriellen Vermögensgegenstände auf das Beta. In diesem Zusammenhang konnte festgestellt werden, dass für Technologie-Unternehmen in der Vergangenheit eine Extra-Prämie bezahlt wurde, die nicht durch das CAPM erklärt werden kann.[768] Eine Approximation des Operating Risk könnte im hier vorliegenden Modell z.B. über den „Free Cash Flow" oder den „EBIT" geschehen, während das Financial Risk über den „Leverage" oder den „Altman Z-Score"[769] abgebildet werden kann. Der Faktor (EMP) steht für Kennzahlen, wie z. B. „Equity Dividend Yield", „Size"- oder „Payout"-Ratio,[770] für die in bisherigen empirischen Untersuchungen bereits wesentliche Einflüsse auf das Beta nachgewiesen werden konnten.[771] Bei dem hier dargestellten multivariaten Modell handelt es sich um ein deterministisches System, dessen exogene Variablen nicht abschließend festgelegt sind. Weitere Faktoren können dem Modell additiv hinzugefügt werden, was in erster Linie von den empirischen Ergebnissen der einfachen ökonometrischen Zusammenhangsüberprüfung der in Kapitel 5.3.4 festgelegten Untersuchungsvariablen abhängig zu machen ist. Darüber hinaus wird die empirische Untersuchung in Kapitel 7 zeigen, dass das Modell in Abhängigkeit des Untersuchungssamples (Deutschland vs. USA) spezifiziert werden muss, um den strukturellen Besonderheiten des jeweiligen nationalen Kapitalmarktes Rechnung zu tragen.[772] Der wesentliche Vorteil des multivariaten Modells gegenüber dem univariaten Beta-Prognosemodell bzw. dem Accounting Beta besteht darin, dass zusätzliche Kennzahlen auch zusätzliche Informationen in Bezug auf das systematische Risiko enthalten können und dass auf das individuelle Risikoprofil einzelner Branchen durch Adaption weiterer Faktoren in stärkerem Maße Rücksicht genommen werden kann.

---

768 Vgl. hierzu die Ergebnisse der Analyse in Kapitel 5.3.3.1 sowie die Ergebnisse der empirischen Untersuchung in Kapitel 7.3. Während der Einfluss dieses Faktors in Deutschland nachgewiesen werden konnte, ergaben sich keine Beweise für das Vorliegen am US-amerikanischen Kapitalmarkt, vgl. Kapitel 7.3.

769 Der Altman Z-Score wird im Rahmen einer Diskriminanzanalyse ermittelt und bildet das Finanzrisiko unter dem Gesichtspunkt der Ausfallwahrscheinlichkeit (Insolvenz) der Unternehmung ab. Siehe zur theoretischen Fundierung auch Kapitel 5.3.3.2.

770 Siehe zu diesen Kennzahlen auch Kapitel 5.3.2.

771 Zu den Ergebnissen der Revalidierung dieser Kennzahlen siehe Kapitel 7.

772 Für zwei verschiedene Märkte existieren in der Regel auch unterschiedliche Prognosemodelle, zumal Einflüsse bilanzieller Kennzahlen auf das Marktrisiko in Deutschland bislang überhaupt nicht nachgewiesen werden konnten.

7 Empirische Analysen

Um die fundamentalen Zusammenhänge ausgewählten Kennzahlen mit dem Beta zu bestimmen, werden die nachfolgenden empirische Untersuchungen[773] in sechs Teilbereiche untergliedert. Zunächst (Kapitel 7.1) müssen die Untersuchungsdaten beschrieben werden, wobei im Vordergrund auch die Festlegung der einzelnen länderspezifischen Untersuchungssamples steht, da neben deutschen auch US-amerikanische Unternehmen auf fundamentale Kennzahlenzusammenhänge mit dem Beta untersucht werden. Die länderübergreifende Betrachtung dient der besseren Vergleichbarkeit und Interpretation der Ergebnisse, wobei darüber hinaus der Bedeutung des US-amerikanischen Kapitalmarktes im Rahmen der Globalisierung bzw. der internationalen Kapitalmarktverflechtung (und der damit einhergehenden Einflüsse) Rechnung getragen wird. Um die eigentlichen Analysen durchführen zu können, sind spezifische Annahmen an die Daten zu knüpfen, die sich zum einen aus dem normativen ökonomischen Modell und zum anderen aus den angewandten statistischen Schätzverfahren (dem ökonometrischen Untersuchungsmodell) ergeben. Die Überprüfung der statistischen Voraussetzungen sowie die Aufbereitung der Daten wird in Kapitel 7.2 erläutert. Im dritten Teilabschnitt (Kapitel 7.3) beginnt die eigentliche empirische Untersuchung mit der Überprüfung der univariaten Kennzahlenzusammenhänge am deutschen und US-amerikanischen Kapitalmarkt. In Kapitel 7.4 werden die Untersuchungen auf multivariate Zusammenhänge erweitert. Daran anschließend wird in Kapitel 7.5 ein fundamentales Modell zur Prognose der Betafaktoren getestet.

Als relevanter (Risiko-)Faktor bei der Adjustierung der Eigenkapitalkosten im Sinne moderner kapitalmarkttheoretischer Ansätze wurde der Betafaktor identifiziert, dessen Grundlagen in Kapitel 3 und Kapitel 4 dieser Arbeit bereits eingehend diskutiert wurden.[774] Die nachfolgenden Ausführungen sollen neben der Relevanz fundamentaler Kennzahlen als Determinanten des Betafaktors insbesondere auch klären, welcher Art der unterstellte Zusammenhang zum Beta ist.[775] Dabei ist von grundlegender Bedeutung, wie sich die aus unterschiedlichen

---

773 Sämtliche Analysen werden mit Hilfe der Statistik-Software E-Views 5.1© und Microsoft Office Excel 2003® durchgeführt.

774 Die Problematik der Auswahl des geeigneten Risikomaßes (Beta, Volatilität, Variabilität etc.) lässt sich grundsätzlich anhand theoretischer Überlegungen fundieren und durch statistische Untersuchungen validieren. Ob diese dann aber relevant sind, d. h. das tatsächliche Anlegerverhalten beeinflussen und somit repräsentativ für die Kapitalkostenermittlung sind, kann in dem hier dargestellten Untersuchungsansatz nicht beantwortet werden. Die Befragung von Anlegern wird aber im Untersuchungsansatz ausgeschlossen, weshalb auf die Erkenntnisse bzgl. des Anlegerverhaltens (und der damit assoziierten Risikomaße) unter der Prämisse der Portfolio Selection Theory und der darauf aufbauenden modernen Kapitalmarkttheorie (CAPM i. V. m. WACC) zurückgegriffen wird.

775 Häufig wird ein linear additiver, selten ein linear multiplikativer Zusammenhang zwischen Markt-Beta und verschiedenen (Unternehmens-)kennzahlen unterstellt. Vgl. hierzu Kapitel 4.3.1 und Kapitel 5.1.

Unternehmenssteuerungsansätzen abgeleiteten Risikofaktoren (Kapitel 4.4) in Art und Ausprägung der Zusammenhänge auf das Beta unterscheiden. Darüber hinaus sollen die Auswirkungen anderer Rechnungslegungsnormen (Übergang von HGB auf IFRS/US-GAAP) auf den Zusammenhang zwischen fundamentaler Kennzahlen und Beta einen weiteren Schwerpunkt der Untersuchungen bilden. In den Jahren 2000/2001 hat die Mehrheit der am deutschen Markt untersuchten Unternehmen einen Wechsel von der traditionellen HGB-Rechnungslegung hin zur Rechnungslegung nach internationalen Standards (US-GAAP, IAS/IFRS) vollzogen. Sollten relevante Kennzahlenzusammenhänge hinsichtlich ihres Einflusses auf das Marktrisiko bestätigt werden, wäre auch von großem Interesse, welche Auswirkungen der Rechnungslegungswechsel auf diese festgestellten Zusammenhänge hat.[776]

7.1 Beschreibung der Untersuchungsdaten

Bei der Beschreibung der verwendeten Untersuchungsdaten erscheint es sinnvoll zwischen allgemeinen Informationen (Kapitel 7.2.1), Kapitalmarktdaten (Kapitel 7.2.2) und Unternehmensdaten (Kapitel 7.2.3) zu unterscheiden. Nachdem eine Auswahl von Unternehmen für die Untersuchungen festgelegt wurde, sind die Daten hinsichtlich der Informationsart in zwei Hauptgruppen (Kapitalmarktdaten und Unternehmensdaten) unterteilt worden. Die Kapitalmarkt- und Unternehmensdaten wurden über Finanzdatenbanken und über öffentlich verfügbare Informationsquellen (z. B. Unternehmensberichte) erhoben. Für Zwecke der Untersuchung wurde ein neuer, auf einer Panelstruktur basierender Datensatz, zusammengestellt. Da für zahlreiche Kennzahlen, im Gegensatz zu den amerikanischen Beobachtungen, am deutschen Markt bisher keine signifikanten Ergebnisse bzw. zur Theorie entgegengesetzte Wirkungszusammenhänge (Vorzeichen) beobachtet wurden,[777] lag ein großes Bestreben dieser Arbeit darin, einen Datensatz zu verwenden, der in seiner Marktbreite repräsentativ, aber nicht zwingend identisch mit der in bisherigen empirischen Untersuchungen oftmals verwendeten Deutschen Finanzdatenbank (DFDB)[778] ist. Dadurch konnten die Analysen aus einer neuen Perspektive heraus vorgenommen werden und es wurde den speziellen normativen Bedürfnissen bezüglich Art und Anzahl der verwendeten Kennzahlen Rechnung getragen.[779]

---

[776] Es sind insbesondere keine Untersuchungen bekannt, die sich mit dieser Problematik bisher auseinandergesetzt haben. Zwar existieren Untersuchungen zum Nutzen bzw. zum Informationsgehalt von Jahresabschlussinformationen in Bezug auf Aktionärsentscheidungen, aber es sind keine Arbeiten zu den Auswirkungen eines Rechnungslegungswechsels auf das Marktrisiko bekannt. Vgl. zum Nutzen von Jahresabschlussinformationen im Allgemeinen z. B. *Brandi* (1977), *Coenenberg/Möller* (1979), *Berndsen* (1979), *Sahlig* (1981), *Bühner/Möller* (1985) sowie *Coenenberg/Schmidt/Werhandt* (1983).

[777] Vgl. hierzu Kapitel 4.3.2.

[778] Dieser Datensatz wurde mehrheitlich bei den deutschen Untersuchungen verwandt.

[779] Insbesondere sollten die mit der Unternehmensauswahl verbundenen Probleme in Bezug auf Proxy-Verzerrungen bei bisherigen Untersuchungen sowie etwaige Datenaufbereitungsfehler vermieden werden.

7.1.1 Allgemeine Informationen und Untersuchungszeitraum

Die folgenden Untersuchungen am deutschen und amerikanischen Markt finden über den Zeitraum von 1996-2005 statt. Aufgrund einer allgemein zu beobachtenden Umstellung der Rechnungslegung der deutschen Untersuchungsunternehmen von HGB auf IAS/IFRS bzw. US-GAAP im Jahr 2000/2001, wurde der Betrachtungszeitraum hier neben dem Gesamtbetrachtungszeitraum (1996-2005) zusätzlich in zwei Subperioden, SP1 (1996-2000) und SP2 (2001-2005) unterteilt, um etwaige mit den oben genannten Veränderungen zusammenhängende Effekte besser extrahieren zu können. Darüber hinaus sind auf diese Weise generell vergleichende Betrachtungen zwischen verschiedenen Zeiträumen möglich. Wie in Kapitel 3.1 und Kapitel 4.3 aufgezeigt wurde, hängt die Berechnung des systematischen Risikos sowohl beim Aktien- als auch beim Fundamental Beta – neben weiteren Faktoren[780] – erheblich von der Länge des Betrachtungszeitraums und von den Zeitintervallen (Periodizität) ab. Grundsätzlich werden die Aktien-Betas unter Verwendung wöchentlicher Renditen (Periodizität) im ein- und zweijährigen Betrachtungszeitraum (52 und 104 Wochen) berechnet, während die untersuchten Kennzahlen jahresweise erhoben werden.[781] Die Accounting Betas werden auf der Basis quartalsweiser bilanzieller Daten über einen Betrachtungszeitraum von mindestens immer 5 Jahren (20 Quartale)[782] zum Stichtag 31.12.2005 berechnet.[783]

Weil für nicht börsennotierte Unternehmen keine „Markt-Betas" und z. T. nur unzureichende Bilanzinformationen zur Verfügung stehen, wird für Zwecke der Validierung des Modells auf kapitalmarktnotierte (und somit zur Ergebnispublizität verpflichtete) Unternehmen zurückgegriffen, um dann über einen Analogieschluss die Anwendung bei nicht börsennotierten Unternehmen(steilen) sicherzustellen. Um eine möglichst repräsentative Untersuchung am deutschen Markt durchzuführen, orientiert sich die Auswahl der Unternehmen an der Zugehörigkeit zum Prime All Share-Index, der ca. 70 % der gesamten Marktkapitalisierung aller in Deutschland gehandelten Unternehmen repräsentiert.[784] Außerdem wurden für Teiluntersuchungen im Bereich der „New-Economy" Portfolios auf der Grundlage des TecDAX gebildet. Neben der Repräsentativität des Prime All Share-Index war ein weiteres Auswahlkriterium,

---

780 Vgl. hierzu die Ausführungen in Kapitel 3.

781 Bei Analysen mit abweichenden Modell-Parametern wird explizit darauf hingewiesen.

782 Allerdings wurden in der Vergangenheit in diesem Zusammenhang auch schon kleinere Stichprobengrößen (Anzahl der einbezogenen Werte) bei der Berechnung des Accounting Betas verwendet. Vgl. *Gonedes* (1973b), S. 422 ff., und *ders.* (1975), S. 355 ff.

783 Bisherige Analysen haben bei der Berechnung der bilanziellen Marktrisikomaße auf Jahresdaten zurückgegriffen, was regelmäßig mit strukturellen Verzerrungen und fehlerhaften Maßen bei einem 20-jährigen Betrachtungszeitraum der Unternehmen verbunden war. Vgl. hierzu *Bauer* (1992), S. 136; *Bauer/Nowak* (1991), S. 93 ff.

784 Die gesamte Marktkapitalisierung (Free Float und Festbesitz) aller Unternehmen an den deutschen Börsen betrug zum 31.12.2005 (Stichtag der einbezogenen Untersuchungsdaten) ca. € 1 Billion 35 Mrd. 254 Mio.; Marktkapitalisierung All Prime: € 706.7 Mrd.; Marktkapitalisierung CDAX: € 701.7 Mrd. (alle 31.12.2005).

dass die Unternehmen dieses Marktsegments ihren Jahresabschluss mindestens ab 2001 nach internationalen Gesichtspunkten erstellen mussten, so dass eine ausreichende Verfügbarkeit von IAS/IFRS- bzw. US-GAAP-Abschlüssen am deutschen Markt für einen Vergleich zum amerikanischen Markt gewährleistet werden konnte. Die Auswahl der Unternehmen richtete sich neben den genannten Kriterien auch nach der Verfügbarkeit der unternehmensspezifischen Daten (sowohl Kursnotierungen als auch Rechnungslegungsinformationen). Sofern für ein bestimmtes Unternehmen im Untersuchungszeitraum zwar die Kursnotierungen vorlagen, die Rechnungslegungsinformationen aber unvollständig waren oder zu komplexe Anpassungen im Vergleich zur gesamten Stichprobe nötig gewesen wären, wurden diese aus der Stichprobe exkludiert. Aufgrund unternehmensspezifischer Transaktionen (Fusionen und Akquisitionen), fehlender Daten und Datenfehlern (< 1%) bleibt die Anzahl der betrachteten Unternehmen nicht immer gleich, sondern kann Schwankungen unterliegen, wobei zu jedem Zeitpunkt von den 218 beim Accounting Beta und den 110 bei der jahresweisen Untersuchung am deutschen Markt ausgewählten Unternehmen mindestens jedoch immer 90 % analysiert wurden. Für das amerikanische Sample wurden unter den gleichen Gesichtspunkten 319 Unternehmen aus dem Standard & Poors 500 (S&P 500)-Index ausgewählt, von denen mindestens immer 310 in die Untersuchung einbezogen wurden.[785] Aufgrund der Probleme im Zusammenhang mit der Verzerrung des Beta-Schätzers durch Illiquidität wurden lediglich marktgängige (liquide) Unternehmen einbezogen. Somit konnten von vornherein grundsätzlich nicht zu erwartende positive Korrelationen, z. B. zwischen der Liquidität und der Unternehmensgröße, vermieden werden, die bei illiquiden Aktien in empirischen Untersuchungen aufgetreten waren.[786] Unternehmen der Finanzbranche (Banken, Versicherungen etc.) wurden ebenfalls aufgrund ihrer bilanziellen Besonderheiten von der Untersuchung ausgenommen, so dass bilanziell bedingte Verzerrungen von vornherein ausgeschlossen werden konnten.

7.1.2 Kapitalmarktdaten

Bei den Kapitalmarktdaten handelt es sich um Kursinformationen der o. g. Auswahlunternehmen der einzelnen Ländersamples und der beiden Aktienkursindices Prime All Share (Deutschland) und Standard & Poors 500 (USA). Dabei wurden sog. Total-Return-Kurse, also um Dividendenausschüttungen und um Kapitalveränderungen bereinigte Aktien-Performance-Kurse verwendet, die in wöchentlicher (je nach Analyse auch täglicher, monatlicher oder jährlicher) Periodizität erhoben wurden. Performance-Kurse (der Frankfurter Wertpapierbörse)

---

785 Ein Verzeichnis der untersuchten Unternehmen findet sich in Anhang 1.

786 Der Zusammenhang zwischen Unternehmensgröße, Liquidität und Intervalling-Effekt wurde von *Steiner/Beiker/Bauer* (1993), S. 117-122; *Schlag* (1994), S. 445-456; *Zimmermann* (1994), S. 17-19; *Göppl* u. a. (1995), S. 15-16, bestätigt.

werden deshalb verwendet, um etwaige Verzerrungen (außerordentliche Kursreaktionen, Wochenschlusskurs-Effekte etc.)[787] möglichst gering zu halten, die der Annahme homogener Erwartungen rationaler Anleger und einer sich daraus ableitenden Standardnormalverteilung der Aktienrenditen widersprächen.[788] Damit die finanzwirtschaftlichen Daten im Folgenden statistisch untersucht werden können, müssen sie die schwache Stationaritätseigenschaft besitzen, die originäre Aktienkursdaten in der Regel nicht aufweisen, da sie mitunter trendbehaftet sind.[789] Eine Lösung für dieses Problem konnte in der Differenzenbildung von zeitlich aufeinander folgenden Aktienkursen gefunden werden, die dann im Allgemeinen schwach stationär sind. Die Differenzenbildung erfolgte unter Verwendung von stetigen (logarithmierten) Renditen, die rechentechnisch einfacher von Ein- in Mehrperiodenrenditen umgewandelt werden können. Daneben besitzen stetige Renditen im Gegensatz zu diskreten Renditen Eigenschaften, die als Grundvoraussetzung für eine Vielzahl statistischer Analysen notwendig sind.[790] Die stetige Rendite lässt sich, wie in unten stehender Formel deutlich wird, formal als der Logarithmus des Quotienten aus dem bereinigten Kurs der Periode t und dem bereinigten Kurs der Periode t-1 auffassen:

$$R_t^s = \ln\left(\frac{K_t}{K_{t-1}}\right) = \ln(K_t) - \ln(K_{t-1})$$

Als Faustregel lässt sich festhalten, dass bei Renditen < 10% – wie im Allgemeinen bei Finanzzeitreihen mit hoher (täglicher) Frequenz – kein großer Unterschied zwischen logarithmierten oder einfachen Renditen besteht.[791] Die in der Untersuchung verwendeten Indices werden nach der Formel von Laspeyres[792] berechnet, wobei die Indexrendite genau wie die Aktienrendite bestimmt wird. Die Gewichtung der Unternehmen erfolgt nach dem Wert des an der Frankfurter Wertpapierbörse zugelassenen Aktienkapitals, also nach der sog. Marktkapitalisierung zum jeweiligen Beobachtungszeitpunkt. Die Aktien-Betas werden unter Berück-

---

[787] Zum „Weekend-Effect" siehe z. B. *Singal* (2004), S. 40-55, und zum „January and December Effect", S. 23 ff.

[788] Diese ist jedoch Grundvoraussetzung für die empirischen Untersuchungen. Siehe hierzu auch Kapitel 7.2.

[789] Zur Überprüfung der Stationaritätseigenschaft und weiterer statistischer Untersuchungsvoraussetzungen der verwendeten Daten siehe Kapitel 7.2

[790] Stetige Renditen sind eher symmetrisch um ein Zentrum verteilt, wohingegen diskrete Renditen eine asymmetrische Verteilung aufzeigen. Die Normalverteilung ist aber z. B. gerade Voraussetzung für das μ-σ-Prinzip der Portfoliotheorie

[791] Vgl. *Franke/Härdle/Hafner* (2001), S. 149.

[792] Eine umfassende Beschreibung der Laspeyres-Formel findet sich bei *Peters* (1987), S. 44 ff. In Bezug auf die von der Deutschen Börse betreuten Indices vgl. URL: http://www.deutsche-boerse.com.

sichtigung ein- und zweijähriger Betrachtungszeiträume auf der Grundlage wöchentlicher Renditen als sog. Raw und Adjusted (Blume) Betas berechnet.[793]

7.1.3 Unternehmensdaten

Die Unternehmensdaten wurden auf jährlicher und quartalsweiser Basis je nach Untersuchungszweck für den deutschen und amerikanischen Markt und für 116 rechnungslegungsbezogene Kennzahlen[794] erhoben. In die Untersuchung wurden im Gegensatz zu zahlreichen empirischen Arbeiten, die Einzelabschlüsse verwendet haben, nur Konzernabschlüsse und Konzern-Quartalsberichte einbezogen. Dabei wurden nur Berichte nach HGB, IFRS, US-GAAP oder gem. § 292a HGB befreiend nach IFRS oder US-GAAP berücksichtigt, wobei 98 % der einbezogenen Berichte auf der Grundlage internationaler Rechnungslegungsstandards erstellt wurden.[795] Die Verwendung von Konzernabschlüssen hat gegenüber Einzelabschlüssen den Vorteil, dass darin bei konzernverbundenen Unternehmen zusätzliche risikorelevante Informationen bzgl. der Vermögens-, Finanz- und Ertragslage enthalten sind, was auch als Kritik an zahlreichen bisherigen Untersuchungen gesehen werden darf.[796] Es gehen sowohl Quartalsabschlüsse als auch Jahresabschlüsse in die Untersuchung ein, wodurch insgesamt 5460 Berichte am deutschen Markt und 9570 Berichte am amerikanischen Markt analysiert und ausgewertet wurden. Insgesamt wurden bei 116 Untersuchungskennzahlen somit 1.8 Millionen unternehmensbezogene Daten und mindestens 2.2 Millionen Kapitalmarktdaten ausgewertet. Dabei wurde in Anlehnung an die hier verwendete Modellkonzeption bei den Unternehmensdaten vordergründig auf Informationen der Kapitalflussrechnung, der Bilanz und der Gewinn- und Verlustrechnung zurückgegriffen.[797] Es handelt sich, soweit bekannt, um die umfangreichste und einzige länderübergreifende Untersuchung, die im deutschen Sprachraum und im spezifischen Forschungsgebiet veröffentlicht wurde. Um ein abschließendes Urteil über die Qualität der Daten hinsichtlich ihrer Übereinstimmung mit den tatsächlichen Werten im Jahresabschluss treffen zu können, wurden die Börsen- und Jahresabschlussdaten sorgfältigen Prüfungen unterzogen. Neben der Plausibilitätsbeurteilung wurden die Da-

---

[793] Vgl. hierzu auch Kapitel 3.2.4.

[794] Zu einer Übersicht und Definition der einzelnen Kennzahlen siehe Anhang 6.

[795] Zu den angewandten Rechnungslegungsvorschriften sowie weiteren unternehmensspezifischen Informationen siehe Anhang 1.

[796] Vgl. *Busse von Colbe* (1987), S. 204; *Müller* (1988), S. 35; *Pellens* (1989), S. 43-50, und 188-265. Untersuchungen mit Einzelabschlüssen wurden z. B. durchgeführt von *Zimmermann* (1997), S. 282.

[797] Theoretisch könnten auch relevante Informationen für die Bestimmung des systematischen Risikos im Anhang bzw. im Lagebericht des Jahresabschlusses/Quartalsberichtes enthalten sein, deren Berücksichtigung aber aufgrund des unverhältnismäßigen Aufwands im Rahmen der vorliegenden Arbeit nicht gewährleistet werden konnte.

ten im Rahmen der statistischen Voruntersuchungen ggf. weiter aufbereitet.[798] Für die Beurteilung hinsichtlich der Datenqualität wurde ein statistischer Sequenzialtest nach *Wald* (1947) durchgeführt.[799] Bei einer Stichprobe von 100 zufällig ausgewählten Daten konnte mit einer Sicherheit von 90 % bestätigt werden, dass 99 % der Werte mit den Erhebungsdaten übereinstimmen.

7.1.4 Deskriptive Statistik der Betas des deutschen Untersuchungssamples

Ausgehend von der vorangegangenen qualitativen Beschreibung der Untersuchungssamples sollen nachfolgend statistische Aussagen zur Verteilung und zur Güte der exogenen Modellvariablen (Aktien-Beta) vorgenommen werden.[800] Der Großteil der 52-Wochen-Blume-Betas (ca. 79 %) in Deutschland liegt in einem Intervall zwischen 0.4 und 1.6.[801] Der Mittelwert liegt bei 0.647 und der Median bei 0.618. Weil das durchschnittliche Beta beim deutschen Untersuchungssample nicht dem theoretischen Wert entspricht, könnte dies bei den späteren Berechnungen zu potentiellen Verzerrungen führen, die auf die Zusammensetzung des Untersuchungssamples zurückzuführen wären. Obwohl theoretischer und beobachteter Wert des Markt-Betas (Mittelwert aller Beta-Beobachtungen über alle Jahre) nicht übereinstimmen, liegen aber auch keine Anzeichen für eine Verzerrung aufgrund der spezifischen Zusammensetzung des Untersuchungssamples vor.[802] Der Grund für die Abweichung von theoretischem und praktischem Markt-Beta liegt darin, dass die Unternehmen des Untersuchungssamples und des verwendeten Aktienindex (DAX) in ihrer Zusammensetzung nicht komplett übereinstimmen.[803] Betrachtet man die Verteilung des Blume Betas bei 104-Wochen-Renditen, so lassen sich – zunächst bei der Verteilung der Schätzwerte des Koeffizienten – keine grundlegenden Unterschiede zum 52-Wochen-Beta feststellen. Der Mittelwert (Median) von 0.649 (0.617) bei 104 Wochen liegt nur knapp über dem Mittelwert (Median) von 0.647 (0.617) bei 52 Wochen. Sowohl beim Beta auf der Basis von 52 Wochen als auch beim Beta auf der Ba-

---

798 Hauptsächlich betrifft dies die Kapitalmarktdaten, bei denen alle Wochenrenditen von mehr als 20 % exkludiert wurden, obwohl diese tatsächlich auftraten.

799 Vgl. *Wald* (1947); *v. Wysocki* (1977), S. 122-132.

800 Eine explizite Darstellung der deskriptiven Statistik zum Raw Beta unterbleibt hier allerdings, da Raw Beta und Blume Beta mittels der gleichen OLS-Schätzmethode ermittelt werden. Das Blume Beta ist insofern lediglich eine (effiziente) Modifikation (lineare Transformation) des Raw Betas, wodurch die Gütemaße beider Betas identisch sind.

801 Beim Raw Beta ist es mit ca. 49 % erwartungsgemäß ein geringerer Anteil.

802 Diese Berechnungen decken sich insbesondere mit den Erkenntnissen früherer Untersuchungen. *Müller* (1992) validiert sein Untersuchungssample in P2 (1979-1985) ebenfalls mit einem niedrigen durchschnittlichen Beta von 0.79.

803 Dennoch sprechen hauptsächlich die in Kapitel 3.1.2.1 angeführten Gründe, insbesondere die Höhe der Marktkapitalisierung und die Liquidität, für die Verwendung des DAX als Marktportfolio beim deutschen Untersuchungssample. Außerdem ist man bei der OLS-Schätzung auf die Verwendung des DAX angewiesen, da die Kurszeitreihen beim Prime All Share-Index erst ab dem Jahr 2003 zur Verfügung stehen

sis von 104 Wochen fällt auf, dass die Anzahl extremer Werte (> 1.5 und < 0.25) relativ gering ist. Der niedrigste Wert (Minimum) liegt beim 52-Wochen-Beta bei -0.29 und der höchste Wert (Maximum) bei 2.07. Vergleicht man diese Werte mit den entsprechenden Größen des 104-Wochen-Blume-Betas, wird deutlich, dass mit der Intervallausweitung der einbezogenen Renditen auch eine Verengung der Spannweite der Beta-Schätzungen einhergeht. Während der niedrigste Wert bei -0.096 liegt, ist der größte Wert bei 1.52 anzusiedeln. Insgesamt liegen ca. 82 % aller Werte im Intervall zwischen 0.4 und 1.6. Auch beim Raw Beta wurden ganz ähnliche Feststellungen gemacht.[804] Die extremen Beobachtungswerte[805] liegen dort zwar deutlich über den extremen Werten der Blume Betas, aber auch hier verengen sich die Spannweiten, wenn man das Renditeintervall auf 104 Wochen erhöht. Es bleibt festzuhalten, dass die Betas beim deutschen Untersuchungssample über alle Zeiträume recht homogen und eng um den Mittelwert verteilt sind, so dass offensichtlich keine Muster für Verzerrungen aufgrund überproportionaler Anteile von Unternehmen in einem spezifischen Risikosegment erkennbar wären. Bei der aggregierten Verteilung der Blume Betas im deutschen Untersuchungssample fällt eine allgemeine Tendenz hinsichtlich der betragsmäßigen Entwicklung auf. Sowohl Mittelwert als auch Median steigen von 1996 bis 2005 im Durchschnitt an. Deutlich wird dies auch anhand der in Abbildung 27 einbezogenen linearen Trendgeraden.

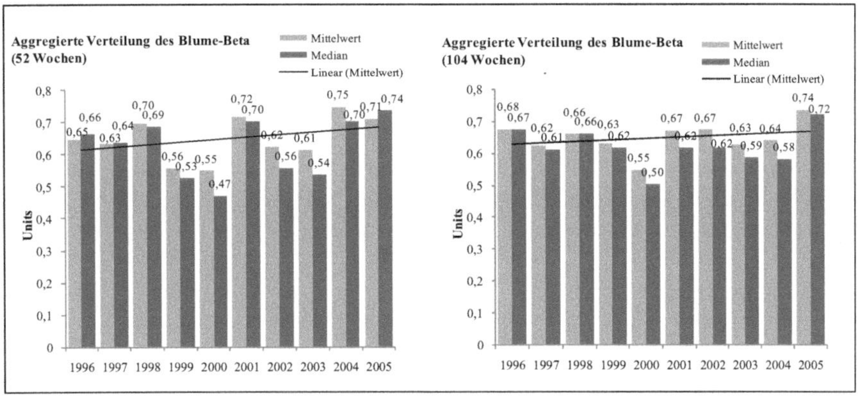

Abbildung 27: Verteilung des Betas in Deutschland

Dieser (leichte) Anstieg ist indessen nicht nur beim 52-Wochen-Beta, sondern auch beim 104-Wochen-Beta beobachtbar. Auffallend ist auch, dass gerade in den Börsen-Krisenjahren (z. B.

[804] Beim 104-Wochen-Raw-Beta sind es 53 %.
[805] Damit sind obere und untere Intervallgrenzen, also Maximum und Minimum, gemeint.

2000) die Beta-Werte deutlich niedriger waren als in der jüngeren Vergangenheit (z. B. 2004, 2005). So lag der Mittelwert (Median) des 52-Wochen-Blume-Betas im Jahr 2000 bei nur 0.55 (0.47), während der äquivalente Wert im Jahr 2005 bei 0.71 (0.75) lag. Dies könnte z. B. auf strukturelle Gründe zurückzuführen sein, da Betafaktoren nicht annähernd so stabil sind wie modellhaft postuliert, und sich bei bedeutenden ökonomischen Veränderungen anpassen.[806] Aufgrund des äußerst flachen Anstiegs sollte ein verzerrender Trend jedoch ausgeschlossen werden können.[807] Um detailliertere Aussagen bezüglich Effizienz und Güte der geschätzten Beta-Koeffizienten treffen zu können, wird der Standardfehler des Betas sowie das Bestimmtheitsmaß analysiert. Während das Bestimmtheitsmaß bereits ausführlich in Kapitel 3.2.1 diskutiert wurde, soll nachfolgend kurz die Bedeutung des Standardfehlers des Betas als Streuungsmaß der Stichprobenverteilung unterstrichen werden. Der Standardfehler des Betas gibt an, wie stark jeder einzelne Beobachtungspunkt innerhalb der Stichprobe von seinem durch das Regressionsmodell unterstellten Schätzwert abweicht. Dabei lässt er sich formal erfassen als der Quotient aus der Standardabweichung und der Quadratwurzel des Stichprobenumfangs. Über den Standardfehler des Betas kann man Aussagen zur Zusammensetzung der Stichprobe treffen, wobei der Standardfehler ähnlich der Standardabweichung der Rendite interpretiert werden kann.[808] Bekommt man bei einer Beta-Schätzung z. B. einen Standardfehler des Beta-Koeffizienten von 0.2, so liegt der tatsächliche Beta-Koeffizient mit einer Wahrscheinlichkeit von 68 % nicht weiter als 0.2 von dem geschätzten Beta-Koeffizienten entfernt. Auf der anderen Seite gibt es eine 96 %ige Wahrscheinlichkeit, dass das tatsächliche Beta innerhalb einer Spannweite von plus/minus 0.4 vom geschätzten Beta entfernt liegt. Der Standardfehler ist so in der Lage, eine Aussage über die Güte des ermittelten Koeffizienten (Mittelwertes) zu liefern. Dabei gilt grundsätzlich, je niedriger der Standardfehler ist, desto größer ist der Aussagegehalt des geschätzten Koeffizienten. Je mehr Einzelwerte in die Untersuchung einbezogen wurden, desto robuster ist der Mittelwert und desto kleiner ist auch der Standardfehler. Dieser Zusammenhang wird insbesondere deutlich, wenn man den Standardfehler des Koeffizienten des 52-Wochen-Blume-Betas (Abbildung 28) mit dem des 104-Wochen-Blume-Betas (Abbildung 29) vergleicht.

---

806 Vgl. Kapitel 3.2.3. So auch *Zimmermann* (1997), S. 212 f.

807 Zur Überprüfung der Stationaritätsvoraussetzung siehe Kapitel 7.2.3. Der durchschnittliche Beta-Wert deckt sich mit den Beobachtungen in der Periode zwei bei der Untersuchung von *Müller* (1992), siehe hierzu auch die Erläuterungen in Kapitel 4.3.2.1.

808 Vgl. *Ibbotson Associates* (2005), S. 111.

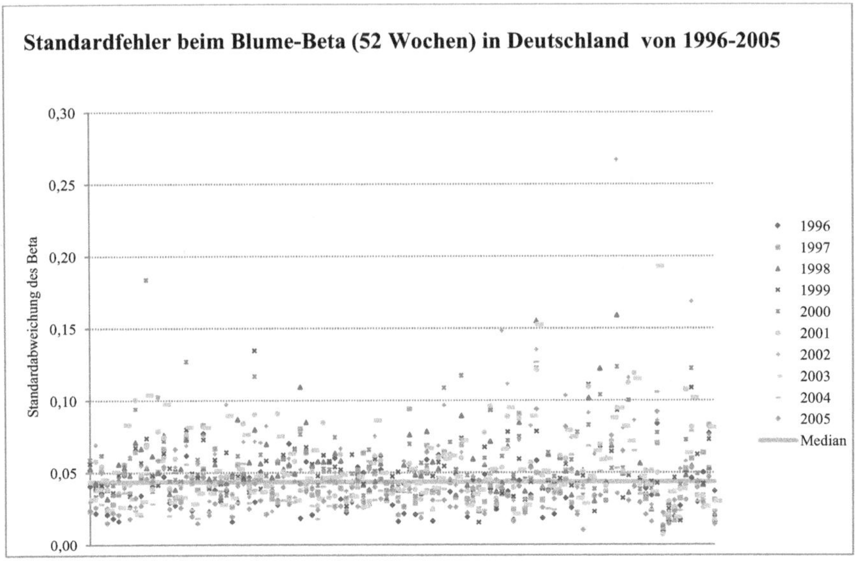

Abbildung 28: Verteilung des Standardfehlers des 52-Wochen-Betas in Deutschland

Aus Abbildung 28 und Abbildung 29 wird deutlich, dass sich im Rahmen der OLS-Beta-Schätzung der Standardfehler bei einer Verdoppelung der einbezogenen Datenpunkte um fast 25 % verringert. Während der Median des Standardfehlers des 52-Wochen-Betas einen Wert von 0.20 annimmt, besitzt das 104-Wochen-Beta nur einen Standardfehler von 0.158. Die Verteilung des Standardfehlers des Blume Betas bei 52-Wochen-Renditen spiegelt ein recht homogenes Bild um den Median von 0.2 wider. Extreme Beobachtungen liegen mehrheitlich am Rand des Untersuchungsintervalls, nämlich z. B. im Jahr 1996 bzw. 2004 und 2005. Während beim 52-Wochen-Beta ca. 80 % der Unternehmen einen Standardfehler des Beta-Koeffizienten kleiner als 0.3 besitzen, steigt die Anzahl dieser Unternehmen beim 104-Wochen-Beta auf ca. 95 % der Unternehmen an.

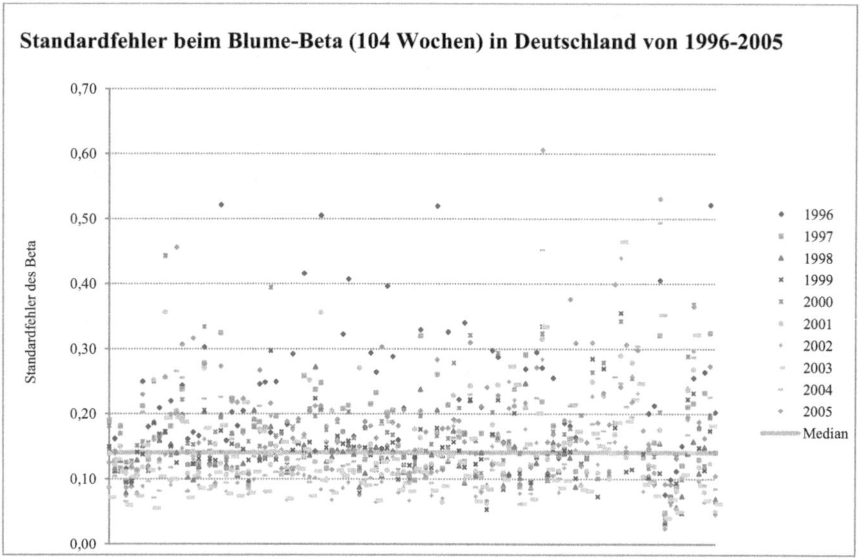

Abbildung 29: Verteilung des Standardfehlers des 104-Wochen-Betas in Deutschland

Will man die OLS-Beta-Schätzung beurteilen, so fällt in Tabelle 22 auf, dass das durchschnittliche R^2 mit einem Wert von 0.13 eher niedrig erscheint (Tabelle 22). Insgesamt besitzen ca. 30 % aller Unternehmen beim 52-Wochen-Beta ein $R^2 > 0.15$.[809] Dabei kann ein hohes R^2 dahingehend interpretiert werden, dass die Veränderungen der Rendite eines spezifischen Unternehmens sehr gut über die Veränderungen der Marktrendite erklärt werden können. Bestimmtheitsmaße über 0.2 deuten in diesem Zusammenhang darauf hin, dass ein stabiler (starker) Zusammenhang besteht. Das Bestimmtheitsmaß auf der Basis des 104-Wochen-Betas (Tabelle 22) unterscheidet sich nicht wesentlich von dem Vergleichswert des 52-Wochen-Betas und liegt mit 0.125 leicht unter dem Referenzwert des Betas der kürzeren Renditelaufzeit. Die dezidierte Auswertung der Beobachtungen, insbesondere die Ergebnisse hinsichtlich des Standardfehlers des Betas und die enge Spannweite bei den Beobachtungswerten, sprechen dafür, dass der Blume-Beta-Koeffizient auf der Grundlage von 104 Wochen-Renditen ein vermutlich effizienterer Schätzer ist als der vergleichbare Wert des 52-Wochen-Betas. Auf der anderen Seite unterscheiden sich die Bestimmtheitsmaße der beiden Renditeintervalle nur marginal voneinander, wobei das Bestimmtheitsmaß des 104-Wochen-Betas sogar leicht unter dem des 52-Wochen-Betas liegt. Der Anteil der Unternehmen, die ein R^2 grö-

[809] Vgl. *Ibbotson Associates* (2005), S. 110. Darüber hinaus sind die bei Finanzmarktdatenreihen beobachteten Bestimmtheitsmaße regelmäßig relativ niedrig.

ßer als 0.15 besitzen, ist mit 27 % leicht niedriger als beim 52-Wochen-Beta. Darüber hinaus besitzen ca. 89 % der Unternehmen des deutschen Untersuchungssamples ein R^2 kleiner als 0.3.

OLS-Beta-Schätzung Untersuchungssample Deutschland						
	52-Wochen-Renditen			104-Wochen-Renditen		
	1996-2000	2001-2005	1996-2005	1996-2000	2001-2005	1996-2005
Raw Beta						
Mean	0.41353	0.52400	0.47075	0.45181	0.50410	0.47793
Median	0.37721	0.47050	0.42693	0.43033	0.44134	0.43447
R^2 (Ø)	0.10266	0.15923	0.13196	0.10401	0.14350	0.12500
Standardabweichung Fehler	0.04668	0.04046	0.04366	0.04774	0.05049	0.04920
Standardfehler Beta	0.21114	0.18624	0.20014	0.16670	0.14966	0.15764
Minimum	-0.93459	-0.65757	-0.93459	-0.64324	-0.45388	-0.64324
Maximum	2.29623	2.59722	2.59722	1.70139	1.77534	1.77534
Blume Beta[810]						
Mean	0.60909	0.68202	0.64655	0.62529	0.66920	0.64863
Median	0.58681	0.64493	0.61738	0.60693	0.62615	0.61704
Minimum	-0.28972	-0.10504	-0.28972	-0.09550	0.03075	-0.09550
Maximum	1.86415	2.06481	2.06481	1.46759	1.51689	1.51689

Tabelle 22: Deskriptive Statistiken des 52- und 104-Wochen-Betas in Deutschland

7.1.5 Deskriptive Statistik der Betas des US-amerikanischen Untersuchungssamples

Beim amerikanischen Untersuchungssample liegen ca. 87 % aller 52-Wochen-Blume-Betas im Intervall zwischen 0.4 und 1.6.[811] Der größte beobachtete Wert (Maximum) des 52-Wochen-Blume-Betas liegt bei 2.68, während der kleinste Wert (Minimum) bei -0.19 liegt. Sowohl der maximale als auch der minimale Beobachtungswert wurden in der Subperiode 1 (SP1:1996-2000) festgestellt. Die Spannweite beim Raw Beta ist deutlich größer als beim Blume Beta.[812] Beim amerikanischen Untersuchungssample liegt das durchschnittliche 52-Wochen-Blume-Beta bei 0.96, was einem sehr guten Proxy für das theoretische Marktportfolio entspricht. Analog liegt der Wert des Raw Beta erwartungsgemäß mit 0.94 leicht unter dem des Blume Betas. Theoretischer und empirisch beobachteter Wert der Betas stimmen beim US-amerikanischen Untersuchungssample nahezu überein. Der Mittelwert des 104-

---

[810] Das Blume Beta wird im Rahmen des in Kapitel 3.2.4.1 dargestellten Anpassungsverfahrens ermittelt, dessen Grundlage das Raw Beta bildet. Daher sind Standardabweichung, R^2 und Standardfehler identisch mit den tabellierten Werten des Raw Betas (OLS-Betas) und werden nicht explizit ausgewiesen. Dies gilt analog auch für Tabelle 23.

[811] Beim Raw Beta sind es 81 %.

[812] Aus Gründen der Übersichtlichkeit erfolgt keine explizite deskriptive Statistik zum Raw Beta. Vgl. hierzu aber auch die Zusammenfassung der Ergebnisse in Tabelle 23.

Wochen-Blume-Betas der Gesamtverteilung stellt mit 0.95 – genau wie schon beim 52-Wochen-Beta – eine nahezu perfekte Approximation des Marktportfolios (S&P 500) durch die Auswahlunternehmen des Untersuchungssamples dar. Der größte beobachtete Wert (Maximum) liegt bei 2.56 und der kleinste Wert (Minimum) bei 0.035. Die Spannweite der Beta-Verteilung ist also enger als beim 52-Wochen-Blume-Beta. Vergleichbar mit dem 52-Wochen-Blume-Beta liegen aber wieder ca. 88 % der Betas im Intervall zwischen 0.4 und 1.6.[813]

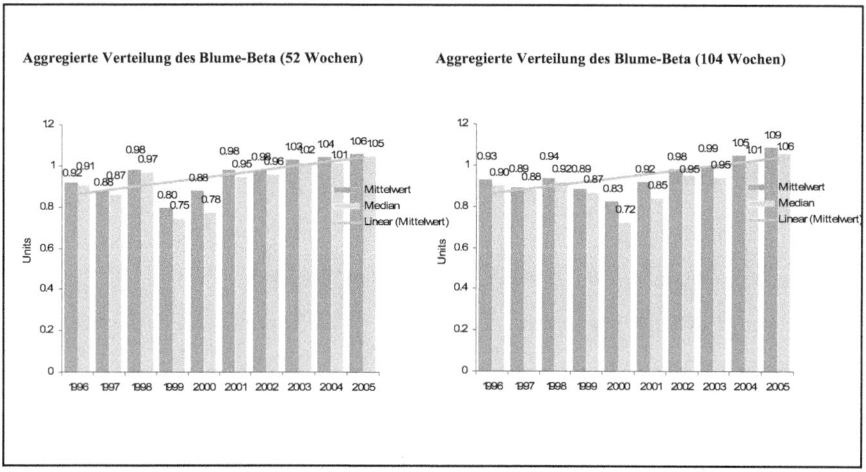

Abbildung 30: Aggregierte Verteilung des Blume Betas in den USA

Vergleicht man die aggregierten Blume Betas (52- vs. 104-Wochen-Renditen) im Rahmen einer jahresweisen Betrachtung, so zeigt sich bei beiden Renditeintervallen ein annähernd identisches Bild. Auch hier – äquivalent zum deutschen Markt – ist ein sehr flacher Anstieg der Betas im Zeitverlauf erkennbar. Wie weiter unten aufgezeigt wird, ist die zwingende Voraussetzung schwacher Stationarität jedoch nicht verletzt.[814] Auch beim amerikanischen Untersuchungssample konnte die Prognosegüte durch die Schätzung auf Basis von 104-Wochen-Renditen noch einmal deutlich ggü. der Verwendung von 52-Wochen-Renditen verbessert werden.

[813] Beim Raw Beta sind es nur 81.55 %.
[814] Vgl. hierzu die Kapitel 7.2.3.

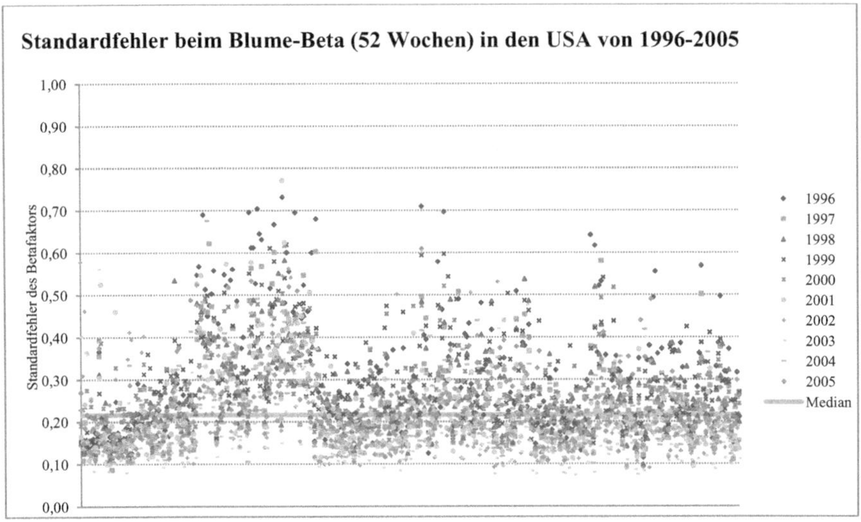

Abbildung 31: Verteilung des Standardfehlers beim 52-Wochen-Blume-Beta in den USA

Während der Median des Standardfehlers beim 52-Wochen-Beta im Gesamtbetrachtungszeitraum 1996-2005 noch bei 21 % (vgl. Abbildung 31) lag, konnte beim 104-Wochen-Beta eine deutliche Verminderung hin zu einem Wert von 17.5 % (vgl. Abbildung 32) beobachtet werden. Dabei wird ein niedriger Standardfehler im Allgemeinen auch als Indiz für die Stabilität der Betas gewertet. In empirischen Untersuchungen hat sich herausgestellt, dass Unternehmen mit niedrigem Standardfehler stabile Betas besitzen, während Unternehmen mit hohem Standardfehler in der Regel ein volatileres Beta besitzen.[815] Für das amerikanische Untersuchungssample lässt sich festhalten, dass die Verteilung der Betas mit einem Standardfehler (Median) von 21 % bzw. 17.5 % als recht stabil anzusehen ist.[816] Möchte man die Beobachtungsergebnisse für beide unterschiedliche Renditeintervalle in den USA beurteilen, so zeigt sich ein differenziertes Bild. In Bezug auf das Bestimmtheitsmaß scheint bei der Beta-Schätzung offensichtlich eine gewisse Abhängigkeit von der Länge des verwendeten Renditeintervalls zu existieren.

---

[815] Vgl. *Ibbotson Associates* (2005), S. 111.

[816] Extreme Beobachtungswerte oberhalb des Medians traten zwar ebenfalls auf, waren aber weder in ihrer Anzahl noch in der Stärke der Abweichung zum Median des Standardfehlers von besonderer Bedeutung. Bei früheren Untersuchungen am amerikanischen Kapitalmarkt wurden indessen bei einzelnen Unternehmen Standardfehler von bis zu 2.94 gemessen. Vgl. hierzu *Ibbotson Associates* (2005), S. 111.

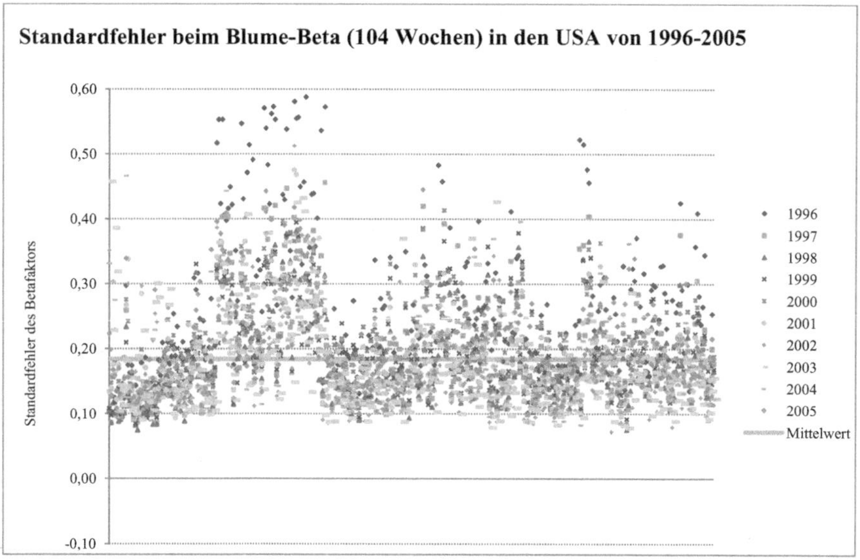

Abbildung 32: Verteilung des Standardfehlers beim 104-Wochen-Blume-Beta in den USA

Während beim 52-Wochen-Beta das durchschnittliche R^2 bei 27 % liegt, ist der äquivalente Wert beim 104-Wochen-Beta mit 21 % (Tabelle 23) jedoch deutlich niedriger.[817] Insgesamt besitzen ca. 70 % aller 52-Wochen-Blume-Betas und 63 % aller 104-Wochen-Blume-Betas ein $R^2 > 15$ %, was für die Qualität des zusammengestellten Marktportfolios spricht.[818] Darüber hinaus entspricht das durschnittliche 52-Wochen-Beta sowohl beim Raw Beta als auch beim Blume Beta in SP 2 (gerundet) dem theoretischen Wert des Markt-Betas.

[817] Dies stimmt insbesondere auch mit den entsprechenden Beobachtungen beim deutschen Untersuchungssample überein; vgl. Kapitel 7.1.4.

[818] In einer Untersuchung von *Ibbotson Associates* (2005), S. 110, am amerikanischen Markt konnte für 5.000 einbezogene Unternehmen mehrheitlich ein R^2 niedriger als 0.3 festgestellt werden.

OLS-Beta-Schätzung Untersuchungssample USA						
	52-Wochen-Renditen			104-Wochen-Renditen		
	1996-2000	2001-2005	1996-2005	1996-2000	2001-2005	1996-2005
Raw Beta						
Mean	0.84028	1.02988	0.93508	0.84315	1.00962	0.92667
Median	0.78606	0.99559	0.91160	0.80671	0.93821	0.87256
R^2 (Ø)	0.18981	0.34487	0.26734	0.16730	0.24320	0.20538
Standardabweichung Fehler	0.04566	0.03409	0.03852	0.04273	0.03866	0.04036
Standardfehler Beta	0.24583	0.18878	0.21575	0.18518	0.16313	0.17456
Minimum	-0.77966	-0.74846	-0.77966	-0.44775	-0.28723	-0.44775
Maximum	3.52018	3.46555	3.52018	2.58328	3.33618	3.33618
Blume Beta[819]						
Mean	0.89352	1.01992	0.95672	0.89543	1.00642	0.95112
Median	0.85737	0.99706	0.94107	0.87114	0.95881	0.91504
Minimum	-0.18644	-0.16564	-0.18644	0.03483	0.14185	0.03483
Maximum	2.68012	2.64370	2.68012	2.05552	2.55746	2.55746

Tabelle 23: Deskriptive Statistiken des 52- und 104-Wochen-Betas in den USA

7.2 Statistische Voranalysen

Um die nachfolgenden empirischen Untersuchungen durchführen zu können, müssen die erhobenen und aufbereiteten Daten zunächst auf Normalverteilung und Stationarität überprüft werden. Diese Eigenschaften gelten als zwingende positive Voraussetzungen für weitere Güte-Tests, wie z. B. Autokorrelation oder t- und F-Test. Von Bedeutung ist dabei insbesondere auch, welche statistischen Eigenschaften die rechnungslegungsbezogenen Daten besitzen. Empirische Befunde haben aufgezeigt, dass die Verteilung über einen Random-Walk-Prozess beschrieben werden kann.[820] Im weiteren Vorgehen werden die Daten hinsichtlich Normalverteilung, Autokorrelation und Stationarität überprüft. Darüber hinaus finden die weiteren Untersuchungen immer auf individueller Unternehmensebene statt; d. h., es werden keine Portfolien gebildet, da hierdurch extreme Beobachtungen hervorgerufen werden könnten und die Ergebnisse im allgemeinen verzerrt werden könnten.[821]

---

[819] Das Blume Beta wird im Rahmen des in Kapitel 3.2.4.1 dargestellten Anpassungsverfahrens ermittelt, dessen Grundlage das Raw Beta bildet. Daher sind Standardabweichung, R^2 und Standardfehler identisch mit den tabellierten Werten des Raw Betas (OLS-Betas) und werden nicht explizit ausgewiesen. Dies gilt analog auch für Tabelle 23.

[820] Vgl. hierzu exemplarisch *Albrecht/Lookabill/McKeown* (1977), S. 226-244; *Watts/Leftwich,* (1977), S. 253-271, und *Bowman* (1979), S. 620.

[821] Vgl. *Kaplanski* (2004), S. 644; *Kim* (1995), S. 1605-1634.

7.2.1 *Normalverteilung*

Die Überprüfung von Daten auf Normalverteilung erfolgt üblicherweise über einen Jarque-Bera-(JB)-Test der Residuen. Wenn die Residuen eine Normalverteilung aufweisen, kann insofern auch auf normalverteilte Regressionskoeffizienten geschlossen werden. Die zwingende Notwendigkeit der Normalverteilung der Residuen wird allerdings nicht allzu streng gesehen, wodurch bei praktischen Anwendungen die Überprüfung auf Normalverteilung häufig unterlassen wird und dennoch der Durbin-Watson-Test bzw. der t- und F-Test durchgeführt werden. Eine Begründung für ein derartiges Vorgehen lässt sich zumindest approximativ aus dem Zentralen Grenzwertsatz (ZGS)[822] ableiten, da „die Summe von *n* unabhängigen und identisch verteilten Zufallsvariablen (independent and identically distributed, „i.i.d.-Stichprobe“) bei hinreichend großem *n* approximativ normalverteilt“ ist.[823] Möchte man die Daten jedoch tatsächlich auf Normalverteilung hin überprüfen, so bietet sich der Test von Jarque-Bera an. Durch diesen Hypothesentest können mittels zweier anschaulicher Verteilungsmaßzahlen, der Schiefe (Skewness) und der Wölbung (Kurtosis) intuitiv nachvollziehbare Testergebnisse geliefert werden. Zur Durchführung des JB-Tests gilt es für die verschiedenen verwendeten Gruppen von Daten (Börsendaten, bilanzielle Daten) gesonderte Überprüfungen hinsichtlich der Normalverteilung mittels eines Hypothesentests zu formulieren:

H_0: Die Daten sind mit der Normalverteilung vereinbar vs.
H_1: Die Daten sind nicht normalverteilt

Mittels der unten stehenden Formel kann dann das JB-Maß ermittelt und mit dem kritischen Wert der Teststatistik verglichen werden:

$$JB = \frac{n-(k+1)}{6}\left[S^2 + \frac{1}{4}(K-3)^2\right]$$

mit:
- S: Schiefemaß
- K: Wölbung (Kurtosis)
- n: Anzahl der Beobachtungspunkte
- k: Anzahl der erklärenden Variablen im Regressionsmodell
- JB: Jarque-Berra-Wert

Die Interpretation des JB-Maßes kann auf einfache Weise intuitiv erfolgen. Sofern man von einer angenommenen Normalverteilung der untersuchten Daten ausgeht, dann besitzt die

---

[822] Zur detaillierten Herleitung des zentralen Grenzwertsatzes bei der Approximation von Normalverteilungen siehe u. a. *Poddig/Dichtl/Petersmeier* (2003), S. 334 ff.

[823] Vgl. ders. (2003), S. 333.

Schiefe einen Wert von null (S = 0) und die Wölbung einen Wert von drei (K = 3). Diese Werte in die JB-Formel eingesetzt, würden zu einem Ergebnis von null für die Prüfstatistik führen. Dadurch sprechen kleine Werte (dem Betrage nach!) eher für eine Beibehaltung der H_0-Hypothese, während große Werte eine Ablehnung von H_0 (d. h. H_1 ist signifikant) fordern würden. Der Jarque-Bera-Test ist nur eine Möglichkeit zur Überprüfung von Daten auf Normalverteilung. Daneben existieren bspw. auch noch der Kolmogorov-Smirnov-Test und der χ^2-Anpassungstest.[824] Die Normalverteilungsannahme ist insbesondere für die Berechnung der Marktrisikomaße (Aktien-Beta) und der bilanziellen Marktrisikomaße (Accounting Beta) von Bedeutung. Exemplarisch werden nachfolgend die Ergebnisse des JB-Normalverteilungstests bei den logarithmierten wöchentlichen Renditen der verwendeten Marktindices dargestellt. Dabei kann für alle in die empirische Untersuchung einbezogenen Märkte (und deren einzelne ausgewählte Aktien) die Beibehaltung der Normalverteilungsannahme vertreten werden.[825] Im hier dargestellten Betrachtungszeitraum 2005 und bei Berücksichtigung wöchentlicher stetiger Renditen weisen der DAX, der S&P 350EU und der S&P 500 eine Schiefe (Skewness) nahe 0 und eine Wölbung (Kurtosis) nahe 3 auf. Die ebenfalls in Tabelle 24 dargestellte Probabillity unterstreicht die Beibehaltung der Normalverteilungsannahme bei einer in den Sozial- und Wirtschaftswissenschaften üblichen Irrtumswahrscheinlichkeit von 5 %.[826]

Sample: 7.01.2005 - 5.01.2006 (wöchentliche logarithmierte-Renditen)	**DAX**	**S&P 350EU**	**S&P 500**
Mean	0.004836	0.003766	0.000919
Skewness	-0.030163	0.040460	-0.290208
Kurtosis	2.216674	3.425086	2.762280
Jarque-Bera	1.234478	0.374492	0.786788
Probability	0.539432	0.829240	0.674763

Tabelle 24: Verteilung stetiger Renditen der untersuchten Markportfolios

Zusammenfassend kann daher festgehalten werden, dass die Kursrenditen und Log-Kursrenditen zur Berechnung des Marktrisikomaßes normalverteilt sind. Für die bilanziellen Risikomaße der Querschnittsuntersuchung besteht kein zwingendes ökonometrisches Erfordernis der Normalverteilung; in der Zeitreihe sind diese jedoch normalverteilt. Für die in der

824 Zur ausführlichen Vorgehensweise bei diesen Tests siehe *Hartung* (1993), S. 182 ff.

825 Für einige wenige Unternehmen und Jahre muss allerdings darauf hingewiesen werden, dass die Normalverteilungsannahme nicht gehalten werden konnte, da die empirische Verteilung der Finanzzeitreihen im Allgemeinen stärker einer leptokurtischen Verteilung folgt, die in der Mitte eine größere Häufigkeit aufweist als die Normalverteilung. Dies ist insbesondere auch der Fall, wenn ganz kleine Renditen in einer bestimmten Phase des Marktes auftreten. Diese Auffassung vertreten auch *Franke/Härdle/Hafner* (2001), S. 151.

826 Die Ergebnisse in Tabelle 24 beziehen sich auf einen einjährigen Betrachtungszeitraum. Da die Berechnung der Marktrisikomaße ebenfalls auf Jahresbasis (bzw. 2-Jahresbasis) unter Verwendung von 52- (104-) Wochen-Renditen erfolgt, ist die Wahl dieses Zeitraums auch bei der Normalverteilungsüberprüfung konsistent.

Zeitreihenanalyse verwendeten bilanziellen Risikomaße (Accounting Betas etc.) konnte Normalverteilung nachgewiesen werden bzw. diese implizit durch den zentralen Grenzwertsatz unterstellt werden.

7.2.2 Autokorrelation und Durbin-Watson-Test

Um die Validität der Untersuchungsergebnisse zu gewährleisten, müssen die Daten frei von Autokorrelation sein. Es ist allgemein bekannt, dass Autokorrelation ein Phänomen darstellt, das insbesondere für Zeitreihenregressionen von Bedeutung ist. Aufgrund der Zeitkomponente bei Panelanalysen erstreckt sich die Bedeutung auch auf die hier gemachten Untersuchungen.[827] Wenn Autokorrelation auftritt, kann dies immer auch ein Indiz für die Fehlspezifikation des Modells, also das Fehlen wichtiger erklärender Variablen, sein. Wenn der Grund nicht in fehlenden Variablen des Modells liegt, kann es darüber hinaus auch sein, dass der unterstellte lineare Zusammenhang zwischen der zu erklärenden und den erklärenden Variablen doch nicht linearer Natur ist.[828] Um das Vorhandensein von Autokorrelation erster Ordnung zu überprüfen, werden die Daten im Folgenden mittels Durbin-Watson-Test untersucht.[829] Positive Autokorrelation lässt sich bei der graphischen Betrachtungsweise immer durch längere Phasen mit positiven und negativen Residuen (ε_t) feststellen. Dabei folgt auf ein positives Residuum mit hoher Wahrscheinlichkeit ein positives und auf ein negatives Residuum mit hoher Wahrscheinlichkeit ein negatives. Im Fall negativer Autokorrelation erster Ordnung verhält es sich genau umgekehrt in dem Sinne, dass auf einen negativen Störterm ein positiver folgt und auf einen positiven Störterm ein negativer.[830] Unter der Annahme der Homoskedastizität der Residuen folgt für den Autokorrelationskoeffizienten erster Ordnung:

$$p_j = \frac{Cov(\varepsilon_t, \varepsilon_{t-1})}{\sqrt{VAR(\varepsilon_t)}\,\sqrt{(VAR(\varepsilon_{t-j})}} = \frac{\sigma_{t,t-j}}{\sqrt{\sigma^2}\,\sqrt{\sigma^2}} = \frac{\sigma_{t,t-j}}{\sigma^2} \quad \text{für alle } j=1,2....$$

Von Bedeutung ist, dass bei Anwendung des Durbin-Watson-Tests lediglich Autokorrelation *erster*, aber nicht *höherer* Ordnung überprüft werden kann. Darüber hinaus darf das Regressionsmodell keine abhängige Lag-Variable als erklärende Variable enthalten und es muss eine Konstante beinhalten.[831] Beim Durbin-Watson-Test handelt es sich um einen Hypothesentest, bei dem die Hypothese H_0 (keine Autokorrelation) gegen die Alternativhypothese H_1 (positive

---

[827] Vgl. *Vogelvang* (2005), S. 117.
[828] Vgl. Poddig/Dichtl/Petersmeier (2003), S. 322.
[829] Vgl. grundsätzlich hierzu *Durbin/Watson* (1950), S. 409-428.
[830] Vgl. *Poddig/Dichtl/Petersmeier* (2003), S. 313 f.
[831] Vgl. *Asteriou/Hall* (2007), S. 140 f.

bzw. negative Autokorrelation) getestet wird, wobei mittels der Durbin-Watson-Teststatistik der kritische Durbin-Watson-Wert berechnet wird:[832]

$$DW = \frac{\sum_{t=2}^{n} (\hat{\varepsilon} - \hat{\varepsilon}_{t-1})^2}{\sum_{t=1}^{n} \hat{\varepsilon}_t^2}$$

Einen intuitiven Zugang, der die Interpretation der Teststatistik erleichtert und zudem sehr einprägsam ist, bietet die folgende Approximationsformel:

$$DW = 2(1 - \hat{\rho}_1)$$

Durch die Formel wird der Zusammenhang zwischen der DW-Teststatistik und dem Autokorrelationskoeffizienten erster Ordnung verdeutlicht. Da sich der empirische Autokorrelationskoeffizient zwischen -1 und +1 bewegt, kommt als Intervall für die Teststatistik der Bereich zwischen 0 und +4 in Betracht. Der Zusammenhang zwischen der Teststatistik und dem Autokorrelationskoeffizienten ergibt sich wie folgt:

$\hat{\rho}_1 \approx +1$	→	positive Autokorrelation erster Ordnung	→	$DW \approx 0$
$\hat{\rho}_1 \approx -1$	→	negative Autokorrelation erster Ordnung	→	$DW \approx 4$
$\hat{\rho}_1 \approx 0$	→	keine Autokorrelation erster Ordnung	→	$DW \approx 2$

Der in Anlehnung an die Formeln oben ermittelte Wert der DW-Teststatistik muss mit den Ober- und Untergrenzen des Annahmebereichs (keine Autokorrelation) verglichen werden, um eine Aussage bzgl. der Autokorrelation erster Ordnung treffen zu können. Dabei werden die kritischen Werte des Annahmebereichs über die Unter- und Obergrenzen determiniert, die wiederum von der Anzahl der Beobachtungspunkte n, der Regressorenanzahl k sowie dem Konfidenzintervall α abhängen und in gängigen Verteilungstabellen abgelesen werden können.[833] Bei den hier durchgeführten Untersuchungen war entweder keine Autokorrelation feststellbar oder vorhandene Autokorrelation erster oder höherer Ordnung wurde im Rahmen der Modellschätzungen bereinigt.[834] Es wurden daher nur Untersuchungsergebnisse berücksichtigt, bei denen die DW-Teststatistik Werte im Annahmebereich geliefert hat.[835]

---

[832] Vgl. *Durbin/Watson* (1950).

[833] Eine tabellierte Verteilung der DW-Teststatistik findet sich z. B. bei *Backhaus/u. a.* (1994), S. 658 f.

[834] Während in der Praxis die Autokorrelation erster Ordnung der Renditen oft nahe null liegt, lässt sich für Autokorrelation höherer Ordnung häufig ein positiver oder deutlich von null verschiedener Wert feststellen. Daraus folgt, dass nach kleinen (großen) Renditen tendenziell wieder kleine (große) Renditen folgen. Diese

7.2.3 *Stationarität*

Damit statistische Untersuchungsmethoden angewandt werden können, müssen die Daten die Voraussetzung der Stationarität erfüllen. Um diese Eigenschaft zu erläutern, bietet es sich zunächst an, eine Zeitreihe theoretisch zu beschreiben. Man bezeichnet in diesem Zusammenhang einen stochastischen Prozess als:

- *mittelwertstationär*, wenn die Erwartungswerte aller Zufallsvariablen Y_1, Y_2, $Y_3,\ldots,Y_t$ übereinstimmen, d. h., wenn $E(Y_t) = \mu$ für alle t gilt; der Erwartungswert bleibt dann über die Zeit hinweg konstant;
- *varianzstationär,* wenn die Varianzen der Zufallsvariablen Y_1, Y_2, $Y_3,\ldots,Y_t$ übereinstimmen, also wenn $Var(Y_t) = \sigma^2$ für alle t gilt; die Varianz bleibt dann über die Zeit hinweg konstant;
- *kovarianzstationär,* wenn die Kovarianzen zwischen den einzelnen Zufallsvariablen Y_1, Y_2, $Y_3,\ldots,Y_t$ nur von deren zeitlichen Entfernungen abhängen; dabei gilt $Cov\ (Y_t, Y_{t-k}) = \sigma_k$ für alle t und k.[836]

Eine Zeitreihe wird als schwach stationär bezeichnet, wenn sie mindestens die drei o. g. Eigenschaften besitzt, was als Grundvoraussetzung für die Anwendung bestimmter ökonometrischer Untersuchungsmethoden gilt. Bei solchen Zeitreihen sind die Erwartungswerte, Varianzen und Kovarianzen der Zufallsvariablen unabhängig von der Zeitkomponente *t*. Betrachtet man aber z. B. Kursverläufe oder auch fundamentale Ergebnisgrößen, so folgen diese häufig einem Trend, womit ihr Erwartungswert über die Zeit hinweg nicht konstant ist und insofern gegen die Bedingung der Mittelwertstationarität verstoßen wird.[837] Um die daraus resultierenden Probleme beheben zu können, bietet sich mit der Differenzenmethode eine gleichermaßen einfache wie praktikable Lösung an, die auch im Rahmen dieser Arbeit – wo notwendig – angewandt wurde.[838] Grundlegende Bedeutung genießt die Stationaritätseigenschaft weithin im Zusammenhang mit der Beurteilung der Güte von Zeitreihenregressionen. Neuerdings rücken aber auch Panelanalysen in den Fokus der Anwendung, da die Panels in ihrer Zeitausprägung mittlerweile oftmals eine kritische Länge erreicht haben. Um die verwendeten Daten

von *Mandelbrot und Fama* bereits in den sechziger Jahren untersuchten Effekte sind in der Tat von längerer Dauer und lassen sich im Rahmen von Autoregressive-Conditional-Heteroscedasticity-(ARCH)-Modellen modellieren. Vgl. zur Anwendung von ARCH-Modellen bei Finanzmarktzeitreihen auch *Franke/Härdle/Hafner* (2001), S. 203 ff.

835 Teiluntersuchungen, bei denen der Verdacht der seriellen bzw. generellen Autokorrelation nicht einwandfrei zurückgewiesen werden konnte, wurden nicht in die Hauptuntersuchung einbezogen.

836 Vgl. Poddig/Dichtl/Petersmeier (2003), S. 96.

837 Dies gilt hauptsächlich für deterministische Trends und nicht etwa zwangsläufig für Markov-Prozesse (Random-Walk-Prozesse), für die im Allgemeinen konstante Erwartungswerte angenommen werden dürfen und die somit als mittelwertstationär gelten. Vgl. hierzu auch *Poddig/Dichtl/Petersmeier* (2003), S. 364 ff.

838 Zur genauen Vorgehensweise bei der Differenzenmethode siehe *Eckey/Kosfeld/Dreger* (1995), S. 93 f.

auf Stationarität hin untersuchen zu können, bietet sich ein sog. Einheitswurzeltest (Unit Root Test) an. Die Grundlage dieser Tests – berühmte Vertreter sind *Dickey und Fuller* (1979, 1981) – bildet die Hypothese, dass das Testen von Nicht-Stationarität gleichbedeutend mit dem Testen auf das Vorhandensein einer Einheitswurzel ist.[839] Der Dickey/Fuller-Test basiert auf der t-Verteilung, weshalb für den entsprechenden Regressionskoeffizienten ein Wert berechnet wird, der mit dem kritischen Wert der Dickey/Fuller-Tabelle verglichen wird. Die kritischen Werte der Dickey/Fuller-Tabelle wurden auf der Grundlage einer Monte-Carlo-Simulation ermittelt, wobei es sich ausschließlich um negative Werte handelt.[840] Wenn der t-Wert des betreffenden Regressionskoeffizienten kleiner als der kritische Wert aus der Tabelle ist, dann kann auf stationäre Daten geschlossen werden, da die Hypothese H_1: (Stationarität) signifikant ist. Grundsätzlich sind die Strukturen von Panels weitaus komplexer als bei Zeitreihen, weshalb es einen bedeutenden Unterschied gegenüber der Anwendung des DF-Tests bei Zeitreihen gibt. Aufgrund der zumeist vorhandenen Heterogenität der Querschnitts-Einheiten (Cross Section Units) besteht die Möglichkeit, dass nicht alle diese Einheiten in gleicher Weise die Voraussetzung der schwachen Stationarität erfüllen. Eine Reihe neuerer Verfahren hat versucht, diesem Umstand Rechnung zu tragen und so auf der Grundlage des DF- bzw. ADF-Test eine Anwendung bei Paneldaten zu gewährleisten.[841] Einer der ersten panelbezogenen Einheitswurzeltests war der von *Levin und Lin* (1992), der als eine Weiterentwicklung des DF-Tests angesehen werden kann und der letztlich unter der Co-Autorenschaft von *Chu* (2002) veröffentlicht wurde.[842] Der panelbezogene DF- und ADF-Test wurde für die hier verwendeten Daten durchgeführt, wobei für die (Aktien-)Kurs-Zeitreihen über Differenzbildung (bzw. Log-Renditen) mindestens schon die Voraussetzung der schwachen Stationarität gewährleistet werden konnte.[843] Für die bilanziellen Daten kann davon ausgegangen werden, dass diese einem Markov-Prozess als Random-Walk folgen und somit als stationär gelten.

[839] Vgl. *Dickey/Fuller* (1979), S. 427-431. Zu einer Weiterentwicklung, dem sog. Augmented–Dickey-Fuller-Test vgl. *Dickey/Fuller* (1980), S. 1057-1072.

[840] Die Tabelle befindet sich im Anhang der meisten Standard-Lehrbücher. Vgl. z.B. auch *Poddig/Dichtl/Petersmeier* (2003), S. 771 f.

[841] Die einzelnen Tests können im Rahmen dieser Arbeit nicht dargestellt werden, wobei aber auf weiterführende Literatur hingewiesen sei.

[842] Vgl. *Levin/Lin* (1992), Working Paper No. 92-3; *Levin/Lin/Chu* (2002), S. 1-24. Andere Verfahren, die im Rahmen dieser Arbeit jedoch nicht dargestellt werden können, stammen von *Im/Pesaran/Shin* (1997), Manuskript University of Cambridge sowie *Maddala/Wu* (1999), S. 631-652.

[843] Dies deckt sich auch mit den Ergebnissen früherer Untersuchungen zur Stationarität der Aktienrenditen am deutschen Markt. Vgl. *Möller* (1986), S. 24.

7.3 Univariate Untersuchungen zu fundamentalen Einflüssen auf das Beta

Die nachfolgenden Zusammenhangsuntersuchungen finden – mit Ausnahmen der Accounting-Beta-Analysen[844] – als Poolanalysen (Panelanalysen) mittels Ordinary Least Squares unter Berücksichtigung der Common-Constant-Methode statt. Dabei soll neben der Relevanz fundamentaler Kennzahlen insbesondere geklärt werden, welcher Art der unterstellte Zusammenhang ist.[845] Bei den einzelnen Untersuchungen wird dabei sowohl hinsichtlich des verwendeten Betas (Raw vs. Blume Beta), des Renditeintervalls (52 Wochen vs. 104 Wochen) und des (Länder-) Untersuchungssamples unterschieden.

7.3.1 Kennzahlenzusammenhänge zum Raw Beta

Im Rahmen der oben dargestellten Panel-OLS-Zusammenhangsanalyse[846] wird zunächst das Vorliegen eines Einflusses der in Kapitel 5.3.4 festgelegten 116 rechnungslegungsbezogenen Kennzahlen getestet.[847] Die nachfolgende Darstellung der Ergebnisse erfolgt in Anlehnung an die in Unterscheidung nach Ländersamples.

Untersuchungssample Deutschland, 52 Wochen:

Die deutlichsten Zusammenhänge am deutschen Markt wurden bei den Kennzahlen der Kategorie *Earnings* festgestellt, die mehrheitlich den operativen und zahlungsorientierten Gewinngrößen einer Unternehmung entsprechen.[848] Der stärkste Zusammenhang wurde bei dem Bruttoergebnis des Umsatzes („Gross Profit“) mit einem Bestimmtheitsmaß von ca. 18 % und einer theoriekonsistenten Wirkungsrichtung beobachtet (vgl. Tabelle 25).[849] Ganz allgemein stimmen die Wirkungszusammenhänge auch bei allen übrigen zahlungsorientierten Kennzahlen innerhalb dieser Kennzahlenkategorie mit den theoretischen Überlegungen überein. Insbesondere für die aus den wertorientierten Unternehmenssteuerungsansätzen abgeleiteten, zahlungsorientierten Gewinngrößen (z. B. die verschiedenen Cash Flows) konnten überdurchschnittlich starke Zusammenhänge mit dem Aktien-Beta festgestellt werden. Nicht nur für die aus dem DCF-Ansatz abgeleiteten Kennzahlen wurden signifikante Ergebnisse beobachtet,

---

844 Beim Accounting Beta wird der Wirkungszusammenhang im Rahmen einer Zeitreihenanalyse unter Verwendung von Quartalsdaten überprüft.

845 Häufig wird ein linear additiver, selten eine linear multiplikativer Zusammenhang zwischen Markt-Beta und verschiedenen (Unternehmens-)kennzahlen unterstellt. Vgl. hierzu Kapitel 3.3 und Kapitel 5.1.

846 Dieses Verfahren unterscheidet sich grundlegend von bisher vorwiegend in internationalen Veröffentlichungen angewandten einfachen „Cross-Sectional“-Analysen und bietet gegenüber diesen zahlreiche Vorteile.

847 Zu einer genauen Definition der Berechnungsweise der einzelnen Kennzahlen siehe Anhang 6.

848 Die Ergebnisse der ökonomisch bedeutendsten Kennzahlen sind in Tabelle 25 dargestellt.

849 Wie bereits erläutert wird aus methodischen und theorieimmanenten Gründen auf die Anwendung der Fixed-Effects-Methode verzichtet, bei der für das hier dargestellte Untersuchungssample z.T. R^2 von >40% beobachtet werden konnten.

sondern auch für aus dem EVA-Ansatz stammende Gewinngrößen, wie z. B. EBIT, EBITDA oder NOPAT etc. Der beobachtete positive Zusammenhang mit dem Beta stimmt bei diesen Kennzahlen insbesondere mit der theoretischen Wirkungsrichtung überein, da hohe Gewinne auf hohe Unternehmensrenditen (Aktienrenditen) schließen lassen, die gem. CAPM auch zu einem höheren Beta führen sollten.[850] Auch die relativ hohen Bestimmtheitsmaße und die Signifikanz auf dem 99 %-Konfidenzintervall unterstreichen die Bedeutung dieser Kennzahlenkategorie als Determinante des systematischen Risikos am deutschen Markt. Während für die meisten Kennzahlen der Kategorie *Assets* (Bilanzvermögen, „Size"-Kennzahlen)[851] signifikante Zusammenhänge auf dem 99 %-Konfidenzintervall festgestellt werden konnten, stimmen die beobachteten Vorzeichen am deutschen Markt jedoch nicht mit den theoretisch für Größenkennzahlen zu erwartenden Wirkungsrichtung überein.[852] Für Kennzahlen wie bspw. „Total Assets" (Bilanzsumme) wurden zwar stark signifikante Einflüsse auf Beta mit einem R^2 von 8.3 % festgestellt, der Zusammenhang war allerdings positiv, was nicht mit den theoretischen Überlegungen zur Wirkungsrichtung übereinstimmt.[853] In Kapitel 3.3.1 wurde bereits deutlich gemacht, dass große Unternehmen – hauptsächlich aufgrund ihrer internen Diversifikationsmöglichkeit – auch ein durchschnittlich geringeres systematisches Risiko besitzen sollten als kleine Unternehmen. Dieses Phänomen wurde auch beim Umsatz („Sales") beobachtet, wo zwar stark signifikante Zusammenhänge festgestellt wurden, diese aber entgegengesetzt zur theoretischen Wirkungsrichtung ausfallen.[854] Für eine neue, in der Literatur erstmals berücksichtigte Kennzahlengruppe wurden indessen bedeutende Beobachtungen gemacht. Für die nachfolgend unter der Kategorie des *Hightech Risk* subsumierten Kennzahlen des immateriellen Anlagevermögens wurden stark signifikante Zusammenhänge mit theoriekonsistenten Vorzeichen beobachtet. Der größte Anteil der erklärten Varianz (R^2) konnte für den Logarithmus des immateriellen Anlagevermögen (Intangible Assets) mit 11.7 % festgestellt werden.

[850] Vgl. Kapitel 3.1.

[851] Es handelt sich hier um die sogenannten Größenkennzahlen, deren empirischer Einfluss bereits im Rahmen internationaler Publikationen nachgewiesen werden konnte.

[852] Zur Herleitung der theoretischen Wirkungsrichtung der Vorzeichen bei Größenkennzahlen bzw. beim „Size"-Effect siehe auch Kapitel 5.3.2.3 bzw. Kapitel 3.3.1.

[853] Zur theoretischen Fundierung der Wirkungsrichtung von Größenkennzahlen siehe Kapitel 5.3.2.3.

[854] Die umsatzbasierten Kennzahlen werden typischerweise den Größenkennzahlen zugeordnet.

SAMPLE: Deutschland (Prime All Share)	BETA-SCHÄTZUNG:			Raw Beta (52 W)
ANZAHL UNTERNEHMEN: 110	PERIODIZITÄT:			Jahresdaten
METHODE: Pooled Least Squares (EGLS) mit periodenspezifischer Konstante				
ENDOGENE VARIABLE: Y_{it} (Aktien-Beta)				
REGRESSIONSGLEICHUNG:	$Y_{it} = \begin{matrix}\alpha_1\\ \vdots \\ \alpha_t\end{matrix} + \beta_1 \cdot X_{it} + \varepsilon_{it}$			
EXOGENE VARIABLE: (X_{it})	**1996-2000** R^2	**2001-2005** R^2	**1996-2005** R^2	**1996-2005** β_1	**Signifikanz Zus.**
EARNINGS					
Gross Profit	0.301160	0.115168	0.176876	2.92E-05	***pos
Excess Cash Flow	0.162682	0.150868	0.146833	0.055358	***pos
Cash Flow to Firm	0.162845	0.090692	0.126019	2.79E-05	***pos
ASSETS					
Intangible Assets	0.146629	0.089431	0.116986	0.027155	***pos
Tangible Book Value	0.141121	0.059226	0.103032	1.46E-05	***pos
Asset Reinvestment-Ratio	0.116473	0.047943	0.098353	0.01848	***pos
CAPITAL					
Current Liabilities	0.140477	0.081494	0.112005	1.45E-05	***pos
Current Liabilities Total Equity	0.153191	0.056973	0.136638	0.00286	**pos
Market Equity	0.145954	0.075516	0.104581	6.97E-06	***pos
RETURNS					
Return on Capital Employed	0.105957	0.118678	0.132149	-0.001491	***neg
EBIT Yield	0.098504	0.121739	0.097931	0.001015	**pos
FCF Yield	0.105806	0.054936	0.085812	-0.028293	**neg
FINANCIALS (RATIOS)					
EBITDA less Capital to Interest Expense	0.118937	0.065982	0.102252	-0.000527	***neg
Price to EBITDA-Ratio	0.102687	0.059484	0.086931	0.040945	**pos
Price to Earnings-Ratio	0.088176	0.058908	0.081645	-0.000398	*neg
INVESTITIONEN					
Capital Expenditures to Sales	0.108999	0.057026	0.102377	0.003173	***pos
Capital Expenditures	0.154624	0.073496	0.098051	-4.97E-05	***pos
SALES					
Sales	0.149121	0.102152	0.107128	9.56E-06	***pos
GROWTH					
Total Common Equity Growth Yearly	0.138596	0.070495	0.109566	-0.002579	***neg
Cash Flow Growth	0.121633	0.055007	0.096429	2.23E-07	nosig
Market Equity Growth	0.144465	0.064467	0.106724	-0.061605	***neg

**** signifikant 1 %; ** signifikant 5 %; * signifikant 10 %; nosig nicht signifikant*

Tabelle 25: Ausgewählte Kennzahlenzusammenhänge zum Raw Beta in Deutschland

Bei dem Verhältnis der immateriellen Vermögensgegenstände zur Bilanzsumme („Intangibles to Total Assets") wurde ebenfalls ein signifikant positiver Zusammenhang mit einem R^2 von 8.5 % festgestellt. Der beobachtete positive Zusammenhang der Hightech-Risk-Kennzahlen stimmt insbesondere mit den in Kapitel 5.3.3.1 theoretisch fundierten Zusammenhängen überein, da ein relativ größerer Anteil immaterieller Vermögensgegenstände im Verhältnis zum Gesamtvermögen auch ein höheres Risiko bzw. eine höhere Renditeforderung der Eigenkapitalgeber implizieren sollte.[855] Gerade diese „Extra- (Risiko-) Prämie" wurde in den letzten Jahren bei Übernahmen von Technologie-Unternehmen am Kapitalmarkt häufig beobachtet. Die meisten kapitalbezogenen Kennzahlen, subsumiert unter der Kategorie *Capital*, zeigen ebenfalls signifikante Zusammenhänge zum Beta auf. Die Vorzeichen stimmen jedoch nicht immer mit der theoretisch zu erwartenden Wirkungsweise überein. Während Kennzahlen, wie z. B. „Total Capital" (bilanzielles Eigen- und Fremdkapital) oder „Capital Employed"[856] zwar signifikant positive Zusammenhänge besitzen, so entsprechen diese aber nicht der unterstellten theoretischen Wirkungsrichtung. Theoretisch sollte eine betragsmäßig hohe Kapitalbasis zu einem niedrigeren Beta führen, da eine höhere Kapitaldeckung für operative Risiken existiert.[857] Auf der anderen Seite wurde bei den Fremdkapitalkennzahlen, wie z. B. den kurzfristigen Verbindlichkeiten (Current Liabilities) oder dem kurz- und langfristigen Fremdkapital („LT+ST Debt"), ein mit der Theorie in Einklang stehender, stark signifikanter Zusammenhang beobachtet. Je höher die Verschuldung eines Unternehmens ist, desto größer ist auch das Risiko der Insolvenz und desto größer ist, aufgrund der Nachrangigkeit des Eigenkapitals, auch das (systematische) Risiko des Kapitalverlustes für die Eigenkapitalgeber. Auffallend ist, dass mit einem R^2 von 11.2 % der Zusammenhang der „Current Liabilities" (kurzfr. Verbindlichkeiten) zum Aktien-Beta stärker ausgeprägt zu sein scheint als bei den Kennzahlen des langfristigen Fremdkapitals.[858] Für eine Reihe weiterer zur Kategorie *Capital* gehörender Kennzahlen konnte hingegen kein statistisch signifikanter Einfluss auf Beta nachgewiesen werden. Hierzu zählen insbesondere verschiedene Definitionen der Eigenkapitalquote (z. B. „Common Equity to Total Capital"). Während allerdings die Marktka-

---

[855] Die Intangible Assets dürfen nicht als klassische Größenkennzahl gesehen werden, die einen negativen Zusammenhang erwarten lassen sollten, sondern als „äußerst" risikoreiche Asset-Position, die der Anleger als Risiko bzw. Rendite erhöhend antizipiert. Die mit einer Kapitalgröße skalierten Verhältniszahlen (z. B. Intangibles to Total Assets) bringen beim Raw Beta jedoch keine Verbesserungen hinsichtlich des Erklärungsgehalts. Zur theoretischen Fundierung des Hightech Risk als fundamentaler Einflussfaktor des Betas, siehe Kapitel 5.3.3.1.1.

[856] Hierbei handelt es sich um die relevante Kapitalgröße des in Kapitel 2.3.2 dargestellten EVA-Ansatzes.

[857] Darüber hinaus führt eine höhere Kapitalbasis (Eigenkapital) bei konstanten gehaltenen Erträgen zu einer niedrigeren Eigenkapitalrendite, was gemäß CAPM zu einem niedrigeren Beta führen sollte.

[858] Eine Erklärung hierfür lässt sich aus der Jahresabschlussanalyse herleiten. Wenn man davon ausgeht, dass die kurzfristige Liquidität einen entscheidenden Einfluss auf die Insolvenzwahrscheinlichkeit eines Unternehmens haben kann, dann sollte demzufolge auch die Höhe der „Current Liabilities" einen Einfluss auf das Beta der Unternehmung haben. In der Jahresabschlussanalyse werden in diesem Zusammenhang insbesondere Kennzahlen, wie der Liquiditätsgrad oder der Liquiditätskoeffizient diskutiert, die direkt über die Höhe der kurzfristigen Verbindlichkeiten beeinflusst werden. Gefordert werden in diesem Zusammenhang oft (branchenabhängige) Liquiditätsgrade von mindestens 20 %. Vgl. hierzu auch *Buchner* (1981), S. 117, und *Mensch* (2001), S.141.

pitalisierung („Market Equity") mit einem Bestimmtheitsmaß von ca. 11 % auf dem 1 %-Nievau einen signifikanten Zusammenhang besitzt, konnte für den Buchwert des Eigenkapitals („Common Equity") und die Höhe das Umlaufvermögen (z. B. „Working Capital") kein Zusammenhang festgestellt werden. Auch für die Kennzahlen der Kategorie *Leverage* wurden mehrheitlich positiv signifikante Zusammenhänge beobachtet. Unter Berücksichtigung einer engen, an den kurzfristigen Schulden orientierten Definition konnte für die „Current Liabilities to Total Equity" mit 13.7 % der größte Erklärungsgehalt im deutschen Untersuchungssample festgestellt werden.[859] Für in der Praxis häufig eingesetzte cashflowbasierte Leverage-Definitionen, wie z. B. „Debt to EBITDA"[860], konnten hingegen keine statistisch signifikanten Zusammenhänge nachgewiesen werden. Ein differenzierteres Bild zeigt sich bei den Kennzahlen der Kategorie *Financials*, bei denen es sich vorwiegend um moderne Kennzahlen der Finanzanalyse handelt.[861] Für das „Payout-Ratio" bzw. die „Equity Dividend Yield" konnten im deutschen Untersuchungssample und bei Verwendung des Raw Betas keine signifikanten Zusammenhänge nachgewiesen werden, obwohl bisherige Untersuchungen am amerikanischen Markt einen starken Einfluss auf das Beta nachweisen konnten.[862] Darüber hinaus wurden weder für das „Quick-„„ noch für das „Cash-" oder das „M/B-Ratio" signifikante Einflüsse festgestellt, obwohl für diese Kennzahlen sowohl empirische als auch theoretisch begründbare Zusammenhänge existieren. Auf der anderen Seite liegen für Kennzahlen, wie „P/E-Ratio" oder „Price to EBITDA-Ratio" eindeutig statistisch signifikante Zusammenhänge vor, die sowohl theoretisch als auch empirisch begründbar sind und mit den in Kapitel 5.3.2 dargestellten Erwartungen über die Wirkungsweise übereinstimmen. Für kapital- und cashflowbasierte Renditekennzahlen der Kategorie *Returns* wurden mehrheitlich signifikant negative Zusammenhänge zum Beta beobachtet. Versteht man die aus der Jahresabschlussanalyse[863] bzw. der normativen Modellkonzeption in Kapitel 4.4 abgeleiteten Kennzahlen aber als Proxy für die Aktienrendite, so sollte lt. CAPM allerdings ein *positiver* Zusammenhang zum Marktrisiko existieren.[864] Allerdings wurden innerhalb dieser Kennzahlenkategorie auch theoriekonforme Zusammenhänge, z. B. bei den EBIT Yield, den Return on Capital und

---

859 Für andere Leverage-Definitionen wie z. B. beim langfristigen Leverage („LT Debt to Common Equity"), konnten ebenfalls signifikant positive Zusammenhänge beobachtet werden.

860 Z. B. im Umfeld von Leveraged-Buyout-Finanzierungen als sog. Covenant eingesetzt.

861 Insbesondere werden auch aus Regressionsmodellen abgeleitete Scoring-Kennzahlen verwendet, wie z. B. der Altman Double Prime, der Aussagen über die Insolvenzwahrscheinlichkeit eines Unternehmens liefert.

862 Zur Darstellung bisheriger Untersuchungsergebnisse in diesem Zusammenhang und zur theoretischen Fundierung der Einflüsse siehe Kapitel 3.3.

863 Z. T. auch als Erfolgsanalyse bezeichnet. Vgl. *Coenenberg* (1993), S. 596-609; *Küting/Weber* (1994), S. 290-302.

864 Zu empirischen Untersuchungen in diesem Zusammenhang siehe *Rosenberg/Marathe* (1975), S. 106; *Thompson* (1976), S. 184; *Bauer* (1992), S. 168-171; *Zimmermann* (1994), S. 17-19; *ders.* (1997), S. 278.

den „Return on Assets“ festgestellt.[865] Kennzahlen der Kategorie *Growth* scheinen mehrheitlich keinen erklärbaren Zusammenhang zum Raw Beta am deutschen Markt zu besitzen bzw. weisen ein zur theoretischen Wirkungsweise entgegengesetztes Vorzeichen auf. Obwohl für Kennzahlen wie „Market Equity Growth“, „EPS Growth“ oder „Book Value per Share“ signifikante Zusammenhänge beobachtet wurden, scheinen die Wirkungszusammenhänge weder mit den theoretischen noch mit den empirisch durch frühere Untersuchungen (am amerikanischen Kapitalmarkt) belegten Wirkungsrichtungen übereinzustimmen.[866] Für eine andere Kategorie von Kennzahlen, deren zunehmende Bedeutung im Rahmen dieser Arbeit unterstrichen wurde, konnten ebenfalls neue Erkenntnisse gewonnen werden. Für Kennzahlen des *Human Capital*, die in der jüngeren Vergangenheit in den Blickpunkt unternehmenspublizitätsspezifischer Reformforderungen gerückt sind, wurden statistisch signifikante Zusammenhänge zum Markt-Beta festgestellt.[867] Die Anzahl der Mitarbeiter („Employee Number“) scheint offensichtlich ein Indikator für das Maß an Flexibilität in Bezug auf personalpolitisches Kosteneinsparungspotential in Krisensituationen zu sein. Danach scheinen Unternehmen mit vielen Mitabeitern relativ unflexibel, also risikoreicher zu sein als Unternehmen mit einer geringen oder branchendurchschnittlichen Anzahl an Mitarbeitern. Für zahlreiche in Kapitel 5.3.1 theoretisch fundierte Zusammenhänge zwischen fundamentalen Kennzahlen und dem Aktien-Beta sowie für die in bisherigen Untersuchungen empirisch (jedoch bisher nicht in Deutschland) nachgewiesenen Kennzahlenzusammenhänge konnten stabile und in ihrer Wirkungsrichtung mehrheitlich mit der Theorie übereinstimmende, signifikante Zusammenhänge am deutschen Markt nachgewiesen werden.

Untersuchungssample USA, 52-Wochen-Raw-Beta:

Am US-amerikanischen Untersuchungsmarkt wurden im Vergleich zum deutschen Kapitalmarkt leicht abweichende Beobachtungen gemacht, wobei dort zumindest aber auch die stärksten Zusammenhänge zwischen einer fundamentalen Kennzahl und dem Beta festgestellt werden konnten. Für die Kennzahlenkategorien *Capital* und *Financials* sowie für die bereits empirisch bestätigten Kennzahlen wurden ähnliche Feststellungen wie am deutschen Markt gemacht. Unter Berücksichtigung aller untersuchten Kennzahlenkategorien lassen sich für den amerikanischen Markt die insgesamt stärksten und in ihrer Anzahl am häufigsten auftretenden signifikanten Zusammenhänge nachweisen. Allerdings decken sich die Beobachtungen zu den zahlungsgrößenorientierten Kennzahlen der Kategorie *Earnings* nicht vollumfänglich mit den

---

865 Allerdings wurden für die ROCE signifikant negative Beobachtungen mit einem R^2 von 13.2 % gemacht. Unterstellt man, dass Unternehmen mit einer hohen Kapitalrendite heute, in Zukunft weniger risikoreich positioniert sind, dann ließe sich auch die beobachtete negative Wirkungsrichtung der Return-Kennzahlen – zumindest intuitiv – nachvollziehen.

866 Vgl. Kapitel 4.3.1.

867 Zur theoretischen Fundierung der Human Capital-Kennzahlen siehe Kapitel 5.3.3.1.2.

Beobachtungen am deutschen Markt. Das größte Bestimmtheitsmaß der zahlungsorientierten Kennzahlen wurde mit 10 % beim „Cash Flow to Firm“ beobachtet, wobei der Zusammenhang hier und bei einigen anderen Kennzahlen jedoch in der Wirkungsrichtung verschieden zu den Ergebnissen am deutschen Markt ist. Für die absoluten Earnings-Kennzahlen wurden mehrheitlich negativ signifikante Zusammenhänge zum Beta beobachtet, was auch der theoretischen Wirkungsrichtung entspricht. Bei den meisten (Earnings-)Verhältniszahlen (z. B. „Cash Flow to Total Assets“), die im weiteren Sinne als Renditekennzahl interpretiert werden können, wurden hingegen signifikant positive Zusammenhänge zum Raw Beta festgestellt, die dann wiederum mit der im CAPM postulierten Wirkungsrichtung übereinstimmen.[868] Für die Kennzahlen der Kategorie *Assets* konnten die empirisch belegbaren Zusammenhänge bestätigt werden. Anders als beim deutschen Untersuchungssample stimmen die beobachteten und theoretischen Wirkungsrichtungen überein und es handelt sich zumeist um auf dem 99 %-Konfidenzintervall festgestellte signifikante Zusammenhänge. Für die Bilanzsumme („Total Assets“) konnte genau wie für die Höhe des materiellen und unbeweglichen materiellen Anlagevermögens („Tangible Assets“ bzw. „Fixed Tangible Assets“) ein stark signifikanter und negativer Zusammenhang zum Beta festgestellt werden.[869] Zählt man die Kennzahlen der Kategorie *Capital* ebenfalls zu den Größenkennzahlen, dann stimmen auch hier mehrheitlich die beobachteten negativen Zusammenhänge mit der theoretisch unterstellten Wirkungsrichtung von „Size“-Kennzahlen überein.

SAMPLE: USA (S&P 500)			BETA-SCHÄTZUNG:		Raw Beta (52 W)
ANZAHL UNTERNEHMEN: 319			PERIODIZITÄT:		Jahresdaten
METHODE: Pooled Least Squares (EGLS) mit periodenspezifischer Konstante					
ENDOGENE VARIABLE: Y_{it} (Aktien-Beta)					
REGRESSIONSGLEICHUNG:			$Y_{it} = \begin{matrix}\alpha_1\\ \vdots\\ \alpha_t\end{matrix} + \beta_1 \cdot X_{it} + \varepsilon_{it}$		
EXOGENE VARIABLE: (X_{it})	**1996-2000**	**2001-2005**	**1996-2005**	**1996-2005**	**Signifikanz**
	R^2	**R^2**	**R^2**	**β_1**	**Zus.**
EARNINGS					
Cash Flow to Interest Expense	0.099627	0.039957	0.108461	0.035982	***pos
EBITDA to Interest	0.109968	0.034098	0.100261	0.036138	***pos
Cash Flow to Firm	0.051905	0.046706	0.101607	-0.023976	***neg

868 Auf der anderen Seite ist für Verhältniszahlen wie die Cash Flow to Interest Expense oder die EBITDA to Interest Expense als Ausdruck für die Deckung der Zinszahlungen (Interest Coverage-Ratio) der festgestellte Zusammenhang weder theoretisch noch intuitiv begründbar. Paradoxerweise sollte theoretisch jedoch eine hohe Zinsdeckungs-Ratio auch ein geringeres Unternehmensrisiko begründen.

869 Ein höherer Anteil von materiellem Anlagevermögen an der Bilanzsumme stellt größere finanzielle Sicherheit (Verwertbarkeit) im Falle von Illiquidität oder Insolvenz (ggü. immateriellen Vermögensgegenständen) dar; siehe aber auch die theoretische Fundierung als Größenkennzahl in Kapitel 5.3.2.3.

ASSETS					
Tangible Book Value to Tangible Assets	0.082178	0.048695	0.101178	0.002055	***pos
Intangible Assets	0.062531	0.033944	0.094572	-0.0000029	**neg
Tangible Assets	0.073951	0.039085	0.10409	-0.022969	***neg
CAPITAL					
Oper Inc Total Debt	0.111803	0.051399	0.10175	0.026588	***pos
LT Debt Total Asset	0.091622	0.03895	0.089843	-0.004581	***neg
Com Equity Total Capital	0.081252	0.042016	0.088797	0.00217	***pos
RETURNS					
EBIT Yield	0.069299	0.034391	0.099506	-0.00336	***neg
RoA RoE	0.099719	0.045082	0.089147	0.411265	***pos
Return on Equity	0.056844	0.03565	0.08224	-0.000397	***neg
FINANCIAL-RATIOS					
Equity Dividend Yield	0.144881	0.056138	0.158025	-0.031337	***neg
Price to EBITDA Ratio	0.127397	0.051485	0.115903	0.107548	***pos
Price to Cash Flow-Ratio	0.062068	0.03986	0.094297	0.001872	***pos
GROWTH					
Market Equity Growth	0.050026	0.079396	0.118391	0.026792	***pos
Oper Income Growth	0.062116	0.057132	0.099094	0.037277	***pos
Cash Flow Growth	0.047898	0.058468	0.093401	0.022338	***pos
**** signifikant 1 %; ** signifikant 5 %; * signifikant 10 %; nosig nicht signifikant*					

Tabelle 26: Ausgewählte Kennzahlenzusammenhänge zum Raw Beta in den USA

Für die Existenz des *Hightech Risk* in Form fundamentaler Kennzahlen konnten am amerikanischen Markt mittels des hier gewählten Untersuchungsansatzes keine überzeugenden Beweise gefunden werden. Zwar zeigt sich für die Höhe des immateriellen Anlagevermögens („Intangible Assets“) ein statistisch signifikanter Zusammenhang zum Marktrisiko; dieser entspricht in seiner Wirkungsrichtung jedoch nicht den theoretischen Überlegungen.[870] Für weitere unter dem Hightech Risk subsumierte Kennzahlen konnte überhaupt kein statistisch valider Zusammenhang eruiert werden. Eine Begründung hierfür könnte in der unterschiedlichen rechnungslegungstechnischen Behandlung von immateriellem Anlagevermögen nach US-GAAP gesehen werden. Während, wie in Kapitel 5.3.3.1.1 dargestellt, unter IAS/IFRS grundsätzlich ein Wahlrecht für den bilanziellen Ansatz von Aufwendungen im Zusammenhang mit Forschung & Entwicklung existiert, wird ein solches Wahlrecht im US-GAAP gänzlich durch ein Ansatzverbot ausgeschlossen. Genau diese Aufwendungen stellen aber beim immateriellen Anlagevermögen häufig den größten Anteil dar. Kommt es nicht zu einem bi-

[870] Was durchaus sinnvoll erscheint, da die Größe eines Unternehmens nicht nur über den Umsatz, wie in der einschlägigen Literatur oftmals anzutreffen, sondern auch über das Eigenkapital, Fremdkapital, EV etc beschrieben werden kann.

lanziellen Ansatz, resultiert auch kein mit dem Anlagevermögen verbundenes erhöhtes Verwertungsrisiko, ceteris paribus auch kein Effekt auf das Marktrisiko.[871]

Uneinheitlich sind die Beobachtungen für die Leverage-Kennzahlen unter der Kategorie *Capital*. Während der kurzfristige Verschuldungsgrad („Current Liabilities to Total Equity") - genau wie beim deutschen Untersuchungssample - auf dem 99 %-Konfidenzintervall mit einem R^2 von 8.4 % signifikant ist, stimmen die Vorzeichen anderer Kennzahlen dieser Kategorie nicht mit der theoretischen Wirkungsrichtung überein. Stark signifikante Einflüsse, die sowohl mit der theoretischen als auch mit der empirischen Fundierung vergangener Untersuchungen übereinstimmen, wurden bei den Kennzahlen der Kategorie *Financials* beobachtet. Der größte Anteil der erklärten Varianz mit einem R^2 von 16 % wurde bei der Dividendenrendite („Equity Dividend Yield") beobachtet. Da die Wirkungsrichtung mit der theoretischen Fundierung übereinstimmt, konnten insofern die Ergebnisse früherer Untersuchungen bestätigt werden. Stark signifikante Zusammenhänge wurden auch bei den verschiedenen Definitionen der „Price/Earnings"(PE)-Ratios beobachtet.[872] Widersprüchlich ist hingegen der beobachtete signifikant negative Zusammenhang der effektiven Steuerquote („Effective Tax Rate") zum Beta, da hier zumindest intuitiv betrachtet, ein positiver Zusammenhang hätte erwartet werden dürfen.[873] Wenig Erklärungskraft für das Beta scheinen die mit den Unternehmens-Investitionen in Verbindung stehenden Kennzahlen zu besitzen. Lediglich für die „Capital Expenditures to Total Assets" wurde ein signifikant positiver Zusammenhang mit aber nur halb so starker Erklärungskraft wie für die Dividendenrendite festgestellt.[874] Bei den Kennzahlen der Kategorie *Returns* wie z. B. der Eigenkapitalrendite („Return on Equity") und auch der Investitionsrendite („Return on Investments") konnten signifikant negative Zusammenhänge beobachtet werden, die aber nicht zwingend mit der theoretischen Fundierung übereinstimmen.[875] Ein mit den theoretischen Ausführungen in Kapitel 5.3.2.2 übereinstimmender Einfluss wurde auch bei den Kennzahlen der Kategorie *Growth* festgestellt. Für nahezu alle

---

[871] Insofern muss dann das immaterielle Anlagevermögen im Sinne einer bilanziellen Kennzahl als Indiz für die Größe („Size"-Kennzahl) des Unternehmens interpretiert werden, wodurch sich die beobachtete Wirkungsrichtung nachvollziehen lässt.

[872] Das höchste R^2 mit ca. 12 % wurde in diesem Zusammenhang bei dem Ln (Price to EBITDA) beobachtet.

[873] Zwar bedeutet eine höhere effektive Steuerbelastung auch einen höheren Tax-Shield-Effekt; dieser wird jedoch durch die niedrigeren Cash Flows auf der anderen Seite mehr als überkompensiert. Daher sollte, zumindest aus theoretischer Sicht, ein positiver Zusammenhang zwischen der effektiven Steuerquote und dem Marktrisiko bestehen.

[874] Alle übrigen, das Investitionsniveau einer Unternehmung beschreibenden (und in die Untersuchung einbezogenen) Kennzahlen, besitzen keinen Erklärungsgehalt am amerikanischen Markt. Dies gilt zumindest unter dem hier verwendeten Paneluntersuchungsmodell.

[875] Wenn man die operative Unternehmensrendite als Indikator für die Höhe der Dividendenausschüttungen interpretiert, dann sollte ein negativer Zusammenhang zum Marktrisiko bestehen, da hohe Dividenden negativ mit dem Beta korreliert sind. Auf der anderen Seite führen gemäß CAPM hohe Renditen zu einem hohen Beta. Siehe hierzu auch die Ausführungen zur theoretischen Fundierung in Kapitel 5.3.2.1.

Kennzahlen dieser Kategorie konnte ein signifikant positiver Zusammenhang festgestellt werden, wobei der stärkste Einfluss beim logarithmierten Wachstum der Marktkapitalisierung mit einem R^2 von ca. 12 % festgestellt wurde. Darüber hinaus wurden hohe Bestimmtheitsmaße mit ca. 10 % bzw. 9.3 % auch bei dem Operating Income Growth bzw. bei dem FCF Growth festgestellt. Diese Beobachtungen decken sich mit den Ergebnissen bisheriger Untersuchungen am amerikanischen Aktienmarkt.[876] Die Beobachtungen im Zusammenhang mit den *Human-Capital*-Kennzahlen sind uneinheitlich. Während beim deutschen Untersuchungssample ein signifikant positiver Zusammenhang zwischen der Anzahl der Mitarbeiter („Employee Number“) und dem Beta festgestellt wurde, war dieser wider Erwarten beim amerikanischen Untersuchungssample negativ. Eine Erklärung hierfür könnte darin liegen, dass die Interpretation einer absoluten Mitarbeiterkennzahl zumindest zwei unterschiedliche Sichtweisen in Bezug auf eine mögliche Wirkungsweise auf das Beta zulässt. Zum einen könnte die Anzahl der Mitarbeiter als Grad der Unflexibilität eines Unternehmens hinsichtlich Kosteneinsparungen in Krisensituationen (i. S. d. „Operating Leverage“)[877] interpretiert werden, was – wie beim deutschen Untersuchungssample beobachtet – einen positiven Einfluss auf das Beta implizieren würde. Zum anderen könnte die Anzahl der Mitarbeiter auch im Sinne einer Größenkennzahl[878] gedeutet werden, was einen negativen Zusammenhang – wie hier beim amerikanischen Untersuchungssample beobachtet – zum Beta zur Folge hätte. Während absolute, mitarbeiterbezogene Kennzahlen wenig Erklärungskraft besitzen bzw. die Wirkungsrichtung nur schwer zu fundieren ist, beinhalten die auch in Kapitel 5.3.3.1.2 dargestellten Verhältniszahlen in diesem Zusammenhang deutliche Vorteile. Ein mit der Theorie in Einklang stehender signifikant negativer Zusammenhang wurde für den Jahresüberschuss pro Mitarbeiter („Net Income per Employee“) festgestellt.

7.3.2 Kennzahlenzusammenhänge zum Blume Beta

Während im vorangegangenen Kapitel die Zusammenhänge zum Raw Beta aufgezeigt wurden, sollen nachfolgend die Ergebnisse für die mittels Blume-Methode geschätzten (Adjusted) Betas dargestellt werden.[879] Im Mittelpunkt dieser Untersuchungen steht dabei die Beantwortung der Frage, ob die unterschiedlichen Beta-Schätzmethoden einen Einfluss auf den Erklärungsgrad einzelner Kennzahlenzusammenhänge haben.

---

[876] Vgl. Kapitel 4.3.1.

[877] Vgl. Kapitel 5.3.1.2.

[878] Je mehr Mitarbeiter, desto größer das Unternehmen, desto geringer die Wahrscheinlichkeit einer Insolvenz. Daraus ergibt sich ein niedrigeres Financial Risk, was wiederum ein niedrigeres Beta zur Folge haben sollte. Vgl. auch Kapitel 5.3.2.3.

[879] Zur (theoretischen) Vorgehensweise bei der Berechnung des Blume Betas bzw. zu den empirischen Ergebnissen der Voruntersuchung siehe Kapitel 3.2.4.1 bzw. Kapitel 7.1.4 und 7.1.5.

Untersuchungssample Deutschland, 52-Wochen-Blume-Beta:

Im Allgemeinen konnten die festgestellten Zusammenhänge beim Raw Beta im Wege der Blume-Beta-Untersuchungen bestätigt werden.[880] Die Beobachtungen zu den zahlungsgrößenorientierten Kennzahlen der Kategorie *Earnings* decken sich weitestgehend mit den Untersuchungsergebnissen zum Raw Beta am deutschen Markt.[881] Die stärksten Zusammenhänge wurden, wie in Tabelle 27 dargestellt, beim „Gross Profit" (R^2: 18 %), dem „Excess Cash Flow" (R^2: 15 %), dem „Cash Flow to Firm" (R^2: 13 %) und dem „Free Cash Flow to Firm" (R^2: 12 %) beobachtet.[882] Bei den aus den in Kapitel 2.3 dargestellten Unternehmenssteuerungsansätzen abgeleiteten, zahlungsorientierten Größen war die Art und Intensität der Ausprägung (Signifikanzniveau und Bestimmtheitsmaß) deutlich größer als bei den traditionellen Gewinnkennzahlen.[883] Auch die Verhältniskennzahlen (Ratios) dieser Kategorie, wie z. B. „Cash Flow to Total Assets" (R^2: 8.9 %), „Cash Flow to Total Liabilities" (R^2: 8.7 %) oder „Cash Flow to Interest Expense" (R^2: 9.9 %) etc. besitzen mehrheitlich stark signifikante und positive Zusammenhänge zum Aktien-Beta, die mit der theoretischen Wirkungsrichtung übereinstimmen.[884] Die für Größenkennzahlen typischen positiven Zusammenhänge konnten sowohl unter der Kategorie *Assets* als auch unter der Kategorie *Capital* mehrheitlich bestätigt werden. Die relativ stärksten Zusammenhänge wurden bei den aus Unternehmenssteuerungsansätzen abgeleiteten wertorientierten Größen, wie „Capital Employed" (R^2: 9.9 %) oder „Market Equity" (R^2: 10.5 %), festgestellt.[885] Ein hohes Bestimmtheitsmaß wurde ebenfalls für die zu den Größenkennzahlen zählenden Sales (R^2: 10.6 %) beobachtet. Auch für die *Leverage*-Kennzahlen konnten die mit der Theorie in Einklang stehenden positiven Zusammenhänge zum Blume Beta bestätigt werden. Der stärkste Zusammenhang trat auch beim Blume Beta bei den „Current Liabilities to Total Equity" (R^2: 13.5 %) auf.[886] Ferner konnten die bereits Einflüsse der unter dem Begriff des *Hightech Risk* subsumierten Kennzahlen beim Blume Beta erneut bestätigt werden. Signifikante Einflüsse wurden in diesem Zusammenhang für die in Kapitel 5.3.3.1.1 theoretisch fundierten „Intangible to Tangible Assets" (R^2: 12.1 %) und die „Intangible Assets" (R^2: 11.6 %) nachgewiesen, die als Maßzahl des unsicher ver-

---

[880] Die Ergebnisse der empirisch bedeutsamsten Kennzahlen seien in Tabelle 27 dargestellt.

[881] Vgl. hierzu auch die Untersuchungsergebnisse zum Raw Beta in Kapitel 7.3.1.

[882] Es handelt sich hierbei hauptsächlich um wert- und zahlungsorientierte Größen, die aus den in Kapitel 2.3 dargestellten Unternehmenssteuerungsansätzen abgeleitet wurden.

[883] Vgl. zu den Ergebnissen bei traditionell verwendeten Gewinnkennzahlen auch *Bauer* (1992), Kapitel 6.1.2.2.

[884] Dabei lassen sich die Zusammenhänge jedoch nur durch Interpretation der Kennzahlen im Sinne einer Renditekennzahl theoretisch fundieren.

[885] Es handelt sich hierbei um die relevante Kapitalbasis des EVA- bzw. DCF-Ansatzes.

[886] Paradoxerweise wurde für „Total Debt to Market Equity" (R^2: 12.4 %) ein signifikant (auf dem 90 %-Konfidenzintervall) entgegengesetzter (negativer) Zusammenhang beobachtet.

wertbaren Unternehmensvermögens interpretiert werden.[887] Die aus den modernern Unternehmenssteuerungsansätzen abgeleiteten Kennzahlen der Kategorien *Returns* und *Financials (Ratios)* zeigen ein uneinheitlicheres Bild, weshalb die theoretisch fundierten Zusammenhänge hier nicht verallgemeinernd bestätigt werden können. Trotzdem wurden bei einigen Kennzahlen, wie „P/E-Ratio“ (R^2: 8.6 %), „ROCE“ (R^2: 13.2 %), „EBIT Yield“ (R^2: 10.6 %) oder „Altman Double Prime Score“ (R^2: 7.8 %), eine mit der Theorie in Einklang stehende Beobachtung gemacht.[888]

SAMPLE: Deutschland (Prime All Share)			BETASCHÄTZUNG:		Blume Beta (52 Wochen)
ANZAHL UNTERNEHMEN: 110			PERIODIZITÄT:		Jahresdaten
METHODE: Pooled Least Squares (EGLS) mit periodenspezifischer Konstante					
ENDOGENE VARIABLE: Y_{it} (Aktien-Beta)					
REGRESSIONSGLEICHUNG:			$Y_{it} = \begin{matrix}\alpha_1 \\ \vdots \\ \alpha_t\end{matrix} + \beta_1 \cdot X_{it} + \varepsilon_{it}$		
EXOGENE VARIABLE: (X_{it})	**1996-2000 R^2**	**2001-2005 R^2**	**1996-2005 R^2**	**1996-2005 β_1**	**Signifikanz Zus.**
EARNINGS					
Gross Profit	0.300967	0.115169	0.17737	1.94E-05	***pos
Excess Cash Flow	0.167274	0.150581	0.148385	0.037734	***pos
Cash Flow to Firm	0.160004	0.090692	0.124818	1.86E-05	***pos
ASSETS					
Intangibles to Tangible Assets	0.155952	0.121946	0.120924	5.04E-02	***pos
Intangible Assets	0.146404	0.088193	0.11585	0.017967	***pos
Tangible Assets	0.147487	0.069565	0.10029	2.20E-06	***pos
CAPITAL					
Capital Employed	0.129168	0.091433	0.098883	7.84E-06	***pos
Current Liabilities to Total Equity	0.152586	0.056262	0.134479	0.001878	**pos
Total Debt Market Equity	0.206484	0.083747	0.123806	-0.003936	*neg
RETURNS					
Return on Capital Employed	0.105475	0.118092	0.131447	-0.001001	***neg
EBIT Yield	0.099476	0.078323	0.097042	-0.001147	**neg
Return on Assets	0.10591	0.048452	0.080994	0.002665	***pos
FINANCIALS (RATIOS)					
EBITDA to less Capital to Interest Expense	0.118936	0.064973	0.101365	-0.000348	***neg
Price to Earnings-Ratio	0.088797	0.058059	0.080755	-0.000263	*neg
SALES					
Sales	0.149343	0.101617	0.106367	6.43E-06	***pos

[887] Dabei besteht bei den Intangible to Tangible Assets beim Blume Beta jedoch ein deutlich stärkerer Zusammenhang als beim Raw Beta (R^2: 8.3 %).

[888] Für einige empirisch bereits validierte Kennzahlen, wie Dividendenrendite („Equity Dividend Yield“), das „Payout-Ratio“ oder das „M/B-Ratio“, konnten allerdings – genau wie beim Raw Beta – keine signifikanten Zusammenhänge festgestellt werden; ebenso wenig für die „Capital-Expenditure“-Kennzahlen.

GROWTH					
Total Common Equity Growth Yearly	0.138596	0.070547	0.109261	-1.74E-03	***neg
Total Capital Expend Growth	0.108709	0.058936	0.091001	-0.000801	*neg
Market Equity Growth	0.144464	0.064186	0.106366	-0.041087	***neg
**** signifikant 1 %; ** signifikant 5 %; * signifikant 10 %; nosig nicht signifikant*					

Tabelle 27: Ausgewählte Kennzahlenzusammenhänge zum Blume Beta in Deutschland

Die hauptsächlich durch amerikanische Untersuchungen empirisch belegten Zusammenhänge der *Growth*-Kennzahlen zum Aktien-Beta konnten am deutschen Markt, auch beim Blume Beta, nicht bestätigt werden.[889] Für am *Human Capital* orientierte Kennzahlen konnten nur teilweise mit der theoretischen Wirkungsweise übereinstimmende, statistisch valide Beobachtungen gemacht werden.

Untersuchungssample USA, 52-Wochen-Blume-Beta:

Die in Tabelle 28 dargestellten Untersuchungsergebnisse zu den zahlungsgrößen-orientierten Kennzahlen der Kategorie *Earnings* am amerikanischen Markt decken sich weitestgehend mit den Untersuchungsergebnissen zum Raw Beta. Während für Absolutzahlen mehrheitlich ein signifikant negativer Zusammenhang zum Aktien-Beta festgestellt wurde, besitzen die Verhältniszahlen im Allgemeinen einen positiven Zusammenhang. Diese empirischen Beobachtungen stimmen - obwohl signifikant - in beiden Fällen jedoch nicht mit der für diese Kennzahlen theoretisch fundierten Wirkungsweise überein. Für die unter die Größenkennzahlen fallenden Kategorien *Assets* und *Capital* konnten, genau wie zuvor schon bei den Raw-Beta-Analysen, mehrheitlich stabile Zusammenhänge bestätigt werden.[890] Für die Bilanzsumme („Total Assets", R^2: 8.6 %) konnte genau wie für die Höhe des materiellen Anlagevermögens („Tangible Assets", R^2: 10.4 %; „Fixed Tangible Assets", R^2: 8 %) stark signifikante und negativer Zusammenhänge zum Aktien-Beta nachgewiesen werden.

Während „Capital Employed" mit einem Bestimmtheitsmaß von 8.4 % und einem positiven Vorzeichen, einen mit der Theorie in Einklang stehenden Einfluss auf das Aktien-Beta zu besitzen scheint, konnte kein signifikanter Zusammenhang für die Höhe der Marktkapitalisierung („Market Equity") festgestellt werden.[891] Für die „Intangible Assets" wurde ein signifikant negativer Zusammenhang auf dem 95 %-Konfidenzintervall beobachtet, was nicht der theoretischen Wirkungsrichtung des *Hightech Risk* entspricht, aber in Einklang mit der Interpretation der „Intangible Assets" am amerikanischen Markt als Größen- („Size"-) Kennzahl

---

889 Auch nicht beim Blume Beta.

890 Eine vollständige Übersicht der Ergebnisse aller Untersuchungskennzahlen findet sich in der Datei: Total_Output_US auf der Daten-CD.

891 Beim Raw Beta wurde allerdings ein schwach signifikanter und negativer Zusammenhang festgestellt. Siehe hierzu Kapitel 7.3.1.

stände.[892] Auch für die Leverage-Kennzahlen konnten die bereits bekannten Ergebnisse der Raw-Beta-Untersuchungen weitestgehend bestätigt werden, wenngleich die Intensität der Ausprägung z. T. differiert. Allerdings scheinen nicht alle Leverage-Kennzahlen (Definitionen) einen Zusammenhang zu dem Marktrisiko zu besitzen, wobei der kurzfristige Verschuldungsgrad („Current Liabilities to Total Equity") – genau wie beim Raw Beta – in Art und Ausprägung des Zusammenhangs hervorzuheben ist.[893]

SAMPLE: USA (S&P500)		BETA-SCHÄTZUNG:	Blume Beta (52 Wochen)	
ANZAHL UNTERNEHMEN: 319		PERIODIZITÄT:	Jahresdaten	
METHODE: Pooled Least Squares (EGLS) mit periodenspezifischer Konstante				
ENDOGENE VARIABLE: Y_{it} (Aktien-Beta)				
REGRESSIONSGLEICHUNG:		$Y_{it} = \begin{matrix}\alpha_1\\ \vdots \\ \alpha_t\end{matrix} + \beta_1 \cdot X_{it} + \varepsilon_{it}$		
EXOGENE VARIABLE: (X_{it})	**1996-2000**	**2001-2005**	**1996-2005**	**1996-2005**	**Signifikanz**
	R^2	**R^2**	**R^2**	**β_1**	**Zus.**
EARNINGS					
Cash Flow to Interest Expense	0.099627	0.069855	0.111065	0.022356	***pos
EBITDA to Interest Expense	0.109969	0.066994	0.104311	0.022884	***pos
EBIT to Interest Expense	0.11661	0.083542	0.104572	0.023104	***pos
ASSETS					
Tangible Assets	0.073951	0.06146	0.107492	-0.014349	***neg
Intangible Assets	0.062531	0.057803	0.099228	-2.10E-06	**neg
Tangible Book Value to Tangible Assets	0.082178	0.070142	0.103541	0.001283	***pos
CAPITAL					
Operinc Tot Debt	0.111803	0.089363	0.107993	0.017765	***pos
Total Capital	0.055143	0.055981	0.090495	-0.007986	*neg
LT Debt Total Asset	0.091622	0.059242	0.090239	-0.002829	***neg
RETURNS					
EBIT Yield	0.069299	0.066725	0.101602	-0.002108	***neg
RoA RoE	0.09972	0.069072	0.089317	0.260218	***pos
Return on Equity	0.056844	0.058126	0.083417	-0.000281	***neg
FINANCIALS (RATIOS)					
Equity Dividend Yield	0.144881	0.142803	0.160638	-0.020103	***neg
Price to EBITDA-Ratio	0.127397	0.080928	0.121098	0.071153	***pos
Price to Cash Flow-Ratio	0.062069	0.063956	0.095151	0.001081	***pos

[892] Mögliche Gründe hierfür wurden bereits bei den Untersuchungsergebnissen zum Raw Beta genannt und können hier analog herangezogen werden.

[893] Dies wurde so auch beim Raw Beta beobachtet; siehe Kapitel 7.3.1.

GROWTH					
Market Equity Growth	0.050026	0.101551	0.12792	0.019591	***pos
Oper Income Growth	0.062116	0.062576	0.10126	0.025053	***pos
Cash Flow Growth	0.047898	0.073339	0.098688	0.015196	***pos
**** signifikant 1 %; ** signifikant 5 %; * signifikant 10 %; nosig nicht signifikant*					

Tabelle 28: Ausgewählte Kennzahlenzusammenhänge zum Blume Beta in den USA

Für die wertorientierten kapital- bzw. cashflowbasierten Renditekennzahlen der Kategorie *Returns* wurde mehrheitlich ein signifikant negativer Zusammenhang beobachtet, der nicht mit der Theorie in Einklang steht.[894] Einige der stärksten Zusammenhänge zum Beta bestehen, wie erwartet werden durfte, bei den Kennzahlen der Kategorie *Financials*. So konnte für die Dividendenrendite („Equity Dividend Yield") ein signifikant negativer Zusammenhang mit einem Bestimmtheitsmaß von 16.1 % festgestellt werden. Auch für das „P/E-Ratio" ließen sich die theoriekonformen Zusammenhänge der Raw-Beta-Untersuchungen mit leicht stärkerem Bestimmtheitsmaß bestätigen.[895] Für weitere Kennzahlen der Kategorie *Growth* kann ein signifikant positiver Zusammenhang vermutet werden.[896] Der stärkste Einfluss dieser Kennzahlenkategorie wurde – wie zuvor schon bei den Raw-Beta-Analysen – für „Market Equity Growth" (R^2: 12.8 %) und „Operating Income Growth" (R^2: 10.1 %) festgestellt. Für die Kennzahlen des *Human Capital* konnten hingegen auch beim Blume Beta keine statistisch validen Einflüsse auf das Beta am amerikanischen Markt nachgewiesen werden.

7.3.3 Unterschiedliche Renditeintervalle, Schätzzeiträume und Schätzverfahren

Um zu überprüfen, ob unterschiedliche Renditeintervalle bei der Berechnung des Aktien-Betas einen Einfluss auf die fundamentalen Kennzahlenzusammenhänge haben, werden nachfolgend das durchschnittliche Bestimmtheitsmaß sowie die Anzahl signifikanter Zusammenhänge über alle Untersuchungskennzahlen ermittelt. Neben den bisher auf der Basis von 52-Wochen-Renditen berechneten (einjährigen) Betas werden nachfolgend auch Betas auf der Basis von 104-Wochen-Renditen (zweijährig) berechnet. Eine Auswahl bedeutender Einflüsse am deutschen Markt wird in Tabelle 29 dargestellt.

Auch beim 104-Wochen-Beta wurde beim deutschen Untersuchungssample der stärkste Zusammenhang wieder zum „Gross Profit", beim Raw Beta mit einem R^2 von 17.2 % und beim Blume Beta sogar mit einem R^2 von 19.4 %, festgestellt. Da der Gross Profit nahezu 20 % der Varianz des Blume Betas zu erklären vermag, ist davon auszugehen, dass dieser Kennzahl

894 Vgl. hierzu auch analog die Ergebnisse beim Raw Beta und im deutschen Untersuchungssample.

895 Allerdings konnte bei anderen in Kapitel 5.3 theoretisch fundierten Kennzahlen, wie z. B. dem Altman Double Prime Score, den Income Tax Expenses oder den Capital Expenditures (Ratios) kein theoriekonformer Zusammenhang nachgewiesen werden.

896 Dies deckt sich mit den empirischen Ergebnissen bisheriger Untersuchungen. Vgl. hierzu Kapitel 5.3.2.2.

auch in den multivariaten Analysen eine gewichtige Rolle zukommt. Auch für den kurzfristigen Leverage („Curr Liab to Total Equity") konnte zum Raw Beta (Blume Beta) mit einem Bestimmtheitsmaß von 15.3 % (15.7 %) ein stark signifikanter Zusammenhang auf der Basis von 104-Wochen-Renditen nachgewiesen werden. Die beobachteten Einflüsse des Raw Beta unter Berücksichtigung des zweijährigen Renditeintervalls decken sich überwiegend mit denen beim Blume Beta, was sich theoretisch begründen lässt.

SAMPLE: Deutschland (Prime All Share)
ANZAHL UNTERNEHMEN: 110 PERIODIZITÄT: Jahresdaten
METHODE: Pooled Least Squares (EGLS) mit periodenspezifischer Konstante
ENDOGENE VARIABLE: Y_{it} (Aktien-Beta)

REGRESSIONSGLEICHUNG: $$Y_{it} = \begin{matrix}\alpha_1 \\ \vdots \\ \alpha_t\end{matrix} + \beta_1 \cdot X_{it} + \varepsilon_{it}$$

EXOGENE VARIABLE: (X_{it})	**1996-2000 R^2**	**2001-2005 R^2**	**1996-2005 R^2**	**1996-2005 β_1**	**Signifikanz Zus.**
Raw Beta (104 Wochen)					
Cash Flow to Firm	0.193659	0.084322	0.144832	2.44E-05	***pos
Gross Profit	0.241004	0.124827	0.172317	2.77E-05	***pos
Asset Reinvestment-Ratio	0.134501	0.045712	0.104964	0.007053	***pos
Current Liabilities to Total Equity	0.129955	0.049235	0.152649	0.001519	**pos
Capital Employed	0.114713	0.091325	0.103197	9.85E-06	***pos
Return on Capital Employed	0.097966	0.06272	0.100375	-0.000132	*neg
Price to EBITDA-Ratio	0.12414	0.050637	0.101634	2.59E-02	*pos
Sales	0.1257	0.09367	0.104879	7.70E-06	***pos
Market Equity Growth	0.165065	0.051539	0.105891	-0.015574	***neg
Blume Beta (104 Wochen)					
Cash Flow to Firm	0.217302	0.084468	0.15101	1.91E-05	***pos
Gross Profit	0.303738	0.125479	0.19368	1.93E-05	***pos
Asset Reinvestment-Ratio	0.14995	0.045712	0.113135	0.005517	***pos
Current Liabilities to Total Equity	0.143305	0.052835	0.157154	0.040383	**pos
Capital Employed	0.153886	0.091377	0.120187	8.17E-06	***pos
Return on Capital Employed	0.098658	0.0816	0.112532	-0.016932	*neg
Price to EBITDA-Ratio	0.126572	0.050636	0.105448	1.60E-02	*pos
Sales	0.168869	0.093822	0.123853	5.72E-06	***pos
Market Equity Growth	0.165064	0.051539	0.105893	-0.010383	***neg

**** signifikant 1 %; ** signifikant 5 %; * signifikant 10 %; nosig nicht signifikant*

Tabelle 29: Ausgewählte Kennzahlenzusammenhänge zum 104-Wochen-Beta in Deutschland

Das Blume Beta stellt wie in Kapitel 3.2.4 veranschaulicht, eine lineare Transformation des Raw Betas dar. Starke Zusammenhänge des Raw Betas lassen starke Zusammenhänge des Blume Betas erwarten. Im Ergebnis wird die Mehrheit der Zusammenhänge fundamentaler Kennzahlen des 52-Wochen-Betas auch für das 104-Wochen-Beta bestätigt. Die Beobachtungen am deutschen Markt können grundsätzlich auf das amerikanische Untersuchungssample übertragen werden. Auch hier wurden die Ergebnisse des 52-Wochen-Betas weitestgehend beim 104-Wochen-Beta einmal mehr bestätigt und auch hier wurde der stärkste Zusammenhang zum Beta wieder bei der Kennzahl gemessen, die auch schon den stärksten Einfluss beim 52-Wochen-Beta aufgezeigt hatte.[897]

SAMPLE: USA (S&P500)
ANZAHL UNTERNEHMEN: 319 PERIODIZITÄT: Jahresdaten
METHODE: Pooled Least Squares (EGLS) mit periodenspezifischer Konstante
ENDOGENE VARIABLE: Y_{it} (Aktien-Beta)

REGRESSIONSGLEICHUNG: $$Y_{it} = \begin{matrix} \alpha_1 \\ \vdots \\ \alpha_t \end{matrix} + \beta_1 \cdot X_{it} + \varepsilon_{it}$$

EXOGENE VARIABLE: (X_{it})	1996-2000 R^2	2001-2005 R^2	1996-2005 R^2	1996-2005 β_1	Signifikanz Zus.
Raw Beta (104 Wochen)					
Cash Flow to Interest Expense	0.099627	0.069855	0.111065	2.24E-02	***pos
EBITDA Less Capital	0.099142	0.082418	0.105502	2.23E-02	***pos
Tangible Book Value to Tangible Assets	0.06291	0.084782	0.097394	0.001483	***pos
Common Equity Total Assets	0.090421	0.086744	0.086700	0.00239	***pos
EBIT Yield	0.074354	0.081472	0.096544	-0.001271	*neg
Equity Dividend Yield	0.146515	0.159352	0.147556	-0.021255	***neg
Oper Income Growth	0.047063	0.070127	0.088066	-2.37E-06	*neg
Blume Beta (104 Wochen)					
Cash Flow to Interest Expense	0.09976	0.081292	0.109228	2.11E-02	***pos
EBITDA to Interest	0.114365	0.098837	0.111271	0.024113	***pos
Tangible Book Value to Tangible Assets	0.06291	0.084783	0.097394	0.000989	***pos
Tangible Assets	0.063616	0.081064	0.094131	-0.018591	***neg
Oper Income Total Capital	0.096415	0.043011	0.130704	-0.000333	*neg
EBIT Yield	0.074353	0.081472	0.096544	-0.000847	**neg
Equity Dividend Yield	0.159497	0.166325	0.148370	-0.014272	***neg
Oper Income Growth	0.047063	0.070128	0.088066	-1.58E-06	*neg
Sharevolume	0.088922	0.098381	0.092273	2.19E-11	***pos

***signifikant 1 %, **signifikant 5 %, *signifikant 10 %, nosig nicht signifikant

Tabelle 30: Ausgewählte Kennzahlenzusammenhänge zum 104-Wochen-Beta in den USA

Von den 116 untersuchten Kennzahlen konnte beim deutschen Untersuchungssample und beim 52-Wochen-Raw-Beta (Blume Beta) für 63,5 % (59,3 %) ein statistisch signifikanter Zusammenhang festgestellt werden. Dabei wurde für 43,3 % (39,8 %) aller Kennzahlen ein

[897] Den größten Anteil der erklärten Varianz des 104-Wochen-Betas beim amerikanischen Untersuchungssample besitzt die Dividendenrendite (Equity Dividend Yield), die sowohl beim Raw Beta als auch beim Blume Beta die Führungsposition übernimmt.

positiver und für 20.2 % (19.5 %) ein negativer Zusammenhang zum Marktrisiko beobachtet. Keine signifikanten Zusammenhänge traten bei 36.6 % (40.7 %) aller Kennzahlen auf.[898]

in % aller Untersuchungskennzahlen	**Deutschland**		**USA**	
	Raw Beta	Blume Beta	Raw Beta	Blume Beta
52 Wochen*				
Anzahl positiv sign. Zus.	43.27 %	39.82 %	33.33 %	30.09 %
Anzahl negativ sign. Zus.	20.19 %	19.47 %	40.35 %	39.82 %
Anzahl nosig Zus.	36.54 %	40.71 %	26.32 %	30.09 %
Anzahl gesamt sign. Zus.	63.46 %	59.29 %	73.68 %	69.91 %
104 Wochen*				
Anzahl positiv sign. Zus.	41.59 %	43.86 %	25.44 %	20.54 %
Anzahl negativ sign. Zus.	14.16 %	15.79 %	16.67 %	16.96 %
Anzahl nosig Zus.	44.25 %	40.35 %	57.89 %	62.50 %
Anzahl gesamt sign. Zus.	55.75 %	59.65 %	42.11 %	37.50 %
**mindestens auf dem 90 %-Konfidenzintervall signifikant*				

Tabelle 31: Deskriptive Statistik der Kennzahlenzusammenhänge

Auffallend ist, dass die Anzahl signifikanter Kennzahlenzusammenhänge zum Beta bei Verwendung von 52 Renditepunkten höher ist als bei Verwendung von 104 Renditepunkten, und zwar unabhängig von der Schätzmethode. Dies trifft darüber hinaus auch unabhängig vom jeweiligen Ländersample zu. Am amerikanischen Kapitalmarkt ist die Anzahl signifikanter Kennzahlenzusammenhänge mit 73.7 % beim 52-Wochen-Raw-Beta und 69.9 % beim Blume Beta erwartungsgemäß größer als am deutschen Kapitalmarkt. Auch hier wurde wieder eine deutlich niedrigere Anzahl signifikanter Zusammenhänge bei Verwendung des 104-Wochen-Renditeintervalls beobachtet. Zwar hat die Anzahl signifikanter Kennzahlen beim 104-Wochen-Beta abgenommen, der durchschnittliche Anteil der erklärten Varianz (R^2 Ø) – unabhängig vom jeweiligen landesspezifischen Untersuchungssample – ist jedoch beim 104-Wochen-Beta leicht größer als beim 52-Wochen-Beta. Dies wurde unabhängig von der verwendeten Schätzmethode beobachtet.[899] Während das durchschnittliche Bestimmtheitsmaß des Gesamtbetrachtungszeitraumes in Deutschland beim 104-Wochen-Raw-Beta bei 10 % liegt, ist der Erklärungsgrad beim 52-Wochen-Raw-Beta mit 9.2 % leicht niedriger. Minimales (Minimum) und maximales (Maximum) Bestimmtheitsmaß der signifikanten Kennzahlenzusammenhänge in Deutschland liegen beim 104-Wochen-Raw-Beta bei 6.6 % bzw. 17.2 % und beim 52-Wochen-Raw-Beta bei 7.2 % bzw. 17.7 %. D. h., auch die jeweils extremsten Beobachtungen wurden bei der 104-Wochen-Schätzmethode festgestellt. Die durchschnittlichen Bestimmtheitsmaße beim amerikanischen Untersuchungssample liegen zwar auf dem

[898] Vgl. Tabelle 31.
[899] Siehe hierzu auch die Zusammenfassung der Ergebnisse in Tabelle 32 unten.

gleichen Niveau, sind jedoch leicht niedriger als beim deutschen Untersuchungssample. Die entsprechenden Werte für das durchschnittliche R^2 des Gesamtbetrachtungszeitraums liegen beim 52-Wochen-Raw-Beta bei 8.6 % und beim 104-Wochen-Raw-Beta bei 8.7 %. Maximum und Minimum der signifikanten Zusammenhänge liegen mit 15.8 % bzw. 3.9 % beim 52-Wochen-Raw-Beta in einer ähnlichen Bandbreite wie beim 104-Wochen-Raw-Beta und sind darüber hinaus in ihrer Größenordnung auch vergleichbar mit den Beobachtungen am deutschen Markt.[900]

Raw Beta	**Deutschland**			**USA**		
	1996-2000	2001-2005	1996-2005	1996-2000	2001-2005	1996-2005
52 Wochen						
R^2 (Ø)	0.1163	0.0692	0.0922	0.0675	0.0395	0.0864
Minimum R^2	0.0729	0.0479	0.0720	0.0169	0.0143	0.0391
Maximum R^2	0.3012[901]	0.1509	0.1769	0.1449	0.0794	0.1580
104 Wochen						
R^2 (Ø)	0.1210	0.0637	0.0999	0.0687	0.0786	0.0874
Minimum R^2	0.0739	0.0388	0.0655	0.0385	0.0621	0.0728
Maximum R^2	0.2791[901]	0.1248	0.1723	0.1465	0.1594	0.1476

Tabelle 32: Vergleich der Kennzahlenzusammenhänge beim Raw Beta

Vergleicht man die Beobachtungen beim Raw Beta unter Berücksichtigung der unterschiedlichen Renditeintervalle mit den Ergebnissen beim Blume Beta, so lässt sich eine eindeutige Ergebnisverbesserung des Erklärungsgehaltes zugunsten des Blume Betas feststellen. Aus Tabelle 32 und Tabelle 33 geht hervor, dass dies unabhängig von dem bei der Schätzung angewandten Renditeintervall und unabhängig vom jeweiligen Ländersample der Fall ist. In Deutschland liegt das durchschnittliche Bestimmtheitsmaß beim 52-Wochen-Blume-Beta bei 9.5 % und beim 104-Wochen-Blume-Beta bei 10.9 %. Maximum und Minimum liegen bei 17.7 % und 7.2 % bei 52-Renditepunkten bzw. bei 19.4 % und 6.2 % bei 104-Renditepunkten. Generell wurden sowohl beim deutschen als auch beim amerikanischen Untersuchungssample eher niedrige Werte für die Koeffizienten der untersuchten Kennzahlen beobachtet. Diese Feststellung bietet Anlass, die Qualität (zumindest die Art der Ausprägung) der beobachteten Zusammenhänge kritisch zu beurteilen. Dem sei auf der anderen Seite entgegenzuhalten, dass (i) bei einigen Kennzahlen, wie z. B. den „RoA to RoE", sehr hohe Werte (hier: 0.411) beo-

---

900 Vgl. Tabelle 32.

901 Das (relativ) hohe Bestimmtheitsmaß wurde bei der Kennzahl „Gross Profits" am deutschen Markt beobachtet, wobei angemerkt sei, dass nur 33 anstelle der 110 üblichen Unternehmen in die Berechnung einbezogen wurden, da die Informationen der übrigen Querschnittseinheiten nicht vollständig waren bzw. fehlerhafte Werte enthielten und somit aus dem Untersuchungssample eliminiert werden mussten. Das Ergebnis ist aber auf dem 99 %-Konfidenzintervall signifikant und es gibt auch keine Hinweise für das Vorliegen autokorellierter Daten.

bachtet wurden und (ii) die Koeffizienten in panelanalytischen Modellen im Allgemeinen eher niedrigere Werte als bei vergleichbaren Zeitreihenanalysen annehmen.[902]

Blume Beta	Deutschland			USA		
	1996-2000	2001-2005	1996-2005	1996-2000	2001-2005	1996-2005
52 Wochen						
R2 (Ø)	0.1220	0.0710	0.0949	0.0680	0.0610	0.0895
Minimum R2	0.0725	0.0474	0.0717	0.0169	0.0000	0.0472
Maximum R2	0.3010[901]	0.1506	0.1774	0.1449	0.1428	0.1606
104 Wochen						
R2 (Ø)	0.1368	0.0666	0.1089	0.0712	0.0788	0.0886
Minimum R2	0.0692	0.0362	0.0623	0.0385	0.0258	0.0725
Maximum R2	0.3037[901]	0.1547	0.1937	0.1595	0.1663	0.1484

Tabelle 33: Vergleich der Kennzahlenzusammenhänge beim Blume Beta

Von Bedeutung ist im Zusammenhang mit den oben dargestellten Analysen auch die Frage, ob die Umstellung von Rechnungslegungsvorschriften (z. B. von HGB auf IFRS/US-GAAP, wie im Jahr 2001 in Deutschland bei zahlreichen börsennotierten Unternehmen geschehen)[903] einen Einfluss auf die Art und Ausprägung der oben festgestellten fundamentalen Kennzahlenzusammenhänge hat. Die meisten Unternehmen des deutschen Untersuchungssamples haben vor 2000/2001 keine Quartalsberichterstattung gepflegt, wurden aber durch die Umstellung der Rechnungslegung und die nationalen Börsenanforderungen (IAS 34) ab diesem Zeitpunkt dazu verpflichtet. Da die angewendeten Rechnungslegungsnormen einen direkten Einfluss auf die (betragsmäßige) Höhe der Kennzahlen im Jahresabschluss haben, kann infolgedessen (zumindest intuitiv) auch ein Zusammenhang zum Beta vermutet werden.[904] Schwierigkeiten bereitet lediglich die Frage, wie ein solcher potentieller Einfluss gemessen werden könnte. Eine Möglichkeit besteht darin, den möglichen Effekt über die signifikante Veränderung des Bestimmtheitsmaßes vor und nach dem Rechnungslegungswechsel festzustellen. Bei einer Veränderung des Bestimmtheitsmaßes eines zuvor festgestellten Kennzahlenzusammenhangs zwischen den beiden Subperioden SP 1 und SP 2 > 25 % wird im Folgenden von einem Einfluss der veränderten Rechnungslegung auf die Kennzahlenzusammenhänge ausgegangen.

---

[902] Vgl. hierzu auch die Werte der Koeffizienten in Tabelle 26 und Tabelle 28 sowie die Übersichten der Dateien Total Output_GY und Total Output_US auf der Daten-CD.

[903] Zu einer Übersicht der im jeweiligen Betrachtungszeitraum bei den untersuchten Unternehmen angewandten Rechnungslegungsvorschriften siehe Anhang 1.

[904] Dazu soll nachfolgend bei den Untersuchungen eine Unterteilung in eine Periode vor und nach Quartalspublizitätspflicht vorgenommen werden. Zu den Zugangsvoraussetzungen am Prime All Share-Index siehe URL: http://www.deutsche-boerse.com. Zu den Zugangsvoraussetzungen an deutschen Kapitalmärkten (u. a. auch am Neuen Markt) siehe *D'Arcy/Leuz* (2000), S. 386.

Beta-Berechnung	Deutschland			USA		
	1996-2000	2001-2005	1996-2005	1996-2000	2001-2005	1996-2005
Raw Beta 52 Wochen		(-40 %)			(-41 %)	
R^2 (Ø)	0.1163	0.0692	0.0922	0.0675	0.0395	0.0864
Raw Beta 104 Wochen		(-47 %)			(+14 %)	
R^2 (Ø)	0.1210	0.0637	0.0999	0.0687	0.0786	0.0874
Blume Beta 52 Wochen		(-42 %)			(-10 %)	
R^2 (Ø)	0.1220	0.0710	0.0949	0.0680	0.0610	0.0895
Blume Beta 104 Wochen		(-53 %)			(11 %)	
R^2 (Ø)	0.1368	0.0666	0.1089	0.0712	0.0788	0.0886

Tabelle 34: Auswirkung des Rechnungslegungswechsels auf die Kennzahlenzusammenhänge[905]

In Tabelle 34 wird deutlich, dass sich das Bestimmtheitsmaß zwischen SP 1 (1996-2000) und SP 2 (2001-2005) unabhängig von der Beta-Schätzmethode und dem verwendeten Renditeintervall in Deutschland am grundlegendsten verändert.[906] Der durchschnittliche Grad der erklärten Varianz des Betas verringert sich in SP 2 um 40 bis ca. 53 %, wodurch insbesondere die oben definierte Toleranzgrenze i. H. v. 25 % deutlich überschritten wird. Beim US-amerikanischen Untersuchungssample liegt die Veränderung des R^2 – mit Ausnahme des Raw Beta (52 Renditepunkte) – grundsätzlich im Rahmen der Toleranzgrenze.[907] Es lassen sich zumindest drei Gründe für das Auftreten derart starker Veränderungen des durchschnittlichen Bestimmtheitsmaßes der beobachteten fundamentalen Kennzahlenzusammenhänge am deutschen Markt finden:

1. Der Wechsel der Rechnungslegungsvorschriften in Deutschland hat die Kennzahlen in ihrer betragsmäßigen Höhe z. T. direkt beeinflusst;
2. die geringere Anzahl an vollständig einbezogenen Unternehmen in SP 1, die eine Verzerrung durch die Veränderung der Zusammensetzung der Stichprobe ausgelöst haben könnte (Sample Bias);[908]
3. veränderte Rahmenbedingungen zwischen den beiden Subperioden unabhängig vom Wechsel der Rechnungslegung.[909]

905 Die Werte in den Klammern bezeichnen die prozentuale Veränderung des R^2 zwischen SP 1 und SP 2.

906 Die Veränderung des Bestimmtheitsmaßes wurde in Tabelle 34 durch die Werte in den grau hinterlegten Feldern hervorgehoben.

907 Eine Erklärung für das Auftreten der starken (negativen) Veränderung des R^2 bei dieser Beta-Schätzmethode am amerikanischen Markt konnte jedoch auch bei dezidierter Analyse nicht gefunden werden.

908 Im Jahr 1996 (SP1) werden beim deutschen Untersuchungssample noch zahlreiche Unternehmen aufgrund der Unvollständigkeit der Informationen im Panel exkludiert. In SP2 liegen diese Informationen dann vor, weshalb die Anzahl der einbezogenen Datenpunkte (Stichprobengröße) dann deutlich ansteigt. Empirisch werden bei kleineren Stichproben oftmals stärkere Zusammenhänge beobachtet; allerdings muss die Repräsentativität der Ergebnisse auch (kritisch) gewürdigt werden. Vgl. zur Veränderung des R^2 in Abhängigkeit von der Stichprobengröße *Cramer* (1987), S. 253 ff.

909 Neben dem im Jahr 2000/2001 bei den deutschen Untersuchungsunternehmen mehrheitlich stattgefundenen Rechnugslegungswechsel sind jedoch keine bedeutenden externen Einflüsse bekannt, die i. S. sich verän-

Wenngleich einerseits insbesondere der Vergleich mit dem amerikanischen Untersuchungssample die These nach der Beeinflussung der fundamentalen Kennzahlenzusammenhänge durch einen Rechnungslegungswechsel unterstützt, besteht immer noch die Kritik im Zusammenhang mit der veränderten Stichprobengröße. Extrahiert man den Effekt der sich über den Zeitverlauf verändernden Stichprobengröße, indem man lediglich 30 Unternehmen berücksichtigt, die über den Gesamtbetrachtungszeitraum auch über vollständige Finanz- und Fundamental-Informationen verfügen, so ist das oben beschriebene Phänomen der Überschreitung der Toleranzgrenze dennoch zu beobachten. Die theoretischen Ausführungen und die empirischen Beobachtungen haben daher unterstützende Belege dafür erbracht, dass ein Wechsel der Rechnungslegungsvorschriften auch Auswirkungen auf bereits existierende (relevante) Kennzahlenzusammenhänge zum Beta haben kann.

7.3.4 Kennzahlenzusammenhänge unter Berücksichtigung von Lags

Grundsätzlich wurden die Zusammenhangsanalysen so gestaltet, dass der Stichtag der Beta-Berechnung mit dem Stichtag des Jahresabschlusses der berechneten Kennzahl übereinstimmt (Lag = 0). Man kann aus zweierlei Gründen zumindest auch eine differenziertere Sichtweise vertreten und die Berechnung mit einem Lag durchführen:

1. Die fundamentalen Informationen sind während der Beta-Schätzperiode noch nicht oder noch nicht vollständig in den Kursen verarbeitet und
2. die für die fundamentale Beta-Prognose notwendigen Unternehmensinformationen werden erst im Laufe der nachfolgenden Beta-Prognoseperiode veröffentlicht (Diskrepanz zw. Bilanzstichtag und Veröffentlichungszeitpunkt).

Je höher der Grad der Effizienz der Kapitalmärkte und je umfassender die Publizitätsanforderungen, desto geringer sollte grundsätzlich auch der Einfluss eines zeitlichen Lags auf die Güte der Zusammenhangsmessung sein, da dann die Informationen der Jahresabschlüsse zum Stichtag der Beta-Berechnung weitestgehend (vollständig) in den Kursen enthalten sind.[910] Um zu überprüfen, ob und wenn ja, welchen Einfluss die Zeitverschiebung hat, wird der Gesamtbetrachtungszeitraum (GP) wieder in die bereits bekannten Subperioden SP 1 und SP 2 unterteilt.[911] Dabei soll die (signifikante) Veränderung des durchschnittlichen Bestimmtheitsmaßes bei Lag = 0, Lag = 0.5 und Lag = 1 Jahr Zeitverschiebung zwischen Beta

dernder Rahmenbedigungen alle Unternehmen gleichermaßen (in ihrer in Intensität durchaus verschieden stark) betroffen hätte.

910 Insofern stellt eine Lag-Untersuchung – zumindest bedingt – immer auch einen Test der Informationseffizienz des untersuchten Kapitalmarktes dar.

911 Die Auswirkungen etwaiger Einflüsse durch die Umstellung der Rechnungslegung werden nur am deutschen Markt untersucht, da am amerikanischen Markt ein solcher Rechnungslegungswechsel nicht stattgefunden hat.

und Fundamentaler Kennzahl als Indikator für einen vorliegenden Einfluss gelten. Neben der Veränderung der Korrelation soll auch die Veränderung der Anzahl signifikanter Kennzahlenzusammenhänge als weiteres Indiz für das Vorliegen eines Lags gedeutet werden.

Betrachtet man zunächst die Veränderung der durchschnittlichen Bestimmtheitsmaße der signifikanten Kennzahlenzusammenhänge mit und ohne Berücksichtigung von Lags in Tabelle 35 (52-Wochen-Renditen) und Tabelle 36 (104-Wochen-Renditen) dann fällt auf, dass sowohl beim deutschen als auch beim amerikanischen Untersuchungssample unabhängig von der Beta-Schätzmethode und der Anzahl der berücksichtigten Renditepunkte stets eine Verbesserung bei Verwendung eines Lags erzielt wird. Während die Verbesserung beim amerikanischen Untersuchungssample aber eher marginal ausfällt, treten beim deutschen Untersuchungssample deutliche Unterschiede bei den Bestimmtheitsmaßen auf.[912] So konnte sowohl beim 52-Wochen-Raw-Beta als auch beim 52-Wochen-Blume Beta jeweils bei Verwendung eines Lags von einem halben Jahr (Lag = 0.5) eine Verbesserung des durchschnittlichen Bestimmtheitsmaßes von 60 % bzw. 48 % beobachtet werden.[913]

Raw Beta 52 Wochen	**Deutschland** 1996-2000	2001-2005	1996-2005	**USA** 1996-2000	2001-2005	1996-2005
Lag (years)	R^2 (Ø)			R^2 (Ø)		
Lag 0	0.1163	0.0692	0.0922	0.0675	0.0395	0.0864
Lag 0.5	0.1474	0.0595	0.1471	0.0433	0.0446	0.0697
Lag 1	0.1286	0.0706	0.0999	0.0783	0.0365	0.0931
Blume Beta						
Lag 0	0.1220	0.0710	0.0949	0.0680	0.0610	0.0895
Lag 0.5	0.1663	0.0700	0.1408	0.0415	0.0425	0.0686
Lag 1	0.1366	0.0737	0.1030	0.0799	0.0578	0.0946

Tabelle 35: Kennzahlenzusammenhänge zum 52-Wochen-Beta bei Lags

Das Bestimmtheitsmaß erhöht sich von 9.22 % (Lag = 0) auf 14.7 % (Lag = 0.5) beim Raw Beta und von 9.5 % auf 14.1 % beim Blume Beta. Vor dem Hintergrund, dass zwischen Bilanzstichtag und Veröffentlichung der Finanzberichte bei börsennotierten Unternehmen in aller Regel zwischen 3 und 6 Monaten vergehen, erscheinen die Beobachtungen am deutschen Markt plausibel und unterstützen m. E. den Verdacht auf Vorliegen eines halbjährigen Lags. Führt man die oben dargestellte Untersuchung auch bei Betas auf der Basis von 104 Renditepunkten durch, so zeichnet sich im Allgemeinen ein ähnliches Bild wie beim Beta auf Basis von 52 Renditepunkten ab. In Deutschland wurden die stärksten Kennzahlenzusammenhänge

[912] Die größte Verbesserung (ca. 7.8 %) beim amerikanischen Untersuchungssample tritt bei Berücksichtigung eines Lags von einem Jahr beim Raw Beta mit 52-Wochen-Renditen auf.

[913] In die Berechnung des durchschnittlichen Bestimmtheitsmaßes wurden nur Kennzahlen einbezogen, die mindestens auf dem 90 %-Konfidenzintervall signifikant waren.

beim Raw Beta bei einem Lag von einem halben Jahr mit einem durchschnittlichen Bestimmtheitsmaß von 11.9 % festgestellt. Beim Blume Beta trat der höchste Grad der erklärten Varianz allerdings erst bei einem Lag von einem Jahr mit einem durchschnittlichen Bestimmtheitsmaß ca. 10.7 % auf. Im Vergleich hierzu treten am amerikanischen Markt nur marginale Verbesserungen, und zwar bei einem Lag von einem Jahr auf (vgl. Tabelle 36). Die Tatsache, dass der Effekt beim US-amerikanischen Untersuchungssample weniger stark und auch nicht beim gleichen Lag auftritt, spricht hingegen für die Feststellungen von *Zimmermann* (1997), der anhand der Mittelwerte der Bestimmtheitsmaße der untersuchten Kennzahlen keine einheitliche Vorteilhaftigkeit eines bestimmten Lags feststellen konnte.[914, 915]

Raw Beta 104 Wochen	**Deutschland** 1996-2000	2001-2005	1996-2005	**USA** 1996-2000	2001-2005	1996-2005
Lag (years)		R^2 (Ø)			R^2 (Ø)	
Lag 0	0.1210	0.0637	0.0999	0.0915	0.0841	0.0895
Lag 0.5	0.1412	0.0662	0.1190	0.0674	0.0537	0.0734
Lag 1	0.1406	0.0677	0.1067	0.0827	0.0876	0.0947
Blume Beta						
Lag 0	0.1368	0.0666	0.1089	0.0712	0.0788	0.0886
Lag 0.5	0.1101	0.0672	0.0876	0.0663	0.0546	0.0729
Lag 1	0.1517	0.0676	0.1117	0.1015	0.0775	0.0894

Tabelle 36: Kennzahlenzusammenhänge zum 104-Wochen-Beta bei Lags

Aus den Beobachtungen am deutschen und amerikanischen Markt lässt sich schlussfolgern, dass es zwar kein eindeutiges gemeinsames Lag für alle Kennzahlen gibt, dass aber für ausgewählte Kennzahlen Lags zu existieren scheinen. Sowohl am deutschen Markt als auch am amerikanischen Markt sinkt die Anzahl signifikanter Kennzahlenzusammenhänge bei unterstelltem Lag, und zwar unabhängig vom verwendeten Renditeintervall oder der Beta-Schätzmethode.[916] Auf der anderen Seite steigt aber das durchschnittliche Bestimmtheitsmaß dieser Kennzahlenzusammenhänge, wenn ein Lag nachgewiesen werden konnte. Eine mögliche Erklärung für die sinkende Anzahl signifikanter Kennzahlenzusammenhänge ist darin zu sehen, dass ein Teil der 116 Untersuchungskennzahlen marktwertorientiert ist und somit de-

---

[914] Vgl. *Zimmermann* (1997), S. 301 f.

[915] Trotzdem muss festgehalten werden, dass in jedem Fall eine Verbesserung durch Berücksichtigung eines Lags auch am US-amerikanischen Markt auftritt, wenngleich diese mit maximal ca. 7.8 % bei Lag = 1 im Vergleich zum deutschen Untersuchungssample eher gering ausfällt. Gründe hierfür können z. B. in einem informationseffizienteren amerikanischen Kapitalmarkt liegen, dessen Aktienkurse fundamentale Informationen in stärkerem Maße internalisiert haben, als dies am deutschen Kapitalmarkt und im betrachteten Zeitraum der Fall war. Dafür spricht auch die Tatsache, dass die Verbesserung des Bestimmtheitsmaßes hauptsächlich auf Verbesserungen in SP 1 und nicht in SP 2 zurückzuführen ist. Zweifelsohne kann davon ausgegangen werden, dass der deutsche Kapitalmarkt Mitte der neunziger Jahre (SP1) weniger (informationseffizient) entwickelt war, als der US-amerikanische Kapitalmarkt.

[916] Dies lässt sich auch anhand weiterer, in Tabelle 37 aufgeführter Analyseergebnisse, unterstreichen.

ren Einflüsse unter Berücksichtigung informationseffizienter Kapitalmärkte schon zum Stichtag bereits in den Renditen der Beta-Berechnung eingepreist sein sollte.[917] Unterstellt man – wie bei der Analyse geschehen – trotzdem ein Lag, so erwartet man, dass der Zusammenhang dieser marktwertorientierten Größe zum Beta schwächer oder nicht signifikant ausfällt. Dies konnte tatsächlich auch festgestellt werden, was in Tabelle 37 durch die Anzahl der signifikanten Kennzahlenzusammenhänge zum Ausdruck kommt.

Signifikanter Anteil in % aller Untersuchungskennzahlen*	**Deutschland** Raw Beta	**Deutschland** Blume Beta	**USA** Raw Beta	**USA** Blume Beta
Kein Lag				
52 Wochen	63.46 %	59.29 %	73.68 %	69.91 %
104 Wochen	55.75 %	59.65 %	42.11 %	37.50 %
Lag (0.5 bzw. 1)**				
52 Wochen	42.45 %	44.25 %	58.97 %	53.98 %
104 Wochen	47.32%	47.32%	42.11%	40.71%

**mindestens auf dem 90 %-Konfidenzintervall signifikant; **Anteil des Lags mit größter Anzahl*

Tabelle 37: Prozentualer Anteil signifikanter Kennzahlen bei Lags

7.3.5 Untersuchungen zum Accounting Beta

Unter Berücksichtigung der in Kapitel 5.3.1.1 und Kapitel 6.2 dargestellten theoretischen Grundlagen werden nachfolgend die Ergebnisse der mittels Quartalsdaten geschätzten Accounting Betas erläutert. Obwohl der Fokus dieser Arbeit auf einem auf Jahresdaten basierenden fundamentalen, panelanalytischen Prognosemodell liegt, soll dem Accounting Beta zumindest aufgrund der hier angewandten Quartalsdaten-Regression einige Beachtung beigemessen werden, da die meisten bisherigen Untersuchungen immer auf Jahresdaten abgestellt haben. In diesem Zusammenhang wurden in Deutschland 218 Unternehmen und in den USA das schon bekannte Sample mit 319 Unternehmen im Zeitraum von 2001 - 2005 (20 Quartale) untersucht.

Ein Problem, dem sich Theorie und Praxis bei der Schätzung der Accounting Betas gleichermaßen gegenüberstehen, ist die Auswahl der richtigen Erfolgsgröße.[918] Bisherige empirische Arbeiten haben in diesem Zusammenhang auf (i) Absolutzahlen, (ii) erste Differenzen, oder (iii) mit verschiedenen Kapitalbasen skalierte Werte der Bilanzanalyse zurückgegriffen. Nachfolgend wird aufgrund der Verfügbarkeit quartalsweiser Informationen sowie des geringen Umfangs wissenschaftlicher Reflexion von Quartalsdaten am deutschen Markt auf ein

[917] Die Informationseffizienz sei hier zumindest in ihrer mittelstrengen Form, die als realitätsnah gilt, unterstellt. Vgl. hierzu *Fama* (1970), S. 383-417.

[918] Ein Literaturüberblick hierzu findet sich in Kapitel 4.3.1. Für eine Zusammenfassung empirischer Untersuchungen siehe *Hachmeister* (1995), S. 202-204

Untersuchungsmodell dieser Periodizität zurückgegriffen. Hierdurch kann vor dem Hintergrund der Frage nach der Stabilität des untersuchten Zusammenhangs von einem ausreichend großen Stichprobenumfang bei einer deutlich kürzeren Schätzperiode als bei Jahresdaten ausgegangen werden.[919] Die oben genannten Ausprägungsformen der Kennzahlen sollen beibehalten werden, wobei die Auswahl der Erfolgsgröße sich an den in Kapitel 4.4 entwickelten normativen Bedingungen orientiert. Es handelt sich bei den untersuchten Einflussgrößen daher primär um zahlungs- (cashflowbasierte) und wertorientierte Kennzahlen.[920] In bisherigen Untersuchungen wurden i. d. R. signifikant positive Zusammenhänge zwischen dem Accounting Beta und dem Aktien-Beta festgestellt, was im Rahmen dieser Arbeit weitestgehend bestätigt werden kann.[921] Dabei wurden die stärksten Zusammenhänge tendenziell am amerikanischen Markt mit Bestimmtheitsmaßen von bis zu 34 % beobachtet. Der durchschnittliche Grad der erklärten Varianz war bei differenzierten oder logarithmierten Erfolgsgrößen deutlich höher als bei Absolutzahlen (vgl. Tabelle 38). In Deutschland wurde der stärkste Zusammenhang zwischen einer bilanziellen Erfolgsgröße und dem Aktien-Beta bei den logarithmierten FCFs (DCFs) beobachtet, für die auf dem 99 %-Konfidenzintervall signifikante Einflüsse mit einem R^2 von 16.1 % festgestellt wurden.[922]

---

919 Die meisten bisherigen empirischen Untersuchungen haben bislang weitestgehend auf Jahresdaten zurückgegriffen, wodurch Probleme hinsichtlich ausreichender Datenverfügbarkeit und Instabilität des Zusammenhangs aufgrund der langen Untersuchungszeiträume aufgetreten sind. Siehe hierzu auch die Untersuchungen von *Ball/Brown* (1969), S. 318; *Beaver/Kettler/Scholes* (1970), S. 666; *Gonedes* (1973), S. 410-411; *Beaver/Manegold* (1975), S. 245-247; *Thompson* (1976), S. 177-178; *Hill/Stone* (1980), S. 609; *Hochman* (1983), S. 132; *Ismail/Kim* (1989), S. 128; *Karpik/Belkaoui* (1989), S. 263-264; *Bauer* (1992), S. 130.

920 Die Ergebnisse der einzelnen Kennzahlen sind in Tabelle 38 dargestellt.

921 Vgl. hierzu auch die Zusammenfassung bei *Hachmeister* (1995), S. 202-204.

922 Es handelt sich um die um Saisonalitäten und Ausreißer bereinigten absoluten, differenzierten oder logarithmierten Werte der einzelnen Kennzahlen.

SAMPLE: Deutschland (All Prime; 218 Unternehmen). USA (S&P 500; 319 Unternehmen)				
ZEITRAUM: 2001-2005 (20 Quartale)			PERIODIZITÄT: *Quartalsdaten*	
METHODE: Ordinary Least Squares (Accounting Beta)				
ENDOGENE VARIABLE: Y_i (Aktien-Beta des Unternehmens i)				
EXOGENE VARIABLE:	**Deutschland**		**USA**	
Accounting Beta (X_i)	R^2	Zusammenhang	R^2	Zusammenhang
EBIT Yield	0.017659	***pos	0.342693[923]	***pos
FCF Yield	n.a.	n.a.	0.2329	***pos
EBIT	0.136443	***pos	0.0005	nosig
EBITDA	0.155384	***pos	0.000005	nosig
Cash Operating	0.104990	***pos	0.012240	nosig
FCF	0.160577	***pos	0.003248	nosig
**** signifikant 1 %; ** signifikant 5 %; * signifikant 10 %; nosig nicht signifikant*				

Tabelle 38: Ergebnisse zum Accounting Beta in Deutschland und den USA

Allerdings sind die festgestellten Zusammenhänge auch schwächer als bei den auf Jahresdaten geschätzten Accounting Betas früherer Untersuchungen.[924] Ein Grund hierfür könnte darin liegen, dass Daten in ihrer Rohfassung verwendet wurden, die aber nicht um Saisonalitäten bereinigt wurden, um keine Informationsverluste oder etwaige Verzerrungen hervorzurufen.[925] Es ist darüber hinaus davon auszugehen, dass bei Verwendung von Daten mit einer hohen Zyklizität (z. B. Monatsdaten), aber niedrigen Volatilität die Prognosegüte deutlich gesteigert werden kann, da Daten mit einer höheren Sequenz auch bessere ökonometrische Eigenschaften besitzen (weniger Saisonalitäten, geringere Anzahl von Ausreißern etc) sollten. Ein weiterer wichtiger Kritikpunkt beim Accounting Beta resultiert aus der Tatsache, dass ähnlich wie beim Aktien-Beta die Schätzung des Koeffizienten auf der Grundlage historischer Daten und Annahmen über das Unternehmen vorgenommen wird. Das Unternehmen hat sich im Zeitablauf aber strukturell und fundamental verändert, weshalb das vergangenheitsorientierte Accounting Beta nur ein ungenauer („verzerrter") Schätzer für das zukünftige Beta sein kann.[926] Aus der Extrapolation dieses vergangenheitsorientierten Betas kann nach *Blume* (1971) und *Levy* (1971) nur ein limitierter Nutzen für die Schätzung des zukünftigen Betas resultieren.[927] Eine Möglichkeit, diesem Problem zu begegnen, könnte in der Verwendung von prognostizierten Kennzahlen („Forecasts") des Unternehmens liegen. Diese prognostizierten Erfolgsgrößen werden an das Ende der historischen Zeitreihe angehängt, um dann analog der Vorgehensweise bei dem in Kapitel 3.2.1 beschriebenen OLS-Verfahren einen effizienten Schätzer für das zukünftige Beta des Unternehmens im Rahmen einer Zeitreihenregres-

---

923 Bei Datenverfügbarkeit von 97 anstelle von 319 Firmen.

924 Vgl. Kapitel 4.3.1.

925 Darüber hinaus wirken die Investitionen beim FCF Yield stark fluktuierend, da Investitionen nicht als Konstante auftreten, sondern immer unternehmensindividuell und in Abhängigkeit der Marktentwicklungen (Erfordernis bedingt durch Wettbewerb) bzw. nach dem Ermessensspielraum des Managements festgelegt werden.

926 Vgl. *Guy/Rosenberg* (1976), S. 63.

927 Vgl. *Blume* (1971), S. 1-10; *Levy* (1971), S. 55-62.

sion zu berechnen. Es sollten jedoch Consensus-Schätzungen verwendet werden, um Ausreißer zu vermeiden.[928] Bislang konnte allerdings keine eindeutige Vorteilhaftigkeit dieser Anpassungsmethode gegenüber der hier angewandten „naiven" Prognose nachgewiesen werden.[929] Ganz allgemein ist der Accounting-Beta-Ansatz dahingehend kritisch zu prüfen, inwiefern das zukünftige systematische Risiko eines Unternehmens nicht durch bilanzpolitische Maßnahmen (und den daraus resultierenden Auswirkungen auf die Höhe der Kennzahlenwerte) manipuliert werden kann und dadurch überhaupt noch einen effizienten Schätzer für das Beta gewährleistet.[930] Zweifelsohne besteht auf der einen Seite diesbezüglich ein gewisser Spielraum für das Management eines Unternehmens, wobei dieser auf der anderen Seite immer durch die korrekte (legale) Anwendung der Normen der Rechnungslegung wieder limitiert wird.[931] Obwohl die empirische Untersuchung keine eindeutige Vorteilhaftigkeit der Accounting Betas in Bezug auf den Erklärungsgrad des Marktrisikos belegen konnte, unterstreichen die hier gewonnenen Ergebnisse zumindest die Bedeutung zahlungs- und wertorientierter Kennzahlen als fundamentale Einflussfaktoren des Betas. Die im Rahmen des normativen Modells in Kapitel 4.4 theoretisch fundierten Größen gewinnen insbesondere auch durch die zunehmende Reflexion und Antizipation bei den Investoren an Bedeutung, wodurch der immanente Bezug als Determinante des systematischen Risikos intuitiv nachvollziehbar wird.[932]

7.4 Multivariate Untersuchungen zu fundamentalen Einflüssen auf das Beta

In Anlehnung an die Ergebnisse der univariaten Untersuchungen in Kapitel 7.3, den Erkenntnissen bisheriger empirischer Untersuchungen[933] sowie den bekannten normativen Modellprämissen, lassen sich verschiedene Kennzahlenkombinationen (KK) als potentielle, fundamentale Determinanten des systematischen Risikos herleiten. Dabei wird für die multivariaten Untersuchungen – wie auch bei den meisten bisherigen empirischen Untersuchungen – vereinfachend ein additiver Zusammenhang zwischen den ausgewählten Kennzahlen unterstellt.[934] Die Untersuchung wird mittels des bereits dargestellten panelanalytischen Zusam-

---

928 Als „Consensus" wird hier der Mittelwert der existierenden Analystenmeinungen bezeichnet

929 Als „naive" Prognose bezeichnet man im Allgemeinen die Schätzung des Beta-Koeffizienten nach OLS unter Berücksichtigung rein historischer Daten.

930 Vgl. *Hachmeister* (1995), S. 205. Diese Kritik gilt gleichermaßen auch für panelanalytische Multifaktormodelle und nicht nur für das Accounting Beta.

931 Insofern sollte die Schaffung adäquater und transparenter Rechnungslegungsnormen immer auch in Verbindung mit der Vermeidung von Freiräumen für Gestaltungsmissbräuche gesehen werden.

932 Nahezu alle relevanten kapitalmarktorientierten Bewertungsmodelle basieren heutzutage auf Cash-Flow-Größen und nicht mehr auf traditionellen Gewinngrößen.

933 Siehe hierzu auch die Ausführungen in Kapitel 4.3.1.

934 Vgl. Kapitel 5.1.

menhangsmodells mit periodenspezifischer Konstante (siehe Formel unten) im Zeitraum von 1996-2005 (10 Jahre) durchgeführt:

$$Y_{it} = \begin{matrix} \alpha_1 \\ \vdots \\ \alpha_{10} \end{matrix} + \beta_x \cdot X_{it} + ... + \beta_z \cdot Z_{it} + \varepsilon_{it}$$

mit:
- Y_{it}: Aktien-Beta des Unternehmens i zum Zeitpunkt t
- α_t: periodenspezifische Konstante (Jahr 1-10; hier: 1996-2005)
- X_{it}: Ausprägung der Kennzahl X des Unternehmens i zum Zeitpunkt t
- Z_{it}: Ausprägung der Kennzahl Z des Unternehmens i zum Zeitpunkt t
- β_x: Koeffizient der Kennzahl X
- β_z: Koeffizient der Kennzahl Z

Die nachfolgenden Untersuchungen werden im Rahmen der stufenweisen panelanalytischen Regression[935] unter Berücksichtigung verschiedener Beta-Schätzmethoden, Intervalle und Zeitverschiebungen (Lags) durchgeführt. Von Bedeutung bei der multivariaten Untersuchung ist insbesondere das Auftreten von Multikollinearität, wenn zusätzliche Variablen dem ökonometrischen Modell hinzugefügt werden. Dabei wird Multikollinearität erst dann zum Problem, wenn eine starke Abhängigkeit zwischen den unabhängigen Variablen auftritt, wodurch der Standardfehler größer wird und die Schätzer ineffizienter.[936] Über einen Toleranzschwellenwert[937] kann das Auftreten von Multikollinearität beim Hinzufügen einer Variablen in die Regressionsgleichung überprüft werden. Dabei lassen niedrige Toleranzwerte für die aufzunehmende Variable tendenziell auf Multikollinearität schließen.[938] Im Folgenden soll eine Variable nicht aufgenommen werden, wenn der Toleranzschwellenwert 0.85 unterschreitet, wobei die meisten statistischen Untersuchungsprogramme die Aufnahme einer Variablen nur unterlassen, wenn die Toleranz den Schwellenwert von 0.0001 unterschreitet.

---

935 Eine ausführliche Darstellung der stufenweisen Regression findet sich bei *Schneeweiß* (1990), S. 153-155; *Backhaus/u. a.* (1994), S. 45-47. Dabei wird eine Variable in die Regressionsgleichung aufgenommen, wenn der F-Wert des partiellen Regressionskoeffizienten FIN = 4 übersteigt. Eine Variable wird dementsprechend aus der Gleichung eliminiert, wenn der Wert des partiellen Regressionskoeffizienten FOUT=3.5 unterschreitet.

936 Vgl. *Backhaus/u.a.* (2000), S. 41.

937 Dabei ergibt sich der Toleranzwert als 1 minus dem Wert des Bestimmtheitsmaßes der Regression der Variablen der gegen die restlichen in die Gleichung aufgenommenen Variablen. Von Multikollinearität ist bei tendenziell niedrigen Toleranzwerten auszugehen. In bisherigen bekannten Untersuchungen wurde häufig auch ein leicht konservativerer Toleranzwertschwellenwert von 0.9 gewählt. So auch *Eskew* (1979), S. 113 und *Zimmermann* (1997), S. 303.

938 Zum Vorliegen und zur Behandlung von (Multi-)Kollinearität siehe auch *Schneeweiß* (1990), S. 92-93 und 109; *Greene* (1993), S. 143-147, 157-158 u. 170-172; *Hansen* (1993), S. 61-68.

7.4.1 Multivariate Einflüsse fundamentaler Kennzahlen in Deutschland

In Tabelle 39 werden die adjustierten Bestimmtheitsmaße zwischen fundamentalen Kennzahlenkombinationen (KK) und dem Raw Beta – geschätzt unter Berücksichtigung von 52-Wochen-Renditen – am deutschen Markt dargestellt. Bei den einzelnen KK wird häufig zumindest eine „Size“-Kennzahl, neben dem Leverage oder einer anderen wertorientierten Kennzahl, in die Regressionsgleichung aufgenommen. Der Erklärungsgehalt der KK liegt zwischen 18 % und 31 %.[939] Von grundlegender Bedeutung für die Entwicklung des späteren multivariaten Prognosemodells ist die Stabilität der unterstellten Kennzahlenzusammenhänge, die in konstanten Vorzeichen der Regressionskoeffizienten im Zeitverlauf zum Ausdruck kommt. Während in empirischen Untersuchungen am deutschen Markt von einem solchen stabilen Zusammenhang, insbesondere unter Berücksichtigung bisheriger Forschungsdesigns, nicht ausgegangen werden konnte, ist es im Rahmen des hier verwendeten panelanalytischen Modells gelungen, einen stabilen und signifikanten Zusammenhang nachzuweisen.[940] Dabei wurden verschiedene – allerdings nicht alle möglichen – Kennzahlenkombinationen im Hinblick auf Einfluss und Prognosegüte untersucht. Die Ergebnisse der wichtigsten Kennzahlenkombinationen werden in Tabelle 39 dargestellt.

52 W	**Kennzahl**							
	R^2	**1**	**2**	**3**	**4**	**5**	**6**	**7**
KK1	0.313*	Δ Curr Liab to Equity	ROCE	Δ FCF to Firm	Capes	Sales	EBIT Yield	Mkt Equity
KK2	0.253**	Tang Book Value	ROCE	EBIT Yield	Capes	Sales	Share Volume	EBITDA les Capital Interest
KK3	0.283**	Curr Liab to Equity	ROCE	EBIT Yield	Capes	Sales		
KK4	0.298*	Curr Liab to Equity	ROCE	FCF to Firm	Capes	Sales		
KK5	0.200*	Curr Liab to Equity	Capital Employed	CF to Net Income	Asset Reinv Ratio			
KK6	0.185**	Curr Liab to Equity	Capex	CF to Net Income	Asset Re-inv Ratio			
KK7 DCF	0.245***	Mkt Equity	Ln(FCF Firm)	Sales				
KK8 DCF	0.192*	Curr Liab to Equity	Mkt Equity	CF Flow to Firm				

939 Eine etwa vergleichbare Bandbreite wurde auch bei den Untersuchungen zum Blume Beta am deutschen Markt festgestellt.

940 Insbesondere bei der periodenspezifischen Konstante sind keine Vorzeichenwechsel im gesamten Untersuchungszeitraum aufgetreten. Zu bisherigen empirischen Ergebnissen im Zusammenhang mit der Stabilität multivariater fundamentaler Kennzahlenzusammenhänge in Deutschland siehe auch die Untersuchung von *Zimmermann* (1997), S. 303.

KK9 DCF	0.227***	Mkt Equity	Ln(FCF Firm)
KK10 EVA	0.266*	Δ Gross Profit	Ln(Capital Employed)

**** signifikant 1%; ** signifikant 5%; * signifikant 10%; nosig nicht signifikant*

Tabelle 39: Multivariate Kennzahlenzusammenhänge zum Raw Beta in Deutschland

Der höchste Grad der erklärten Varianz wurde bei KK 1 mit einem adjustierten Bestimmtheitsmaß von ca. 31.3 % festgestellt. Der Erklärungsgehalt der aus dem DCF abgeleiteten KK 7 war mit 25 % nur leicht niedriger. Auch bei den multivariaten Analysen kommt die tendenziell positive Prognosegüte marktwertorientierter Kennzahlen zum Ausdruck.[941] Bei Verwendung von 104-Wochen-Renditen konnte allerdings keine Verbesserung im Erklärungsgehalt beobachtet werden.[942] Die beim Raw Beta beobachteten Einflüsse wurden weitestgehend auch für das Blume Beta bestätigt. Lediglich für die aus dem DCF-Ansatz abgeleitete KK 8 wurde ein nicht signifikanter Zusammenhang festgestellt, der beim Raw Beta schwach signifikant war.

52 W	Kennzahl							
	R^2	1	2	3	4	5	6	7
KK1	0.263*	Δ Curr Liab to Equity	ROCE	Δ FCF to Firm	Capes	Sales	EBIT Yield	Mkt Equity
KK2	0.253**	Tang Book Value	ROCE	EBIT Yield	Capes	Sales	Share Volume	EBITDA Cov Ratio
KK3	0.283*	Curr Liab to Equity	Sales	EBIT Yield	Capes	ROCE		
KK4	0.193*	Curr Liab to Equity	ROCE	FCF to Firm	Capes	Sales		
KK5	0.183**	Curr Liab to Equity	Capex	CF to Net Income	Asset Reinv Ratio			
KK6	0.18*	Tang Book Value	Gross Profit	EBIT Yield	Mkt Equity growth			
KK7 DCF	0.147*	Mkt Equity	Ln (FCF Firm)	Sales				
KK8 DCF	0.206 nosig	Curr Liab to Equity	Mkt Equity	CF Flow to Firm				
KK9 DCF	0.133***	Mkt Equity	Ln (FCF Firm)					
KK10 EVA	0.266*	Δ Gross Profit	Ln (Capital Employed)					

**** signifikant 1%; ** signifikant 5%; * signifikant 10%; nosig nicht signifikant*

Tabelle 40: Multivariate Kennzahlenzusammenhänge zum Blume Beta in Deutschland

[941] Die Eliminierung maktwertorientierter Kennzahlen (als Bedingung für die Anwendung bei nicht börsennotierten Unternehmen), wie z. B. Leverage (Curr Liab to Equity) aus den KK, führt zu einer deutlichen Verringerung des Erklärungsgehalts, was aufgrund des festgestellten signifikanten Zusammenhangs dieser Kennzahlen bei den univariaten Untersuchungen erwartet werden durfte.

[942] Die Ergebnisse waren insbesondere oftmals auch nicht signifikant und/oder deutlich niedriger im Erklärungsgehalt.

7.4.2 *Multivariate Einflüsse fundamentaler Kennzahlen in den USA*

Für den amerikanischen Markt konnten die insgesamt stärksten multivariaten Einflüsse fundamentaler Kennzahlen auf das Aktien-Beta festgestellt werden. Dabei lag der Anteil der erklärten Varianz des Raw Beta (52-Wochen-Renditen) bei bis zu ca. 75 % (KK 11), was im Vergleich bisheriger empirischer Untersuchungen ein sehr gutes Ergebniss darstellt. Dies ist auch auf das panelanalytische Untersuchungsdesign mit einem neuen Modellansatz zurückzuführen.[943] Die Dividendenrendite („Equity Dividend Yield") kommt in KK 11 - KK 18 des US-amerikanischen Untersuchungssamples vor und nimmt über die Höhe des Regressionskoeffizienten eine bedeutende Rolle hinsichtlich der Prognosegüte ein.[944] Während sich KK 11 aufgrund der marktwertorientierten Kennzahl Handelsumsatz („Share Volume") nicht für die Anwendung bei nicht börsennotierten Unternehmen eignet, sind zahlreiche andere Kennzahlenkombinationen in diesem Zusammenhang problemlos bei nicht börsennotierten Unternehmen einsetzbar. Bei KK 12 wurde mit einem adjustierten R^2 von 74 % der zweithöchste Erklärungsgehalt beim amerikanischen Untersuchungssample festgestellt. Auffallenderweise schnitten Kennzahlenkombinationen, die die Dividendenrendite als Variable enthielten, tendenziell wesentlich besser ab, als andere Kennzahlenkombinationen.[945] Mit Bestimmtheitsmaßen von 10 % (KK 21) und 9 % (KK 22) lagen die Kennzahlenkombinationen des EVA-Ansatzes deutlich unter der schlechtesten, nach dem Instrument-Variablen-Ansatz ausgewählten Kennzahlenkombination.

52 W	**Kennzahl**							
	R^2	**1**	**2**	**3**	**4**	**5**	**6**	**7**
KK11	0.752***	Equity Dividend Yield	Ln (Asset Reinv Ratio)	Ln (FCF growth)	Share Volume			
KK12	0.741***	Equity Dividend Yield	Ln(Asset Reinv Ratio)	Ln(FCF Growth)				
KK13	0.512***	Equity Dividend Yield	Ln(FCF Growth)					
KK14	0.408***	Equity Dividend Yield	CF to Total Assets					
KK15	0.238***	Equity Dividend Yield	Ln(Oper Inc Growth)	Ln(EBIT to Interest Expense				

[943] Im Vergleich hierzu konnten *Beaver/Kettler/Scholes* (1970), S. 672, mit ihrem multivariaten Ansatz nur ca. 45 % des Marktrisikos erklären. *Zimmermann* (1997), S. 307, konnte mit nur einer Kennzahl (Handelshäufigkeit) in einzelnen Jahren einen Erklärungsgehalt von bis zu ca. 57 % feststellen. Eine Verbesserung durch multivariate Kennzahlenkombinationen konnte er nicht erzielen. Keine seiner Kennzahlenkombinationen war stabil und konnte die Prognosegüte eindeutig verbessern.

[944] Die Koeffizienten variieren von $-0.056 < X < -0.02$ und gehören zu den betragsmäßig größten Koeffizienten der multivariaten Analyse. Die empirische Wirkungsrichtung bestätigt den in Kapitel 5.3.2.1 hergeleiteten theoretischen Zusammenhang zum Marktrisiko.

[945] Die Kennzahlenkombinationen KK 19 und KK 20 waren gar nicht signifikant.

KK16	0.223***	Equity Dividend Yield	Ln(Oper Inc Growth)			
KK17	0.195*	Equity Dividend Yield	Tangible Assets	EBIT Yield	Share Volume	Lt Debt to Tangible Assets
KK18	0.170***	Equity Dividend Yield	FCF Yield	VWAP Share Volume		
KK21 EVA	0.088*	Ln(Capital Employed)	EBIT Yield	Curr Liab to Equity		
KK22 EVA	0.079*	Ln(Capital Employed	ROCE	Curr Liab to Equity		

**** signifikant 1%; ** signifikant 5%; * signifikant 10%; nosig nicht signifikant*

Tabelle 41: Multivariate Kennzahlenzusammenhänge zum Raw Beta in den USA

Die beim Raw Beta beobachteten, signifikanten Kennzahlenzusammenhänge konnten auch für das Blume-Beta bestätigt werden. Analog zu den Beobachtungen bei den univariaten Analysen in Kapitel 7.3.2 ist auch bei den multivariaten Analysen der Grad der erklärten Varianz des Blume Betas leicht höher als der des Raw Betas.[946,947]

52 W		Kennzahl						
	R^2	1	2	3	4	5	6	7
KK11	0.727***	Equity Dividend Yield	Ln (Asset Reinv Ratio)	Ln (FCF Growth)	Share Volume			
KK12	0.741**	Equity Dividend Yield	Ln(Asset Reinv Ratio)	Ln(FCF Growth)				
KK13	0.510**	Equity Dividend Yield	Ln (FCF Growth)					
KK14	0.403***	Equity Dividend Yield	CF to Total Assets					
KK15	0.582***	Equity Dividend Yield	Ln(Oper Inc Growth)	Ln (EBIT _ICR)				
KK16	0.389***	Equity Dividend Yield	Ln (Oper Inc Growth)					
KK17	0.202***	Equity Dividend Yield	Tangible Assets	EBIT Yield	Share Volume	Lt Debt to Tangible Assets		
KK18	0.173***	Equity Dividend Yield	FCF Yield	VWAP Share Volume				
KK21 EVA	0.085*	Ln (Capital Employed)	EBIT Yield	Curr Liab to Equity				
KK22 EVA	0.094*	Ln (Capital Employed)	ROCE	Curr Liab to Equity				

**** signifikant 1%; ** signifikant 5%; * signifikant 10%; nosig nicht signifikan*

Tabelle 42: Multivariate Kennzahlenzusammenhänge zum Blume Beta in den USA

Werden die Aktien-Betas auf der Grundlage von zwei Jahren (104-Wochen-Renditen) am amerikanischen Markt geschätzt, so konnten keine Verbesserungen im Erklärungsgrad der

[946] Bei den multivariaten Analysen ist die Abweichung jedoch nur marginal.

[947] In Tabelle 42 werden die adjustierten Bestimmtheitsmaße der einzelnen Kennzahlenkombinationen zum Blume Beta dargestellt.

Kennzahlen festgestellt werden.[948] Der für die Mehrheit der Kennzahlen beobachtete Lag-Effekt (halbes bzw. 1 Jahr), der bei den univariaten Untersuchungen festgestellt wurde, konnte jedoch nicht verallgemeinernd auf die multivariaten Untersuchungen übertragen werden. Da einige Kennzahlen aufgrund ihrer Marktwertorientierung nicht vom Veröffentlichungszeitpunkt des Jahresabschlusses abhängen, kann dort auch kein Effekt aus einer etwaigen Zeitkomponente auftreten. Weil bei den multivariaten Untersuchungen sowohl marktwertorientierte als auch rein bilanzielle Kennzahlen innerhalb einer Kennzahlekombination verwendet werden, erscheint es nur konkludent, dass keine einheitlichen Lags bei den Kennzahlenkombinationen auftreten.

7.5 Das fundamentale Beta-Prognosemodell

In den vorangegangenen Abschnitten konnten zahlreiche bedeutende Zusammenhänge zwischen fundamentalen Kennzahlen und dem Aktien-Beta bestätigt bzw. erstmals am deutschen und/oder am amerikanischen Markt validiert werden. Einige Kennzahlen waren in der Lage, die Variation des Betas zumindest teilweise über begründbare Zusammenhänge – entgegen bisherigen Feststellungen am deutschen Markt – zu erklären.[949] Während aus wissenschaftlicher Sicht schon das Erkennen dieser Zusammenhänge für konkludente Schlussfolgerungen bei der Beurteilung und Prognose von zukünftig zu erwartender Aktienrenditen genutzt werden kann, ist insbesondere die Praxis daran interessiert, die signifikanten und begründbaren Zusammenhänge für Zwecke der Prognoseverbesserung bei den klassischen Beta-Schätzverfahren einzusetzen. Vorreiter in diesem Zusammenhang waren *Beaver/Kettler/Scholes* (1970), die als erste im Rahmen der fundamentalen Beta-Prognose den sog. Instrument-Variablen-Ansatz verwendet haben, um die Prognosegüte der Betas durch Verwendung fundamentaler Faktoren zu verbessern. Darüber hinaus haben jüngere Untersuchungen wie die von *Fama/French* (1994) in den USA und *Zimmermann* (1997) in Deutschland gezeigt, dass – mit wenigen Ausnahmen – das fundamentale Beta der naiven

[948] Damit werden die Ergebnisse früherer Untersuchungen am deutschen Markt bestätigt. Siehe in diesem Zusammenhang auch die Ausführungen in Kapitel 4.3.2.

[949] Während *Müller* (1992) und *Zimmermann* (1997) für den deutschen Markt (anders *Bauer* [1992]) bei ihren einfachen Querschnittsanalysen keine eindeutigen Zusammenhänge nachweisen konnten, haben die Panelanalysen zumindest für einen Teil der Kennzahlen signifikante Ergebnisse hervorgebracht und belegen somit die Ergebnisse früherer Untersuchungen am amerikanischen Markt.

Prognose[950] überlegen ist und sogar marginale Verbesserungen gegenüber der Bayes-Prognose liefern kann.[951]

7.5.1 Modellkonzeption

Vor dem Hintergrund der empirischen Tauglichkeit, der Praktikabilität und der Einfachheit des Ansatzes soll der oben dargestellte Instrument-Variablen-Ansatz auch für das nachfolgende fundamentale Beta-Prognosemodell die Grundlage bilden. Dabei fungieren die fundamentalen Kennzahlen als Instrument-Variablen, „die möglichst hoch mit dem Beta-Wert, aber möglichst nicht mit dem Schätzfehler des Betas korrelieren sollen.“[952] Nachfolgend soll das in Kapitel 6.3 theoretisch und in Kapitel 7.4 empirisch fundierte Zusammenhangsmodell hinsichtlich seiner Prognosegüte validiert werden. Das Beta wird in diesem Zusammenhang rein auf der Grundlage von ex post vorhandenen fundamentalen (bilanziellen) Kennzahlen geschätzt.[953] Die Prognosegleichung aus Kapitel 6.3 entspricht weitestgehend dem Modell der multivariaten Zusammenhangsuntersuchung aus Kapitel 7.4. Damit verlässliche Prognosen des Betas $\beta_{i,s+1}$ der nächsten Periode geschätzt werden können, müssen die historischen (aus Renditen geschätzten) Betas gegen die für relevant erachteten Kennzahlen $K_{i,s}$ im Rahmen einer Querschnittsanalyse regressiert werden (analog der panelanalytische Zusammenhangsuntersuchung in Kapitel 7.4). Die so geschätzte Gleichung wird dann mit den Werten für die Koeffizienten als Prognosegleichung verwendet, bei der dann lediglich die Werte der entsprechenden Kennzahlen eingesetzt werden müssen. Dadurch wird das historische Beta de facto lediglich um den Fehlerterm ($\varepsilon_{i,s}$) korrigiert. Probleme im Zusammenhang mit dem Auftreten von Multikollinearität können schon deshalb ausgeschlossen werden, weil die Kennzahlen (und somit auch die Korrelation zwischen den Kennzahlen) bei der Schätz- und Prognosegleichung identisch sind.[954] Durch die Korrektur um den Fehlerterm erfüllt die fundamentale Prognose im Idealfall die gleiche Aufgabe, wie die in Kapitel 3.2.4 dargestellte Blume- oder Bayes-Anpassung. Im Unterschied zu bisherigen Untersuchungen, z. B. bei *Zimmermann* (1997), *Bauer* (1992) und *Müller* (1992), die ihre fundamentalen

---

950 Vgl. *Beaver/Kettler/Scholes* (1970), S. 677; *Rosenberg/Marathe* (1975), S. 132-139; *Rosenberg* (1985), S. 8; *Young u. a.* (1987), S. 75, bzw. mit den gleichen Daten *Young u. a.* (1991), S. 563. Allerdings merkt *Rosenberg* (1985), S. 8, in Bezug auf die Prognosegüte der fundamentalen Betas auch an: „On the other hand the predictions were not perfect.“

951 Vgl. *Zimmermann* (1997), S. 308 ff.; *Fama/French* (1994). Zu weiteren Veröffentlichungen in Deutschland siehe *Bauer* (1992), S. 199 ff.; *Müller* (1992), Kapitel. 6.1.2.

952 Vgl. *Zimmermann* (1997), S. 309.

953 Im Gegensatz zu zwei weiteren möglichen methodischen Vorgehensweisen, (i) der Prognose des Betas als Kombination von *fundamentalen Kennzahlen* und *prognostizierten fundamentalen Kennzahlen* und (ii) der Prognose des Betas als Kombination zwischen dem aus *historischen Renditen geschätztem Aktien-Beta* und dem Beta aus *fundamentalen Kennzahlen.*

954 Vgl. *Eskew* (1979), S. 111-112; *Müller* (1992), S. 163.

Prognosemodelle methodisch in Form einfacher (jahresweiser) Querschnittsanalysen konzipiert haben, basieren die hier dargestellten Prognosemodelle auf einem panelanalytischen Regressionsmodell.[955] Die Untersuchungsmodelle der o. g. Autoren waren bisher nicht in der Lage, systematische Veränderungen des Betas im Zeitablauf aufgrund von strukturellen Änderungen und/oder Änderungen der Finanzierungs-, Beteiligungs-, Investitions- oder Produktpolitik zu erfassen und positiv für die Prognose auszunutzen. Durch die Kombination aus Zeit- und Querschnittsanalyse und einer periodenspezifischen Konstante zur Berücksichtigung struktureller Veränderungen im Zeitablauf kommt der wesentliche konzeptionelle Unterschied gegenüber den einfachen Querschnittsanalysen bisheriger Untersuchungen zum Ausdruck.

7.5.2 Empirische Ergebnisse des fundamentalen Beta-Prognosemodells

Das hier getestete fundamentale Prognosemodell wird auf der Grundlage der in Kapitel 5.3 theoretisch hergeleiteten Kennzahlenzusammenhänge sowie der Erkenntnisse der vorangegangenen empirischen Untersuchungen (vgl. Kapitel 7.1-7.5) festgelegt. Grundlage bildet das in Kapitel 7.4 entwickelte Erklärungsmodell der Kennzahlenkombination KK 11, aus dem auch unter Berücksichtigung der normativen Modellhypothesen des Kapitels 4.4 das unbedingte Prognosemodell entwickelt wurde. Unter Verwendung der zunächst geschätzten Koeffizienten, der für das Beta als relevant ermittelten Erklärungsvariablen, wurde ein Schätzer für das Beta im Jahr 2005 (Schätzer 2005) ermittelt. Dann wurde in einem zweiten Regressionsschritt das geschätzte Beta 2005 gegen das tatsächliche Beta des Jahres 2005 regressiert, um hieraus die Prognosefähigkeit des Modells abzuleiten. Aus dem Scatter-Plot in Abbildung 33 wird deutlich, dass doch eine erhebliche Diskrepanz zwischen dem Bestimmtheitsmaß des Erklärungsmodells (R^2: ca. 75 %) und dem daraus entwickelten unbedingten Prognosemodell (Regressand zum Zeitpunkt t+1 und Regressoren zum Zeitpunkt t, t-1, t-2,...) mit einem R^2 von 16.4 % resultiert.

[955] In Anlehnung an das in Kapitel 6.3 hergeleitete multivariate Prognosemodell.

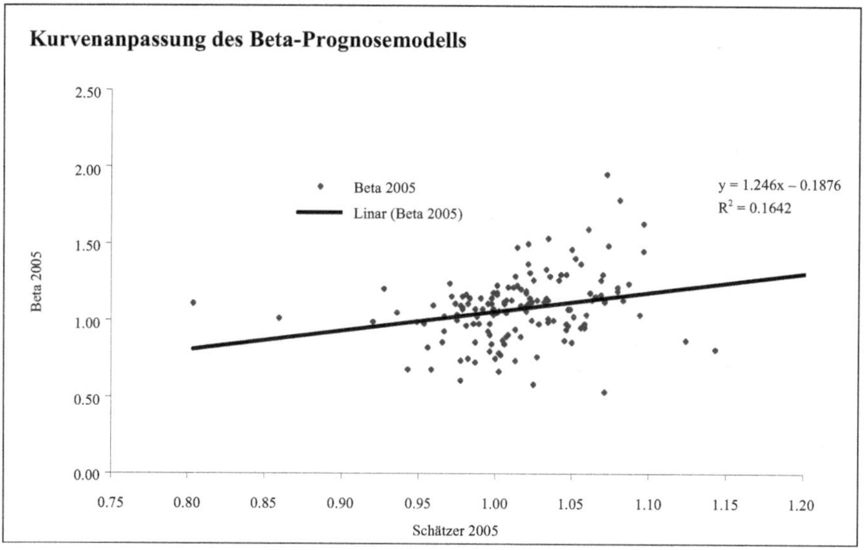

Abbildung 33: Scatter Plot des fundamentalen Beta-Prognosemodells[956]

Die Streuung der Punkte im Prognosemodell verdeutlicht, dass der Schätzer des Betas 2005 das tatsächliche Beta des Jahres 2005 nicht so gut wie erwartet abbilden kann. Unter Berücksichtigung des Betas des Vorjahres als weitere exogene Variable im multiplen Regressionsmodell lässt sich das R^2 des Prognosemodells auf ca. 37 % erhöhen. Grundsätzlich ist ein im Prognosemodell niedrigeres Bestimmtheitsmaß gegenüber dem Erklärungsmodell (Zusammenhangsmodell aus Kapitel 7.4) nicht unbedingt verwunderlich. Wichtig ist aber, dass nachhaltige Einflussfaktoren für das Modell identifiziert werden konnten, die auch für das zukünftige Beta von Bedeutung sind. Das hier beobachtet R^2 in Höhe von 16.4 % wäre aus praktischen Gesichtspunkten ein durchaus passables Ergebnis und das erweiterte Modell mit einen Bestimmtheitsmaß von 37 % für die Testmenge (out of the sample) würde schon ein sehr gutes Prognoseergebnis garantieren.

[956] Eigene Erstellung und Berechnung auf der Datenbasis von Bloomberg.

Dependent Variable: BETA 2005				
Method: Least Squares; Sample (adjusted): 10 319				
Included observations: 148 after adjustments				
Variable	**Coefficient**	**Std. Error**	**t-Statistic**	**Prob.**
Schätzer 2005	1.2460037	0.23261491	5.356508236	0.0000
C	-0.1876355	0.23822895	-0.78762674	0.4321
Korrelationskoeffizient	0.4052		Bestimmtheitsmaß	0.1642
Standardfehler	0.2116		Adj. Bestimmtheitsmaß	0.1585
Durbin Watson Statistik	2.190126		F-Wert (Prob.):	0.00000
* *geschätztes Beta für 2005 basierend auf KK 11;*				

Tabelle 43: Deskriptive Statistik des fundamentalen Beta-Prognosemodells[957]

Die Modellvariablen aus KK 11 lassen mit einem R^2 von 75 % und nicht vorhandener Multikollinearität[958] der exogenen Variablen darauf schließen, dass es sich um nachhaltige und auch zukünftige Determinanten des Betas handelt. In Tabelle 43 ist die deskriptive Statistik des Prognosmodells dargestellt. Der Korrelationskoeffizient i. H. v. ca. R = 0.41 bestätigt den erwarteten positiven Wirkungszusammenhang zwischen endogener (tatsächliches Beta 2005) und exogener (geschätztes Beta 2005) Variable. Bei einem Standardfehler von 0.21 kann mit ca. 70 %iger Wahrscheinlichkeit davon ausgegangen werden, dass der Schätzer des Betas (*Schätzer 2005*) nicht mehr als 0.21 vom tasächlichen Beta (*Beta 2005*) entfernt liegt. Auf der anderen Seite besteht eine 96 %ige Wahrscheinlichkeit, dass das tatsächliche Beta innerhalb einer Spannweite von plus/minus ca. 0.4 vom geschätzten Beta entfernt liegt.

Im oberen Teil der Abbildung 34 wird der Verlauf des tatsächlichen Betas 2005 (*Actual*) und der Verlauf des Betas, das durch das Modell geschätzt wurde (*Fitted*), abgebildet. Im unteren Bereich, durch den blauen Graph dargestellt, findet sich die Differenz zwischen diesen Werten, die sog. Residuen (*Residual*). Der Verlauf der beiden oberen Graphen bestätigt die passable Prognoseleistung des Schätz-Modells. Die Schwankung der Residuen im unteren Teil nimmt nicht eindeutig ab, was ein Anzeichen für das Vorliegen von Homoskedastizität wäre. Allein die graphische Analyse reicht jedoch nicht aus, um hier eine eindeutige Aussage zu treffen. Unter Berücksichtigung des Durbin-Watson-Wertes und Anwendung des Breusch-Pagan-Tests kann sowohl Autokorrelation als auch Heteroskedastizität der Residuen bei einer akzeptierten Irrtumswahrscheinlichkeit von 5 % ausgeschlossen werden.

[957] Eigene Erstellung und Berechnung auf der Datenbasis von Bloomberg.
[958] Unter Anwendung der in Kapitel 7.4 festgelegten Toleranzgrenze von 0.85.

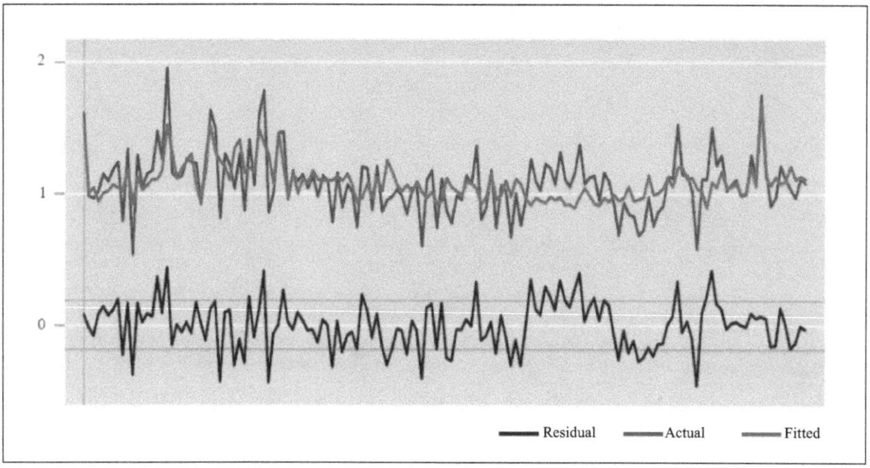

Abbildung 34: Prognosegüte und Residuen-Graph[959]

[959] Eigene Erstellung und Berechnung auf der Datenbasis von Bloomberg.

8 Resümee und Forschungsausblick

Im Folgenden werden die Ergebnisse der vorangegangenen Untersuchungen zusammengefasst. Es sei bei der Interpretation der Erkenntnisse darauf hingewiesen, dass ökonomische Theorien grundsätzlich nur selten so konzipiert sind, dass die Erkenntnisse unmittelbar durch die Empirie validierbar sind. Die Zielsetzung dieser Arbeit bestand darin, fundamentale Einflüsse beim systematischen Risiko (Beta) bei deutschen Unternehmen sowohl theoretisch zu formulieren als auch empirisch nachzuweisen, da dies unter Verwendung traditioneller Analysemodelle bisher nicht eindeutig möglich war. Neben einem grundlegend neuen panelanalytischen Untersuchungsansatz wurde in Form eines normativen Modells die theoretische Begründung für die empirischen Zusammenhänge geliefert und darauf aufbauend ein Zusammenhangs- und Prognosemodell entwickelt.[960] Hierbei wurden die fundamentalen Kennzahlen nicht willkürlich zusammengestellt, sondern über einen mehrstufigen Prozess ausgewählt. Die Auswahl orientierte sich dabei u.a. auch an den Prämissen des Shareholder-Value-Ansatzes, der eine zunehmende Orientierung am Wert der Unternehmung für die Eigenkapitalgeber fordert.[961] Die zentralen Werttreiber der Unternehmenssteuerungsansätze konnten in Kapitel 1 theoretisch als Risikofaktoren fundiert werden, die einen potentiellen Einfluss auf das Beta der Unternehmung haben. Neben den bereits in der h. L. empirisch und theoretisch reflektierten Kennzahlen wurden insbesondere solche Einflüsse analysiert, für die entweder ein theoretischer oder ein intuitiver Zusammenhang zum Beta erwartet werden durfte.[962]

Während die wenigen existierenden empirischen Arbeiten für den deutschen Markt grundsätzlich keinen stabilen und periodenübergreifenden Zusammenhang zwischen bilanziellen (Risiko-) Kennzahlen und dem Beta festgestellt haben, konnten mit dem in dieser Arbeit dargestellten Panelanalysemodell neue und bereits aus internationalen Studien bekannte Einflüsse auf das systematische Risiko in Deutschland validiert werden.[963] Anders als in bisherigen Untersuchungen wurden die vermuteten Zusammenhänge nicht jahresweise im Rahmen einer einfachen Querschnittsanalyse, sondern mittels eines periodenübergreifenden panelanalytischen Modells getestet. Dadurch konnte von vornherein die in früheren Untersuchungen aufgetretene zeitabschnittsweise Signifikanz vermieden werden.[964]

---

960 Vgl. Kapitel 4.4.

961 Obwohl das Fundamental Beta und das Accounting Beta für Zwecke der Ermittlung der Kapitalkosten bei nicht börsennotierten Unternehmen(steilen) untersucht wurden, ist der Anwendungshorizont vielfältiger. Ein Einsatz als vollwertiges Modell oder zur Plausibilisierung ist auch im Rahmen der Beurteilung von Investitionsprojekten oder für Zwecke der Portfoliooptimierung möglich.

962 Siehe hierzu im Detail Kapitel 7.3 und die Zusammenfassung der einzelnen Untersuchungen in Kapitel 8.1 bis 8.4.

963 Zu den bisherigen empirischen Untersuchungen am deutschen Aktienmarkt siehe Kapitel 4.3.2; zu den international geführten Untersuchungen siehe Kapitel 4.3.1.

964 Vgl. *Zimmermann* (1997), S. 293.

8.1 Ergebnisse der univariaten Analysen

Eine der bedeutendsten Erkenntnisse dieser Arbeit liegt im Nachweis eines Einflusses der bilanziell erfassten immateriellen Vermögensgegenstände („Intangible Assets“) als sog. Hightech Risk auf das Beta einer Unternehmung. Diese Kennzahl ist in ihrer Interpretation grundsätzlich verschieden zum „Market to Book-Ratio“ (M/B-Ratio) zu sehen, dessen Einfluss bereits in einer Untersuchung von *Fama* (1995) am amerikanischen Markt nachgewiesen werden konnte.[965] Das „M/B-Ratio“ wurde dort als Finanzierungsrisiko bzw. als das mit der Unternehmung assoziierte Risiko des Wissenskapitals interpretiert. Diese Ratio ist jedoch schon aufgrund seiner mathematischen Eigenschaften gewissermaßen der Willkür der Kapitalmärkte ausgesetzt, da es aufgrund seiner Marktwertorientierung durch jedes Börsenhoch und jedes Börsentief beeinflusst wird. Wie in Kapitel 5.3.3.1.1 deutlich wurde, orientiert sich die Interpretation und theoretische Fundierung der hier verwendeten „Intangible Assets“ an dem mit der Unternehmung verbundenen Risiko, zukünftige Technologien in einen geldwerten Vorteil zu verwandeln. Der vom Autor als Hightech Risk bezeichnete Einfluss des immateriellen Anlagevermögens auf das Beta ist Ausdruck für ein höheres Ausfallrisiko (Default Risk)[966] von Technologie-Unternehmen gegenüber klassischen Unternehmen.[967] Da die Fremkapitalgeber grundsätzlich vorrangig gegenüber den Eigenkapitalgebern am Unternehmenswert besichert sind, hat ein höheres Ausfallrisiko der Fremdkapitalgeber auch einen direkten Einfluss auf das systematische Risko der Eigenkapitalgeber.

Aufgrund der mangelnden substanziellen Beleihbarkeit immaterieller Vermögensgegenstände gegenüber dem materiellen Anlagevermögen wird am Kapitalmarkt daher eine höhere Prämie für Technologie-Unternehmen eingefordert.[968] Dieser Einfluss konnte jedoch nur für den deutschen Markt nachgewiesen werden, was u. a. auf die bilanziellen Besonderheiten bei der Aktivierung von immateriellen Vermögensgegenständen (z. B. Aktivierungsverbot von R&D) unter US-GAAP zurückzuführen ist.[969]

---

965 Vgl. *Fama/French* (1995), S. 131-155.

966 Das Default Risk ist jedoch nicht mit dem Finanzierungsrisiko von Fama zu vergleichen, da dort bei Unternehmen mit niedrigem M/B-Ratio ein erhöhtes Risiko aufgrund finanzieller Probleme unterstellt wird.

967 In Kapitel 5.1 wurde bereits aufgezeigt, dass aus einem höheren Default Risk auch ein höheres Beta folgt. Da die Fremkapitalgeber grundsätzlich vorangig gegenüber den Eigenkapitalgebern am Unternehmenswert besichert sind, hat ein erhöhtes Ausfallrisiko der Fremdkapitalgeber direkten Einfluss auf das systematische Risiko der Eigenkapitalgeber.

968 Dabei wird unterstellt, dass diese Unternehmen zumeist über einen höheren Anteil an immateriellen Vermögensgegenständen an der Bilanzsumme verfügen. Vgl. Kapitel 5.3.3.1.1.

969 Vgl. Kapitel 7.3 und Kapitel 5.3.3.1.1. Zu den Auswirkungen unterschiedlicher Rechnungslegungsregimes siehe auch die Zusammenfassung in Kapitel 8.4.

Weiter haben die Untersuchungen die wachsende Bedeutung von zahlungs- und wertorientierten Kennzahlen als Einflussfaktoren des Beta belegt.[970] Diese Kennzahlen lassen sich hauptsächlich aus modernenen Unternehmenssteuerungsansätzen ableiten. Die zunehmende Bedeutung resultiert in erster Linie daraus, dass die operativen Werttreiber der Unternehmenssteuerungsansätze zugleich auch Determinanten der operativen Risiken der Unternehmen darstellen, wodurch der immanente Bezug zum Beta der Unternehmung hergestellt werden kann. Im Zusammenhang mit dem Financial Leverage scheinen erweiterte, neue Kennzahlendefinitionen an Bedeutung zu gewinnen. Diese Kennzahlen stellen hauptsächlich auf die Bonität bzw. die Ausfallwahrscheinlichkeit (Default Risk) des Unternehmens ab und werden vielfach auch aktuell von den großen Ratingagenturen eingesetzt.[971] Während die traditionelle Definition des Financial-Leverage („Debt/Equity") an der Kapitalstruktur (reine Bilanzgröße) der Unternehmen ansetzt, versuchen Kennzahlen wie z. B. „Debt/EBITDA" oder der „Altman Double Prime" stärker auf das Finanz- und Ausfallrisiko (Financial Risk), insbesondere auch unter Berücksichtigung der Schuldendienstfähigkeit des Unternehmens, abzustellen. Obwohl ein mit der theoretischen Wirkungsrichtung in Einklang stehender empirischer Einfluss dieser Kennzahlen nachgewiesen werden konnte, ist der Zusammenhang allerdings schwächer als bei den traditionellen Leverage-Kennzahlen. Die Ergebnisse zu den Größenkennzahlen in Deutschland müssen unter Vorbehalt gedeutet werden. Während für „Total Assets" (Bilanzsumme), „Tangible Assets" (materielles Anlagevermögen) und andere dieser Kategorie zuzuordnende Kennzahlen zwar signifikante Zusammenhänge festgestellt wurden, entsprechen diese jedoch nicht der theoretisch fundierten Wirkungsrichtung.[972] Für einige empirisch bereits nachgewiesene Kennzahlen, wie z. B. Ausschüttungsquote („Payout-Ratio") oder Dividendenrendite („Equity Dividend Yield"), konnten am deutschen Markt keine nachhaltigen Beweise für einen Zusammenhang zum Marktrisiko gefunden werden. Für den amerikanischen Markt konnten die erwarteten Zusammenhänge hingegen bestätigt werden.

Betrachtet man ganz allgemein die Untersuchungsergebnisse am amerikanischen Markt, so werden die Erkenntnisse früherer Untersuchungen weitestgehend bestätigt. Bedeutende Einflussfaktoren auf das Beta, wie z. B. der Financial Leverage von *Hamada* (1972) oder der Operating Leverage von *Lev* (1974) die als Hauptdekompositionen des systematischen Risikos gelten,[973] konnten erneut bestätigt werden.[974] Das gilt auch für zahlreiche Asset- oder „Size"-Kennzahlen, für die u. a. bei *Brenner/Schmidt* (1978) bereits früh empirische Zusammen-

---

970 Vgl. hierzu auch die Ergebnisse der multivariaten Faktoranalysen.
971 Zur theoretischen Herleitung dieser Kennzahlen siehe Kapitel 5.3.
972 Am amerikanischen Markt stimmen die für die Asset-Kennzahlen beobachteten Vorzeichen mit den erwarteten überein.
973 Vgl. hierzu auch *Rubinstein* (1973), S. 167-182.
974 Vgl. hierzu auch *Hamada* (1972), S. 435-452; *Lev* (1974), S. 627-642; *Mandelker/Rhee* (1984), S. 45-57.

hänge zum Beta nachgewiesen wurden. Vergleicht man die Beobachtungen am deutschen Markt mit denen am US-amerikanischen, so können für die wichtigsten Kennzahlen und bilanziellen Marktrisikomaße die ökonomisch begründbaren Zusammenhänge aus Kapitel 5.3 bestätigt werden. Sowohl am deutschen als auch am US-amerikanischen Markt wurden während des gesamten Untersuchungszeitraums periodenübergreifende und stabile Zusammenhänge festgestellt.[975] Dabei variieren beide Untersuchungssamples jedoch hinsichtlich der Intensität des Kennzahlenzusammenhangs. Festzuhalten bleibt, dass auch in Deutschland von einem statistisch validierbaren, stabilen und auch theoretisch begründbaren Zusammenhang ökonomisch bedeutsamer (fundamentaler) Kennzahlen zum Beta ausgegangen werden kann.[976]

8.2 Ergebnisse zu unterschiedlichen Schätzmethoden, Intervallen und Lags

Wie in Kapitel 3.2.1 theoretisch verdeutlicht wurde, existieren bei der OLS-Schätzung verschiedene Faktoren/Parameter, durch die der Schätzer des Betas nachhaltig beeinflusst werden kann. Neben der eigentlichen Schätzmethode sind dies (i) der Zeitraum, (ii) das Renditeintervall und (iii) die Berücksichtigung etwaiger Lags bei den fundamentalen Kennzahlen. Die Zusammenhangsuntersuchungen waren so gestaltet, dass Einflüsse fundamentaler Kennzahlen sowohl mit dem Raw Beta als auch mit dem Blume Beta verglichen wurden. Dabei konnte festgestellt werden, dass unabhängig vom jeweiligen Ländersample und vom Renditeintervall der Einfluss fundamentaler Kennzahlen, gemessen am durchschnittlichen Bestimmtheitsmaß, zum Blume Beta am größten war. Anders ausgedrückt, das Blume Beta konnte besser als das Raw Beta durch fundamentale Kennzahlen erklärt werden, was auch in Tabelle 44 verdeutlicht wird. Allerdings sei an dieser Stelle auch angemerkt, dass der Anteil signifikanter Zusammenhänge zwischen Beta und den 116 Untersuchungskennzahlen bei einer höheren Anzahl an einbezogenen Renditepunkten im Allgemeinen sinkt. Dies wurde sowohl beim deutschen als auch beim US-amerikanischen Untersuchungssample und unabhängig vom verwendeten Renditeintervall beobachtet.

---

975 Die Zusammenhänge waren dabei mindestens auf dem 90 %-Konfidenzintervall signifikant.

976 Der Beweis hierfür wurde im Rahmen der vorliegenden Arbeit geführt. Somit widersprechen die Erkenntnisse im Wesentlichen den Ergebnissen früherer Untersuchungen, wonach keine signifikanten und ökonomisch begründbaren Zusammenhänge von rechnungslegungsbezogenen Kennzahlen und Beta am deutschen Markt beobachtet wurden. Vgl. *Zimmermann* (1997), S. 293.

Raw Beta	**Deutschland**			**USA**		
	1996-2000	2001-2005	1996-2005	1996-2000	2001-2005	1996-2005
52 Wochen						
R^2 (Ø)	11.6 %	6.9 %	9.2 %	6.8 %	4 %	8.6 %
Anzahl sig Zus.	--	--	63.46 %	--	--	73.68 %
104 Wochen						
R^2 (Ø)	12.1 %	6.4 %	10.0 %	6.9 %	7.9 %	8.7 %
Anzahl sig. Zus.	--	--	55.75 %	--	--	42.11 %
Blume Beta						
52 Wochen						
R^2 (Ø)	12.2 %	7.1 %	9.5 %	6.8 %	6.1 %	9 %
Anzahl sig Zus.	--	--	59.29 %	--	--	69.91 %
104 Wochen						
R^2 (Ø)	13.7 %	6.7 %	10.9 %	7.1 %	7.9 %	8.9 %
Anzahl sig. Zus.	--	--	59.65 %	--	--	37.50 %

Tabelle 44: Überblick der Beta-Schätzmethoden und Renditeintervalle

In Kapitel 7.3.3 wurde gezeigt, welche Auswirkungen die Veränderung des Renditeintervalls von 52- auf 104-Wochen-Renditen hat. Der Grad der erklärten Varianz des Betas ist bei Verwendung von zweijährigen anstelle von einjährigen Renditezeiträumen durchschnittlich größer. Dies trifft unabhängig vom jeweiligen Ländersample und von der Schätzmethode des Betas zu.[977]

Im Rahmen der Untersuchungen zu den univariaten Einflüssen wurde weiter getestet, ob die möglichen fundamentalen Einflüsse auf Beta eventuell mit einer Zeitverzögerung, einem sogenannten Lag, auftreten. Dabei erfolgte die Beurteilung über das Vorliegen eines Lags durch (i) eine Verbesserung des durchschnittlichen Bestimmtheitsmaßes aller signifikanten Zusammenhänge sowie über (ii) die Veränderung der Anzahl der signifikanten Kennzahlen. In diesem Kontext wurde festgestellt, dass für die Mehrzahl der Kennzahlen, und zwar insbesondere für die bilanziell geprägten Kennzahlen, ein Lag von einem halben Jahr zu existieren scheint. Die Feststellung erscheint plausibel, werden doch die meisten Geschäftsberichte mit einer Verzögerung (von ca. einem Vierteljahr) zum Stichtag des Berichtes veröffentlicht.

An dieser Stelle sei jedoch kritisch darauf hingewiesen, dass zwar das durchschnittliche Bestimmtheitsmaß aller signifikanten Kennzahlenzusammenhänge unter Berücksichtigung des halbjährlichen Lags ansteigt, aber die Anzahl der signifikanten Zusammenhänge insgesamt sinkt. Woran liegt das? Eine mögliche Erklärung hierfür ist darin zu sehen, dass ein Teil der 116 Untersuchungskennzahlen marktwertorientiert ist und somit deren Einflüsse unter Berücksichtigung informationseffizienter Kapitalmärkte schon zum Stichtag in den Renditen der

---

[977] Eine Ausnahme bildet das Blume Beta am US-amerikanischen Markt, wo das durchschnittliche Bestimmtheitsmaß unter Berücksichtigung von 104 Wochen leicht niedriger als bei 52 Wochen ist.

Beta-Berechnung eingepreist sind.[978] Würde man dennoch ein Lag im Rahmen des Regressionsmodells unterstellen, sollte nur ein schwacher bzw. gar kein signifikanter Zusammenhang zum Beta existieren. Die Vorteilhaftigkeit des festgestellten halbjährlichen Lags bei den bilanziellen Kennzahlen tritt unterdessen unabhängig von der verwendeten Schätzmethode und dem Renditeintervall am deutschen Markt auf. Am US-amerikanischen Markt wurde das gleiche Phänomen beobachtet; hier wurde allerdings nicht bei dem halbjährlichen Lag, sondern bei dem jährlichen Lag das relativ beste Ergebnis festgestellt. Wenngleich die Beobachtungen in Deutschland die Existenz eines Lags vermuten lassen, so sei hier aufgrund der Feststellungen am amerikanischen Markt auch auf die Aussagen von *Zimmermann* (1997) verwiesen, der in seiner Untersuchung keine eindeutige Vorteilhaftigkeit eines bestimmten Lags gegenüber einem anderen bestätigen konnte.[979]

8.3 Ergebnisse der multivariaten Untersuchungen

Die multivariaten Einflüsse wurden unter Berücksichtigung des in Kapitel 6.1 dargestellten Zusammenhangsmodells untersucht, wobei als Gütemaß anstelle des Bestimmtheitsmaßes das adjustierte Bestimmtheitsmaß herangezogen wurde.[980] Am deutschen Markt konnte durch ein multivariates Modell (KK 1) eine deutliche Verbesserung mit einem Erklärungsgrad von bis zu 31 % der Varianz des Betas erzielt werden.[981] Dabei konnte das adjustierte Bestimmtheitsmaß insbesondere durch marktwertorientierte Größen, wie z. B. dem Leverage, deutlich gesteigert werden. Die Verwendung dieser Größen impliziert allerdings auch, dass eine Anwendung bei nicht börsennotierten Unternehmen ausgeschlossen ist. Für Kennzahlenkombinationen, die aus den wertorientierten Unternehmenssteuerungsansätzen abgeleitet wurden, konnten ebenfalls stark signifikante Ergebnisse beobachtet werden. Die Bestimmtheitsmaße waren tendenziell jedoch leicht niedriger als bei den besten aus der Bilanzanalyse abgeleiteten Kennzahlenkombinationen. Bei der EVA-orientierten Kennzahlenkombination KK 10 wurde am deutschen Markt beispielsweise ein adjustiertes Bestimmtheitsmaß von 27 % beobachtet und bei der DCF orientierten KK 7 ein Adj. R^2 von 25 %. Dies unterstreicht die Hypothese, wonach den vermehrt in der Unternehmenssteuerung eingesetzten wertorientierten Kennzahlen auch als fundamentale Treiber des Betas eine wesentliche Be-

---

[978] Die Informationseffizienz sei hier zumindest in ihrer mittelstrengen Form, die als realitätsnah gilt, unterstellt. Vgl. hierzu *Fama* (1970), S. 383-417.

[979] Auch wenn für zahlreiche Kennzahlen ein eindeutiges Lag zumindest in Deutschland existiert. Siehe zu den Ergebnissen im Detail Kapitel 7.3.4.

[980] Das Adjustierte Bestimmtheitsmaß hat bei der multivariaten Regression gegenüber dem einfachen Bestimmtheitsmaß den Vorteil, dass der Wert nicht zwingend mit der Anzahl der einbezogenen Variablen ansteigt, sondern nur den zusätzlichen Erklärungsbeitrag erfasst.

[981] Dies gilt gleichermaßen für Raw und Blume Beta.

deutung zukommt. Durch Anpassung des Renditeintervalls auf 104 Wochen konnte bei den multivariaten Untersuchungen keine explizite Verbesserung des Erklärungsgrades des Betas herbeigeführt werden.

Im Vergleich zu dem deutschen Beobachtungsergebnis wurden am US-amerikanischen Markt bei den multivariaten Untersuchungen unter Berücksichtigung etwaiger auftretender Multikollinearitäten noch deutlichere Verbesserungen festgestellt.[982] Bei KK 11 konnte ein adjustiertes Bestimmtheitsmaß von bis zu 85 % festgestellt werden. Dies stellt bei Reflexion bisheriger empirischer Untersuchungen einen der größten Erklärungsgrade in diesem Zusammenhang dar und ist auch auf das Forschungsdesign (u.a. panelanalytisches Untersuchungsmodell) zurückzuführen. Der empirisch bereits nachgewiesene Einfluss der Dividendenrendite („Equity Dividend Yield") tritt auch bei den am US-amerikanischen Ländersample untersuchten Kennzahlenkombinationen deutlich hervor.[983] Weiter hat die Vergrößerung des Renditeintervalls auf 104 Wochen – genau wie beim deutschen Untersuchungssample und auch bei den univariaten Analysen – keine Verbesserung hervorgebracht. Anders als bei den univariaten Analysen konnte für die unterschiedlichen Kennzahlenkombinationen kein einheitlicher Lag bestätigt werden. Dies liegt auch daran, dass in den Kennzahlenkombination sowohl marktwertorientierte als auch rein bilanzielle Kennzahlen enthalten waren, die aber aufgrund ihrer Definition kein einheitliches Lag besitzen können.[984]

8.4 Auswirkungen unterschiedlicher Rechnungslegungsregimes

Die Unternehmen in den beiden hier untersuchten Ländersamples unterliegen mehrheitlich jeweils unterschiedlichen Rechnungslegungsregimes. Während beim deutschen Untersuchungssample hauptsächlich HGB/IAS-IFRS angewandt wurde, basierte die Rechnungslegung der US-amerikanischen Unternehmen fast ausschließlich auf US-GAAP. Beim deutschen Untersuchungssample wurde im Jahr 2000/2001 zudem ein allgemeiner Wechsel der Rechnungslegung bei den Unternehmen von HGB zu IAS/IFRS beobachtet, so dass nach dem Jahr 2001 83 % der deutschen Untersuchungsunternehmen IAS/IFRS angewandt haben. Da die Rechnungslegungsvorschriften direkt die betragsmäßige Höhe einer Kennzahl beeinflussen, darf insofern auch ein Einfluss aus einer veränderten Rechnungslegung auf das Fundamental Beta erwartet werden. Um einen solchen Einfluss messen zu können, wurde die be-

[982] Zur Behandlung von Multikollinearität siehe Kapitel 7.4.

[983] Die Zusammenhänge zum Blume Beta waren leicht stärker als beim Raw Beta. Hinsichtlich der Implementation eines multivariaten Prognosemodells kann man jedoch von einer vernachlässigbaren Diskrepanz sprechen.

[984] In Kapitel 7.3.4 wurde bereits aufgezeigt, dass bei marktwertorientierten Kennzahlen kein Lag vorliegt, da diese Informationen unter der Voraussetzung informationseffizienter Kapitalmärkte bereits in den Aktienrenditen eingepreist sind und nicht erst zum Veröffentlichungszeitpunkt dem Rezipienten bekannt werden.

kannte Unterteilung in zwei Subperioden SP 1 (1996-2000) und SP 2 (2001-2005) beibehalten. Um beurteilen zu können, ob ein solcher Einfluss vorliegt, wurde ein Toleranzmaß von 25 % für die Veränderung des Bestimmtheitsmaßes zwischen den beiden Subperioden als Schwellenwert für einen Einfluss unterschiedlicher Rechnungslegungsregimes definiert. Sofern das durchschnittliche Bestimmtheitsmaß signifikanter Kennzahlenzusammenhänge sich um mehr als 25 % zwischen den beiden Untersuchungsperioden verändert, deutet dies daraufhin, dass sich entweder (i) die Rahmenbedingungen (z.B. das Rechnungslegungsregime)[985] wesentlich geändert haben müssen oder dass (ii) ein weiterer verzerrender Einfluss dafür verantwortlich ist (z. B. eine veränderte Stichprobengröße).[986] Soweit bekannt, haben im vorliegenden Fall, neben dem im Jahr 2000/2001 bei zahlreichen deutschen börsennotierten Unternehmen stattgefundenen Rechnugslegungswechsel, keine anderen bedeutenden externen Einflüsse, die Rahmenbedingungen nachhaltig beeinträchtigt. Extrahiert man weiter den Effekt, einer sich im Zeitverlauf verändernden Stichprobengröße, indem man lediglich 30 Unternehmen berücksichtigt, die über den Gesamtbetrachtungszeitraum auch vollständige Finanz- und Fundamentalinformationen verfügen, so wurde das oben beschriebene Phänomen der Überschreitung der Toleranzgrenze dennoch beobachtet. Beim deutschen Untersuchungssample wurden unabhängig von der Beta-Schätzmethode und dem Renditeintervall eine durchschnittliche Veränderung des R^2 zwischen 40 % und 53 % beobachtet. Beim US-amerikanischen Untersuchungssample, bei dem kein allgemeiner Rechnugslegungswechsel im Untersuchungszeitraum stattgefunden hat, waren nahezu keine Veränderungen über die Toleranzgrenze hinaus feststellbar.[987] Die theoretischen Analysen verbunden mit den empirischen Beobachtungen rechtfertigen dafür die Hypothese, dass der Wechsel der Rechnungslegungsvorschriften im Jahr 2000/2001 beim deutschen Untersuchungssample einen Einfluss auf den Zusammenhang fundamentaler Kennzahlen zum Beta hat.

[985] Die Veränderung kann dabei sowohl negative als auch positive Ausprägungen annehmen. Rahmenbedingungen können immer auch die Stabilität des Betas und somit die statistische Signifikanz beeinflussen. Vgl. zu dem Einfluss der Rahmenbedingungen auf die Stabilität des Betas auch Kapitel 3.2.3. und zu verändernden Rahmenbedingungen als Ursache für die Veränderung des R^2 zwischen den beiden Subperioden Kapitel 7.3.3.

[986] Im Jahr 1996 (SP 1) werden beim deutschen Untersuchungssample noch zahlreiche Unternehmen aufgrund der Unvollständigkeit der Informationen im Panel exkludiert. In SP2 liegen diese Informationen vor, weshalb die Anzahl der einbezogenen Datenpunkte (Stichprobengröße) deutlich ansteigt. Empirisch werden bei kleineren Stichproben oftmals stärkere Zusammenhänge beobachtet; allerdings muss die Repräsentativität der Ergebnisse auch (kritisch) gewürdigt werden. Vgl. zur Veränderung des R^2 in Abhängigkeit von der Stichprobengröße auch *Cramer* (1987), S. 253 ff.

[987] Lediglich beim Raw Beta mit 52 Renditepunkten wurde eine negative Veränderung des R^2 zwischen den beiden Subperioden von ca. 41 % beobachtet. Auch nach dezidierter Analyse konnte keine Erklärung für das Auftreten dieser Anomalie gefunden werden.

8.5 Thesenförmige Schlussbetrachtung und Forschungsausblick

Im Rahmen dieser Arbeit konnte gezeigt werden, dass die verschiedenen, an dem klassischen CAPM angelehnten Verfahren zur Bestimmung des Betafaktors bei nicht börsennotierten Unternehmen, nicht ganz unproblematisch in der Anwendung sind.[988] Darüber hinaus führen die dem CAPM anhaftenden Probleme der empirischen Stabilität und seine Anfälligkeit, über Veränderungen des Renditeintervalls und Kapitalmarktanomalien das Beta zu beeinflussen, zu anhaltender Kritik.[989] Insbesondere auch die Entwicklungen im Laufe der Finanzmarktkrise stützen Vermutungen, wonach aufgrund suboptimaler Rahmenbedingungen (z. B. Illiquidität an den Märkten etc) nicht der „wahre" Wert einer Anlage am Markt gepreist wird und somit aus den Kursnotierungen auch nur ein verzerrter Schätzer für Beta zustande kommt. Die auf dem CAPM aufbauenden Analogieverfahren sind insofern oftmals nicht frei von Schätzfehlern und anderen Prognoseproblemen, weshalb sie in ihrer Anwendung restriktiv gehandhabt werden sollten.[990] Das auf der Basis des CAPM aufbauende fundamentale Beta-Analysemodell, welches im Rahmen dieser Arbeit entwickelt wurde, stellt zumindest eine sinnvolle Methode zur Plausibilisierung des Betas bei nicht börsennotierten Unternehmen dar. Welches Verfahren grundsätzlich zu dem besten Schätzer für das Beta eines nicht börsennotierten Unternehmens führt, kann man nicht eindeutig sagen, da der wahre Parameter nicht bekannt ist. Durch das im Rahmen dieser Arbeit erstmals eingesetzte, panelanalytische Zusammenhangs- und Prognosemodell konnten jedoch die nachfolgenden wesentlichen Erkenntnisse erzielt werden:

- Fundamentale Kennzahlen und bilanzielle Marktrisikomaße (z. B. Accounting Beta) haben auch in Deutschland einen signifikanten und stabilen Einfluss auf das Beta.[991] Dabei sind die Auspägungen zum Blume Beta stärker als zum Raw Beta.
- Der Anteil der immateriellen Vermögensgegenstände („Hightech Risk") hat einen Einfluss auf das systematische Risiko deutscher Unternehmen und ist offenbar verantwortlich für die am Markt bezahlten Extra-(Risiko)Prämien bei Unternehmen der „New Economy".

---

[988] Die Anwendung für den hier untersuchten Fall nicht börsennotierter Unternehmen wäre darüber hinaus nur im Rahmen der in Kapitel 4.1 dargestellten Analogieverfahren oder der in Kapitel 4.2 analysierten Praktikerverfahren möglich, die ebenfalls mit Problemen behaftet sind.

[989] Zumindest in der in Kapitel 3.2 ausführlich dargestellten Grundform.

[990] Dazu kommt, dass bei dem Praktikerverfahren subjektive Einflussfaktoren eine Verzerrung der Beta-Prognose hervorrufen können.

[991] Damit werden bisherige Untersuchungsergebnisse für den deutschen Markt widerlegt. Zu diesen Untersuchungen siehe Kapitel 4.3.2. Zu der Beweisführung im Rahmen der empirischen Untersuchung siehe Kapitel 7.3.

- Die Veränderung des Renditeintervalls hat einen Einfluss auf die festgestellten Kennzahlenzusammenhänge. Tendenziell sind die Zusammenhänge der Kennzahlen zu den 104-Wochen-Betas stärker als zu den 52-Wochen-Betas.[992]
- Es konnten Beweise dafür gefunden werden, dass der Wechsel der Rechnungslegungsnormen von HGB auf IAS/IFRS bei deutschen Unternehmen im Jahr 2000/2001 den beobachteten Zusammenhang zwischen fundamentalen Kennzahlen und Beta beeinflusst hat.
- Die stärksten fundamentalen Kennzahlenzusammenhänge in Deutschland wurden bei einem Lag von einem halben Jahr nachgewiesen, was sich durch die zeitverzögerte Veröffentlichung der fundamentalen Unternehmensinformationen erklärt. Marktwertorientierte Kennzahlen besitzen mehrheitlich kein Lag.
- Die fundamentalen Kennzahlenzusammenhänge sind am amerikanischen Markt tendenziell stärker als am deutschen Markt, was als Indiz für den Grad der Entwicklung des Kapitalmarktes gedeutet werden kann.
- Das fundamentale Prognosemodell ist in der Lage, bis zu 87 % der Varianz des Betas am amerikanischen Markt und bis zu 31 % am deutschen Markt zu erklären.
- In Untersuchungsperiode 2 (SP 2) sind die beobachteten Einflüsse der Kennzahlen auf Beta bei beiden Ländersamples tendenziell stärker als in der Untersuchungsperiode 1 (SP 1).
- Accounting Betas auf der Basis von Quartalsdaten (nicht geglättet) haben keinen größeren Erklärungsgehalt als Accounting Betas auf der Basis von Jahresdaten.
- Cash Flows und wertorientierte Kennzahlen stellen häufig signifikante Risikodeterminanten des Betas dar und erzielen insbesondere bei den Accounting Betas den größten Erklärungsgrad.

Bei Verwendung bisheriger Kapitalmarktmodelle, wie z. B. dem klassischen CAPM, ist man bislang häufig davon ausgegangen, dass die Kapitalmärkte vollkommen und informationseffizient sind. Dass dies nicht annähernd der Fall ist, haben sowohl die Analysen im Rahmen dieser Arbeit als auch die Entwicklungen auf den internationalen Kapitalmärkten im Laufe der Finanzmarktkrise gezeigt. Ein rein auf Renditezeitreihen beruhendes Modell scheint den Anforderungen der modernen Kapitalmarkttheorie nicht mehr gerecht zu werden. Um objektive und zuverlässige Schätzer für Beta zu ermitteln, empfiehlt es sich daher, ein auf fundamentalen Faktoren basierendes Modell (Fundamental Beta) oder ein aus Renditen und weiteren Faktoren kombiniertes Modell (KOMB Beta)[993] anzuwenden. Ersteres wurde im Rahmen dieser

[992] Dies gilt hauptsächlich für die univariaten Untersuchungen.
[993] Auch unter dem Begriff kombiniertes Modell bekannt.

Arbeit sowohl normativ als auch quantitativ entwickelt und getestet, wobei am deutschen Markt erstmals stabile und signifikante Zusammenhänge zwischen fundamentalen Kennzahlen und Beta nachgewiesen werden konnten. Wie bereits angedeutet, ist der tatsächliche Parameter des Beta-Wertes nicht bekannt, weshalb eine abschließende Aussage über die Prognosegüte des fundamentalen Beta-Modells nicht möglich ist. Das im Rahmen dieser Arbeit nicht getestete kombinierte Modell stellt Praxis und Forschung noch vor Herausforderungen hinsichtlich der abschließenden Determination der relevanten Kennzahlen sowie der Stabilität der Renditen. Es kann aber davon ausgegangen werden, dass solche Modelle zukünftig in der Lage sind, die Prognosegüte des Betas zu verbessern.[994]

[994] Aufgrund der Marktwertorientierung ist eine Anwendung bei nicht börsennotierten Unternehmen nur eingeschränkt möglich.

Anhang

Anhang 1a:	Unternehmen des deutschen Untersuchungssamples [Datei: Anhang 1_Untersuchungsunternehmen].
Anhang 1b:	Unternehmen des US-amerikanischen Untersuchungssamples [Datei: Anhang 1_Untersuchungsunternehmen].
Anhang 2:	Empirische Studien zur Instabilität des Betas [Datei: Anhang 2_Instabilität des Betas].
Anhang 3:	Empirische Tests zur Instabilität bei stochastischen Betas und Switching Regimes [Datei: Anhang 3_Instabilität stochastischer Betas].
Anhang 4:	Gesamtuntersuchungsergebnisse Deutschland [Datei: Anhang 4_Output_GY].
Anhang 5:	Gesamtuntersuchungsergebnisse USA [Datei: Anhang 5_Output_US].
Anhang 6:	Kennzahlendefinitionen [Datei: Anhang 6_Kennzahlendefinitionen].

Literaturverzeichnis

Acemoglu, D./Pischke, J.-St. (1999): The structure of wages and investment in general training, The Journal of Political Economy, Vol. 107, Issue 3, 1999, S. 539-572.

Ackermann, J. (2002): Börsenzeitung v. 24.09.2002, S. 11.

Aders, C./Hebertinger, M./Wiedemann, F. (2003): Value Based Management: Lösungsansätze zur Schließung von Implementierungslücken, in: FB, 5. Jg. (2003), S. 360-372.

Aders, Chr./Galli, A./Wiedemann, F. (2000): Unternehmenswerte auf Basis der Multiplikatorenmethode?: Eine Überprüfung mit dem Netto-Ansatz der Multiplikatormethode, in: FB 2000, S. 197-204.

Albach, H. (1994): Shareholder Value, Editorial, in: ZfB, Jg. 64, 1994, S. 273-275.

Albrecht, W. St./Lookabill, L. L./McKeown, J. C. (1977): The Time-Series Properties of Annual Earnings. The Journal of Accounting Research, Vol. 15, Issue 2, S. 226 - 244.

Alexander, G. J. /Benson, P. G.(1982): More on Beta as a Random Coefficient, in: JFQA, Vol. 17, No. 1, S. 27-36.

Alexander, G. J./Benson, P. G./Eger, C.E. (1982): Timing Decisions and the Behavior of Mutual Fund Systematic Risk., Journal of Financial & Quantitative Analysis, Nov. 82, Vol. 17, Issue 4, S. 579-602.

Alexander, G. J./Chervany, N. L. (1980): On the Estimation and Stability of Beta, Journal of Financial & Quantitative Analysis, Mar1980, Vol. 15, Issue 1, S.123-137.

Altman, Edward I. (2002): Managing Credit Risk: A Challenge for the New Millennium., Economic Notes, Juli 2002, Vol. 31 Issue 2, S.201-214.

Altman, Edward I. (1968): Financial Ratios, Discriminant Analysis and the Prediction of Corporate Bankruptcy, Journal of Finance, Sep68, Vol. 23 Issue 4, S. 589-609.

Anderson, T. W. (1958): An Introduction to Multivariate Statistical Analysis, New York 1958.

Arbeitskreis „Finanzierung" der Schmalenbach-Gesellschaft (1996): Wertorientierte Unternehmenssteuerung mit differenzierten Kapitalkosten, ZfbF 48, 6/1996, S. 543-578.

Ashenfelter, O. (1978): Estimating the effect of training programs on earnings with longitudinal data, Review of Economics and Statistics 60, S. 47-57.

Ashenfelter, O./Solon, G. (1982): Longitudinal labor market data-sources, uses and limitations, in: What's happening to American Labor Force and Productivity Measurements? Upjohn Institute for Employment Research, S. 109-126.

Asteriou, D./Hall, S. G (2007): Applied Econometrics A Modern Approach, New York, 2007.

Bacidore, J. M. / Boquist, J. A. / Milbourn, T. T. / Thakor, A. V. (1997): The Search for the Best Financial Performance Measure, Financial Analysts Journal, May/June 1997, Vol. 53, S. 15-20.

Backhaus, K. et al. (2000): Multivariate Analysemethoden: eine anwendungsorientierte Einführung, 9.Aufl. Berlin 2000.

Ders. (1994): Multivariate Analysemethoden: eine anwendungsorientierte Einführung, 7. Aufl. Heidelberg 1994.

Backhaus, K. (1987): Multivariate Analysemethoden: eine anwendungsorientierte Einführung, 4. Aufl., Berlin 1987.

Baesel J. B. (1974): On the Assessment of Risk: some Further Considerations, Journal of Finance, Dec 1974, Vol. 29 Issue 5, S. 1491-1494.

Baetge, J. (1998): Bilanzanalyse, Düsseldorf 1998.

Baetge, J. (1986): Grundsätze ordnungsmäßiger Buchführung, DB 1986, Beilage Nr. 26, S. 1-15.

Baetge, J./Fey, D./Fey, G. (1987): Kommentierung des § 243, in: Küting, K./Weber, C.-P. (Hrsg.), Handbuch der Rechnungslegung, 2. Aufl., Stuttgart 1987.

Baetge, J./Fischer, T. R. (1987): Zur Aussagefähigkeit der Gewinn- und Verlustrechnung nach neuem Recht,1. Aufl. , Wiesbaden 1987, S. 81-189.

Baetge, J./Kirsch, H-J./Thiele, S. (2001): Bilanzen, 5. Aufl. Düsseldorf 2001, Vergleichende Vorschriften der internationalen Rechnungslegung für die Aktivierung immaterieller VG in ihrer Entwicklungsphase finden sich in IAS 38.40 u. SFAS 86, SOP 98-1 (Aktivierung selbst erstellter Software).

Baetge/Niemeyer/Kümmel, in: Peemöller, V.H. (Hrsg.), (2005): Praxishandbuch der Unternehmensbewertung, 3. Aufl., Berlin/Herne 2005.

Ball, R. (1978): Anomalies in relationships between securities yields and yields-surrogates, Journal of Financial Economics, Vol. 6 (2/3), S. 103-126.

Ball, R./Brown, Ph. (1968): An Empirical Evaluation of Accounting Income Numbers, in: Journal of Accounting Research, Vol. 6 1968, S. 159-178.

Ball, R./Brown, Ph. (1969): Portfolio Theory and Accounting, in: Journal of Accounting Research, Vol. 7 1969, S. 300-323.

Ballwieser, W. (2002): Der Kalkulationszinsfuß in der Unternehmensbewertung: Komponenten und Ermittlungsprobleme, Die Wirtschaftsprüfung, Heft: 14, 2002, S. 736-743.

Ballwieser, W. (1998): Unternehmensbewertung mit Discounted Cash-flow-Verfahren, WPg 1998, S. 81-91.

Ballwieser, W. (1997): Kalkulationszinsfuß und Steuern, DB 1997, S. 2393-2396.

Ballwieser, W. (1997): Eine neue Lehre der Unternehmensbewertung, DB 1997, S. 185-191.

Ballwieser, W. et. al. (1994): Bilanzrecht und Kapitalmarkt, : Festschrift zum 65. Geburtstag von Prof. Adolf Moxter, Düsseldorf.

Ballwieser, W. (1990): Unternehmensbewertung und Komplexitätsreduktion 3. Aufl. 1990.

Ballwieser, W. (1987): Transaction Cost Analysis of Structural Changes in the Distribution System: Reflections on Institutional Developments in the Federal Republic of Germany: Comment, Journal of Institutional and Theoretical Economics, March 1987, Vol. 143 Issue 1, S. 86-90.

Ballwieser, W. (1981): Die Wahl des Kalkulationszinsfußes bei der Unternehmensbewertung unter Berücksichtigung von Risiko und Geldentwertung, BFuP 2/81, S. 97-129.

Bamberg, G./Baur, F. (1996): Statistik, 9. Aufl., München 1996.

Banz, R.W. (1981): The relationship between return and market value of common stocks, Journal of Financial Economics, Vol. 9, 1981, S. 3-18.

Barthel, C. W. (1996): Unternehmenswert: Die vergleichsorientierten Bewertungsverfahren, DB 1996, S. 149-163.

Bärtl, O. (2001): Wertorientierte Unternehmenssteuerung : zum Zusammenhang von Kapitalmarkt, externer und interner Rechnungslegung (Betriebswirtschaftliche Studien Rechnungs- und Finanzwesen, Organisation und Institution; 53) Zürich, Univ., Diss., 1999.

Basu, S. (1983): The relationship between earnings yield, market value and return for the NYSE common stocks: Further Evidence, Journal of Financial Economics 12, S. 129-156.

Bauer, Chr. (1992): Das Risiko von Aktienanlagen – Die fundamentale Analyse und Schätzung von Aktienrisiken, Köln 1992.

Bauer, Chr./Nowak, Th. (1991): Die organisatorische Entwicklung von Daimler Benz – structure follows strategy?, in: zfo, 60, S. 93-98.

Bauer, R. / Derwall, J. / Molenaar, R. (2004): The real-time predictability of the size and value premium in Japan, Pacific-Basin Finance Journal, Amsterdam, S. 503-523.

Beaver, W. (1966): Financial Ratios as Predictors of Failure, Journal of Accounting Research, Vol. 4, 1966, S.71-111.

Beaver, W. H./Kettler, P./Scholes, M. (1970): The Association between Market-Determined and Accounting Determined Risk Measures, the Accounting Review, Vol. 45, 1970, S. 654-682.

ders. (1975): The Association between Market-Determined and Accounting Determined Measures of Systematic Risk: Some Further Evidence, Journal of Financial and Quantitative Analysis, Vol. 10, June1975, S. 654-682.

Beaver W./Manegold, J. (1975): The Association between Market Determined and Accounting-Determined Measures of Systematic Risk: Some Further Evidence, Journal of Financial & Quantitative Analysis, Vol. 10 Issue 2, 1975, S. 245-247.

Begley, J./Ming, J./Watts, S. (1996): Bankruptcy Classification Errors in the 1980s: An Empirical Analysis of Altman's and Ohlson's Models, Review of Accounting Studies, 1996, Vol. 1 Issue 4, S. 267-84.

Beiker, H. (1993): Überrenditen und Risiken kleiner Aktiengesellschaften : eine theoretische und empirische Analyse des deutschen Kapitalmarktes von 1966 bis 1989, Köln 1993.

Belkaoui, A. (1978): Accounting Determinants of Systematic Risk in Canadian Common Stocks: A Multivariate Approach, in: ABR, S. 3-10.

Ben-Zion, U./Shalit, S. (1975): Size, Leverage and Dividend Record as Determinants of Equity Risk, in: JoF, Vol 30, No. 4, S. 1015-1026.

Benninga, S. (2000): Financial Modeling, MIT Press; 2. Aufl., London 2000.

Berndsen, H. P. (1979): Unternehmenspublizität. Eine empirische Untersuchung zur Messung des Publizitätsverhaltens großer börsennotierter Aktiengesellschaften und der Auswirkungen auf die Anlageentscheidungen am Aktienmarkt, Dissertation, Augsburg 1979.

Berry, M./ Linoff, G. (2000): Mastering: the art and science of customer relationship management, New York 2000.

Bey, R. P. (1983a): Market Model Stationarity in Individual Public Utilities, in: JFQA, Vol. 18, No. 1, S. 67-85.

Bey, R. P. (1983b): The Market Model as an Appropriate Description of the Stochastic Process Generating Security Returns, in: Journal of Financial Research Vol. 6, No. 4, S. 275-288.

Bhandari, L. C. (1988): Debt, equity ratio and expected common stock returns: empirical evidence, The Journal of Finance, Vol. 43 Issue 2, S. 507-528.

Bieg, H. (1998): Die Cash-Flow Analyse als stromgrößenorientierte Finanzanalyse, Der Steuerberater 1998, S. 432-439.

Bildersee, J. (1975): The Association between a Market-Determined Measure of Risk and Alternative Measures of Risk, Accounting Review, January 1975, Vol.1 Issue 1, S. 81-98.

Bimberg, Lothar H. (1991): Langfristige Renditeberechnung zur Ermittlung von Risikoprämien, Frankfurt am Main 1991, zugleich Diss. Wuppertal 1990.

Bischoff, J., (1994): Das Shareholder Value-Konzept: Darstellung, Probleme, Handhabungsmöglichkeiten, München, Diss. 1994.

Bishop, S. R./Crapp, H. R./Faff, R. W./Twite, G. J. (2000): Corporate Finance, Englewood Cliffs, NJ: Prentice-Hall 2000.

Black, F. (1993): Beta and Return, the Journal of Portfolio Management, Fall 1993, S. 8-18.

Black, F., Jensen, M.C., Scholes, M (1972): The Capital Asset pricing Model: Some empirical tests, in: *M. Jensen (Ed.)*, Studies in the theory of Capital Markets, 1972.

Black, F. (1986): Noise, in: JoF, Vol. 41, No. 3, S. 529-543.

Bleymüller, J. (1989): Multivariate Analyse für Wirtschaftswissenschaftler, als Manuskript veröffentlicht, Münster 1989.

Blume, M. (1971): On the Assessment of Risk, in: Journal of Finance, Vol. 26, 1971, S. 1-10.

Blume, Marshall E; Friend, Irwin (1973): A New Look at the Capital Asset Pricing Model, Journal of Finance, Vol. 28, S. 19-33.

Boness, A. J./Chen, A. H./Jatusipitak, S. (1974): Investigations of Nonstationarity in Prices, JoF, Oct. 1974, S. 518-537.

Bos, T. / Newbold, P. (1984): An Empirical Investigation of the Possibility of Stochastic Systematic Risk in the Market Model, in: JoB, Vol. 57, No. 1, Part I, S. 35-41.

Bowman, R. G. (1981): The Theoretical Relationship Between Systematic Risk and Financial (Accounting) Variables: Reply: Journal of Finance, Vol. 36, S. 749-750.

Bowman, R. G. (1980): The Importance of a Market-Value Measurement of Debt in Assessing Leverage: Journal of Accounting Research, Vol. 18, S. 242-254.

Bowman, R. G. (1979): The theoretical Relationship Between Systematic Risk and Financial (Accounting) Variables, The Journal of Finance, Vol. 34, No.3 June 1979.

Brandi, E. H. (1977): Informationswirkungen der Jahresabschlussveröffentlichung auf Entscheidungen am Aktienmarkt, Dissertation, Augsburg 1977.

Brealey, R. A./Myers, S. C. (1985): Principles of Corporate Finance, 3rd edition, New York: Mc Graw Hill 1985.

Brealey, R. A./Myers, S. C. (1984): Principles of Corporate Finance, 2nd edition, New York 1984.

Brenner, M./Smidt, S. (1977): Added A Simple Model of Non-Stationarity of Systematic Risk, Journal of Finance, Vol. 32, S.1081-1092.

Bretzke, W.R. (1988): Risiken in der Unternehmensbewertung, Zeitschrift für betriebswirtschaftliche Forschung, 40. Jg. 1988, S. 813-823.

Brigham, E. F. (1977): Fundamentals of Financial Management, New York: Holt Rinehart und Winston 1977.

Brown, K. C. / Lockwood, L. J. / Lummer, S. L. (1985): An Examination of Event Dependency and Structural Change in Security Price Models, in: JFQA, Vol. 20, No. 3, S. 315-334.

Bruner, R.F./Eades, R.S./Harris, R.S./Higgins, R.C (1998): Best Practices in Estimating Cost of Capital: Survey and Synthesis, Journal of Financial Practice and Education, Vol. 27, 1998, S. 13-28.

BT-Drucksache (10/317) v. 26.08.1983: Gesetzentwurf der Bundesregierung: Entwurf eines Gesetzes zur Durchführung der vierten Richtlinie des Rates der Europäischen Gemeinschaften zur Koordinierung des Gesellschaftsrechtes (Bilanzrichtlinie-Gesetz) mit Begründung v. 26.08.1983.

Buchholz, R. (2003): Internationale Rechnungslegung –Die Vorschriften nach IAS, HGB und US-GAAP im Vergleich -, 3. Aufl., Berlin 2003.

Buchner, R. (1985): Finanzwirtschaftliche Statistik und Kennzahlenrechnung, München 1985.

Buchner, R. (1981): Grundzüge der Finanzanalyse, Wien 1981.

Bufka, J./Schiereck, D./Zinn, K (1999): Kapitalkostenbestimmung für diversifizierte Unternehmen: Ein empirischer Methodenvergleich, ZfB, 69. Jg., H. 1, 1999, S. 115-131.

Bühner, R. (Hrsg.) (1994): Der Shareholder Value Report: Erfahrungen, Ereignisse, Entwicklungen, Landsberg/Lech 1994.

Bühner, R. (1994): Unternehmerische Führung mit Shareholder Value, in: Bühner, Rolf (Hrsg.) Der Shareholder Value Report, Landsberg/Lech 1994, S. 14-17.

Bühner, R. (1988): Kapitalmarktbeurteilung von Technologiestrategie, ZfB, 58. Jg. 1988, S. 1323-1339.

Bühner, R./Möller, H. P. (1985): The information content of corporate disclosures of divisionalization decisions, in: Journal of management studies, Vol 22, 1985, S. 308-326

Burger, A. (1995): Jahresabschlussanalyse, Oldenbourg, 1995.

Burger, A./Buchhardt, A. (2002): Zur Berücksichtigung von Risiko in der strategischen Unternehmensführung, DB, H. 12, 2002, S. 593-599.

Burger, A./Buchhart, A. (2002): Risiko-Controlling, München 2002.

Burger, A./Ulbrich, Ph. (2005): Beteiligungscontrolling, München 2005.

Bürkler, A. (1977): Kennzahlensysteme als Führungsinstrument, Zürich 1977.

Burnett, J. E./Carroll, C./Thistle P.D.(1996): The Detection of Nonstationarity in the Market Model, in: Quarterly Journal of Business and Economics, Vol. 35, No. 1, S. 36-50.

Burnett, J. E./Carroll, C./Thistle, P. D. (1995): Implications of Multiple Structural Changes in Event Studies, in: Quarterly Review of Economics and Finance, Vol. 35, No. 4, S. 467-480.

Busse von Colbe, W. (2001): Kategorisierung und bilanzielle Erfassung immaterieller Werte, in: Der Betrieb (2001), Vol. 54, S. 989-995.

Busse von Colbe, W. (1993): Die Entwicklung des Jahresabschlusses als Informationsinstrument, in: Ökonomische Analyse des Bilanzrechts, ZfbF-Sonderheft 32, 1993, S. 11-29.

Busse von Colbe, W. (1987): Die neuen Rechnungslegungsvorschriften aus betriebswirtschaftlicher Sicht, in: ZfbF, 39. Jg., Nr.3/4, S. 191-205.

Gebhardt,G./Gerke,W./Steiner, M. (1993): Handbuch des Finanzmanagements, München 1993.

Buttars, A. T. (1988): A disaggregate approach to accounting based measures of systematic risk, Kölner Betriebswirtschaftlicher Katalog S. 55-56.

Callahan, C. M./Mohr, R. M. (1989): The Determinants of Systematic Risk: A Synthesis, in: Financial Review, Vol. 24, No. 2, S. 157-181.

Campbell, J. Y. (2000): Asset pricing at the millennium, Journal of Finance, Vol. 55 Issue 4, S. 1515-1567.

Campbell, J. Y. (1996): Understanding risk and return. Journal of Political Economy, Vol. 104 Issue 2, S. 298-345.

Campbell, J. Y./Lo, A. W./McKinlay, A. C. (1997): The Econometrics of Financial Markets, Princeton University Press, Princeton (NJ) 1997.

Campbell, J. Y. /Shiller, R. J. (1989): The Dividend-Price Ratio and Expectations of Future Dividends and Discount Factors, Review of Financial Studies, 1:3, 1989, S. 195-228.

Chan, Luis K. C./Hamao, Y./Lakonishok, J. (1991): Fundamentals and Stock Returns, Journal Finance, Vol. 46, No. 5, S. 1739-1789.

Chen, H.-M./Lin, K.-J. (2003): The Measurement of Human Capital and its Effects on the Analysis of Financial Statements, International Journal of Management, Vol. 20, No. 4, Dec. 2003, S. 470-478.

Chen, C.R. (1982): Time-Series Analysis of Beta Stationarity and its Determinants: A Case of Public Utilities, in: FM, Vol. 11, No. 3, S. 64-71.

Chen, C.R. (1972): Time-Series Analysis of Beta Stationary and its Determinants: A Case of Public Utilities, Financial Management, Vol. 11 (3), S. 64-70.

Chen, S.N. (1982): An Examination of Risk-Return Relationship in Bull and Bear Markets Using Time Varying Betas, in: JFQA, Vol. 17, No. 2, S. 265-286.

Chen, S.N. (1981): Beta Nonstationarity, Portfolio Residual Risk and Diversification, in: JFQA, Vol. 16 No. 1, S. 95-111.

Chen, S.N./Keown, A. J. (1981a): Risk Decomposition and Portfolio Diversification when Beta is Nonstationary: A Note, in: JoF, Vol. 36 No. 4, S. 941-947.

Chen, S.N./Keown, A.J. (1981b): An Examination of Relationship between Pure Residual and Market Risk: A Note, in: JoF, Vol. 36, No. 5, S. 1203-1210.

Chen, S.N./Lee, C.F.(1982): Bayesian and Mixed Estimations of Time Varying Betas, in: Journal of Economics and Business, Vol. 34, No. 4, S. 291-301.

Chung, K. H. (1989): The Impact of the Demand Volatility and Leverages on the Systematic Risk of Common Stocks, Journal of Business Finance & Accounting, Vol. 16 Issue 3, S. 345-347.

Chung, K. H./Charoenwong, C. (1991): Investment Options, Assets in Place, and the Risk of Stocks, in: FM, Vol. 20, No.3, S. 21-33.

Coenenberg, A. G (2003): Jahresabschluss und Jahresabschlussanalyse, 19. Aufl., Stuttgart 2003.

Coenenberg, A. G. (1993): Jahresabschluss und Jahresabschlussanalyse, 14. Aufl., Landsberg am Lech 1993.

Coenenberg, A.G. (1984): Jahresabschluss und Jahresabschlussanalyse, 7. Aufl. München 1984.

Coenenberg, A. G./Alvarez, M. (2001): Jahresabschluss und Jahresabschlussanalyse: betriebswirtschaftliche, handelsrechtliche, steuerrechtliche und internationale Grundsätze; HGB, IAS, US-GAAP 18 Aufl., Landsberg/L. 2001.

Collins, D. W./Ledolter, J./Rayburn, J. D. (1987): Some Further Evidence on the Stochastic Properties of Systematic Risk, in: JoB, Vol. 60, No. 3, S. 425-448.

Coenenberg, A G./Möller, H. P. (1979): Entscheidungswirkungen von Jahresabschlussinformationen vor und nach der Aktienrechtsreform von 1965, in: Betriebswirtschaftliche Forschung und Praxis, S. 438-454.

Coenenberg, A. G./Sautter, M.T. (1988): Strategische und finanzielle Bewertung von Unternehmensakquisitionen, Die Betriebswirtschaft, Jg. 48, 1988, S. 691-710.

Coenenberg, A. G./Schmidt, F./Werhand, M. (1983): Bilanzpolitische Entscheidungswirkungen in manager- und eigentümerkontrollierten Unternehmen, in: Betriebswirtschaftliche Forschung und Praxis, S. 321-343.

Conine, Th. (1983): On the Theoretical Relationship between Systematic Risk and Price Elasticity of Demand, Journal of Business Finance & Accounting, Vol. 10 Issue 2, S. 173-182.

Conine, Th. (1982): On the Theoretical Relationship between Business Risk and Systematic Risk, Journal of Business Finance & Accounting Vol. 9 (2), S. 200 u. 202-203.

Conine, Th. (1980): Corporate Debt and Corporate Taxes: An Extension, in: JoF, Vol 35, S. 1033-1037.

Conine, Jr./Th. E./Tamarkin, M. (1985): Divisional Cost of Capital Estimation: Adjusting for Leverage, in: Financial Management, Vol. 14, 1985, S. 54-58.

Copeland, T./Koller, T./Murrin, J. (2002): Unternehmenswert: Methoden und Strategien für eine wertorientierte Unternehmensführung, 3. Aufl., Frankfurt am Main u.a. 2002.

Copeland, T./Koller, T./Murrin, J (2000): Valuation: Measuring and Managing the Value of Companies, 3rd Ed. New York 2000.

Copeland, T./Koller, T./Murrin, J. (1998): Unternehmenswert: Methoden und Strategien für eine wertorientierte Unternehmensführung, 2. Aufl., Frankfurt am Main 1998.

Copeland, T./Koller, T./Murrin, J. (1994): Valuation – Measuring and Managing the Value of Companies, 3rd Ed. New York 1994.

Copeland, T./Koller, T./Murrin, J. (1991): Valuation – Measuring and Managing the Value of Companies, New York 1994.

Copeland, Th. E./Weston, J.F. (1988): Financial Theory and Corporate Policy, 3rd Edit., S. 39-40.

Cramer, J.S. (1987): Mean and Variance of R2 in Small and Moderate Samples, in JoE, Vol. 35, 1987, S. 253-266.

Crasselt, N./Pellens, B./Schremper, R. (2000): Konvergenz wertorientierter Erfolgskennzahlen (I), DAS WIRTSCHAFTSSTUDIUM, Jg. 29, Heft 1, 2000, S. 72-78.

Credit Suisse Equity Research, (1996): Economic Value Added (EVA) und Schweizer Blue Chips: Die Schaffung von Shareholder Value, Anlagestudie Schweiz der Credit Suisse, Zürich 1996.

Chung, K. H./Charoenwong, C. (1991): Investment options, assets in place, and the risk of stocks: The Journal of the Financial Management Association, Vol. 20 (3) S. 21-33.

Curley, A. J./Hexter, J.L./Choi, D. (1982): The Cost of Capital and the Market Power of Firms: A Comment, Review of Economics & Statistics, Vol. 64 (3), S. 519-522.

DaimlerChrysler AG: Geschäftsbericht (2003).

Damodaran, A. (2001): The dark side of valuation: valuing old tech, new tech, and new economy companies, Prentice Hall, NJ 2001.

Damodaran, A. (1999): Applied corporate finance: A user's manual, USB Magazin, New York 1999.

Daniel, K./Titman, S. (1997): Evidence on the Characteristics of Cross Sectional Variation in Stock Returns, Journal of Finance, Vol. 52 Issue 1, S. 1-33.

Daniel et al. (2001): Explaining the Cross-Section of Stock Returns in Japan: Factors or Characteristics?, Journal of Finance, Apr2001, Vol. 56 Issue 2, p742-766, 24p, 5 charts;

Davis, S.J. et al (2000): On the gains to international trade in risky financial assets, National Bureau of Economic Research working paper series, Cambridge 2000.

Day, G./Fahey, L. (1988): Valuing Market Strategies. Journal of Marketing, Vol. 52 (3), S. 45-57.

D'Arcy, A./Leuz, C. (2000): Rechnungslegung am Neuen Markt – eine Bestandsaufnahme, in: DB 2000 (53. Jg.), S. 385-391.

Dechow, P. M./Hutton, A. P./Sloan, R. G. (1999): An Empirical Assessment of the Residual Income Valuation Model, Journal of Accounting and Economics, 26:1, S. 1-34.

De Jong, D./Collins, D. W. (1985): Explanations for the Instability ofEquity Beta: Risk-Free Rate Changes and Legverage Effects, in: JFQA, Vol. 20, No. 1, S. 73-94.

De Ménil (1999): Real Capital Market Integration in the EU: How far has it gone? What will the effect of the EURO be? Economic Policy, Vol. 14, No. 28, S. 167-204.

De Santis, G./Gérard, B (1998): How big is the premium of Currency Risk?, Journal of Financial

Economics, Vol. 49, No. 3 (September) 1998, S. 375-412.

De Santis, G./Gérard, B (1997): International Asset Pricing and Portfolio Diversification with Time-Varying Risk, Journal of Finance, Vol. 52 (5), S. 1881-1912.

Dickey, D. A. /Fuller, W. A. (1981): Likelihood Ratio Statistics for Autoregressive Time Series with a Unit Root. Econometrica, Vol. 49, Issue 4, S. 1057-1072.

Dickey, D. A. /Fuller, W. A. (1979): Distribution of the Estimators for Autoregressive Time Series With a Unit Root, Journal of the American Statistical Association, S. 427 - 431.

Dimson, E./Marsh, P./Staunton, M. (2002): Triumph of the Optimists - 101 Years of Global Investment returns, Princeton, New Jersey and Oxford, 2002.

Dimson, E./Marsh, P. (1983): The Stability of UK Risk Measures and The Problem of Thin Trading, Journal of Finance, Vol. 38 (3), S. 772-773.

Dixon, W. J./Turkey, J. W. (1968): Approximate behaviour of the distribution of Winsorized t (Trimming/Winsorization 2), Technometrics, 10 (1968), S. 83-90.

Dongchol, K. (1997): A Re-examination of Firm Size, Book-To-Market, and Earnings Price in the Cross-Section of Expected Stock Returns, Journal of Quantitative Analysis, Vol. 32, No. 4, Dec. 1997, S. 463-489.

Draper, N/Smith, H. (1981): Applied Regression Analysis, 2nd Ed., New York 1981.

Drew, M.E./Veeraraghavan, M. (2000): A Closer Look at the Size and Value Premium in Emerging Markets: Evidence from the Kuala Lumpur Stock Exchange, Asian Economic Journal 2002, Vol. 16. No. 4, S. 337-351.

Drukarczyk, J. (2001): Unternehmensbewertung, 3. Aufl., München 2001.

Drukarczyk, J. (1993): Finanzierung, 6. überarbeitete Auflage, Stuttgart, Jena 1993.

Drukarczyk, J./Richter, F. (2000): Wachstum, Kapitalkosten und Finanzierungseffekte, Arbeitspapier Nr. 346, Univ. Regensburg, 2000.

Dumas, B./Solnik, B (1995): The World price of Foreign Exchange Risk, Journal of Finance, Vol. 50 (2), S. 445-479.

Durbin, J. /Watson, G. (1950): Testing for Serial Correlation in Least Squares Regression I, Biometrica, 37, pp. 409-28.

Dyl, E./Hoffmeister, J. R. (1986): A Note on Dividend Policy and Beta, in: JBFA, Vol. 13, No. 1, S. 107-115.

DVFA/SG (1993): Cash Flow nach DVFA/SG, Die Wirtschafsprüfung, Jg. 46, Heft 19, 1993, S. 599-602.

Eberle, R. (2001): Finanzkennzahlen aus Sicht des Wirtschaftsprüfers, ST 2001, S. 167-172.

Eckey, H.F./Kosfeld, F./Dreger, Ch. (1995): Ökonometrie ; Grundlagen - Methoden - Beispiele, Wiesbaden 1995.

Ehrbar, A., (1999): EVA Economic Value Added, Wiesbaden 1999.

Elgers, P. (1980): Accounting-Based Risk Predictions: A Re-examination, Accounting Review, Vol. 55 (3), S.389-408.

Elgers, P./Murray, D. (1982): The Impact of the Choice of Market Index on the Empirical Evaluation of Accounting Risk Measures, Accounting Review, Apr82, Vol. 57 (2), S. 358-375.

Elton, J. E./Gruber, M.J. (1995): Modern portfolio theory and investment analysis, New York 1995.

Englert, J./Scholich, M. (1998): Unternehmensführung auf Basis eines umfassenden Shareholder Value Konzepts, BB 1998, S. 684-689.

EON AG (2005): Geschäftsbericht 2005

Erb, C.B./Harvey, C.R./Viskanta, T.E. (1996): Political Risk, Financial Risk and Economic Risk, Financial Analysts Journal, Nov/Dec 1996, S. 29-46.

Eskew, R. K. (1979): The Forecasting Ability of Accounting Risk Measures: Some Additional Evidence, Accounting Review, Vol. 54 (1), S. 107-118.

Eubank, Jr./Zumwalt, J. K. (1981): Impact of Alternative Length Estimation and Prediction Periods on the Stability of Security and Portfolio Betas, in: Journal of Business Research, Vol. 9, S. 321-325.

Eubank, Jr. / Zumwalt, J. K. (1979): An Analysis of the Forecast Error Impact of Alternative Beta Adjustment Techniques and Risk Classes, Journal of Finance, Jun79, Vol. 34 (3), S. 761-776.

Ewert, R./Wagenhofer, A. (2005): Interne Unternehmensrechnung, 6. Aufl., Berlin et al. 2005.

Ewert, R./Wagenhofer, A. (2000): Interne Unternehmensrechnung, 4.Aufl., Berlin 2000.

Fabozzi, F.J./Francis, J.C. (1978): Betas as a Random Coefficient, in: JFQA, Vol 13, No. 1, S. 101-116.

Fabozzi, F. J./Francis, J. C. (1977): Stability Tests for Alphas and Betas over Bull and Bear Market Conditions, Journal of Finance, Vol. 32 (4), S. 1093-1099.

Faff, R. W./Lee, J. H. H./Fry, T. R. L. (1992): Time Stationarity of Systematic Risk: Some Australian Evidence, in: JBFA, Vol. 19, No. 2, S. 253-270.

Fama, E. (1976): Foundations of Finance, New York 1976.

Fama, E. (1968): Efficient Capital Markets: A Review of Theory and Empirical Work, Journal of Finance 1970, S. 383-417.

Fama, E. (1968): Risk, Return, and Equilibrium: Some Clarifying Comments, Journal of Finance, Vol. 23 Feb. 1968, S.29-40.

Fama, E./McBeth, J. (1973): Risk, Return, and Equilibrium: Empirical Tests, Journal of Political Economy, Vol. 81 May-June 1973, S. 607-636.

Fama, E.F./French, K.R. (2004): The Capital Asset Pricing Model: Theory and Evidence, Working Paper, University of Chicago, Journal of Economic Perspectives, Vol. 18 (3), S. 25-46.

Fama, E.F./French, K.R. (1996): Value versus Growth: The International Evidence, Journal of Finance, Vol. 53, No. 6, Dec. 1998, S. 1975-1999.

Fama, E.F./French, K.R. (1996): Multifactor Explanations of Asset Pricing Anomalies, Journal of Finance, Vol. 51, No. 1, March 1996, S. 55-84.

Fama, E.F./French, K.R. (1995): Size and book-to-market factors in earnings and returns, Journal of Finance 50, 1995, S. 131-155.

Fama, E.F./French, K.R. (1994): Industry Costs of Equity, Working Paper 396, University of Chicago, July 1994.

Fama, E.F./French, K.R. (1993): Common Risk Factors in Returns on Stocks and Bonds, Journal of Financial Economics, 33:1, 1993, S. 3-56.

Fama, E.F./French, K.R. (1992): The Cross Section of Expected Returns, Journal of Finance, Vol. 47, 1992, S. 427-465.

Ferson, W.E./Locke, D.H. (1998): Estimating Cost of Capital through time: An Analysis of the Sources of Error, Management Science, Vol. 44, No. 4, S. 485-500.

Fischbach, S. (2002): Lexikon der Wirtschaftsformeln und Kennzahlen, 2. Aufl., München 2002.

Fischer, T. M. / Klöpfer, E. (2005): Human Resource Reporting : neue Anforderungen an die Berichterstattung von Unternehmen, Der Betrieb, Heft 50, 2005, Vol.58, S. 2704-2707.

Fisher, R.A. (1922): On the mathematical foundations of theoretical statistics, Phil. Trans. Roy. Soc. London (A), 222, S. 309-368.

Förschle, G./Holland, B./Kroner, M., (2001): Internationale Rechnungslegung, 5. Aufl., Bonn 2001.

Foster, George (1986): Financial Statement Analysis, 2. Aufl., Englewood Cliffs 1992.

Franke, J./Härdle, W./Hafner, C. (2004): Einführung in die Statistik der Finanzmärkte, Berlin Heidelberg 2004.

Franke, J./Härdle, W./Hafner, C.M.: Einführung in die Statistik der Finanzmärkte, Berlin 2001.

Franke, G./Hax, H. (1994): Finanzwirtschaft des Unternehmens und Kapitalmarkt, 3. Aufl., Heidelberg 1994.

Franke, G./Hax, H. (1990): Finanzwirtschaft des Unternehmens und Kapitalmarkt, 3. Aufl., Heidelberg 1990.

Frankel, R./Lee, Charles M.C. (1998): Accounting Valuation, Market Expectation, and Cross-Sectional Stock Returns, Journal of Accounting and Economics, 25:3, S. 283-319.

Frankfurter, G.M./Leung, W.K./Brockman, P.D. (1994): Compounding Period Length and the Market Model, Journal of Economic Business, Vol. 46, No.3, S. 179-193.

Freygang, W. (1993): Kapitalallokation in diversifizierten Unternehmen : Ermittlung divisionaler Eigenkapitalkosten, Dissertation, Wiesbaden 1993.

Fülbier, R. U./Honold, D./Klar, A. (2000): Bilanzierung immaterieller Vermögenswerte: Möglichkeiten und Grenzen der Bilanzierung nach US-GAAP und IAS bei Biotechnologieunternehmen, Recht der internationalen Wirtschaft, Heft 11, S. 833-844.

Fuller, R./Kerr, H. (1981): Estimating the Divisional Cost of Capital: An Analysis of the Pure Play Technique, Journal of Finance, Vol. 36, 1981, S. 997-1009.

Gahlon, J. G./Gentry, J. A. (1982): On the relationship between systematic Risk and the Degree of Operating and Financial Leverage, Financial Management, Vol. 11 (2) S. 15-23.

Glade, H-J. (1991): Immaterielle Anlagewerte in Handelsbilanz, Steuerbilanz und Vermögensaufstellung, Bergisch Gladbach 1991.

Goebel, A. (1995): Die Konzernrechnungslegung nach HGB, IAS und US-GAAP, DB 1995 (48. Jg.), S. 2489-2492.

Gombola, , M. J./Kahl, D. R. (1990): Time-Series Processes of Utility Betas: Implications for Forecasting Systematic Risk, in: FM, Vol. 19, No. 3, S. 84-93.

Gonedes (1975): A note on Accounting-Based and Market Based Estimates of Systematic Risk , Journal of Financial and Quantitative Analysis, June 1975, S. 355-365.

Gonedes, N.J. (1973a): Capital Market Equilibrium and Annual Accounting Numbers: Empirical Evidence, Journal of Accounting Research, S. 26-51.

Gonedes, N.J. (1973b): Evidence on the information Content to Accounting Numbers: Accounting based and Market-Based Estimates on Systematic Risk, Journal of Financial and Quantitative Analysis, Vol. 8 June 1973, S. 407-444.

Gonedes, N.J./Roberts, H.V. (1976): Statistical Analysis of Random Walks and Near Random Walks, working paper, University of Chicago, January 1976.

Göppl, H., et. al. (1995): The German Equity Market: Risk, Return, and Liquidity, Institut für Entscheidungstheorie und Unternehmensforschung, Universität Karlsruhe (TH), Diskussionspapier Nr. 183.

Gordon, M. J./Gould, L. I. (1978): The Cost of Equity Capital: A Reconsideration, Journal of Finance, Vol. 33 (3), S. 849-861.

Gräfer, H. (1997): Bilanzanalyse, 7. Aufl., Herne/Berlin 1997.

Graham, J./Harvey, C.R. (2001): The theory and practice of corporate Finance: Evidence from the field, Journal of Financial Economics, S. 187-243.

Greene, W.H. (2003): Econometric analysis, 5. ed., Precentice Hall, New Jersey 2003.

Greene, W. H. (1993): Econometric Analysis, 2. Auf., New York 1993.

Griffin, J.M. (2002): Are the Fama and French Factors Global or Country Specific?, The Review of Financial Studies, Summer 2002, Vol. 15, No. 3, S. 783-803.

Griffin, J.M./Karolyi, G.A: (1998): Another Look at the Role of the Industrial Structure of Markets for International Diversification Strategies, JoFE 1998, vol. 50, no. 3, S. 351-373.

Groll, K.H. (1988): Erfolgssicherung durch Kennzahlensysteme, 2. Aufl., Freiburg im Breisgau 1988.

Grochla, E. (1969): Modelle als Instrument der Unternehmensführung, ZfbF, 19. Jg. 1969, S. 382-397.

Günther, Th. (1997): Unternehmenswertorientiertes Controlling, München 1997.

Günther, T./Landrock, B./Muche, T. (2000): Gewinn- versus unternehmenswertbasierte Performancemaße: Eine empirische Untersuchung auf Basis der Korrelation von Kapitalmarktrenditen Teil I: Grundlagen und Design der Studie, Controlling, Heft 2, S. 69-76.

Gülicher, H. (1991): Statistik für Fortgeschrittene III, als Manuskript vervielfältigt.

Gup, B. E./Norwood, S. W. (1982): Divisional Cost of Capital, in: Financial Management, No. 11, 1982, S. 20-24.

Gupta, M. C./Huefner, R. J. (1972): A Cluster Analysis Study of Financial Ratios and Industry Charakteristics, Journal of Accounting Research, S. 77-95.

Gustafson, K. E. (1999): Where has the Small-Stock Premium Gone?, Journal of Investing, Fall 1999, Vol. 8 Issue 3, S. 45-54.

Hachmeister, D. (2000): Der Discounted Cash Flow als Maß der Unternehmenswertsteigerung, 4. Aufl., Frankfurt/Main 2000.

Hachmeister, D. (1998): Der Discounted Cash-Flow als Maß der Unternehmenswertsteigerung, 2. Aufl., Frankfurt/Main 1998.

Hachmeister, D.(1995): Der Discounted Cash Flow als Maß der Unternehmenswertsteigerung, Frankfurt/Main 1995.

Hamada, R.S. (1972): The Effect of the firm's Capital Structure on the systematic Risk of Common Stocks, Journal of Finance, Vol. 27, 1972, S. 435-452.

Hamada, R. (1969): Portfolio Analysis, Market Equilibrium and Corporation Finance, in: JoF, Vol. 24, 1969, S. 13-61.

Hansen, G. (1993): Quantitative Wirtschaftsforschung, München 1993.

Hannsson, Bo (2004): Human Capital and Stock Returns: Is the Value Premium an Aproximation for Return on Human Capital, Journal of Business Finance & Accounting 31(3) & (4), April/May 2004, and S.333-357.

Harrington, W./Portney, P. R. (1987): Valuing the Benefits of Health and Safety Regulation, Journal of Urban Economics, Vol. 22 (1), S. 101-112.

Harris, R.S. et al. (2003): Ex Ante Cost of Equity Estimates of S&P 500 Firms: The Choice between Global and Doemstic CAPM, in: Financial Management, Vol. 32 (3), 2003, S. 51-66.

Hartung, J. (1993): Statistik, 9. Aufl., München 1993.

Haugen, R. A./Chen, N-F./Cuny, C. J.(1995): Stock Volatility and the Levels of the Basis and Open Interest in Futures Contracts, Journal of Finance, Vol. 50 (1), S. 281-300.

Hauschildt, J. (1971): Entwicklungslinien der Bilanzanalyse, ZfbF 1971, S. 335-351.

Hawini, G. A./Vora, A. (1983): Is Beta Adjusting an Illusion?, in: JoPM, Vol. 9, No. 1, S. 23-26.

Hax, H. (1989): Finanzierung, Vahlens Kompendium der Betriebswirtschaftslehre; Band 1, 2. Aufl., München 1989.

Hays, P. A./Upton, D. E. (1986): A Shifting Regimes Approach to the Stationarity of the Market Model Parameters of Individual Securities, in: JFQA, Vol. 26, No. 3, S. 307-321.

Heinen, E. (1986): Handelsbilanzen, 12. Aufl., Wiesbaden 1986.

Heinen, E. (1976): Grundfragen der Entscheidungsorientierten Betriebswirtschafslehre, München 1976.

Heinen, E. (1970): Betriebliche Kennzahlen – Eine organisationstheoretische und kybernetische Analyse, Dienstleistungen in Theorie und Praxis, Festschrift zum 70. Geburtstag von Otto Hintner, hrsg. v. Hanns Linhardt, Peter Penzkofer und Peter Scherpf, Stuttgart 1970, S. 227-236.

Heinen, E. (1985): Wandlungen und Strömungen in der Betriebswirtschaftslehre, Schriftenreihe Unternehmung und Unternehmungsführung; band 14, 1. Aufl., S. 37-63.

Hendriksen, E./Van Breda, M.F. (1992): Accounting theory, 5. ed., Homewood, Irwin 1992.

Henselmann, K. (2000): Der Restwert in der Unternehmensbewertung – eine „Kleinigkeit"?, Finanzbetrieb, 2. Jg. 2000, S. 151-157.

Herter, R.N. (1994): Unternehmenswertorientiertes Management, Stuttgart 1994.

Heston, S.L./Rouwenhorst, K.G. (1994): Does Industrial Structure Explain the Benefits of International Diversification?, JoFE 1994, vol. 36, no. 1, S. 3-27.

HFA-IDW (1983): Grundsätze zur Durchführung von Unternehmensbewertungen, IDW-FN 1983, S. 99-130.

Hielscher, U./Laubscher, H-D. (1989): Finanzierungskosten Kostenbestandteile, Kostenvergleiche und Usancen der Industriefinanzierung, 2. Aufl., Frankfurt am Main 1989.

Hill, N.C./Stone, B.K. (1980): Accounting Betas, Systematic Operating Risk, and Financial Leverage, A Risk Composition Approach to the Determinants of Systematic Risk, Journal of Financial and Quantitative Analysis, Vol. 15 September 1980, S. 595-637.

Hinich, M. J. / Roll, R. (1981): Measuring Nonstationarity in the Parameters of the Market Model, in: Research in Finance, Vol. 3, S. 1-51.

Hirsch, H. (2000): Bilanzanalyse und Bilanzkritik, 2. Aufl., Wiesbaden 2000.

Hochman, S. (1983): The Beta-Coefficient: An Instrumental Variables Approach, in: Research in Finance, Vol. 4, S. 128-151.

Hochman, S./Palmon, O. (1983): The Irrelevance of Capital Structure for the Impact of Inflation on Investment, Journal of Finance, Vol. 38 (3), S. 785-794.

Hofmann, R. (1977): Bilanzkennzahlen, industrielle Bilanzanalyse und Bilanzkritik, 4. Aufl. Wiesbaden 1977.

Höreth, U./Ortmann-Babel, M. (2007): Die Unternehmensteuerreform 2008, in: Ernst & Young / BDI (Hrsg.), Berlin 2007.

Hostettler, St. (2002): Economic Value Added Darstellung und Anwendung auf Schweizer Aktiengesellschaften; 5. Aufl., Bern 2002.

Hostettler, St. (2000): Economic Value Added (EVA) – Darstellung und Anwendung auf Schweizer Aktiengesellschaft, 4. Aufl., Bern 2000.

Hostettler, St. (1997): Das Konzept des Economic Value Added (EVA) Maßstab für finanzielle Performance und Bewertungsinstrument im Zeichen des Shareholder Value; Darstellung und Anwendung auf Schweizer Aktiengesellschaften, Univ. Diss., St. Gallen, Bern 1996.

Hostettler, St. (1995): Economic Value Added als neues Führungsinstrument, in: Schweizer Treuhänder, H. 4 1995, S. 307-315.

Hötzel, O./Beckmann, K. (2000): Einfluss der Unternehmenssteuerreform 2001 auf die Unternehmensbewertung, Die Wirtschaftsprüfung, Heft 15/2000, S. 696-698 f.

Hsu, D. A. (1984): The Behavior of Stock Returns: Is it Stationary or Evolutionary?, in: JFQA, Vol. 19, No. 1, S. 11-28.

Hsu, D. A. (1982a): A Bayesian Robust Detection of Shift in the Risk Structure of Stock Market Returns, in: Journal of the American Staistical Association Vol 77, No. 377, S. 29-39.

Hsu, D. A. (1982b): Robust Inferences for Structural Shift in the Risk Structure of Stock Market Returns, in: Journal of Econometrics Vol. 19, No. 1 S. 89-107.

Hull, J.C. (1997): Options, Futures, and other Derivatives, 3rd Ed., NJ: Prentice Hall 1997.

Hunt, P.J./Kennedy, J.E. (2004): Financial Derivatives in Theory and Practice, West Sussex: John Wiley & Sons, Ltd., 2004.

Husemann, K. (1976): Grundsätze ordnungsmäßiger Bilanzierung für Anlagegegenstände, 2. Aufl., Düsseldorf 1976.

Husmann, S./Kruschwitz, L./Löffler, A.(2002): Unternehmensbewertung unter deutschen Steuern, DBW 62/2002, S. 29.

Ibbotson Associates (2005): Stocks, Bonds, Bills and Inflation – Valuation Edition 2005 Yearbook -, Chicago 2005.

Ibbotson, R.G./Diermeier, Jeffrey J./Siegel, L.B. (1984): The Demand for Capital Market Returns: A new Equilibrium Theory, Financial Analysts Journal, Vol. 40, No. 1, 1984, S. 22-33.

Ibbotson, R. G./Kaplan, Paul D. (1997): Estimates of small-stock betas are much too low. Journal of Portfolio Management, Summer 1997, Vol. 23 Issue 4, S. 104-111.

IDW (2000): IDW-Standard: Grundsätze zur Durchführung von Unternehmensbewertungen (IDW S 1), WPg 2000.

Im, K. S./Pesaran, M. H./Shin, Y. (1997): Testing for Unit Roots in Heterogeneous Panels, manuscript, Department of Applied Economics, University of Cambridge.

Ismail, Badr E./Kim, M.K. (1989): On the Association of Cash Flow Variables with Market Risk: Further Evidence, The Accounting Review, Vol. 69, No. 1, S. 125-136.

Jacobs, O.H. (2002): Unternehmensbesteuerung und Rechtsform, 3. Aufl., München 2002.

Jagannathan et. al. (1998): Relationship between Labor- Income Risk and Average Return: Empirical Evidence from the Japanese Stock Market.Preview, Journal of Business, Jul98, Vol. 71 Issue 3, p319-347.

Jagannathan, R./Wang, Z. (1996): The conditional CAPM and the cross-section of expected returns, Journal of Finance, Vol. 51 (1), S. 3-53.

Jarnagin, B.D. (1993): Financial Accounting Standards, Explanation and Analysis, 15. Aufl., Chicago/Illinois 1993.

Jerschensky, A. (1998): Messung der Bestandsgefährdung von Unternehmen mit künstlichen Neuronalen Netzen, Münster 1998.

Jog, V. M./Riding, A. L. (1986): Some Canadian Findings Regarding Infrequent Trading and Instability in the Single 'Factor Market Model, in: JBFA, Vol. 13, No. 1, S. 125-135.

Kames, C. (2000): Unternehmensbewertung durch Finanzanalysten als Ausgangspunkt eines Value Based Measurement, Frankfurt am Main 2000.

Kandel, S./Stambaugh, R.F. (1996): On the Predictability of Stock Returns: An Asset-Allocation Perspective, Journal of Finance, Vol. 51 (2), S. 385-424.

Kaplan, R.S./Norton, D.P. (1996): Linking the Balanced Scorecard to Strategy, California Management Review, Boston 1996, Vol. 39 (1), S.53-79.

Kaplanski, G. (2004): Traditional beta, downside risk beta and market risk premiums, The Quarterly Review of Economics and Finance Vol. 44, S. 636 - 653.

Karpik, A./Belkaoui, Ph. G. (1989): The relative relationship between systematic Risk and value added variables, Journal of International Financial Management and Accounting, Autumn 1989, S. 259-276.

Kathori, S.P./Shanken, J./Sloan, R.G. (1995): Another look at the cross-section of expected stock returns, Journal of Finance, Vol. 50 (1) 1995, S. 185-224.

Kaufmann, M. (1999): Profitability and the Cost of Capital, in: Handbook of Budgeting, Rachlin, Robert (Hrsg.), New York, John Wiley & Sons, Inc., 1999.

Keim, D. B. (1988): Stock market regularities: A synthesis of the evidence and explanations, in: *Elroy Dimson (Hrsg.)*, Stock market anomalies, Cambridge University Press, Cambridge 1988, S. 26-29.

Keller, B./Plack, A. (2001): Economic Value Added (EVA) als Unternehmenssteuerungs- u. bewertungsmethode, KrP – Kostenrechnungspraxis, 45. Jg. H. 6, S. 347-351.

Keppler, M. (1990): Risiko ist nicht gleich Volatilität, in: Die Bank, o. Jg., 1990, S. 610-614.

Kerling, M. (1998): Moderne Konzepte der Finanzanalyse, zugl. Diss. Universität Freiburg, Bad Soden/Ts. 1998.

Kim, D. (1995): The errors-in-variables problem in the cross-section of expected returns, Journal of Finance, 50 1995, S. 1605-1634.

Kirchesch, Kai (2005): The influence of financial risks on the investment decision of enterprises, Dissertation 2004, 1. Aufl., Baden -Baden 2005.

Kirsch, H. (2004): Finanz- und erfolgswirtschaftliche Jahresabschlussanalyse nach IFRS, München 2004.

Kleinbaum, D./Kupper, L. (1978): Applied Regression Analysis and Other Multivariate Methods, North Scituate 1978.

Klemkosky, R. C./Martin, J. D. (1975): The Adjustment of Beta Forecasts, Journal of Finance, Sep75, Vol. 30 (4), S. 1126.

Klien, W. (1995): Wertsteigerungsanalyse und Messung von Managementleistungen – Technik, Logik und Anwendung, Wien 1995.

Kloster, U. (1988): Kapitalkosten und Investitionsentscheidungen: eine finanzierungstheoretische und empirische Untersuchung, Europäische Hochschulschriften: Reihe 5 (941), Frankfurt am Main 1988.

Knüppe, W. (1984): Grundsätze ordnungsmäßiger Abschlussprüfung bei Forderungen, Düsseldorf 1984.

Koedijk, K.G./van Dijk, A. (2004): Global Risk Factors and the Cost of Capital, Financial Analysts Journal, Mar. /Apr. 2004, S. 32-38.

Koedijk, K.G./van Dijk, A. et al.(2002): The Cost of Capital in international financial markets: local or global? Journal of International Money & Finance, Nov. 2002, S. 905-929.

Kon, S. J./Lau, W. P.(1979): Specification Tests for Portfolio Regression Parameter Stationarity and the Implications for Empirical Research, in: JoF, Vol. 34, No. 2, S. 451-465.

Kothari, S.P. et al. (1995): Problems in measuring portfolio performance: an application to contrarian investment strategies, Journal of financial economics, Vol. 38, 1. Aufl. S. 79-107.

Krause, S./Schmidbauer, R. (2003): Umsetzung eines (unternehmens-)-wertorientierten Controllings bei der BMW Group, in: Controlling, H. 9, 15 Jg. 2003, S. 441-449.

Krings, U./Diehn, S. (2001): Unternehmensbewertung in der New Economy - Alte Probleme bleiben, in: Der Schweizer Treuhänder, Heft 11/2001, S. 1133-1138

Kruskal, W. H. (1960): Some remarks on wild observations, Technometrics, 2 1960, S. 1-3.

Kryzanowski, L./To, M. Ch. (1984): The Telescopic Effect of Past Return Realizations on Ex-Post Beta Estimates, in: Financial Review, Vol. 19, No. 1, S. 1-25.

Küpper, H.-U. (1998): Marktwertorientierung - neue und realisierbare Ausrichtung für die interne Unternehmensrechnung?, in: Betriebswirtschaftliche Forschung und Praxis (BFuP), Heft 5, 1998, S.517-539

Küting, K. (2000a): Möglichkeiten und Grenzen der Bilanzanalyse am Neuen Markt. Teil 2, Finanz-Betrieb, Heft 2, S. 674-683.

Küting, K. (1992): Einführung in die Cash Flow Rechnung, Deutsches Steuerrecht, 1992 (30. Jg.), S. 625-630.

Küting, K.(1981): Konsolidierungspraxis. Grundsätze ordnungsmäßiger Konsolidierung und die Konsolidierungspraxis deutscher Konzerne, 2. Aufl., Berlin 1981.

Küting, K./Eidel, U. (1999): Performance-Messung und Unternehmensbewertung auf Basis des EVA, Die Wirtschaftsprüfung, Heft:21, S. 829-838.

Küting, K./Weber, C.-P. (2004): Die Bilanzanalyse: Lehrbuch zur Beurteilung von Einzel- und Konzernabschlüssen, 7. Aufl., Stuttgart 7. 2004.

Küting, K./Weber, C. P. (2001): Die Bilanzanalyse – Lehrbuch zur Beurteilung von Einzel- u. Konzernabschlüssen, 6. Aufl., Stuttgart 2001.

Küting, K./Weber, C. P. (1994): Die Bilanzanalyse – Lehrbuch zur Beurteilung von Einzel- u. Konzernabschlüssen, 2. Aufl., Stuttgart 1994.

Lachnit, L. (1979): Systemorientierte Jahresabschlussanalyse, Wiesbaden 1979.

Lachnit, L. (1975): Wesen, Ermittlung und Aussage des Cash Flow, Zeitschrift für betriebswirtschaftliche Forschung, 1975 (25. Jg.), S. 59-77.

Laitenberger, J. (2000): Die Berücksichtigung von Kursgewinnen bei der Unternehmensbewertung, Finanzbetrieb, Vol. 2, Nr. 9 2000, S. 546-550.

Lally, M. (1995): The Accuracy of CAPM Proxies for Estimating a firm´s Cost of Equity, Journal of Accounting and Finance, May 1995, S. 63-72.

Langguth; H./Marks, I. (2003): Der Economic Value Added – Ein Praxisbeispiel, FB 10/2003, S. 615-624.

Lawson, G. H. (1986): The valuation of a business as a going concern, Zukunftsaspekte der anwendungsorientierten Betriebswirtschaftslehre, Stuttgart, S. 161-173.

Lee, C.F., et al. (1986): On Accounting-Based, Market-Based, and Composit-Based Beta Predictions: Methods and Implications, in: Financial Review, Vol. 21, No. 1, S. 51-68.

Lee, C.F./ Chen, C.R. (1982): Beta Stability and Tendency: An Application of a Variable Mean Response Regression Model, in: JoEcsBus, Vol. 34, No. 3, S. 201-206.

Leffson, U. (1987): Die Grundsätze ordnungsmäßiger Buchführung, 7. Aufl., 1987.

Leffson, U. (1984): Bilanzanalyse, 3. Aufl., Stuttgart 1984.

Letau, M./Ludvigson, S. (2001): Restructuring the CAPM: A cross-sectional test when risk premium are time varying. Journal of Political Economy 109, 2001, S. 1238-1287.

Lev, B. (1974a): On the Association Between Operating Leverage and Risk, Journal of Financial Quantitative Analysis, 9 (September 1974), S. 627-641.

Lev, B. (1974b): Financial Statement Analysis: A new Approach, Prentice Hall 1974.

Levhari, D. /Levy, H. (1977): The Capital Asset Pricing Model and the Investment Horizon, in: Review of Economic Studies, Vol. 59, No.1, S. 92-104.

Levin, A. Th./Lin, Ch. (1992): Unit root tests in panel data: asymptotic and finite-sample properties, Discussion paper: Department of Economics, University of California; 92,23.

Levin/Lin/Chu (2002): Unit root tests in panel data: asymptotic and finite-sample properties, Journal of Econometrics, May2002, Vol. 108 Issue 1, S. 1-24.

Levy, H. (1981): The CAPM and the investment horizon, in: JoPM, Vol. 7, No. 2, S. 32-40.

Lewis, T.G. (1995): Steigerung des Unternehmenswertes: Total Value Management, 2.Aufl., Landsberg/Lech 1995.

Lewis, T. G.(1994): Steigerung des Unternehmenswertes: Total-Value-Management, 1. Aufl., Landsberg/Lech. 1994, S. 85-87.

Leysinger, M. (1997): Der neue Maßstab für den Unternehmenserfolg: Economic Value Added, Schweizer Treuhänder 1997, S. 243-246.

Lienau, A./Zülch, H., (2006): Die Ermittlung des value in use nach IFRS, KoR 5/2006, S. 319-329.

Liew, J./Vassalou, M. (2000): Can book-to-market, size and momentum be risk factors that predict economic growth? Journal of financial economics. – Amsterdam, vol. 57, 2. Aufl. S. 221-245.

Lintner, J. (1965a): The Valuation of Risk Assets and the Selection of Risky Investments in Stock Portfolios and Budgets, the Review of Economics and Statistics, Vol. 47 1965, S. 13-37.

Ders. (1965b): Security Prices, Risk and Maximal Gains from Diversification, The Journal of Finance, Vol. 20 1965, S. 587-616.

Lipfert (1969): optimale Unternehmensfinanzierung, 3.Aufl., Frankfurt am Main 1969.

Littkemann, J. (2002a): Organisatorische Störungen im Beteiligungscontrolling: eine empirische Analyse möglicher Ursachen, in: DstR, H. 3, 40. Jg. 2002, S. 99-104.

Littkemann, J. (2002b): Zur Gestaltungsproblematik von Controllingsystemen in multinationalen Unternehmen, in: Weber, J./Hirsch, B. (Hrsg.); Controlling als akademische Disziplin, Wiesbaden 2002, S. 329-341.

Littkemann, J. (2001): Beteiligungscontrolling: Organisation und Effizienz; eine empirische Analyse aus zentraler und lokaler Controllingperspektive, in: ZfB, H. 11, 71. Jg. 2001, S. 1283-1304.

Littkemann, J./Krehl, H. (2000): Kennzahlen der klassischen Bilanzanalyse – nicht auf Krisendiagnosen zugeschnitten, in: Hauschildt, J./Lecker, J. (Hrsg.) Krisendiagnose durch Bilanzanalyse, 2. Aufl., Köln 2000.

Littkemann, J./Michalik, C. (2004): Instrumente des operativen Beteiligungscontrollings, in: Littkemann, J./Zündorf, H. (Hrsg.); Beteiligungscontrolling, Herne u.a. 2004, S. 145-167.

Lockert, G. (1996): Risikofaktoren und Preisbildung am deutschen Aktienmarkt, Heidelberg 1996, zugl. Diss. Ess. 1995, S. 131 -135.

Loos, G. (1997): Zeitvariable Beta-Faktoren am deutschen Aktienmarkt: Modellierung - Schätzung - Prognose, Wiesbaden 1997, zugl. Diss. München 1995.

Lorson, P. (1999): Shareholder Value-Ansätze: Zweck, Konzepte und Entwickungstendenzen, Der Betrieb, Heft 27, S. 1330.

Lübbehüsen, Th. (2000): Steuern im Shareholder-Value-Ansatz, Bielefeld 2000, S. 37.

MacKinlay, A. C. (1995): Multifactor models do not explain deviations from the CAPM, Journal of Financial Economics, Vol. 38 (1), S. 3-28.

Maddala/Wu (1999): A Comparative Study of Unit Root Tests With Panel Data and a New Simple Test, A Comparative Study of Unit Root Tests With Panel Data and a New Simple Test, S. 631-652.

Maier, J. (2002): Unternehmensbewertung nach IDW S 1 – Konsistenz der steuerlichen Annahmen bei Anwendung des Halbeinkünfteverfahrens, Finanz Betrieb, 4. Jg. 2002, S. 73-79.

Malkiel, (1996): Random Walk Down Wall Street, 1996.

Malkiel, B. G./Xu, Y. (1997): Risk and return revisited. Journal of Portfolio Management; Spring97, Vol. 23 Issue 3, S. 9-14.

Mandelker, G.N./Rhee, S.G. (1984): The Impact of the Degrees of Operating Leverage on Systematic Risk of Common Stock, Journal of Financial and Quantitative Analysis, Vol. 19 No.1. March 1984.

Markowitz, H. (1952): Portfolio Selection, Journal of Finance, Vol. 7 1952, S. 77-91.

Markowitz, H. (1959): Portfolio Selection: Efficient Diversification of Investments, New York, John Wiley & Sons, Inc., 1959.

Marx, K. (2005) [nach der ungekürzten Ausgabe von 1872]: Das Kapital „Kritik der politischen Ökonomie“, Köln 2005.

März, T. (1983): Interdependenzen in Kennzahlensystemen, München 1983.

Mc Donald, B. (1983): Beta Non-Stationarity: An Empirical Test of Stochastic Forms, in: Financial Review, Vol. 18, S. 175-183.

Mc Donald, B./Nichols, W. D. (1984): Nonstationarity of Betas and Tests of Market Efficiency, in: Journal of Financial Research, Vol. 7, No. 4, S. 315-322.

Mehra, R./Prescott, E. (1985): The Equity Premium, A Puzzle, Journal of Monetary Economics, vol. 15, no. 2, 1985, S. 145-161.

Mehta, C. R./Beranek, W. (1982): Tracking Asset, Volatility by Means of a Bayesian Switching Regression, in: JFQA, Vol. 17, No. 2, S. 241-263.

Meier, H. (2001): Wertorientiertes Beteiligungs-Controlling, Planung, Realisierung und Kontrolle von Unternehmensakquisitionen, Bremen 2001.

Melicher, R. W. (1974): Financial Factors which Influence Beta Variations within an Homogeneous Industry Environment, Journal of Financial & Quantitative Analysis, Mar1974, Vol. 9 (2), S. 231-241.

Melicher, R. W./Rush, D. F. (1974): Systematic Risk, Financial Data, and Bond Rating Relationships in a Regulated Industry Environment, Journal of Finance, Vol. 29 (2), FN. 586, S. 537-544.

Mensah, Y. M. (1992): Adjusted Accounting Beta, Operating Leverage and Financial Leverage as Determinants of Market-Beta: A Synthesis and Empirical Evaluation, in: Review of Quantitative Finance and Accounting, Vol. 2, No. 2, S. 187-203.

Mensch, G. (2001): Finanzcontrolling, München 2001, S. 173.

Merkle, E. (1982): Betriebswirtschaftliche Formeln und deren betriebswirtschaftliche Relevanz, WiSt. 1982, S. 325-330.

Merton, R. C. (1973): An Intertemporal Capital Asset Pricing Model, Econometrica, Sep73, Vol. 41 (5), S. 867-887.

Miller, M. H./Modigliani, F. (1966): Dividend Policy, Growth and the Valuation of Shares, Journal of Business, 34, 4, October 1961, S. 411-433.

Miller, M. H./Modigliani, F. (1966): Some estimates to the cost of capital to the Electric Utility Industry, 1954-1957, American Review, June 1966, S. 333-391.

Möller, H.-P. (1986): Bilanzkennzahlen und Ertragsrisiken des Kapitalmarktes, Stuttgart 1986.

Möller, H.-P. (1972): Ausreißer in Stichproben aus normalverteilten Gesamtheiten, Köln 1972.

Morel, M. (2003): Endogenous Parameter Time Series Estimation of the Ohlson Model: Linear and Nonlinear Analyses, Journal of Business & Finance Accounting, Nov./Dec. 2003, S. 1341-1362.

Morin, R. A. (1984): Utilities' cost of capital, 1. Aufl. Arlington 1984.

Moser, U. (1999): Discounted Cash-flow-Methode auf Basis von Free Cash-flows: Berücksichtigung der Besteuerung, FB 1999, S. 117-123.

Mossin, J. (1973): Theory of financial markets, New Jersey 1973.

ders. (1966): Equilibrium in a Capital Asset Market, Econometrica, Vol. 34 1966, S. 768-783.

Moulton, B. R. (1987): Diagnostics for group effects in regression analysis, Journal of Business and Economic Statistics 5, S. 275-282.

Moulton, B. R. (1986): Random group effects and the precision of regression estimates, Journal of Econometrics 32, S. 385-397.

Moxter, A. (1984): Bilanzlehre Bd. I: Einführung in die Bilanztheorie, 3. Aufl., Wiesbaden 1984.

Moxter, A. (1976): Fundamentalansätze ordnungsmäßiger Rechenschaft, in: Baetge, J./Moxter, A./Schneider, D. Hrsg.): Bilanzfragen, Festschrift f. U. Leffson, Düsseldorf 1976, S. 87-100.

Moyer, R. C./Chatfield, R. (1983): Market Power and Systematic Risk, Journal of Economics & Business, Vol. 35 (1), S. 123-130.

Mühlemann, L. (1995): Wertsteigerungskonzepte zur Performance Beurteilung des Managements. Ein Plädoyer für ein erfolgsorientiertes Denken und Handeln, in: Der Schweizer Treuhänder, Jg. 69, 1995, S. 1047-1050.

Müller, W. (1992): Bilanzinformation und Aktienbewertung : eine theoretische und empirische Überprüfung der Entscheidungsrelevanz von Jahresabschlussinformationen für die Preisbildung deutscher Aktien, Frankfurt am Main 1992.

Müller, H. (1988): Der Konzernabschluss nach neuem Bilanzrecht aus Sicht des Analysten, in: Die Bank, 28. Jg., Nr. 1, S. 35-39.

Mutze, O. (1960): Aktivierung und Bewertung immaterieller Wirtschaftsgüter nach Handels- und Steuerrecht, Berlin 1960.

Myers, S. C. (1977a): Determinant of Corporate Borrowing, Journal of Financial Economics, Nov77, Vol. 5 (2), S. 147-175.

Myers, S. C./Turnbull, S. M. (1977): Capital budgeting and the capital asset Pricing Model: Good News and Bad News, Journal of Finance, Vol. 32 (2), S. 321-333.

Narasimhan, J./ Titman, S. (1993): Returns to Buying Winners and Selling Losers: Implications for Stock Market Efficiency, Journal of Finance, Vol. 48 (1), S. 65-91.

Niehaus, R.J. (1979): „True and Fair View" – in Zukunft auch ein Bestandteil der deutschen Rechnungslegung?, DB 1979, S. 221-225.

Nieß, P. S./Lambert, V. (1989): PPS im CIM-Verbund: Konzeption, Vorgehensweise und Probleme der Einführung, Zeitschrift für wirtschaftliche Fertigung und Automatisierung, Heft 2, S. 66-69.

Nippel, P./Streitferdt, F. (2002): Unternehmensbewertung mit dem WACC-Verfahren: Steuern, Wachstum und Teilausschüttung, Arbeitspapier, Kiel, August 2002.

Nippel, P./Streitferdt, F. (2001): Unternehmensbewertung mit dem WACC-Verfahren: Steuern, Wachstum und Teilausschüttung, Arbeitspapier, Kiel, August 2001.

Nowak, K. (2000): Marktwertorientierte Unternehmensbewertung, Wiesbaden 2000.

Ohlson, J. A./Rosenberg, B. (1982): Systematic Risk of the CRSP Equal-weighted Common Stock Index: A History Estimated by Stochastic-Parameter Regression, in: JoB, Vol. 55, No. 1, S. 121-145.

Ordelheide, D. (1998): Bedeutung und Wahrung des Kongruenzprinzips („clean surplus") im internationalen Rechnungswesen, in: Unternehmensberatung und Wirtschaftsprüfung, hrsg. Von Matschke, M.J. et. Al., Stuttgart 1998, S. 515-530.

Oertmann, P. (1994a): Size Effekt und Performance von deutschen Aktien, in: FMuPM, 8. Jg., Nr. 2, S. 197-211.

Oertmann, P. (1994b): Firm-Size-Effekt am deutschen Aktienmarkt - Eine empirische Untersuchung, in: ZfbF, 46. Jg., Nr. 3, S. 229-259.

Pape, U. (1999): Wertorientierte Unternehmensführung und Controlling, 2. Aufl., Sternfels 1999.

Pastor, L./Stambaugh, R. F. (2000): Comparing asset pricing models: an investment perspective, Journal of Financial Economics, Vol. 56 (3), S. 335-381.

Peemöller, V.H. (1993): Stand der Entwicklung der Unternehmensbewertung, DStR 1993, S. 409-416.

Pellens, B./Fülbier, R./ Gassen, R. (2006): Internationale Rechnungslegung, 6.Aufl., Stuttgart 2006.

Pellens, B./Fülbier, R. U. (2000): Ansätze zur Erfassung immaterieller Wert in der Kapitalmarktorientierten Rechnungslegung, Zur Rechnungslegung nach International Accounting Standards (IAS). – Düsseldorf, S. 35-77.

Pellens, B./Rockholtz, C./Stienemann, M., (1999): Marktwertorientiertes Konzerncontrolling in Deutschland, in: DB 1999, H. 39, Jg. 50, S. 1933-1939.

Pellens, B./Crasselt, N./Rockholtz, C. (1998): Wertorientierte Entlohnungssysteme für Führungskräfte: Anforderungen und empirische Evidenz, Stuttgart 1998.

Pellens, B. (1989): Der Informationswert von Konzernabschlüssen - Eine empirische Untersuchung deutscher Aktiengesellschaften, Wiesbaden 1989 zugl. Diss. Bochum 1988.

Perridon, L./Steiner, M. (1999): Finanzwirtschaft der Unternehmung, 10. Aufl., München 1999.

Perridon, L./ Steiner, M (1997): Finanzwirtschaft der Unternehmung, 9. Aufl., München 1997.

Peters, E.E. (1994): Fractal Market Analysis, New York 1994.

Peters, H. W. (1987): Kapitalmarkttheorie und Aktienmarktanalyse, Frankfurt u. a. 1987, zugl. Diss. Kiel 1987.

Pettit, R. R./Westerfield, R. (1972): A Model of Capital Asset Risk, Journal of Financial & Quantitative Analysis, Vol. 7 (2), S. 1649-1668.

Pfennig, M. (1993): Zur fundamentalen Erklärung der Beta-Faktoren am deutschen Aktienmarkt, Beiträge zur Theorie der Finanzmärkte Nr. 5, Institut für Kapitalmarktforschung an der J.W. Goethe Universität, Frankfurt am Main 1993.

Pilhofer, J. (2000): Konzeptionelle Grundlagen des neuen DRS 2 zur Kapitalflussrechnung im Vergleich mit den international anerkannten Standards, DStR 2000 (38. Jg.), S. 292-304.

Piotroski, J. D. (2000): Value Investing: The Use of Historical Financial Statement Information to Separate Winners from Losers, Journal of Accounting Research, 38:Supplement, S. 1-51.

Poddig, Th./ Dichtl, H./ Petersmeier, K. (2003): Statistik, Ökonometrie, Optimierung - Methoden und ihre praktischen Anwendungen in Finanzanalyse und Portfoliomanagement, 3. Aufl., Bad Soden/Ts. 2003.

Polk, Ch./Lamont, O. (1999): The diversification discount: cash flows vs. returns, Working paper Cambridge 1999.

Porter, R. B./Ezzell, J. R. (1975): A Note on the Predictive Ability of Beta Coefficients, Journal of Business Research, Vol. 3 (4), S. 365-372.

Porter, M.E./Stern, S. (2001): Innovation Location Matters, Sloan Management Review, Summer 2001, S. 28-36.

Pratt, Sh. P. (2002): Cost of Capital: estimations and applications, 2nd Ed., John Wiley & Sons, Inc. 2002.

Pratt, S. P./Reilly, R. F/Schweihs, R. P. (2000): Valuing a Business: The Analysis and Appraisal of Closely Held Companies, 4th ed. New York: Mc Graw-Hill, 2000.

Pratt, S. P./Reilly, R. F./Schweihs, R. P (2000): Valuing a Business: The Analysis and Appraisal of Closely Held Companies, 4th Ed., New York: Mc Graw Hill, 2000.

Prietze, O./Walker, A. (1995): Der Kapitalisierungszins im Rahmen der Unternehmensbewertung, DB 1995, S. 199-211.

Rahman et. al. (1987): Systematic Risk in a Purely Random Market Model: Some Empirical Evidence for Individual Public Utilities, in: Journal of Financial Research, Vol. 10, No. 2, S. 143 - 152.

Rappaport, A. (1998): Creating Shareholder Value a guide for managers and investors, New York 1998.

Rappaport, A. (1996): Creating Shareholder Value: the new standard for business performance, New York 1996.

Rappaport, A. (1995): Shareholder Value: Wertsteigerung als Maßstab für die Unternehmensführung, deutsche Übersetzung, Stuttgart 1995.

Rappaport, A. (1986): The Affordable Dividend Approach to Equity Valuation, Financial Analysts Journal, Jul/Aug86, Vol. 42 Issue 4, p52-58.

Reichmann, T. (2001): Controlling mit Kennzahlen und Managementberichten. Grundlagen einer systemgestützten Controlling-Konzeption, 6. Aufl., München 2001.

Reichmann, T. (1997): Controlling mit Kennzahlen und Managementberichten, 5. Aufl. München 1997, S. 21-27.

Reichmann, T/Hüllmann, U. (1999): Konzeption eines unternehmenswertorientierten Controlling für eine Management-Holding, in: Controlling, H. 4, 11. Jg. 1999, S. 161-169.

Reilly, F. K./Wright, D. J. (1988): A Comparison of Published Betas, in: JoPM, Vol 14, No. 3, S. 64-69.

Reimann, B. C. (1989): Managing for value, a guide to value-based strategic management, Oxford 1989.

Reuleaux, S. (1987): Immaterielle Wirtschaftsgüter: Begriff, Arten u. Darstellung im Jahresabschluss, Wiesbaden 1987.

Richter, F. (1999): Konzeption eines marktwertorientierten Steuerungs- u. Monitoringsystems, 2. Aufl., Frankfurt/Main 1999.

Richter, F. (1998): Unternehmensbewertung bei variablem Verschuldungsgrad, Zeitschrift für Bankrecht und Bankwirtschaf, 10. Jg. 1998, S. 379-389.

Richter, F. (1996): Konzeption eines marktwertorientierten Steuerungs- u. Monitoringsystems, Frankfurt/Main 1996.

Richter, F./Honold, D. (2000): Das Schöne, das Unattraktive und das Hässliche an EVA & Co., FB 2000, Vol.2, 5. Aufl., S. 270, 272-274

Richter, F./Timmreck, Chr. (2004): Unternehmensbewertung – Moderne Instrumente und Lösungsansätze -, Stuttgart 2004.

Robichek, A. A./Cohn, R. A. (1974): The Economic Determinants of Systematic Risk, Journal of Finance, Vol. 29 (2), S. 439-447.

Rödder, Th./Schumacher, A. (2000): Unternehmenssteuerreform 2001 – eine erste Analyse des Regierungsentwurfs aus Beratersicht, DStR 2000, Heft 9, S. 353-368.

Rohde, U./Freese, B. (2005): Human Capital (HC) – Mitarbeiter als zentraler Vermögenswert im globalen Wettbewerb, FB 03/2005, Newsletter, S.8-10.

Roll, R. (1977): A Critique of the Asset Pricing Theory's Test Part I: On Past and Potential Testability of the Theory, Journal of Financial Economics, 4:2, 1977, S. 129-176.

Roos, A./Stelter D. (1999): Die Komponenten eines integrierten Wertmanagements, Controlling 1999, S. 301-308.

Rosenberg, B. (1985): Prediction of common stock betas, Journal of Portfolio Management, Vol. 11 (2), S. 5-14.

Rosenberg, B. /Guy, J. (1976): Prediction of Beta from Investment Fundamentals, in: Financial Analysts Journal, Vol. 32, May-June, S. 60-72, July-August, S. 62-70.

Rosenberg, B./Marathe, V. (1975): The Prediction of Investment Risk: Systematic and Individual Risk, Reprint., No. 21 of the Institute of Business and Economic Research of die University of California, Berkeley Reprinted from Proceedings of the Seminar on the Analysis of Security Prices, University of Chicago, November 1975, S.85-225.

Rosenberg, B./McKibben, W. (1973): The Prediction of Systematic and Specific Risk in Common Stocks, in: Journal of Financial and Quantitative Analysis, Vol. 8 1973, S. 167-181.

Rosenberg, B./Reid, K./Lanstein, R. (1985): Persuasive evidence of market inefficiency, Journal of Portfolio Management 11, 1985, S. 9-17.

Rosenberg, B./Rudd, A. (1992): The Corporate Use of Beta, in: The Revolution in Corporate Finance, 2. Aufl. Hrsg. von Joel M. Stern und Donald H. Chew, Jr., New York, S. 78-88.

Ross, S.A. (1976): The Arbitrage Theory of Capital Asset Pricing, Journal of Economic Theory, S. 341-360.

Rossett, J.G. (2001): Equity Risk and Labor Stock: The Case of Union Contracts, Journal of Accounting Research, Vol. 39, S. 337-364.

Rubinstein, M. E. (1973): A Mean-Variance Synthesis of Corporate Financial Theory, in: JoF, Vol. 28, No. 1, S. 167-181.

Rudolpf, B. (1979a): Kapitalkosten bei unsicheren Erwartungen, Berlin etc. 1979.

Ruhwedel, F./Schultze, W. (2002): Value Reporting : theoretische Konzeption und Umsetzung bei den DAX 100-Unternehmen, Vol. 54, 7 Aufl. ZfbF S, 602-632.

Rummel, K. (1949): Einheitliche Kostenrechnung auf der Grundlage einer vorausgesetzten Proportionalität der Kosten zu betrieblichen Größen, 3. Aufl., Düsseldorf 1949.

Rütte, M. von (1995): Rechnungslegung immaterieller Werte, St. Gallen 1995.

Sahling, C. (1981): Die Reaktion des Aktienmarktes auf wesentliche Ausschüttungsänderungen. Empirische Untersuchungen zur Überprüfung der mittelstarken Form der efficient-market Theorie für die deutschen Börsen im Zeitraum1971 - 1977, Schwarzenbek 1981.

Santos, T./Veronesi, P. (2000): Labor Income and Perdictability of Stock Returns, Unpublished Working Paper No. 520, The Center for Research in Security Prices, University of Chicago 2000.

Sattler, R. R. (1994): Renditeanomalien am deutschen Aktienmarkt, Aachen 1994.

Schaefer, S. M. et al. (1975): Alternative Models of Systematic Risk, in: International Captial Markets, hsrg. vonEdwin J. Elton und Martin J. Gruber, Amsterdam u.a. 1975, S. 150-161.

Schall, L. D. (1972): Asset Valuation, Firm Investment, and Firm Diversification, Journal of Business, Vol. 45 (1), S. 13-21.

Schiffers, J. (2000): Die Besteuerung der Kapitalgesellschaften und deren Anteilseigner nach dem Regierungsentwurf des „StSenkG", GmbHR 5/2000, S. 205-214

Schlag, Ch. (1994): Neues zum Intervalling-Effekt am deutschen Aktienmarkt, in: KuK 27. Jg., Nr. 3, S. 437-460.

Schmidbauer, Rainer (2003): Das EVA Konzept: Attraktiv oder hässlich im Sinne einer unternehmenswertorientierten Unternehmenssteuerung, DStR 33/2003, S. 1408-1414.

Schmidbauer, R..(2002): Der Kapitalisierungszinssatz in der Unternehmensbewertung nach dem StSenkG – Diskussion auf Irrwegen?, Betriebs-Berater, 57. Jg. 2002, S. 1251-1257.

Schmidbauer, Rainer (1999): Vergleich wertorientierter Steuerungskonzepte im Hinblick auf die Anwendbarkeit im Konzern-Controlling, FB 11/1999, S. 365-377.

Schmidt, J.G. (1995): Die Discounted Cash-flow-Methode – nur eine kleine Abwandlung der Ertragswertmethode?, ZfbF 1995, S. 1088-1118.

Schmidt, R.H. (1993): Das Shareholder Value Konzept, in: Fritsch, U./Liener, G./Schmidt, R.H., Die deutsche Aktie: Unternehmensfinanzierung und Vermögenspolitik vor neuen Herausforderungen, Stuttgart 1993, S. 277-296.

Schmidt, R. H./Terberger, E. (1996): Grundzüge der Investitions- und Finanzierungstheorie, 3. Aufl., Wiesbaden 1996.

Schmittat, J. E. (2007): Asset Backed Securities : die Verbriefung von Handelsforderungen als Finanzalternative für den großen Mittelstand, Wiesbaden 2007.

Schnabel, J.A. (1982): Variable Transactions Costs, the Capital Asset Pricing Model and the Corporate Dividend Decision: A Comment, Journal of Business & Accounting Vol. 9, No. 4, S. 559-562.

Schneeweiß, H. (1990): Ökonometrie, 4. Aufl., Heidelberg, 1990.

Schneider, D. (1998): Oh, EVA, EVA, schlimmes Weib: Zur Fragwürdigkeit einer Zielvorgabe-Kennzahl nach Steuern im Konzerncontrolling, DB 48/2001, S. 2509-2514.

Schneider, D. (1998): Marktwertorientierte Unternehmensrechnung: Pegasus mit Klumpfuß, Der Betrieb, 51. Jg. 1998, S. 1473-1478.

Schneider, D. (1976): Finanzwirtschaftliche Ziele, Handwörterbuch der Finanzwirtschaft, Stuttgart 1976.

Schult, E. (2003): Bilanzanalyse, 11. Aufl., Berlin, 2003.

Sellhorn, T. (2000): Ansätze zur bilanziellen Behandlung des Goodwill im Rahmen einer kapitalmarktorientierten Rechnungslegung, Der Betrieb, Heft 18, 2000, S. 885-891.

Seppelfricke, P. (2003): Handbuch Aktien- und Unternehmensbewertung, 1.Aufl., Stuttgart 2003.

Seppelfricke, P.(1995): Die Messung von Risiken in makroökonomischen Variablen, Working Paper Nr. 81/1995.

Seppelfricke, P. (1991): Moderne Multiplikatorverfahren bei der Aktien und Unternehmensbewertung, FB 10/1999, S. 301-307.

Serfling, K./Marx, M. (1990): Capital Asset Pricing Modell, Kapitalkosten und Investitionsentscheidungen (Teil I u. Teil II), WISU, 19 Jg. 1990, S. 364-369 u. 425-429.

Sharpe, W.F. (1964): Capital Asset Prices: A theory of Market Equilibrium under Conditions of Risk, Journal of Finance, 19. Jg.1964, S. 425-442.

Sharpe, W.F. (1963): A simplified model for Portfolio Analysis, Management Science 1963, S. 277-293.

Sharpe, W.F., Alexander, G.J., Bailey, J.V. (1995): Investments, 5th ed., New York 1995.

Sharpe, W. F./Cooper, G. (1972): Risk Return Classes of New York Stock Exchange Common Stocks, 1931-1967, in: FAJ, Vol. 28, 1972, S. 46-52.

Shiller, R. (2000): Irrational Exuberance, Princeton University Press, Princeton, NJ. 2000.

Sieben, G. (1995): Unternehmensbewertung: Discounted Cash-flow-Verfahren und Ertragswertverfahren – Zwei völlig unterschiedliche Ansätze?, in: Internationale Wirtschaftsprüfung: Festschrift zum 65. Geburtstag von Hans Havermann, hrsg. v. Josef Lanfermann, Düsseldorf 1995, S. 713-737.

Siener, F. (1991): Der Cash Flow als Instrument der Bilanzanalyse, Praktische Bedeutung für die Beurteilung von Einzel- und Konzernabschluss, Stuttgart 1991.

Simonds, R. R./La Motte, L.R./Mc Worther, A. J. (1986): Testing for Nonstationarity of Market Risk: An Exact Test and Power Considerations, in: JFQA, Vol. 21, No. 2, S. 209-220.

Sincich, Th. (1994): A Course in Modern Business Statistics, 2. Aufl. New York 1994.

Singal, V. (2004): Beyond the Random Walk: a guide to stock market anomalies and low-risk investing, Oxford University Press, New York 2004, S. 40 -55.

Spremann, K. (2002): Finanzanalyse und Unternehmensbewertung, Oldenbourg 2002.

Spindler, H-J. (1985): Kapitalmarktrisiko und Performance mehrdimensional diversifizierter Unternehmen, Frankfurt am Main, m.w.N., Fn 703, S. 161-167 u. 184-195.

Staehle, W. (1975): Das Du-Pont System und verwandte Konzepte der Unternehmenskontrolle, in: Böcker, F./Dichtl, E. (Hrsg.), Erfolgskontrolle im Marketing, Berlin 1975, S. 317-336.

Stambaugh, R. F. (1982): On the Exclusion of Assets from Tests of the Two-Parameter Model: A Sensitivity Analysis, Journal of Financial Economics, Vol. 10 (3), S. 237-268.

Statman, M. (1981): Betas Compared: Merril Lynch vs. Value Line, in: JoPM, Vol, 7, 1981, S. 41-44

Stattmann, D (1980): Book values and returns, The Chicago MBA: Journal of Selected Papers 4, 1980, S. 25-45.

Steele, A./Tessaromatis, N. (1989): A note on dividend policy and beta: a comment, Journal of Business Finance & Accounting, Heft: 4, Vol. 16, S. 543-548.

Steiner, M./Wallmeier, M. (1999): Unternehmensbewertung mit Discounted Cash Flow Methoden und Economic Value Added Konzept, Finanz Betrieb, 1999, S. 1-10.

Steiner, M / Beiker, H. / Bauer, C. (1993): Theoretische Erklärungen unterschiedlicher Aktienrisiken und empirische Überprüfungen, Empirische Kapitalmarktforschung, S. 117-122.

Steiner, M./Bauer, C. (1992): Die fundamentale Analyse und Prognose des Marktrisikos deutscher Aktien, in: ZfbF 44 (1992), S. 347-368.

Stern, J. M./Shiely, J.S./Ross, I. (2002): Wertorientierte Unternehmensführung mit Economic Value Added: Strategie, Umsetzung, Praxisbeispiele, 1. Aufl., München 2002.

Stewart, T. A. (1999): Intellectual Capital – The New Wealth of Organizations. Doubleday, 1. Currency paperback ed., New York 1999.

Stewart, T. A. (1997): Intellectual Capital – The New Wealth of Organizations. Doubleday, 1. ed., New York 1997.

Stewart, .G.B., III (1991): The Quest for Value - A Guide to Senior Managers, New York 1991.

Stelter, D. (1996): Wertorientiertes Management, Landsberg/Lech 1996.

Strack, R./Franke, J./Dertnig, St. (2000): Workonomics™: Der Faktor Mensch im Wertmanagement, Zfo 69. Jg., Heft 5, S. 283-288.

Strong, N./Xu, X. G. (1997): Explaining the cross-section of UK expected stock returns, British Accounting Review 29, 1997, S. 1-24.

Subrahmanyam, M. G./Thomadakis, S. B. (1980): Systematic Risk and the theory of the firm, Quarterly Journal of Economics, May 1980, Vol. 94, S. 437-451.

Sullivan, T. G. (1982): The Cost of Capital and the Market Power of Firms: Reply and Correction, Review of Economics & Statistics, Vol. 64 (3) S. 523-525.

Sullivan, T. G. (1978): The Cost of Capital and the Market Power of Firms, Review of Economics & Statistics, Vol. 60 (2), S. 209-217.

Süchting. J. (1989): Finanzmanagement : Theorie und Politik der Unternehmensfinanzierung, 5. Aufl., Wiesbaden 1989.

Sunder, S. (1980): Stationarity of Market Risk: Random Coefficients Tests for Individual Stocks, in: JoF, Vol. 35, No. 4, S. 883-896.

Theobald, M. (1979): A Note on Variable Transaction Costs, The Capital Asset Pricing Model and the Corporate Dividend Decision, Journal of Business Finance and Accounting, S. 9-16.

Thompson, D. J. (1976): Sources of Systematic Risk in Common Stocks, Journal of Business, Vol. 49 (2), S. 177-178.

Tietz, B. (1989): Marketing, 2. Aufl., Düsseldorf 1989.

Timmreck, C. (2002): ß-Faktoren - Anwendungsprobleme und Lösungsansätze, FB, Vol. 4, Heft 5 , S. 300-307.

Timmreck, Chr. (2004): Bestimmung der Eigenkapitalkosten, in: Richer, F./Timmreck, Chr. (Hrsg.), Unterehmensbewertung: Moderne Instrumente und Lösungsansätze, Stuttgart 2004.

Tobin, J. (1958): Liquidity Preference as Behavior toward Risk, Review of Economic Studies, Vol. 25, Iss. 2 1958, S. 65 86.

Turnbull, S. M. (1977): Market Value and Systematic Risk, Journal of Finance, Vol. 32 (4), S. 1125-1142.

Tversky, A. /Kahneman D. (1992): Advances in prospect theory: cumulative representation of uncertainty, Journal of risk and uncertainty, Vol. 5, S. 297-323.

Überla, K. (1977): Faktorenanalyse, Berlin 1977.

Uhlir, H. /Steiner, P (1994): Wertpapieranalyse, 3. Aufl., Heidelberg 1994.

Ulschmid, C. (1994): Empirische Validierung von Kapitalmarktmodellen : Untersuchungen zum CAPM und zur APT für den deutschen Aktienmarkt, Frankfurt am Main 1994.

Van Horne, J.C. (1977): Financial Management and Policy, 4. Aufl., New York 1977.

Vasicek, O. A. (1973): A Note on Using Cross-Sectional Information in Bayesian Estimation of Security Betas, Journal of Finance, vol. 28, Dec. 1973, S. 1233-1239.

Vogel, J. (1998): Marktwertorientiertes Beteiligungscontrolling - Shareholder Value als Maß der Konzernsteuerung, Wiesbaden 1998.

Vogelvang, B. (2005): Econometrics – Theory and Applications with Eviews, Pearson 2005.

Volker H (2002) (Hrsg.): Praxishandbuch der Unternehmensbewertung, Herne/ Berlin 2002.

Wagenhofer, A. (2000): Wertorientiertes Management Konzepte und Umsetzungen zur Unternehmenswertsteigerung, Stuttgart 2000.

Wagner, J. (1985): Die Aussagefähigkeit von Cash-Flow-Ziffern für die Beurteilung der finanziellen Lage einer Unternehmung, Betriebs-Berater, 1985 (38. Jg.), S. 1601-1607 u. 1649-1653.

Wagner, W.H./Lau, S.C. (1971): The Effect of Diversification on Risk, in: Financial Analysts Journal, Vol. 27 1971, S. 48-53.

Wald, A. (1947): Sequential Analysis, New York, London 1947.

Warfsmann, Jürgen (1993): Das Capital Asset Pricing Modell in Deutschland: univariate und multivariate Tests für den Kapitalmarkt, Wiesbaden 1993.

Watts/Leftwich, (1977): The Time Series of Annual Accounting Earnings, Journal of Accounting Research, Autumn77, Vol. 15 Issue 2, S. 253-271.

Weber, Th. (2000): Methoden der Unternehmensbewertung, FB 2000, S. 464-473.

Weber, B (1991): Beurteilung von Akquisitionen auf der Grundlage des Shareholder Value, BFuP, 43 Jg., H. 3, 1991, S. 221-232.

Weber, B. (1990): Unternehmensbewertung heißt heute Wertsteigerungsanalyse, in: IO Management-Zeitschrift, Jg. 59, 1990, S. 31-35.

Wechsler, G. (1997): EVA als neues Finanzführungsinstrument, Schweizer Treuhänder, 1997, S. 819-826.

Weirich, T. (1976): A Determination of the Acceptability of Using Accounting Data in the Explanation and Prediction of Risk, Diss. University of Missouri, Columbia 1976.

Weston, J.F./Chung, Kwang S./Hoag, S.E. (1990): Mergers, restructuring, and corporate controll, Englewood Cliffs, Prentice Hall, 1990.

Weston, J.F./Copeland, T.E. (1992): Financial theory and corporate policy, 3rd edition, Addison-Wesley 1992.

Weston, J.F./Copeland, T. E. (1986): Managerial Finance, 8th edition, Chicago: Dryden 1986.

Widmann, B. (2002): Bewertung, in*: Hölters, W.* (Hrsg.), Handbuch des Unternehmens- und Beteiligungskaufs, Köln, 2002.

Wöhe, G. (1997): Bilanzierung und Bilanzpolitik / betriebswirtschaftlich, handelsrechtlich, steuerrechtlich; mit einer Einführung in die verrechnungstechnischen Grundlagen, 9. Aufl., München 1997.

Wöhe, G. (1987): Bilanzierung und Bilanzpolitik, 7. Aufl., München 1987.

Wöhe, G. (1986): Einführung in die Allgemeine Betriebswirtschafslehre, 16. Aufl., München 1986.

Wollmert, P./Achleitner, A.-K. (1997): Konzeptionelle Grundlagen der IAS-Rechnungslegung, Die Wirtschaftsprüfung 1997 (50. Jg.), S. 209-222 u. 245-255.

Wysocki, von K. (1977): Grundlagen des betriebswirtschaftlichen Prüfungswesen, 2.Aufl., München 1977.

Young, S. David u.a. (1987): Systematic Risk and Accounting Information under the Arbitrage Pricing Theory, in: FAJ; Vol. 43; No. 5, S. 73 - 76.

Young, S. David u.a. (1991): Macroeconomic Forces, Systematic Risk, and Financial Variables: An Empirical Investigation, in: JFQA, Vol. 26, No. 4, S. 559-564.

Zimmermann, P. (1997): Schätzung und Prognose von Betawerten: eine Untersuchung am deutschen Aktienmarkt, Uhlenbruch 1997.

Zimmermann, P. (1994): Systematisches Aktienkursrisiko und fundamentale Unternehmensdaten, Arbeitspapier, Seminar für Kapitalmarktforschung und Finanzierung, Ludwig-Maximillians-Universität München 1994.

Zeitfracht Medien GmbH
Ferdinand-Jühlke-Straße 7,
99095 - DE, Erfurt
produktsicherheit@zeitfracht.de

FSC
www.fsc.org
MIX
Papier | Fördert
gute Waldnutzung
FSC® C083411